Juliet Macur

CYCLES DE MENSONGES

Grandeur et décadence de Lance Armstrong

Traduit de l'anglais (États-Unis) par Sébastien Baert

Michel Lafon

Titre original
Cycle of Lies
The Fall of Lance Armstrong

118, avenue Achille-Peretti – CS 70024
92521 Neuilly-sur-Seine Cedex
www.michel-lafon.com

Cycles de mensonges

Aux deux grands amours de ma vie, Dave et Allegra.
À mes héroïnes, Mama et Tata.

« C'est mon corps. Et je peux en faire ce que je veux.
Le pousser, l'étudier, l'affûter et l'écouter.
Tout le monde voudrait savoir ce que je prends.
Ce que je prends ? Mon vélo, et je me démène
six heures par jour sur une selle. Et vous ? »

Lance Armstrong

PROLOGUE

La propriété de rêve de Lance Armstrong, d'une valeur de 10 millions de dollars[1] (environ 7,5 millions d'euros), est cachée derrière un grand mur crème en calcaire du Texas et un imposant portail d'acier. Les invités peuvent se garer le long d'une allée circulaire, sous un grand chêne dont les branches se tendent vers une demeure coloniale de style espagnol, de 725 m².

L'arbre en lui-même est un bon exemple de l'extraordinaire volonté d'Armstrong. Jadis à l'autre bout de la propriété – à une cinquantaine de mètres à l'ouest de la maison –, le maître des lieux préférait le voir devant l'entrée. Ce simple déplacement lui a coûté 200 000 dollars (150 000 euros) ! Ses amis proches prétendent en souriant que le cycliste, qui est athée, se serait lancé dans ce projet afin de prouver qu'il n'avait nul besoin de Dieu pour remuer ciel et terre.

Pendant près de dix ans, Lance Armstrong et moi avons entretenu une relation mouvementée – pour dire, il y a sept ans, son agent, Bill Stapleton, a menacé de me poursuivre en justice. À l'époque, j'étais au nombre des journalistes qu'Armstrong avait déjà tenté de manipuler, de charmer ou d'intimider – il a une façon bien à lui de convaincre les gens de ne pas rédiger des articles critiques sur lui : il engage des poursuites judiciaires contre ceux qui osent mettre en doute son histoire féerique. Au fil des ans, je suis donc devenue l'un de ses plus grands ennemis, l'un de ceux qu'il fallait surveiller de près.

Ce n'est qu'aujourd'hui, après sa chute, que nous avons pu nous mettre d'accord sur une sorte de « trêve ». Même s'il le niera certainement, je sais qu'il a accepté de s'entretenir avec moi uniquement parce qu'il était persuadé de pouvoir maîtriser le contenu de mon livre. Je lui ai dit qu'il pouvait toujours courir. Après plusieurs enquêtes pour déterminer s'il avait ou non orchestré un système de dopage complexe afin de remporter sept titres sur le Tour de France ; après tous les témoignages des coureurs qui le connaissaient mieux que personne et qui ont contredit sous serment toutes les versions qu'Armstrong a données publiquement pour sa défense ; après avoir menti un nombre incalculable de fois, le sportif le plus célèbre de sa génération a soudain pris conscience que j'ai rassemblé des informations plutôt importantes. Et malgré tout, je me rends compte qu'il s'imagine détenir, aujourd'hui encore, un pouvoir quasi absolu. « Tu peux écrire ce que tu veux, me dit-il lors d'une de nos nombreuses conversations. Mais tu vas intituler ton livre *Cycles de mensonges* ? Il faut que tu lui donnes un autre titre. »

Je suis allée l'interviewer dans cinq pays différents : sur le Tour de France, dans le bus de son équipe, où régnait une odeur de Lycra imbibé de sueur ; dans des chambres d'hôtel huppées à New York ; à l'arrière de limousines ; dans des salles de conférences sans âme ; et pendant des heures au téléphone.

Aujourd'hui, au printemps 2013, après que son univers eut complètement implosé et alors que des camions sont en route pour vider sa maison bien-aimée, je me retrouve chez lui à Austin, au Texas, pour la première fois.

« Oui, très bien, viens », m'a-t-il dit. Submergé par les innombrables nécrologies autour de son illustre carrière (à présent marquée du sceau de la triche), il voulait s'assurer que j'avais bien l'intention de raconter la « véritable histoire ».

Me voici donc en train de me garer sous le grand chêne qu'Armstrong a fait déplacer parce que... Pourquoi pas ? En contemplant la demeure, je repense à ses maillots jaunes. Un mois après que l'Agence américaine antidopage eut rendu publiques les mille pages de preuves qu'elle avait accumulées contre le cycliste et dépossédé ce dernier de ses titres sur le Tour de France, il avait tweeté une photo des plus arrogantes le représentant étendu sur un canapé, chez lui, ses sept maillots jaunes pompeusement encadrés derrière lui : « De retour à Austin pour prendre un peu de repos. » C'était en novembre 2012. Sept mois plus tard, serait-il toujours aussi provocateur ?

Avant d'avoir eu le temps d'ôter la clé du contact, je vois derrière ma vitre un visage angélique surmonté d'une tignasse bouclée. L'enfant se met aussitôt à taper contre la portière. C'est Max, le plus jeune fils de Lance.

Le sportif se tient derrière lui, les yeux cachés derrière des lunettes de soleil, en tongs, vêtu d'un tee-shirt noir et d'un short de basket qui arrive juste au-dessus de ses genoux abîmés.

– Dis bonjour à Juliet, Max, lui demande-t-il.

– Bonjour Ju-li-et ! s'exclame l'enfant avant de se tourner vers lui pour lui demander une glace, requête qui fait glousser son père, réaction que je n'avais jamais vue chez lui.

– Oui, je vais te donner une glace. Tu as été gentil, mon bonhomme, très gentil.

Nous gravissons les marches du perron, mais Armstrong s'immobilise devant la porte. Il tourne son regard vers l'arbre, la maison, la vie qu'il a aimée.

– C'est sympa, ici, hein ?

– Oui, je lui réponds. Ça va te manquer ?

*

* *

Armstrong n'a pas très envie de partir, mais il y est obligé. Ses sponsors l'ont abandonné, lui occasionnant un manque à gagner d'environ 75 millions de dollars[2] (un peu plus de 55 millions d'euros). S'il perdait tous les procès qu'on lui a intentés, il devrait rembourser plus de 135 millions de dollars[3] (environ 100 millions d'euros). Afin de « ralentir l'érosion », comme il dit, il a déjà mis fin à la location de son appartement de Central Park, à Manhattan, et de sa maison de Marfa, au Texas. La prochaine sur la liste est sa propriété d'Austin, qu'il échangera contre un domicile plus modeste non loin du centre-ville.

Ses anciens sponsors, dont Oakley, Trek Bicycle Corporation, RadioShack et Nike, l'ont laissé à court de liquidités. À ses yeux, ce sont des traîtres : il prétend que le chiffre d'affaires de Trek était de 100 millions de dollars quand il a signé son contrat avec la société et qu'il a atteint le milliard en 2013[4].

– Grâce à qui ? demande-t-il. À moi, putain ! (Il se martèle le torse avec l'index de la main droite.) Je suis désolé, mais c'est la vérité. Sans moi, rien de tout ça ne serait arrivé.

Quand ses sponsors se sont débarrassés de lui, il a jeté tout leur matériel. Avec un peu de chance, vous pourrez apercevoir l'un de ses amis de Dallas chaussé des baskets jaunes Nike conçues spécialement pour le coureur, avec son prénom gravé en petites lettres capitales jaunes sur les languettes noires. À Austin, un point de vente destiné aux plus démunis déborde de ses anciennes tenues Nike et de ses lunettes de soleil Oakley. Les déménageurs, qui ont fait les cartons dans sa dépendance une semaine avant ma visite, ont dû se contenter du peu de matériel de marque qui restait dans son garage : des casquettes Nike noires « Livestrong », des sacs de sport Nike noirs au logo jaune vif, des verres et des montures Oakley, et un carton de casquettes suggérant de « voter oui à la proposition 15 » de 2007 au Texas, en faveur d'un plan pour la recherche, la prévention et l'éducation sur le cancer, soutenu par Armstrong.

C'est en 1989 que le cycliste a emménagé à Austin après avoir quitté Plano, dans la banlieue de Dallas, passant dans cette ville progressiste pour un adolescent fruste et pugnace au visage boutonneux et aux cheveux ondulés pleins de gel, un anneau doré à l'oreille gauche, une chaîne en argent autour du cou supportant un pendentif de la forme du Texas et une fausse plaque d'identification militaire.

Avec un revenu annuel de 12 000 dollars (moins de 9 000 euros) et avec l'aide d'un bienfaiteur de la région du nom de J.T. Neal, qui avait pris Armstrong sous son aile, celui-ci vivait alors dans un studio qu'il louait 200 dollars (150 euros) par mois[5]. Il l'avait meublé d'un canapé en cuir noir beaucoup trop grand, d'un fauteuil assorti, et avait orné le manteau de la cheminée d'un crâne de vache Texas Longhorn peint en rouge, blanc et bleu.

Son passage d'un studio exigu à une vaste propriété reflète parfaitement son ascension dans la société américaine : un rescapé du cancer qui bat les meilleurs athlètes du monde lors de courses exténuantes et qui sort avec les plus belles filles, le tout en amassant des millions.

Armstrong adore sa maison. Il aime ses espaces ouverts et ses baies vitrées. Il aime son jardin paysager luxuriant, où ses fils jouent au foot, et sa piscine à l'eau cristalline. (« Une piscine à débordement, pas un simple miroir d'eau[6] », insiste-t-il) Derrière la maison se dresse une rangée de grands cyprès italiens.

Il a emménagé en 2006 après avoir remporté son septième Tour de France. Il a jadis déclaré que c'était son refuge : « On ne m'y cassera pas les pieds[7]. » Une fois qu'il a éludé toutes les questions de ceux qui voulaient l'obliger à reconnaître s'être dopé, au fond à gauche du couloir principal, il peut s'enfermer dans sa cave à vin, choisir une bouteille de tignanello et porter un toast à sa bonne étoile.

Sur une table, à côté d'un canapé, se trouve une maquette d'un jet Gulfstream, blanc avec des bandes noires et jaunes, de près d'un mètre de long, son moyen de transport préféré pour les longues distances. Ses amis et lui s'amusaient souvent à se lever quand l'appareil décollait, pour faire mine de surfer pendant que l'avion prenait de l'altitude. Il l'a vendu 8 millions de dollars (6 millions d'euros) en décembre 2012[8], en prévision des inévitables frais de justice qu'il allait devoir payer après la publication du rapport de l'USADA (l'Agence américaine antidopage) qui révélait qu'il s'était dopé.

Alors que nous prenons place dans le salon du premier étage de l'immense bâtisse, ses filles jumelles, Grace et Isabelle, surgissent dans la pièce. Ce sont de magnifiques blondes, les répliques parfaites de leur mère, Kristin. Leurs sourires laissent entrevoir des appareils dentaires étincelants.

– Salut, papa ! Tu nous as acheté les jupes, sur Internet ? demande Isabelle en se mettant à bondir sur le canapé comme sur un trampoline.

– Ouais, papa, tu as acheté les jupes ? insiste Grace.

– Non, pas encore. Je prendrais bien une bière. Ce serait sympa si l'une de vous allait m'en chercher une, les filles. Une Shiner Bock.

– Une Shiner Bock ! s'écrie Grace. Tu ne connais pas ? C'est une bière.

Une fois sa bouteille de bière à la main, Armstrong se tourne vers moi et me dit :

– Voilà à quoi ressemble mon horrible vie. C'est affreux, hein ?

Il me raconte à quel point il adore quand les enfants sont à la maison ; les enfants sont transparents et purs, trop jeunes pour l'escroquer. Je lui demande s'il a l'impression qu'on a profité de lui, si on s'est servi de lui.

– Oh que oui ! me répond-il.

– Qui donc ?

– Tout le monde. Ils faisaient la queue.

*

* *

Le gamin qui avait jadis décoré son salon avec une tête de vache est devenu un collectionneur d'art avisé. Même si ses goûts peuvent sembler déroutants, il a une sensibilité évidente. En pénétrant chez lui, on aperçoit un panneau de verre teinté de 3,30 m sur 1,50 m, qui, lorsqu'on y regarde de plus près, est en fait constitué de centaines de papillons multicolores. Il s'agit d'une œuvre de Damien Hirst intitulée *The Tree of Life*. L'artiste est surtout connu pour ses installations provocantes, comme notamment cette tête de vache tranchée infestée d'asticots dans un cube de verre. En 2009, lorsqu'il orna de papillons le vélo de course d'Armstrong, l'association de défense des animaux People for the Ethical Treatment of Animals (PETA) qualifia la réalisation d'« atroce barbarie[9] ».

Plus je vois les œuvres éparpillées dans la maison, plus les goûts du coureur me paraissent étranges. Qualifier ses choix de sinistres serait encore gentil, les caractériser de discutables serait trop réducteur. Tout ce que lui en dira, c'est que ces œuvres sont « vraiment cool ».

Tenez, par exemple : au-dessus de la cheminée, dans l'imposante salle à manger, entre deux bénitiers de marbre est accrochée une photo d'urine et de sang intitulée *Piss and Blood No. VII.* Il s'agit d'une œuvre d'Andres Serrano, le photographe qui s'est rendu tristement célèbre avec un cliché de 1987 représentant un crucifix en plastique plongé dans l'urine de l'artiste. Bizarrement, on ressent comme une sorte d'harmonie lorsqu'on se tient dans la même pièce que cette photographie et l'athlète qui se plaint d'avoir subi des centaines de contrôles urinaires et sanguins.

À l'autre bout de la pièce, on passe dans le bureau d'Armstrong, plongé dans la pénombre et dont les murs sont couverts de lambris sombres, un lieu idéal pour broyer du noir. Assis à son bureau, dans un angle, il a une vue directe sur ses trophées du Tour de France : sept coupes en porcelaine violette ornées de délicats motifs dorés, juchées au-dessus de sa bibliothèque, chacune illuminée par son propre spot.

À droite de son bureau : une œuvre certainement liée à ses relations tumultueuses avec sa famille, ses amis, ses maîtresses et ses coéquipiers. Il s'agit d'une photo sépia de Luis González Palma qui représente un homme et une femme enlacés, en train de danser. Mais pas vraiment : en s'approchant, on aperçoit des piques dépasser de leur dos. Lance admettra lui-même qu'elle est un peu lugubre.

Et puis il y a les Jésus. À gauche de son bureau est accrochée une toile espagnole du XVIIe siècle représentant la crucifixion. Elle occupe presque tout le mur. Quatre femmes prient aux pieds du Christ, qui a la tête inclinée et couronnée d'un halo doré. Des années auparavant, elle avait trôné dans la chapelle qu'Armstrong avait fait bâtir pour son ex-femme catholique, dans leur maison de Gérone, en Espagne. Lui n'est pas croyant, il qualifie les religions de rassemblements d'hypocrites.

À la sortie de la pièce, en haut d'un escalier, on tombe sur une autre version de la crucifixion. L'œuvre ne produit tous ses effets que sous certains angles, lorsque l'on commence à distinguer l'image d'un Christ sur sa croix.

– Un seul homme a endossé la responsabilité de milliers de péchés, déclare-t-il.

Mais, même en présence de ces crucifix, c'est de lui qu'il parle, comme s'il souhaitait que j'écrive que l'on avait fait de lui le martyr d'un siècle de dopés dans le cyclisme, et que c'était le meilleur moyen pour que je n'y manque pas.

Il se dirige vers une table basse, dans son bureau, et s'empare d'une sculpture, un avant-bras, signée de l'artiste japonais Haroshi, elle est constituée de nombreuses strates de skateboards compressés. La sculpture a le majeur tendu.

– C'est plus ou moins l'histoire de ma vie, m'assure-t-il.

Puis il me la flanque sous le nez. Je remarque ses mains. Sur chacune de ses paumes, il a une petite blessure. Il m'expliquera qu'un médecin lui a brûlé des kystes. On dirait des stigmates...

– Va te faire foutre ! s'exclame-t-il dans un éclat de rire.

*

* *

Sept ans auparavant, il avait assuré à Luke, Grace et Isabelle, ses trois enfants les plus âgés issus de son mariage raté, qu'ils habiteraient encore dans la maison à côté du gros chêne quand ils passeraient le bac[10]. Il leur devait bien ça, après tous les efforts qu'ils avaient faits en le suivant en France et en Espagne un nombre incalculable de fois. Enfin, ils allaient pouvoir s'installer pour de bon. « Je vous le promets, leur avait-il dit. Papa ne déménagera plus. »

Ils habiteraient à six minutes de chez leur mère, Kristin, et ne pourraient que compter sur les photos de famille en noir et blanc qui encombraient la grande table de la cuisine. Ils savaient où se trouverait leur père chaque soir de la semaine, sur un canapé devant la télévision, en train de regarder le journal *Anderson Cooper* sur CNN. Durant l'été 2012, il avait fait construire une extension au premier étage, pour que sa famille puisse disposer d'une septième chambre. Déjà, la maison lui servait de quartier général. Il y vivait avec sa petite amie, la grande blonde Anna Hansen, et leurs deux enfants, Max, 4 ans, et la petite Olivia, qui, à 2 ans, faisait déjà penser à Shirley Temple. Armstrong et son clan avaient prévu de rester ici un moment.

Mais les déménageurs finissent par arriver. Nous sommes le 6 juin 2013, cinq ans avant que Luke passe le bac. Au petit matin, plusieurs camions noirs se garent dans l'allée, puis des hommes en tee-shirt noir en sortent. Il règne une ambiance d'enterrement. Les déménageurs ont déjà vidé la dépendance de 150 m^2, un petit manoir, avec sa façade assortie à la bâtisse principale et son toit orange foncé.

Le 7 juin, je retourne les voir vider la maison principale. Ils s'emparent des trophées du Tour sur l'étagère illuminée, les enveloppent dans du papier bulle vert et les rangent dans des caisses bleues. Dans l'un des cartons, le n° 64, un déménageur dépose un cadre argenté contenant une photo 13 x 18 de l'équipe Discovery Channel de 2005 autour d'une table après la septième victoire d'Armstrong sur le Tour. Ses équipiers, Johan Bruyneel, son directeur sportif de longue date, et lui brandissent sept de leurs doigts. Chacun arbore à son poignet le bracelet en caoutchouc jaune « Livestrong ». La table est encombrée de verres de vin à moitié vides. Son ancienne vie.

On charge le carton n° 64 dans le camion, avec le reste. Je suis les déménageurs dans le salon télé. Avec leurs gants de coton blanc, ils décrochent les sept maillots jaunes encadrés au-dessus du canapé. La veille, alors que nous étions tous les deux assis dans la pièce, Armstrong avait eu une idée. Il m'avait demandé de m'étendre sur le canapé et de poser sous les maillots pour prendre une photo.

– Ce serait amusant, m'avait-il dit.

Je n'avais pas saisi la plaisanterie.

*

* *

Dans l'obscurité, avant le lever du soleil, Armstrong quitte pour de bon la vaste maison. À 4 heures et quart du matin, le 7 juin 2013, avec Anna Hansen et ses cinq enfants, il prend la direction de l'aéroport international d'Austin-Bergstrom où l'attend un vol commercial pour Hawaï[11]. Ils passeront l'été sur Big Island.

Il me soutient qu'il ne regrette pas la maison qu'il a lui-même fait construire – les sentiments n'ont jamais été son truc. À ses yeux, ce déménagement signifie certes qu'une partie de sa vie a pris fin, mais aussi qu'une autre est sur le point de commencer. C'est tout. Il y croit peut-être. Ou peut-être pas.

Quelques jours plus tard, il ne reste plus, dans sa propriété, que deux de ses biens. L'un d'eux ne rentre pas dans le camion : une Pontiac GTO noire décapotable de 1970 que lui a offerte la chanteuse Sheryl Crow. Il a eu avec elle une idylle, et il l'a quittée, juste avant qu'elle ait son cancer. Cette voiture, qui lui évoque encore un de ses échecs, est estimée à 70 000 dollars[12] (près de 52 000 euros).

Et, enfin, il reste une batterie dans le salon de la dépendance ; encore un reliquat de son ancienne vie. « *Oh beat the drum slowly and play the fife lowly*[a] », je me mets à fredonner en contemplant l'instrument, les paroles de « Streets of Laredo », que je connais depuis l'époque où je travaillais au Texas, me revenant aussitôt en mémoire.

« *Take me to the valley, and lay the sod o'er me,*
For I'm a young cowboy and I know I've done wrong[b]. »

---

a. « Oh, frappe lentement sur ton tambour et joue doucement de ton fifre. » (*Toutes les notes de bas de page sont du traducteur.*)

b. « Emmène-moi dans la vallée, où tu pourras m'enterrer,
Car je suis un jeune cow-boy et je sais que j'ai foiré. »

Première partie

Les mensonges de la famille

1

Linda, la mère de Lance Armstrong, est l'héroïne de sa propre histoire. Comme elle le dit[13], ils ont tous les deux, son fils et elle, lutté pour survivre dans le quartier de Oak Cliff, à Dallas, dans une cité misérable située du mauvais côté du fleuve Trinity. Elle l'a élevé seule, le garçon n'ayant jamais connu son père biologique[14]. Elle prétend lui avoir appris à faire du vélo, l'avoir encouragé à devenir sportif, avoir financé son équipement, acheté leur maison, s'être rendue à toutes ses courses, lui avoir obtenu ses sponsors et être sortie tous les samedis matin à 7 heures avec lui[15] pour qu'il puisse mettre une raclée à des coureurs de demi-fond prépubères.

Dans son autobiographie, *No Mountain High Enough: Raising Lance, Raising Me*[a], elle prend un malin plaisir à poser sans cesse la même question : « Comment une mère seule est-elle parvenue à faire de son fils un véritable superhéros[16] ? » Dans les notes de l'auteur, avant le déroulement de l'histoire, elle met en garde le lecteur contre son récit « totalement partial, subjectif, influencé, rationalisé et parfois affabulé[17] ». Elle dit même : « Certains

a. *Aucune montagne n'est trop haute : en élevant Lance, je m'élève.* Le livre n'a jamais été traduit en français.

pourraient avoir un point de vue différent[18]. » Elle met ceux-ci au défi d'écrire leur propre livre.

Elle emploie des pseudonymes pour ses trois ex-maris, Eddie Gunderson, Terry Armstrong et John Walling. Elle appelle le père de Lance « Eddie Haskell », en référence au personnage sournois de la sitcom américaine des années 1950-1960 *Leave It to Beaver.* Les Gunderson furent la première famille d'Armstrong. Eddie Gunderson et Linda Mooneyham se sont mariés alors qu'ils étaient encore au lycée. Le bébé est venu au monde sept mois plus tard.

Ce mariage forcé unissait deux familles tourmentées. Les deux grands-pères de Lance étaient de gros buveurs dont les épouses s'étaient enfuies avec leurs enfants après une mésaventure alcoolique[19]. Son grand-père paternel était si méchant qu'il lui est arrivé de mettre des chatons dans des bocaux de fruits pour les étouffer[20]. Et son père, alcoolique, eut autant de femmes que sa mère eut de maris : quatre[21].

À 20 ans, Armstrong avait donc déjà eu trois pères différents : un père biologique, un père adoptif et un beau-père[22]. Dans son livre, Linda Armstrong émet l'idée que ses échecs amoureux puissent être le résultat de « choix d'alcoolo stupides, autodestructeurs et contre-intuitifs[23] ». Ensuite, Lance fut ballotté entre une dizaine de pères de substitution qu'il s'était lui-même choisis.

Conférencière spécialisée dans le développement personnel, Linda a gagné sa vie en racontant des banalités sur la difficulté d'élever celui qui deviendrait le plus grand cycliste du monde, affirmant à son auditoire : « Tous les éléments s'étaient ligués contre nous », et : « C'était une question de survie. » Elle raconte qu'un jour Lance s'est présenté à une course dans les montagnes du Nouveau-Mexique sans avoir pensé à emporter un maillot à manches longues et qu'il s'est vu contraint de lui emprunter son minuscule coupe-vent rose pour ne pas prendre froid, alors que les autres coureurs avaient un équipement dernier cri. Ce jour-là, il a battu le record de la course.

Elle raconte aussi comment il est passé « de la pauvreté, sans un sou, au succès qu'on lui connaît[24] » et n'hésite pas à mettre l'accent sur le rôle prépondérant qu'elle a joué dans sa réussite. « Je suis convaincue que vos enfants sont ce que vous en faites. »

À l'écouter, elle aurait été la seule présence régulière à ses côtés. D'ailleurs, elle a fait comprendre très tôt à qui voulait l'entendre qu'elle seule façonnerait son fils, la première étape consistant à le retirer de la famille Gunderson[25] – elle a raconté cette version des faits pendant des années. Beaucoup plus tard, en apprenant la vérité, la sœur d'Eddie, Micki Rawlings, et sa mère, Williné Gunderson, fondirent en larmes.

Linda Armstrong a prétendu qu'elle avait élevé Lance seule, que les autres n'avaient joué qu'un rôle secondaire dans l'existence de son fils, quelles qu'aient été la nature et la durée de leur implication[26]. Elle s'est qualifiée de mère célibataire alors qu'elle n'est restée qu'un an sans mari[27], jusqu'aux 16 ans et demi de Lance. Et, quand bien même, la famille de son premier époux affirme l'avoir aidée à faire face, notamment en gardant le jeune garçon pendant qu'elle travaillait[28]. Peu à peu, les médias ont commencé à mettre en scène le drame : l'un des plus grands sportifs de tous les temps avait été élevé par une mère adolescente qui s'était battue pour survivre sans aucun soutien excepté celui de son jeune fils.

*

* *

D'après Williné Gunderson, les affabulations de Linda ne correspondaient pas aux versions du reste de la famille de Lance. Les Gunderson avaient un tout autre récit de l'enfance de Lance[29]. D'abord, ils appelaient son père « Sonny », un rebelle, un beau gars châtain aux yeux bleus et au sourire espiègle, toujours prêt à aider ses amis à voler des autoradios[30]. Un jour, il était entré à moto par la porte de la cuisine chez l'une de ses petites amies du lycée, obligeant les parents de la jeune fille à appeler la police.

Dans leur quartier, Wynnewood, une enclave réservée aux classes moyennes – rien à voir avec les « cités de Dallas » auxquelles Linda fait allusion dans les vidéos promotionnelles de ses conférences[31] –, les Gunderson étaient amis avec une autre famille, les Mooneyham.

Linda Mooneyham avait été élue princesse de soirée au lycée et était une star dans son équipe de pom-pom girls. Bientôt, Linda et Sonny commencèrent à se fréquenter et à faire le tour de la ville dans la Pontiac GTO trafiquée de celui-ci. Avec son charme de mauvais garçon, un soir de l'hiver 1970, il chuchota à Linda :

– Fais-moi l'amour, pas la guerre[32].

Ce soir-là, elle tomba enceinte. La jeune fille de 16 ans refusant de se faire avorter, sa mère la jeta dehors. Loin de se retrouver seule – les éléments ne s'étaient pas « ligués » contre elle –, elle trouva une famille aimante. Elle vécut chez Sonny. En effet, Willine Gunderson, que tous ses proches appelaient « Mom-o », l'adopta.

Willine était une mère divorcée dont l'ex-mari payait toujours sa pension alimentaire avec du retard, quand il ne l'oubliait pas carrément. Ayant travaillé à la First National Bank de Dallas pendant quarante-trois ans, elle avait un instinct familial si développé, dit-elle, qu'elle insistait pour que ses deux filles et Sonny aillent ensemble à la messe trois fois par semaine. Elle n'a jamais critiqué son ex-mari car elle voulait que ses enfants puissent se forger leur propre opinion à son sujet. Pendant la grossesse de Linda, les deux femmes devinrent des amies très proches.

Quand Linda eut 17 ans et Sonny 18, ils se marièrent dans une église baptiste bondée de lycéens, certains n'ayant sans doute pas manqué de remarquer le ventre rebondi de la mariée sous son élégante robe blanche plissée. C'était en février 1971. Leur garçon vint au monde en septembre.

Lance doit son prénom à Lance Rentzel[33], la star de l'équipe de football américain des Dallas Cowboys, qui s'était fait arrêter l'année précédente pour outrage à la pudeur envers une fillette de 10 ans. Par la fenêtre du service d'obstétrique, son père avait observé que le nouveau-né avait la tête déformée : elle était trop longue et trop étroite. Sa mère, une femme de petite stature, avait mis au monde un bébé de 4,3 kg[34].

– Il y a un problème avec sa tête ? demanda le père, les larmes aux yeux[35].

– Ça va s'arranger, lui répondit l'une de ses sœurs. Ça va aller, j'en suis certaine.

Linda accepta un emploi à temps partiel dans un magasin d'alimentation. Sonny travaillait dans une boulangerie et livrait des journaux, mais le fait d'être père ne le rendit pas plus mature. Mineur, il avait fréquenté de manière assidue le tribunal pour enfants[36]. En 1974, alors que son fils avait 2 ans et demi et que Linda et lui avaient déjà divorcé, il passa une nuit en prison[37] pour la première fois depuis sa majorité, pour être entré par effraction dans une voiture.

Leur mariage ne dura qu'un peu plus de deux ans. Linda prétend dans son livre que Sonny était si violent avec elle qu'elle avait eu des ecchymoses sur les bras et le cou. Des années plus tard, l'ex-mari reconnaîtrait qu'il l'avait giflée, mais une seule fois[38].

Il raconta à ses proches qu'après le divorce, il avait passé des mois dans un état de zombie. Il souhaitait réparer le mal qu'il avait causé, mais ignorait comment s'y prendre. Il s'asseyait souvent sur le trottoir face à la crèche de son fils et le regardait jouer dans la cour. Il n'était pas en mesure de payer une pension alimentaire, ou peut-être n'en avait-il pas envie. Il ne tenait d'ailleurs aucun compte des relances qui s'accumulaient dans sa boîte aux lettres.

Pour la famille de son père, Armstrong s'appelait Lance Edward Gunderson. Ils continuaient à le voir à Noël et lors des diverses réunions de famille, où il jouait avec ses cousins. Ils ont encore des photos de lui, jaunies et décolorées. Sa grand-mère possède un album photo que Linda lui avait fait. Celle-ci l'avait signé du nom de son fils : « Pour Mom-o Willine. Bisous, Lance. »

*

* *

Williine « Mom-o » Gunderson est la grand-mère paternelle d'Armstrong. Sur presque chaque photo où elle figure avec le petit Lance, elle l'embrasse, les yeux fermés – le genre de moment qu'une grand-mère souhaiterait éternel. S'il était des plus courts, elle ne peut en vouloir qu'en partie à son fils.

Chaque fois qu'il voyait Lance, Gunderson se comportait lui-même comme un enfant. Sous les yeux de sa mère et de ses sœurs, il emmenait le garçon sur son vélo de course et sa moto. Fatalement, certaines sorties se terminaient mal. Un jour, Lance rentra chez lui avec une brûlure au mollet ; il l'avait posé contre le pot d'échappement de la moto. Une autre fois, ce fut un orteil en sang, lorsqu'il se prit le pied dans les rayons d'un vélo. Linda en voulait à Sonny pour sa négligence et reprochait à Willine de ne rien faire pour éviter que le garçon se blesse alors qu'il était sous sa responsabilité.

– Tu ne peux pas le garder toute sa vie dans une cage dorée, lui avait fait remarquer la grand-mère.

– C'est à moi de décider ce qu'il y a de mieux pour lui[39], avait sèchement rétorqué Linda.

« Elle le couvait trop, explique Willine. Mais elle était si jeune... Elle avait du mal à comprendre que les enfants pouvaient aimer plus d'une personne dans leur vie. Elle refusait qu'il aime quelqu'un d'autre qu'elle. Mais les enfants aiment tous ceux qui les aiment. Cela ne diminue en rien les sentiments qu'ils ont pour leur mère. »

Quand Linda demanda le divorce, le 15 février 1973, elle ne supportait plus Sonny. Un an après que le divorce eut été prononcé, au mois de mai, elle épousa Terry Armstrong, un représentant de commerce. Même s'il ne pouvait pas s'en douter à l'époque, Sonny ne reverrait plus jamais son fils.

Les Armstrong déménagèrent aussitôt, coupant tout contact avec les Gunderson, et Terry adopta officiellement Lance. Linda écrirait dans son autobiographie que Willine était d'accord avec elle et qu'il valait mieux pour Lance qu'il ne revoie plus jamais les Gunderson. Mais chaque fois que quelqu'un évoque le sujet devant Willine, elle en reste bouche bée « Oh, non, non », répond-elle.

Le dernier contact direct de Willine avec Linda et sa famille remonte à l'époque où Lance avait 5 ou 6 ans. Pour Noël, elle était allée chez la grand-mère maternelle du petit avec des cadeaux.

– Linda m'a demandé de ne rien accepter de votre part, lui avait répondu celle-ci. Rien de ce que vous pourrez lui offrir ne compensera les problèmes que Lance cause à ma fille chaque fois qu'il vous voit.

– Vous n'avez pas le droit de déchirer ainsi une famille, avait tranquillement répondu Willine, tremblante de désarroi, avant de repartir les bras chargés de paquets et les larmes aux yeux.

Après le départ d'Armstrong, Willine et Micki conservèrent chacune une photo de lui dans un médaillon ovale, autour de leur cou, pendant des années. Dans celui de sa grand-mère, il est encore bébé, sans doute âgé de 10 mois, vêtu d'une grenouillère rouge. Dans celui de sa tante, il est à peine plus âgé, et arbore un sourire béat.

Aujourd'hui encore, Willine est hantée par sa dernière rencontre avec Lance. Il avait alors 4 ans. Elle le gardait. Sa mère passa le récupérer et le trouva sous la table de la salle à manger. La grand-mère se souvient du garçon déclarant joyeusement :

– Je vais vivre ici ! Je ne prendrai pas trop de place, je vais rester sous la table !

Mais sa mère le saisit alors par le bras et l'emmena vers la sortie, le petit fondant en larmes. Elle claqua la porte, et la grand-mère ne le revit plus jamais.

Les Gunderson ignoraient que les Armstrong habitaient à Richardson, dans la banlieue nord de Dallas, et n'avaient pas les moyens de faire appel à un avocat ou à un détective pour le retrouver. Ils avaient gardé l'espoir que le garçon reviendrait les voir, un jour, peut-être quand il aurait des enfants à son tour. À l'église – l'église luthérienne de Four Mile, à l'est de Dallas, à la construction de laquelle ses ancêtres avaient participé, cent soixante-cinq ans auparavant –, les fidèles prièrent pendant des années pour lui, chaque dimanche.

Les Gunderson lui écrivaient de temps en temps, mais il ne leur répondait jamais. À l'occasion, ils appelaient Linda, mais aussitôt on leur raccrochait au nez.

Le frère de Linda, Alan, compatissait avec Sonny et fut longtemps le seul à leur donner des nouvelles du garçon. Il se rendit un jour chez Sonny et lui remit une photo couleur de

20 cm sur 25 représentant l'enfant à l'école. Les Gunderson examinèrent attentivement son visage ; c'était la première fois qu'ils voyaient le garçon depuis plus de cinq ans. Il avait les mêmes yeux bleus que son père, et les mêmes pommettes. Ils se demandèrent s'il avait d'autres points communs avec lui : était-il têtu ? Avait-il des problèmes avec l'autorité ? Avait-il un point de vue tranché sur les choses ? Était-il rancunier ?

La grand-mère d'Armstrong a près de 90 ans, aujourd'hui. Pour ses 80 ans, elle a emménagé chez Micki, qui vit dans l'un des quartiers les plus chics de Dallas, où se côtoient de vastes demeures et des propriétés protégées par des vigiles. Son mari, Mike Rawlings, a été élu maire en 2011.

L'épaisse chevelure châtain de Willine est désormais blanche. Alors qu'elle se tenait jadis raide comme un piquet, elle est voûtée à présent. Elle se sert d'un déambulateur et porte d'épaisses lunettes. Son ouïe a quelque peu baissé, elle aussi, mais elle a toujours l'esprit aussi vif. À côté de son lit, il y a des photos de six de ses sept petits-enfants, et de six de ses onze arrière-petits-enfants. Mais pas une seule de Lance, ni aucune des cinq enfants de celui-ci. Comme s'il n'avait jamais fait partie de la famille.

2

Il ne reste de Terry Armstrong que son nom de famille. De la même manière qu'elle avait effacé Eddie Gunderson de sa vie, Linda en a fait autant avec son deuxième époux. D'après les registres d'état civil, ils sont restés mariés quatorze ans, presque jusqu'aux 17 ans de Lance, même si Linda n'hésite pas à se présenter comme une mère abandonnée qui a élevé son fils seule.

Lors de ses conférences sur le développement personnel, qui lui rapportent chacune environ 20 000 dollars[40] (15 000 euros), elle évoque rarement l'implication de Terry dans l'éducation de Lance. Dans certains journaux, elle a même prétendu que son mariage avait pris fin alors que Lance avait 13 ans[41], et elle a refusé de se faire interviewer pour ce livre. Dans son autobiographie, elle ne mentionne jamais le nom de Terry ; elle préfère l'appeler « le représentant de commerce » ou « le représentant ». Elle admet tout juste que « le *représentant* a entraîné l'équipe de base-ball de Lance, c'est vrai. Il faut reconnaître qu'il a fait un effort, mais je ne suis pas certaine que cela lui ait vraiment plu. Lance n'était pas la star en devenir que le *représentant* aurait voulu qu'il soit[42] ».

À vrai dire, Terry Armstrong n'aurait pu être plus différent d'Eddie Gunderson. À côté du mauvais garçon décontracté en Pontiac GTO qui passait ses soirées dans des clubs plutôt qu'avec sa femme et leur nouveau-né, Terry, âgé alors de 22 ans, était fils de pasteur, pratiquant, et avait un emploi stable ainsi que le vif désir de fonder une famille.

Représentant en produits alimentaires en gros qui vendait de la viande grillée et des saucisses aux écoles et aux restaurants d'entreprises, il rencontra Linda Mooneyham Gunderson chez un concessionnaire de voitures, et tomba aussitôt amoureux d'elle. Terry était le genre de type dont on avait l'impression qu'il aurait pu acheter une voiture comptant, ce qui était la seule chose vraiment attirante chez lui. Ils commençèrent à sortir ensemble, ce qui se concrétisa rapidement par une demande en mariage. Avec Linda, Terry allait endosser le rôle dont il avait toujours rêvé, celui de père. Avec Terry, Linda avait trouvé quelqu'un qui lui apporterait la stabilité.

D'après les registres d'état civil – et Terry en personne –, ils restèrent mariés pendant la majeure partie des années d'apprentissage du garçon, de 2 ans à 16 ans et demi. Durant cette période, Lance apprit à lutter à sa manière : comme un cogneur irritable et trop sûr de lui.

Le père et le fils étaient tous deux alimentés par une intensité qui tournait souvent à la brutalité. Lance en fut témoin tout le temps où Terry entraîna ses différentes équipes de football et quand il le conseilla à ses débuts dans le cyclisme. Il pouvait se révéler très exigeant, surtout quand son fils ne se montrait pas à la hauteur de ses espérances.

Lors de sa première course de BMX, le garçon tomba et se mit à pleurer. Terry s'approcha de lui et lui déclara :

– Ça suffit, on rentre. (Il saisit son vélo.) C'est terminé. Je n'accepterai jamais qu'un gamin qui porte mon nom puisse abandonner.

Prévenu – ou effrayé –, Lance remonta sur son vélo et participa à une autre course. Pour Terry, ce fut la preuve d'une grande ténacité de la part de son fils.

À l'âge de 7 ou 8 ans, Lance faisait partie des Oilers, une équipe de football américain de Garland, au Texas. Terry Armstrong en était l'un des entraîneurs. Lors de la première séance d'échauffement, il réunit les joueurs et leurs pères autour de lui.

« Laissez-moi vous dire quel genre d'équipe je veux. Si vos gamins ne sont pas bons, ils ne joueront plus. On n'est pas là pour se montrer et courir dans tous les sens. On est là pour gagner. »

En violation du règlement de la ligue, il filmait les séances d'entraînement des autres équipes et faisait faire aux enfants des exercices dans son jardin après l'école – alors que c'était interdit, et ce dans le seul but de vaincre. Avant que Lance aille se coucher, il lui lisait un vieil exemplaire du discours apocalyptique de Vince Lombardi sur les gagnants et les perdants. Quand il avait l'impression que le garçon ne s'était pas donné à fond dans le dernier quart temps d'un match, il ne lui adressait plus la parole pendant une semaine. Quand il venait dîner, il lui disait :

– Tu n'es qu'un perdant, tu n'as fait aucun effort.

Quoi qu'il en soit, son équipe de gamins de 8 ans ne subit pas la moindre défaite en onze matchs.

*

* *

Terry et Linda n'étaient pas faits l'un pour l'autre. Aucun d'eux n'a jamais prétendu être fou amoureux de l'autre, ni même que leur union était fondée sur l'amour. D'ailleurs, aucun des deux – que ce soit lui lors d'interviews ou elle dans son livre – n'a pu se souvenir du moindre détail de leur mariage.

Quelques amis de Lance affirment qu'ils avaient plus souvent l'impression que Linda était une amie de son fils que sa mère. Ils se rappellent qu'un jour le jeune homme lui a demandé de se mettre sur son trente et un pour pouvoir monter dans la limousine qu'il avait louée pour son bal de fin d'année, Lance, sa cavalière et sa mère formant un trio assez inconvenant. Les amis de Lance et certains de ses anciens entraîneurs soutiennent que Linda était une mère permissive qui cédait à tous ses caprices. Il était, par exemple, allé tout seul au volant de sa voiture passer l'examen du permis de conduire[43].

Ainsi, d'après ses dires, c'est un peu par obligation que Terry Armstrong est devenu strict en matière de discipline.

Quand Lance désobéissait ou répondait, ce qui lui arrivait assez fréquemment, Terry avait pris une habitude : il attendait le retour de Linda, s'armait de la pagaie de son association d'étudiants, puis ordonnait au garçon de se pencher et de s'attraper les chevilles ; il lui donnait ensuite des coups de pagaie sur l'arrière-train[44].

Quand il ne rangeait pas sa chambre – c'est-à-dire lorsqu'il y avait au moins une chaussette qui traînait, conformément au protocole de l'école militaire Kemper de Boonville, dans le Missouri, où d'autres appelés l'avaient enroulé dans une couverture et battu brutalement –, Terry lui administrait une fessée. Il répliquait ? Une nouvelle fessée. Des années plus tard, Lance qualifierait ces châtiments de traumatisants, affirmant que la souffrance était plus psychique que physique.

Terry et Linda se disputaient souvent à propos des devoirs de Lance. Terry se souvient :

– Je disais : « Tu ne pourras sortir que lorsque tu auras terminé tes devoirs. » Et elle rétorquait : « Eh bien, c'est mon fils, et c'est moi qui fixe les règles. » Quand je voulais voir son bulletin scolaire, elle me disait : « C'est mon fils, je m'en occupe. »

Fatalement, à cause de ces disputes, Lance a fini par devenir un enfant coléreux et agressif. Ses copains du collège disent de lui que c'était une brute comme on en voit beaucoup, qui « s'en prennent aux plus vulnérables et qui les harcelènt quotidiennement[45] ». Il donnait toujours l'impression de se battre contre quelque chose ou quelqu'un.

En entrant au lycée, Armstrong s'est mis à l'écart. C'était un jeune homme frêle avec une mèche rebelle contre laquelle il ne pouvait rien – même armé d'un peigne ou d'une brosse. Il était arrogant en sport, mais moins assuré en société, en partie parce qu'il avait arrêté le football. C'était le Texas, après tout, et tout le monde n'avait d'intérêt que pour ce sport.

Terry Armstrong a prétendu que son fils avait cessé le foot au collège parce qu'il était furieux chaque fois qu'un de ses coéquipiers échouait. Il s'était alors tourné vers des sports individuels, comme la course et la natation, où lui seul était maître de ses résultats. Cela lui convenait très bien, et son père l'avait poussé dans ce sens parce qu'il avait du mal à croire que Lance pourrait aller à l'université en comptant uniquement sur ses notes.

« Ce que j'ai toujours dit à propos de mon fils, et je l'aime toujours plus que tout, c'est que ce n'était pas le plus brillant des élèves, déclare-t-il. Il n'était pas assez discipliné pour réussir à l'école. C'est la raison principale pour laquelle je l'ai tant poussé à faire du sport. Je savais que ce serait l'une des clés de sa réussite. Il était paresseux. Il n'aimait pas étudier. Il préférait aller courir, faire du vélo, jouer… »

Terry voulait que Lance profite du matériel dernier cri, aussi bien dans le domaine du sport que dans celui des activités extrascolaires : le meilleur gant de base-ball, une batterie toute neuve, un vélo haut de gamme, une Fiat rouge décapotable. « Quand Lance voulait quelque chose, il finissait toujours par l'obtenir », confirme l'un de ses voisins et amis proches, Adam Wilk.

Lance s'entraînait avec une petite bande de copains, dont plusieurs futurs athlètes de haut niveau comme Chann McRae, devenu cycliste au sein de l'équipe US Postal avec Armstrong. Même si les jeunes sportifs adoraient se motiver les uns les autres, Lance ne prenait aucun plaisir à battre ses adversaires de justesse. Il lui fallait les humilier. Wilk se rappelle l'avoir entendu dire : « Tu as mis quelque chose dans ta culotte, aujourd'hui ? Tu n'es qu'une petite fiotte. Tu es nul, à se demander même pourquoi tu es venu. »

Si Lance ne s'en sortait pas bien à l'école, Linda était fière de ses succès sportifs[46].

« S'il n'y avait pas eu le sport, avoue Wilk, on aurait pu trouver que Linda avait mal élevé son fils. » Il ne voyait pas ce que Lance aurait pu faire de sa vie, sans ses qualités athlétiques. « Il serait devenu un délinquant juvénile, il serait peut-être en prison... Je ne me souviens pas qu'il ait eu d'autres centres d'intérêt. Il était focalisé sur la victoire, et j'ai l'impression que c'est encore le cas aujourd'hui. »

*
* *

Lance Armstrong avait 14 ans quand il découvrit la double vie de Terry[47]. Ils se rendaient à un meeting de natation, à San Antonio. Il surprit Terry en train d'écrire, puis de jeter des feuilles de papier froissées. Il en ramassa une et lut le début d'une lettre d'amour destinée à une maîtresse. Pour éviter de faire souffrir sa mère, il ne lui en parla pas. Mais Terry était devenu un ennemi à abattre. Encore un père de perdu.

Aussitôt, Armstrong lui trouva un remplaçant : Rick Crawford, un triathlète professionnel. Celui-ci ignorait ce que le gamin de 14 ans lui réservait quand il fit sa connaissance à la piscine de Dallas. Ils faisaient des longueurs dans des couloirs contigus. Armstrong donna tout pour tenter de le battre. Crawford fut très impressionné.

Il ne se souvient plus exactement de quelle manière cela s'est produit, mais l'homme, qui avait douze ans de plus que lui et qui n'avait jamais été entraîneur, finit par aider Armstrong à se lancer dans le triathlon. Le garçon devint rapidement une star dans ce sport de niche, le compétiteur que les directeurs de course se disputaient. Il faisait figure de prodige, de gamin susceptible de menacer les meilleurs athlètes de la discipline. Crawford constata avec stupéfaction à quelle rapidité Armstrong s'était mis à briller. Son classement national en triathlon s'améliorait de jour en jour, et il gagnait des places « à la vitesse de l'éclair ». Ils s'entraînèrent ensemble pendant dix-huit mois.

Crawford était soufflé par sa combativité. Lors de certaines compétitions, il l'entendit dire à tel ou tel adversaire :

– Je vais te massacrer. Tu es pathétique.

Le genre d'attaque qu'il pouvait dire aussi bien sur la ligne de départ qu'à l'arrivée. Crawford se rappelle le lui avoir reproché :

– Non, Lance. Ce n'est pas bien. Laisse parler tes jambes, mon pote.

Lors des entraînements à vélo, Crawford devait sans cesse le surveiller, car Lance considérait chaque automobiliste comme une menace. Dans une sorte de folie furieuse, il se lançait à la poursuite de ceux qui l'avaient doublé de trop près dans le but de les insulter et de les menacer. Tout le monde y avait droit. Crawford avait remarqué que c'était particulièrement le cas lorsqu'il lui reprochait la façon dont il traitait son père.

Au début, tout lui avait semblé normal chez les Armstrong, qui vivaient dans le quartier de Los Rios, une partie de Plano réservée aux classes moyennes. Ils habitaient une maison de plain-pied de 140 m², simple, en brique, avec quatre pièces, un carré de pelouse et deux arbustes.

Puis il entendit parler de problèmes au sein de la famille. D'échanges de coups entre le fils et son père, et d'une table basse en verre qui avait volé en éclats.

« On l'encourageait à être mauvais », déclara Crawford.

Pour certains amis de la famille, l'adolescent était incontrôlable.

Tandis que Linda et Terry se disputaient chez eux, Crawford passait de plus en plus de temps avec leur fils, l'entraînant, et l'emmenant à des compétitions pour lesquelles on leur offrait des billets d'avion et des nuit dans des hôtels de luxe. Cela aussi fut un bon apprentissage. La veille d'un triathlon, aux Bermudes, Armstrong « emprunta » le scooter que Crawford avait loué et le rendit à la société de location avec plusieurs heures de retard. Plus tard, dans un bungalow où logeaient plusieurs autres triathlètes professionnels, il brisa des verres et des bouteilles après s'être emparé d'une batte de cricket et avoir frappé une balle dans le bar du salon.

Crawford en eut vite marre de remplacer les parents incompétents du gamin. Il le coinça contre un mur et lui déclara :

– Ça suffit, mon pote.

– Va te faire foutre, lui rétorqua celui-ci. Tu n'es pas mon père ! Ne m'adresse plus jamais la parole[48].

De la même manière qu'il avait abandonné son père biologique et Terry Armstrong, il laissa tomber Crawford.

« J'imagine qu'on ne peut pas lui en vouloir, suppose ce dernier. Il séjournait déjà dans des hôtels cinq étoiles, et tout le monde l'idolâtrait. »

Aujourd'hui, il qualifie l'attitude d'Armstrong d'œdipienne : « Il a fini par donner un rôle de méchant à toutes les figures paternelles qu'il a eues dans sa vie. Et toutes les filles avec lesquelles il est sorti ressemblaient trait pour trait à sa mère. »

Quant à Armstrong, il traite Crawford de « fou furieux ». Il tient aussi à préciser que le triathlète a encouragé des sportifs à se doper. En 2012, des années après leur dispute, Crawford a avoué avoir aidé les cyclistes professionnels Levi Leipheimer et Kirk O'Bee de l'équipe US Postal à se procurer des produits dopants. Il prétendit ne l'avoir fait que parce qu'Armstrong avait déjà instauré une certaine pratique du dopage au sein de l'équipe. D'après lui, ces coureurs étaient des novices qui avaient entendu dire que le jeune coureur et d'autres participaient à un système de dopage organisé. Ils souhaitaient simplement rester au niveau. Pourtant, Crawford fut plus tard licencié de son poste d'entraîneur à l'université Mesa du Colorado[49], pour avoir aidé un sportif à se doper, ce qu'il dément. Quant à Armstrong, serait-il arrivé à Crawford d'aider ce jeune triathlète à contourner les règles ? « Non, a-t-il affirmé. Jamais je ne ferai prendre ce genre de produits à un gamin[50]. »

*

* *

Linda Armstrong recherchait sans cesse des personnes susceptibles d'aider son fils. Elle tomba un jour sur Scott Eder, un organisateur de compétitions sportives qui travaillait pour le fabricant de baskets Avia. Il croisa la route d'Armstrong en 1986, au duathlon de Dallas. Après la victoire du jeune champion, Eder lui fit livrer une paire d'Avia chez lui, et, comme on peut l'imaginer, il obtint ce qu'il voulait.

– Vous pouvez veiller sur mon fils, devenir son agent ? lui demanda Linda[51].

Il devint alors, comme Lance le déclara plus tard, « un mélange d'entraîneur, d'agent et de grand frère[52] ».

Armstrong avait déjà montré qu'il était un athlète exceptionnel. Il n'avait que 13 ans lorsqu'il remporta son premier triathlon, une compétition IronKids réservée aux enfants, et termina deuxième la même année dans le championnat national IronKids[53]. À 15 ans, il commença à participer à des courses pour adultes, Terry Armstrong ayant trafiqué la date sur son extrait de naissance pour qu'il puisse avoir le droit de concourir[54]. L'année suivante, il participa pour la seconde fois au Triathlon du Président, à Dallas, une compétition fréquentée par de nombreuses stars du sport, comme Mark Allen, qui finirait six fois champion du monde d'Ironman.

Malgré ses 15 ans, Armstrong ne termina pas loin des meilleurs. Il battit Allen à la nage. Dans la partie de vélo de cette édition 1987, il pédala à ses côtés et parvint à attirer son attention.

– C'est toi, Mark Allen ? lui demanda-t-il[55].

L'intéressé lui ayant répondu par l'affirmative, Armstrong resta à sa hauteur jusqu'à la fin de la compétition. Il termina sixième, mais ne manqua pas de se faire connaître comme futur prodige dans cette discipline[56].

Allen déclara par la suite à Jim Woodman, le directeur de la course, que le jeune homme avait des capacités incroyables. « Il n'arrivait pas à le distancer, ça lui a fichu les jetons », expliqua Woodman.

L'année suivante, Armstrong remporta le triathlon[57]. Il gagna aussi le championnat du Texas, parvenant même à battre son ancien mentor, Crawford. *Triathlete Magazine* annoncerait qu'il était l'un des plus grands athlètes de l'histoire de ce sport[58].

Déjà professionnel à 16 ans, il gagnait 20 000 dollars[59] (15 000 euros) par an. Eder lui servait de secrétaire itinérant, de négociateur de contrats, de directeur marketing et de régisseur. Il organisait son emploi du temps, lui cherchait des sponsors et gérait le budget des compétitions. Il permit également au sportif de s'entraîner durant deux étés en Californie en compagnie des meilleurs triathlètes du monde.

Eder m'a révélé qu'au total il s'était rendu avec Armstrong à plus de vingt-cinq courses et m'a montré les vieux itinéraires qu'il avait saisis sur sa machine à écrire. C'étaient souvent les sponsors qui finançaient le transport et les séjours dans des hôtels de luxe, comme le Bermuda's Princess. À 16 ans, on traitait déjà Lance comme une superstar. Les Armstrong n'eurent jamais besoin de dépenser le moindre centime pour lui.

Linda a prétendu être restée aux côtés de son fils pendant la majeure partie de ces compétitions. Eder le conteste. « Elle a dû assister à trois épreuves », affirme-t-il.

Il considérait le garçon comme un bagarreur légèrement paranoïaque. Quand on le regardait de travers, il s'emportait :

– Tu veux ma photo ?

Il lui était déjà arrivé de s'introduire en douce dans un bar, de déclencher une bagarre, puis de rentrer chez lui avec le nez en sang et les jointures des doigts à vif.

Un jour, au cours du Triathlon de Miami, lors d'une crevaison, il jeta son vélo de course Kestrel – l'une des premières générations de machines intégralement en fibre de carbone – de l'autre côté de la route. Kestrel cessa alors de le sponsoriser[60]. Son accès de colère lui avait fait perdre tout attrait marketing, d'autant plus qu'il avait été filmé par les caméras de télévision.

Désormais, sa réputation le précédait, et pourtant, dans le monde du sport, on continuait à le suivre, certains ayant compris qu'il était promis à un avenir radieux. Mais plus Armstrong obtenait de bons résultats, plus il devenait imbuvable. Personne n'avait le courage de lui tenir tête. Il se battait à l'école. Il buvait. Il conduisait vite. Et même si ses entraîneurs et ses sponsors avaient vent de tout cela, ils ne faisaient rien pour l'en empêcher.

Eder déclara que les relations d'Armstrong avec ceux qu'il considérait comme des figures paternelles se terminaient toujours mal. Un jour, l'agent dut convaincre Jim Hoyt, le patron de la société Richardson Bike Mart, de continuer à le sponsoriser en dépit de ses frasques extrasportives. Hoyt était l'un de ses premiers bienfaiteurs. Comme me le raconta celui-ci, il avait expulsé Armstrong de son magasin parce que le gamin de 12 ans lui avait emprunté du matériel qu'il n'avait jamais rendu. Il dut de nouveau le jeter dehors à 16 ans, car après avoir cosigné un emprunt avec lui pour qu'il puisse se payer une Chevrolet Camaro Iroc Z28 blanche, Armstrong avait abusé de sa générosité : un soir, en tentant d'échapper à la police, il avait abandonné la voiture à un carrefour et pris la fuite à pied. La police avait saisi le véhicule et s'était présentée chez Hoyt, parce qu'il était immatriculé à son nom. « Une semaine plus tard, ce petit enfoiré est venu chez moi avec des amis pour récupérer la voiture, se rappelait Hoyt, un vétéran médaillé du Vietnam. J'ai remonté mes manches et je lui ai dit d'essayer de la récupérer. »

Il était ensuite allé voir Eder :

– Ton gamin m'a encore baisé.

Hoyt attendit dix ans avant d'accepter d'adresser de nouveau la parole à Armstrong.

*

* *

Lorsque Lance entra en terminale, son père, Terry, était parti. Linda avait découvert l'une de ses maîtresses[61] – Terry m'a d'ailleurs raconté qu'il en avait eu tellement qu'il ne se souvenait plus du nom de celle-là. En rentrant du travail, un jour, il trouva son épouse et la femme, assises sur le canapé.

– Qui êtes-vous ? demanda-t-il à sa maîtresse.

Terry perdit et sa femme et son fils. Lors du jugement du divorce, on accorda à Linda la Cadillac de son mari ainsi que tout l'argent présent sur ses comptes et son épargne retraite. Il leur fallut se défaire de la maison et se partager équitablement le produit de la vente. Mais Terry insista pour que sa femme et son fils restent dans la région jusqu'à ce que Lance obtienne son bac. D'après le registre des divorces, il assuma aussi toutes les dettes de la famille, y compris les traites mensuelles de la Buick Skylark de 1986 de sa femme et leurs 8 265,78 dollars (environ 6 000 euros) de crédits à la consommation.

Scott Eder a confirmé que Terry l'appelait souvent pour lui demander des nouvelles de Lance. Il lui arriva même à plusieurs reprises de le surprendre, caché derrière des fourrés pour observer son fils pendant ses entraînements dans une piscine découverte. Un jour, Lance remarqua sa présence et demanda à Eder de lui transmettre ce message : s'il continuait à le suivre partout, il lui flanquerait une raclée.

Le garçon trouvait la vie de plus en plus injuste. Durant son année de terminale, il eut l'impression que tout son lycée, la Plano East High School, était contre lui[62]. L'établissement le refusa pour lépreuve du bac en raison de ses trop nombreuses absences, lorsqu'il se rendait à des épreuves de triathlon ou qu'il allait au centre d'entraînement olympique. Il se préparait au championnat du monde junior de cyclisme de Moscou, où sa performance stupéfia tout le monde[63], au point que certains grands noms du sport se rappellent encore en avoir eu la chair de poule. Toutefois, il s'épuisa bien trop rapidement et termina au cœur du peloton.

Sa mère et lui ne se voyaient pas obligés de respecter une nouvelle loi qui stipulait que tout élève devait suivre un nombre minimum d'heures de cours par an[64]. Lance, c'était « ce type avec sa mère qui râlait toujours après l'école », d'après l'un de ses camarades de classe. Elle insista pour qu'il passe quand même son diplôme[65], mais les autorités ne voulurent rien savoir.

Cela les conduisit à la Bending Oaks de Dallas, une école privée non conventionnée avec une dizaine d'élèves par classe. L'établissement se révélant peu regardant quant à ses absences, il put passer son bac en temps et en heure. Du moment que les frais de scolarité étaient réglés… Et ce fut Terry Armstrong, celui que son ex-femme qualifiait de « père absent », qui signa le chèque.

*

* *

Dans sa spacieuse maison de quatre pièces qu'on croirait tout droit sortie du catalogue des magasins de meuble Pottery Barn, Terry dépose une boîte sur la table de la cuisine. Il en extrait carte après carte, photo après photo. Sur une carte pour la fête des Pères, il est inscrit : « Je n'ai pas pu choisir mon père, mais je suis ravi que ma mère t'ait choisi. » Et à l'intérieur, une écriture d'enfant : « Je t'aime, Lance. » Sur une photo, Lance est au volant de la voiture de golf du père de Terry. Sur une autre, il est devant le clavier d'un orgue, dans l'église où officiait son grand-père.

Terry me montre un cliché d'un Lance souriant sur le canapé de ses grands-parents, puis un autre avec une Linda radieuse, sur le même canapé. Au verso, il est annoté : « Noël 1983 ». Lance avait 12 ans à l'époque, c'était quelques années avant de devenir une star du triathlon. Même s'il a perdu le contact avec son fils peu après le début de sa carrière de cycliste, Terry a suivi sa progression grâce aux journaux et à la télévision. Au mur de son bureau, il a affiché des photos qui montrent son évolution, de l'enfance à l'âge adulte. La plus récente représente Lance avec ses enfants, que Terry a trouvée sur Internet, imprimée et encadrée. Les exploits de son fils l'ont fait vibrer, déclare-t-il, et ses problèmes l'ont peiné, mais moins qu'en 1996, quand il a appris que Lance avait un cancer et qu'on lui a interdit de pénétrer dans sa chambre d'hôpital, à Indianapolis.

Après la première victoire de son fils sur le Tour de France, Terry Armstrong fut stupéfait d'entendre les déclarations de Linda sur leur vie de famille.

– Linda, une mère seule ? s'interrogea-t-il. Ses deux premiers mariages n'ont pas duré ? Lance et sa mère ont toujours vécu le dos au mur ?

Il souffrit aussi d'avoir été qualifié par erreur de « beau-père » de Lance par les chaînes d'information, y compris CNN[66], alors qu'il était son père adoptif.

Il tenta de se défendre en leur faisant remarquer leur erreur. Il leur envoya des copies de ses certificats de mariage et d'état civil, qui prouvaient qu'il était resté marié à la mère du cycliste pendant quatorze ans. Il souhaitait rétablir la vérité, mais un avocat l'en dissuada parce qu'il « n'avait pas le beau rôle », Lance ayant la presse dans sa poche. Les journalistes, surtout aux États-Unis, étaient tous tombés sous le charme de son histoire. Puis Lance sortit son autobiographie, *Il n'y a pas que le vélo dans la vie*, dans laquelle il dépeint un père abominable, et Linda d'en rajouter une couche avec son propre livre. Terry qualifierait le récit de « succession de contre-vérités ».

Un jour, en 2005, il décida d'aller se confronter à son ex-femme lors d'une de ses séances de dédicaces. Il raconta qu'il avait attendu jusqu'à la dernière minute avant d'aller prendre place au premier rang.

Tami, la nouvelle femme de Terry, qui n'avait jamais rencontré Linda, s'installa un peu plus loin pour pouvoir demander :

– Vous avez élevé Lance toute seule, oui ou non ?

Question à laquelle Linda répondit qu'elle n'avait qu'à lire le livre[67].

Terry déclara qu'il avait levé la main, ce jour-là, l'agitant comme un gamin qui essaie de capter l'attention de son instituteur, mais l'auteur fit mine de ne pas le voir. Ce ne fut qu'après la séance de questions-réponses, alors que Linda avait pris place derrière la table où elle signait des autographes, que les ex-époux se retrouvèrent face à face.

– Ton livre m'a vraiment plu, lui annonça-t-il.

– Vraiment ? s'étonna-t-elle[68].

– Oui, j'adore la fiction.

3

John Thomas Neal était un riche investisseur immobilier indépendant, et un kinésithérapeute de 48 ans, marié et père de famille, qui travaillait comme soigneur dans le cyclisme professionnel. Il massait les coureurs, préparait leurs repas et leurs bidons d'eau, nettoyait leurs tenues et transportait leurs bagages. Médecin, nounou et conseiller, Neal avait déjà travaillé avec des sportifs professionnels dans le milieu du beach-volley et avec des nageurs à l'Université du Texas. Mais sa passion, c'était le cyclisme, autant pour le sport en lui-même que pour les voyages.

Il avait fui Montgomery, dans l'Alabama, après avoir grandi au milieu des émeutes raciales des années 1960. À Austin, avec son ouverture d'esprit et ses goûts éclectiques, il s'était trouvé parfaitement à sa place dans cette ville des plus tolérantes. Un jour, il organisa un mariage gay chez lui, une ancienne église au sommet d'une colline d'où l'on apercevait toute la ville. Malgré son diplôme de droit, le monde judiciaire ne l'attirait pas vraiment, et il avait décidé de s'en éloigner. Ayant épousé une femme fortunée, il pouvait se le permettre[69]...

Mesurant tout juste 1,70 m et étant d'une stature relativement fine, c'était un grand adepte du sport – il avait fait du football américain à l'Université du Texas, de la natation, du volley-ball, du tennis à un niveau professionnel, du vélo, etc. – et cherchait depuis longtemps un moyen de travailler dans ce milieu. Il ne pouvait pas devenir entraîneur, parce qu'il n'était pas assez autoritaire, et n'avait jamais vraiment été un grand athlète. La kinésithérapie serait son salut. Il était fasciné par les aspects cliniques de la discipline. L'idée de suivre une formation pour guérir les maux d'autres personnes l'avait enchanté. Il prenait sa nouvelle vocation tellement au sérieux qu'il passa plusieurs mois en Chine pour y apprendre les techniques de médecine orientale, y compris l'acupuncture dans l'oreille interne.

De retour à Austin, il travailla bénévolement pour les sportifs de l'Université du Texas. Avec le temps, il se fit assez de relations et se forgea une réputation suffisamment bonne dans le milieu du sport olympique pour se faire embaucher comme soigneur au sein de l'équipe cycliste professionnelle Subaru-Montgomery, avec à sa tête Eddie Borysewicz, l'ancien entraîneur de l'équipe olympique américaine de cyclisme. Thomas Weisel, un banquier d'affaires et une légende dans les milieux financiers, en était le propriétaire.

Au début, Neal ne travaillait que sur des courses qui se déroulaient aux États-Unis, et il ne savait pas grand-chose sur le dopage, sauf que c'était très répandu chez les cyclistes en Europe.

Il fit la connaissance de Lance Armstrong en 1989 lors d'une épreuve de triathlon au Texas, après que Borysewicz lui eut demandé de surveiller la star en devenir. Il avait attiré l'attention de l'entraîneur quand il avait sorti le grand jeu pendant le championnat du monde junior de Moscou. Il l'avait convaincu de changer de discipline, car, contrairement au triathlon, le vélo était un sport olympique…

Armstrong, sans aucun doute l'étoile montante du cyclisme mondial, finit par signer un contrat avec l'équipe Subaru-Montgomery. Neal et Lance se connaissaient alors très bien.

Près d'une dizaine de sportifs à Austin, aussi bien chez les hommes que chez les femmes, prétendent encore aujourd'hui qu'ils se sentaient plus proches de Neal que de leur propre père.

Il les invitait dans sa famille et leur apportait un peu de stabilité. Tout ce dont Armstrong avait besoin.

Il quitta Plano pour les collines d'Austin, le terrain se prêtant beaucoup mieux à l'entraînement. Bénéficiant d'un tarif plus que préférentiel, il emménagea dans l'un des appartements de la résidence de Neal. Près du centre-ville, au milieu de grands arbres, à 20 m du bureau du soigneur, c'était un lieu où l'on se sentait tellement à l'aise et en sécurité qu'Armstrong l'aima aussitôt. Plus tard, il expliqua au *Dallas Morning News* que cet appartement était « mortel, vraiment génial[70] ». Ils se voyaient tous les jours, parfois plusieurs fois par jour, aussi bien pour des massages que pour les repas. Neal était ravi de savoir qu'il pouvait avoir un impact positif sur la vie de cet adolescent en quête de repères.

Il comprit rapidement que ce gosse avait un ego plus important que son talent. Il était effronté, impoli, et manquait cruellement d'éducation. Plus Neal en apprenait sur l'existence que menait le jeune coureur chez lui, plus il avait de la peine pour lui. Ce gamin n'avait pas eu de père sur qui compter. Linda se réjouissait que son fils ait enfin trouvé un homme susceptible de lui servir de modèle[71], et Neal l'écoutait, lui aussi avec une oreille compatissante, tandis qu'elle se démenait pour gérer une période de transition délicate entre ses deux mariages.

Il ne tarda pas à comprendre que le manque de confiance d'Armstrong et sa colère étaient le produit d'une famille déchirée. Il se sentait abandonné par son père biologique et maltraité par son père adoptif. Comme le jeune coureur n'aimait pas rester seul, Neal allait souvent prendre son petit déjeuner avec lui à l'*Upper Crust Café*, juste en bas de la rue, près de chez lui, et déjeuner dans un *sports bar* du nom de *The Tavern*. Armstrong allait dîner chez les Neal trois ou quatre fois par semaine. Leurs trois enfants étaient toujours là, et il y avait de temps à autre un ami du jeune coureur ou un étudiant que le soigneur avait également pris sous son aile. Ces repas n'avaient rien d'exceptionnel ; il s'agissait parfois simplement de haricots mijotés qu'ils mangeaient avec des couverts en plastique devant des mugs dépareillés, comme s'ils faisaient du camping. Mais ils formaient une famille.

Frances, l'épouse de Neal, et Armstrong, étaient les boute-en-train de la tablée. Il leur arrivait de se poursuivre autour de la table, de chanter des extraits de « Ice Ice Baby » de Vanilla Ice, alors stars du rap de Dallas qui étaient parvenues à hisser cette chanson au sommet des charts. Dès que l'un fredonnait « *Ice, ice baby !* », l'autre répliquait « *Too cold, too cold !* ». À l'occasion, ils poursuivaient leurs plaisanteries sur le bateau à moteur de Neal, et passaient la journée à nager ou à faire du ski nautique.

Ce fut sans conteste la période la plus joyeuse et la plus simple de l'existence d'Armstrong. Il n'avait plus à se préoccuper de Terry, et sa mère et ses déboires conjugaux étaient restés à Plano, à près de 350 km de là. Son univers se réduisait alors à Austin et à Neal, qui ouvrait volontiers sa maison ou sa résidence à des coureurs de l'équipe nationale – comme George Hincapie, Frankie Andreu, Chann McRae et Kevin Livingston, de futurs coéquipiers de Lance à l'US Postal – qui souhaitaient s'entraîner dans les collines de la région de Texas Hill Country.

Le lendemain de l'emménagement d'Armstrong dans son nouvel appartement, les Neal allèrent le voir courir à Lago Vista, à une cinquantaine de kilomètres d'Austin. Ayant réalisé une piètre performance, il avoua à Neal s'être couché tard la veille, après être allé boire quelques verres dans un club de strip-tease d'Austin, *The Yellow Rose.* Neal prit cela pour un comportement normal de la part d'un adolescent turbulent désireux de profiter de sa nouvelle liberté.

*

* *

Un matin d'août 1991, juste avant le lever du soleil, Armstrong appela J.T. Neal. Pouvait-il aller le chercher à San Marcos ? Il n'était pas resté coincé sur le bas-côté de la route dans le désert du Texas. Il n'avait pas crevé avec son vélo lors d'un entraînement marathon. Non, il était en prison.

La veille, à une cinquantaine de kilomètres d'Austin, il avait fait la fête avec des étudiantes de l'université Southwest Texas State.

Alors qu'ils batifolaient dans un jacuzzi extérieur dans la résidence d'une des étudiantes, ils avaient fait tant de bruit que la police était venue voir ce qui se passait. La seconde fois avait été plus lourde de conséquences : arrêté pour conduite dangereuse[72], il avait cru qu'il pourrait compter sur son bagout pour se tirer d'affaire. Et s'il refusait de souffler dans l'éthylotest ? Quand il avait expliqué au policier qui il était – le meilleur espoir cycliste du pays –, il avait été certain de l'impressionner.

S'il avait été quarterback, son stratagème aurait peut-être fonctionné. Mais le flic se fichait éperdument de ce type qui se vantait de ses exploits sur un vélo. Il l'avait donc emmené directement dans l'une des cellules du comté.

Neal, toujours inquiet que son poulain puisse conduire ivre, alla le récupérer le lendemain à la prison de San Marcos. Des mois plus tard, en recevant un avis qui l'informait que son permis de conduire pouvait être suspendu, Armstrong lui fit suivre le courrier. Sur l'enveloppe, il inscrivit : « J.T. – C'est arrivé aujourd'hui ? Passe un joyeux Noël ! Lance. » Lui servant désormais aussi bien d'avocat que d'ami, Neal l'aida à échapper à la condamnation et à conserver son permis.

Quant à lui, il reçut du coureur une chose aussi rare que précieuse : sa confiance. Armstrong se mit à lui envoyer des cartes postales de ses lieux d'entraînement et de courses, ainsi qu'un mot daté du 16 août 1991, à Wein-und Ferienort Bischoffingen, en Allemagne :

« J.T.

Comment ça va ? Eh bien, l'Allemagne, c'est très sympa. Comme tu le sais probablement, le championnat est dans un peu plus d'une semaine et je suis déjà super nerveux. Au moins, je fais de meilleurs résultats, en ce moment ! Dommage que tu ne sois pas là ! Les gars te disent bonjour.

Lance. »

Neal était un mordu de cyclisme. N'ayant jamais été suffisamment athlétique pour devenir un crack dans quelque sport que ce soit – il faisait du vélo, mais uniquement pour le plaisir –, il avait dorénavant la possibilité d'évoluer au milieu de ces cracks ; ils l'avaient accepté et le respectaient. Pour un mordu de vélo, il faisait un métier de rêve.

Il était très fier que les coureurs de l'équipe des États-Unis et que les pros américains sachent qui il était. Certains l'appelaient même pour lui demander conseil. Hincapie par exemple[73] : « Je me suis fait arrêter à la douane avec une valise pleine d'EPO et d'autres produits, qu'est-ce que je fais ? » Certains, comme Armstrong et Hincapie, lui ont confié qu'ils prenaient des produits interdits. On ne sait pas vraiment s'il a été leur complice. Il a cependant affirmé que le rôle d'un soigneur était différent aux États-Unis qu'en Europe, où il fallait s'y connaître en produits pharmaceutiques. C'étaient des amis soigneurs qui avaient travaillé sur le Vieux Continent qui le lui avaient appris. Il certifie ne lui avoir fait qu'une seule injection : une piqûre de vitamines dans le postérieur.

À l'époque, Armstrong ne cachait pas qu'il recevait régulièrement des injections. Neal a toujours prétendu que le coureur détestait faire les choses lui-même, qu'il avait l'impression d'être en droit d'exiger que quelqu'un nettoie sa voiture gratuitement ou lui réserve ses tables de restaurant. Au début, il n'aimait pas non plus se faire lui-même ses injections. Nancy Geisler, une étudiante qui faisait office de secrétaire pour Neal et qui était proche des deux hommes, a dit qu'un jour le soigneur lui avait demandé de faire une piqûre de vitamines à Lance parce qu'il ne serait pas en ville et ne pourrait pas la lui faire lui-même[74]. Elle partit du principe que cela faisait partie de son régime d'entraînement.

Quand elle le remplaça, cela ne sembla poser aucun problème à Armstrong. Elle n'avait vu aucune étiquette sur l'ampoule dans laquelle elle avait enfoncé la seringue. Elle supposa alors qu'Armstrong se dopait et que Neal était au courant. Ce n'est que des années plus tard qu'elle s'est demandé : « Aurais-je pris part à quelque chose d'illégal[75] ? »

D'après Neal, le coureur avait recours à des injections et à des perfusions pour mieux récupérer et pour se donner un coup de fouet avant les courses. La veille de la course des Jeux olympiques de 1992, en entrant dans la chambre d'hôtel d'Armstrong, son compatriote Timm Peddie tomba sur Neal, Chris Carmichael, l'entraîneur de l'équipe nationale des États-Unis, Charlie Livermore, le soigneur de l'équipe nationale, et une brochette d'officiels du cyclisme américain debout autour du lit du coureur, qui avait quant à lui une perfusion dans le bras[76]. Peddie fut stupéfait que l'on puisse faire cela au grand jour. Tous les regards se tournèrent vers l'intrus, et celui-ci ressortit aussi vite qu'il était entré. Il ne savait pas vraiment ce qu'il venait de voir. S'agissait-il d'une transfusion sanguine ? D'une injection d'électrolytes ou de protéines ? Il savait simplement que lui n'avait jamais eu de perfusion ou quoi que ce soit de ce genre avant une course. Armstrong recevait manifestement un traitement particulier…

*

* *

Au début des années 1990, le cyclisme américain n'avait qu'une seule star, Greg LeMond, qui, en 1986, était devenu le premier Américain à remporter le Tour de France, un exploit qu'il avait ensuite répété en 1989 et 1990. Mais ses victoires n'avaient eu que peu d'impact sur la discipline aux États-Unis. LeMond avait couru pour une équipe européenne, et son succès était essentiellement européen, loin des yeux des amateurs de sport américains.

Armstrong, lui, arrivait avec une histoire extraordinaire – une mère seule qui avait abandonné le lycée pour pouvoir élever son enfant –, et il courait depuis 1992 pour une équipe américaine, Motorola. Jeune et charismatique, il était destiné à devenir une star et avait soif de célébrité.

Lance insista pour que Steve Penny[77], le directeur général de l'USA Cycling[a], se serve de lui pour mieux faire connaître ce sport aux États-Unis, les articles sur le vélo ne dépassant généralement pas l'entrefilet dans les pages sportives des journaux.

---

a. Les instances du cyclisme américain.

Penny convainquit Descente, le nouveau sponsor en habillement de la fédération, d'éditer une affiche avec quatre des meilleurs sportifs de l'équipe nationale : Armstrong, Hincapie, Bobby Julich et le champion du monde sur route junior de 1991, Jeff Evanshine. L'affiche représentait une photo du Pikes Peak devant lequel chacun des coureurs montrait son visage le plus déterminé. En bas, à gauche, étaient listées « les règles de l'équipe américaine » :

« Règle n° 1 : Lance, Bobby, George et Jeff ne sont pas là pour plaisanter.

Règle n° 2 : Pleurnicheries interdites.

Règle n° 3 : Sans pression, ça ne compte pas.

Règle n° 4 : Aucune échappatoire[78].

Règle n° 5 : Aucune règle : la médaille d'or à Barcelone, c'est tout ce qui compte. »

Même si Armstrong adorait qu'on le considère comme une star, sa quête de célébrité venait bien après sa soif d'argent. J.T. Neal le comprit très tôt. Il vit tout de suite qu'Armstrong ne vivait que pour l'argent : comment en obtenir, comment le garder et que faire, de manière éthique ou non, pour en gagner davantage.

*

* *

En 1993, Armstrong se lança à la poursuite d'une récompense d'un million de dollars. Les pharmacies Thrift Drug offraient ce prix au coureur qui remporterait les trois courses américaines les plus importantes : la classique Thrift Drug de Pittsburgh, la classique Kmart de Virginie-Occidentale et le championnat national CoreStates USPRO de Philadelphie. Chacune d'elles nécessitait des capacités différentes : celle de Pittsburgh était une épreuve exigeante d'une journée, celle de Virginie-Occidentale une compétition exténuante de six étapes qui récompensait les meilleurs grimpeurs, et celle de Philadelphie un parcours destiné aux sprinters.

À la surprise générale, Armstrong, qui n'avait alors que 21 ans, remporta la première. Après cinq étapes dans la seconde épreuve, il faisait partie des favoris. Alors, avec ce chèque d'un million de dollars à portée de main, plusieurs coureurs de l'équipe Motorola échafaudèrent un plan pour s'assurer la victoire[79].

L'équipier Motorola Frankie Andreu aurait apparemment approché Scott McKinley, un coureur de l'équipe Coors Light, pour lui proposer un marché à 50 000 dollars[80] (environ 36 000 euros) : une somme fixe accompagnée d'un pourcentage sur la somme remportée en cas de victoire si l'équipe de Coors Light acceptait d'aider Armstrong à gagner le million de dollars en évitant de le défier pour la victoire durant le restant de cette deuxième course et lors de la dernière. La Coors Light était une équipe relativement forte, avec des coureurs parmi les meilleurs.

Plus tard dans la soirée, des coureurs de chacune des deux équipes discutèrent de l'accord dans la chambre d'hôtel que Lance partageait avec son coéquipier australien, Phil Anderson[81]. Quand les membres de la Coors Light quittèrent la pièce, le marché était conclu.

Si Armstrong remportait le million, les deux équipes en profiteraient. Motorola toucherait une bonne part de la somme, 600 000 dollars, et Armstrong 200 000[82]. D'après Stephen Swart, qui participa aux négociations, chaque membre de la Coors Light devait toucher, quant à lui, entre 3 000 et 5 000 dollars[83] (entre 2 200 et 3 700 euros).

Tant que le public ignorerait les dessous de cette histoire, le jackpot d'Armstrong permettrait aussi de donner au cyclisme la publicité dont il avait besoin pour se développer. Tout le monde était gagnant.

Depuis des décennies, on truquait des courses, et c'était un élément du sport autant que le dopage. Joe Parkin, un Américain qui courait en Europe, l'a confirmé dans son livre *A Dog in a Hat*[a]. Il y a écrit que le fait d'acheter ses victoires était une pratique courante et acceptée dans l'Europe de la fin des

---

a. Ouvrage jamais traduit en français, publié en 2008 par Velopress.

années 1980[84]. Pour l'emporter dans leur localité, il arrivait que des coureurs dépensent plusieurs milliers de dollars. Cela permettait aux perdants de gagner de l'argent facilement. Tout le monde était content, de l'argent plein les poches.

« Lorsque j'étais cycliste professionnel en Europe, raconte Parkin, mes valeurs ont été sérieusement écornées. Toutes ces choses que des gens ordinaires auraient trouvées choquantes me paraissaient tout à fait normales. »

Avec la Coors Light de son côté, Armstrong remporta la deuxième des trois courses. Puis, dans les derniers kilomètres de celle de Philadelphie, l'ultime course, il se trouvait dans une échappée de six coureurs quand il partit seul au pied d'une pente incroyablement raide, le mur de Manayunk. Aucun de ses compagnons d'échappée ne se lançant à sa poursuite, ils le laissèrent remporter la course dans ce qui ressembla à un effort solitaire héroïque.

Avant la course, Neal était certain qu'Armstrong la gagnerait parce qu'il était le plus fort. Il n'apprit qu'après la victoire que son poulain avait acheté ses concurrents pour pouvoir se hisser sur la plus haute marche du podium. Les coureurs de la Coors Light avaient respecté leur part du marché : ils n'avaient pas attaqué Lance durant la course de Philadelphie, ce qui lui avait rendu la tâche bien plus aisée.

Armstrong avait également révélé à Neal[85] que, dans les derniers kilomètres de l'épreuve, il avait proposé 10 000 dollars (environ 7 500 euros) à Roberto Gaggioli, un coureur de la Coors Light, pour empêcher d'autres concurrents de le poursuivre lorsqu'il se lancerait dans son échappée solitaire. D'après Neal, Gaggioli, sans aucun doute le sprinter le plus fort du peloton et le concurrent le plus sérieux d'Armstrong pour la victoire, avait accepté son offre. Gaggioli refusa de faire le moindre commentaire.

C'était Gaggioli qui se trouvait en tête de l'échappée des six coureurs quand Armstrong leur avait faussé compagnie au pied du mur de Manayunk. Au lieu de le prendre en chasse ou de tenter de le rattraper avec les autres, il aurait fourni un effort moins puissant que précédemment à la tête du groupe, freinant par conséquent tout le monde. Ou il aurait carrément refusé de prendre son tour en tête du peloton de chasse. Quelle qu'ait été son attitude, il avait apparemment rendu la tâche très difficile à ses compagnons d'échappée tandis que Lance partait tout seul sous leurs yeux.

Gêné, Neal reprocha à son coureur d'avoir triché.

– Pour l'amour du ciel, lui dit-il, cesse de t'en vanter[86] !

Neal en voulait également à Ochowicz, persuadé qu'il avait accepté le marché. Il ne l'aimait pas beaucoup, de toute façon. D'après lui, le directeur sportif n'y connaissait rien en tactique de course et se contentait de se goinfrer de beurre de cacahuète et de tartines de confiture dans la voiture de l'équipe. Il trouvait qu'il avait une mauvaise influence sur Lance, un gamin qui n'avait pas vraiment besoin qu'on le pousse beaucoup pour enfreindre les règles. Il semblait désormais évident à Neal que l'éthique d'Armstrong serait à tout jamais entamée. De l'aveu même du coureur[87], il aurait par la suite remporté la Clásica San Sebastián de 1995 après avoir acheté un autre coureur dans les derniers kilomètres.

S'il avait jamais eu une conscience, ses responsables l'avaient convaincu que cela lui serait parfaitement inutile. D'après Armstrong, Ochowicz avait donné son aval à cette manœuvre pour remporter le million de dollars. Et cela avait fonctionné.

Lors de la retransmission télévisée de la cérémonie de remise du prix, Armstrong a résumé sa victoire dans une allusion tout en ironie : « Tout le monde a gagné, aujourd'hui. »

*

* *

Durant l'année de cette supercherie, en 1993, Armstrong acquit une certaine renommée. Non seulement il remporta ce fameux million, mais il remporta aussi sa première étape sur le Tour de France. En août, à 21 ans, il devint le second plus jeune champion du monde sur route de tous les temps. Motorola envisageant de quitter le cyclisme, la saison brillante d'Armstrong donna à son équipe des raisons d'espérer l'arrivée d'un nouveau sponsor, et probablement un qui aurait du répondant.

Tout à coup, le cyclisme prit de l'importance aux États-Unis. Des journalistes du monde entier se rendirent à Austin. ABC News interviewa Lance et sa mère, le qualifiant de « jeune prodige[88] » et attirant l'attention sur le fait que Linda l'avait eu alors qu'elle était encore adolescente.

– Eh bien, j'étais jeune et enceinte, j'étais effrayée[89], dit-elle.

– Il a fallu qu'on surmonte beaucoup d'obstacles et que l'on vienne à bout de nombreuses résistances, ajouta Lance. Ce que je veux dire, c'est que personne ne comptait sur elle, et personne ne comptait sur moi[90].

Dans les journaux, il prétendait ne jamais avoir connu son père et affirmait que le second mariage de Linda s'était terminé au bout de dix ans. Ces mensonges rendirent son histoire encore plus alléchante pour les médias.

« Lance, c'est vraiment celui qu'il fallait pour que notre pays s'intéresse au cyclisme, déclara Steve Penny, le responsable marketing de l'USA Cycling, dans un article de presse. S'il y en a qui cherchent à soutenir un héros, c'est Lance qu'il leur faut[91]. »

Le directeur sportif Ochowicz dit qu'il était aux anges, en évoquant la victoire à un million d'Armstrong. « C'est un grand jour pour le cyclisme américain. »

À la fin de cette année-là, Armstrong et son équipe étaient si forts que Motorola, finalement, signa pour une nouvelle saison. L'équipe ne ferait pas faillite, après tout. Lance commença à surnommer Penny « Dime » (d'après le nom de la pièce américaine de 10 cents).

De retour à Austin, il s'offrit une nouvelle voiture de sport à 70 000 dollars (plus de 50 000 euros), une Honda NSX noire. Il demanda ensuite à Neal de faire construire un garage dans la résidence. Neal résista, mais pas très longtemps. Pour environ 50 000 dollars (36 000 euros), il finit par en faire construire un. Il ne lui refusait jamais rien, semblait-il.

À Noël, cette année-là, Lance le remercia en lui offrant plusieurs cadeaux, dont un maillot de champion des États-Unis dédicacé de sa main. Au marqueur noir, il avait inscrit : « J.T., j'ai énormément de chance que nos chemins se soient croisés. Tu es mon véritable bras droit ! Et mon meilleur ami, naturellement ! Lance Armstrong. »

Il lui offrit aussi une Rolex sur laquelle il avait fait graver : « À J.T., de la part de LANCE ARMSTRONG. » Neal accepta la montre comme symbole de la gratitude de son poulain, et même de son amour. Il la porta avec fierté pendant plusieurs années. Jusqu'au jour où il décida de ne plus jamais la mettre à son poignet.

Deuxième partie

Les mensonges du sport

4

En 1992, en ouvrant l'armoire à pharmacie de l'équipe Motorola, on aurait pu y trouver tous les articles habituels – pansements, traitement contre la diarrhée et antiseptique pour les « gadins » –, ainsi que des choses totalement illicites, comme de la cortisone, de la testostérone et du paracétamol[92]. La plupart des coureurs ne considéraient pas ces produits comme des dopants. Ils les utilisaient uniquement parce qu'ils se souciaient de leur santé dans le cadre de ce sport exténuant.

La cortisone, que l'on peut s'injecter ou ingérer, atténue les douleurs musculaires et est utilisée comme anti-inflammatoire pour les articulations et les courbatures. C'est une substance prohibée, mais elle demeure un produit de base pour les cyclistes car elle calme les douleurs dans les jambes. Ils en prennent aussi facilement que l'on prend de l'aspirine pour un mal de tête, et de nombreux médecins d'équipes en prescrivent sur des ordonnances bidon[93].

La testostérone est un stéroïde, mais les coureurs ne s'en servent pas pour augmenter leur masse musculaire ; elle leur permet de récupérer plus efficacement d'une séance d'entraînement et de pouvoir s'entraîner aussi dur le lendemain. Ils considèrent ce produit de la même manière qu'un massage ou que la nécessité de se tenir hydraté.

Ces produits étaient très utilisés au sein du peloton, en Europe. Ceux qui prenaient le Tour de France au sérieux cherchaient à cumuler tous les avantages, qu'il s'agît de stéroïdes, de vitamines injectables comme la B12 et le complexe B, ou d'acide folique.

L'usage de produits dopants est étroitement lié à l'histoire du cyclisme, surtout à celle du Tour de France, une épreuve de plus de 3 000 km étalée sur seulement trois semaines. Cette course, qui se déroule chaque année au mois de juillet, est incroyablement difficile, et ce depuis sa première édition, en 1903.

Les coureurs ont toujours trouvé le moyen de la rendre plus facile. En 1904, certains abandonnèrent leur vélo et grimpèrent dans des voitures, des trains ou des cars pour éviter de longues portions de route. Cette année-là, tous les vainqueurs d'étape et les quatre premiers du classement furent au nombre des vingt-neuf concurrents sanctionnés pour avoir triché. Et ce n'était que le début.

Au début des années 1900, les coureurs prenaient des substances comme l'éther, la cocaïne et la strychnine pour amortir la douleur[94]. Certains s'arrêtaient dans des bars pour boire du vin ou d'autres alcools aux vertus analgésiques. Ils prenaient des mélanges à base de cocaïne pour faire croire à leur organisme que tout allait bien alors que leur cerveau leur indiquait le contraire. D'autres étaient persuadés qu'ils respireraient mieux s'ils prenaient d'abord un peu de strychnine, un alcaloïde puissant qui sert à fabriquer la mort-aux-rats, et/ou de la nitroglycérine, que l'on prescrivait généralement aux victimes de crises cardiaques pour stimuler leur cœur.

L'usage de ces substances a été confirmé par Henri Pélissier et son frère Francis, des cyclistes français qui ont abandonné pendant le Tour de 1924, avant de donner une interview restée célèbre à Albert Londres, un journaliste du *Petit Parisien*[95]. L'article était intitulé « Les Forçats de la route ».

« Vous ne pouvez pas imaginer à quoi ça ressemble, le Tour de France, raconta Henri Pélissier à Londres. C'est un véritable calvaire. Et encore, le chemin de croix n'a que quatorze stations, alors que nous, on a quinze étapes. On souffre du début à la fin. » Il montra au journaliste le contenu de la musette qu'il portait depuis le début de l'épreuve : de la cocaïne pour les yeux, du chloroforme pour les gencives, de la pommade pour chevaux pour les genoux et des cachets qu'il appelait de la « dynamite ».

Les amphétamines se sont répandues au milieu des années 1940 et ont été à l'origine des accidents graves[96]. Le coureur français Jean Malléjac s'effondra de son vélo pendant le Tour de 1955[97], à moins de 10 km du sommet du mont Ventoux, le célèbre mont Chauve qui culmine à environ 1 900 m au-dessus de la Provence. Il tomba sur des rochers, sur le bas-côté de la route, un pied encore attaché à la pédale de sa machine, l'autre battant frénétiquement dans le vide. Il demeura inconscient pendant un quart d'heure, ce que le médecin du Tour qualifia de syncope causée par l'absorption d'amphétamines[98].

Roger Rivière, un autre cycliste français, se retrouva dans un enchevêtrement de ferraille au pied d'une forte pente après avoir percuté un mur, au cours du Tour de 1960[99]. Il se brisa le dos. Les médecins trouvèrent dans sa poche des antidouleurs qui avaient pu altérer son jugement et amoindrir ses réflexes au point de le rendre incapable de freiner. Il ne retrouva jamais l'usage de ses jambes. Deux ans plus tard, quatorze coureurs du Tour quittèrent la course à cause d'une intoxication à la morphine.

Malgré une prise de conscience de plus en plus générale, le Tour et le dopage sont toujours allés de pair. Le quintuple vainqueur Jacques Anquetil est réputé pour avoir fait preuve d'une grande transparence sur ses propres habitudes[100]. « Personne ne peut gagner le Tour de France en prenant uniquement de l'eau claire. Tout le monde se dope », déclara-t-il un jour.

Rien n'était illégal.

En 1963, le dopage était devenu si dangereux qu'un groupe de cyclistes, de médecins, d'avocats, de journalistes et d'officiels du sport s'unirent pour faire pression en faveur de contrôles antidopage[101]. Deux ans plus tard, la France fit passer ses premières lois contre le dopage, et ce fut le début des contrôles sur le Tour.

Anquetil à leur tête, les coureurs rechignèrent[102]. Avant la première étape, ils se rassemblèrent pour scander :

– On ne pissera pas dans des éprouvettes !

Ils continuèrent à protester en marchant à côté de leur vélo sur les cinquante premiers mètres de l'étape. Félix Lévitan, le directeur du Tour de l'époque, qualifia les coureurs de « bande de drogués » déterminés à « discréditer le cyclisme ».

Puis vint l'un des jours les plus noirs de la sombre histoire du vélo. Le 13 juillet 1967, le Britannique Tom Simpson se mit à zigzaguer sur la chaussée, non loin du sommet du mont Ventoux. Il finit par tomber de sa machine, mais demanda au mécanicien d'une équipe :

– Relève-moi, relève-moi. Je veux continuer. Je veux repartir. Relève-moi[103].

Des spectateurs l'aidèrent à remonter sur son vélo, mais, 100 m plus loin, il s'écroula de nouveau sur la route, encore cramponné à son guidon, et tomba dans le coma. Trois heures plus tard, il était mort.

Le rapport d'autopsie révéla qu'il avait succombé à une hyperthermie à l'origine d'une crise cardiaque[104]. Mais les poches de son maillot racontaient une autre histoire : on y découvrit des ampoules vides qui contenaient des traces d'amphétamines.

*

* *

Don Catlin, l'homme qui créa le premier laboratoire de contrôle antidopage des États-Unis, l'Olympic Analytical Laboratory de l'UCLA, à Los Angeles, étudiait depuis longtemps l'érythropoïétine, l'EPO. Cette hormone apparut sur le marché américain en 1989 sous la forme d'un traitement contre les problèmes rénaux et l'anémie provoquée par le sida, mais des athlètes avaient découvert ses pouvoirs magiques bien avant cela. Cette puissante hormone améliorait l'endurance en accroissant la production de globules rouges. Plus de globules rouges, donc plus d'endurance ? Dans le cyclisme, elle fut rapidement considérée comme une potion magique.

Le produit se présente sous la forme d'une ampoule de moins de 4 cm de long, mais qui contient plusieurs doses. Pour augmenter le nombre de leurs globules rouges, ceux qui pratiquaient un sport d'endurance ne seraient plus jamais obligés de subir de transfusions sanguines, un procédé périlleux et lourd à mettre en place. C'était désormais aussi simple qu'une piqûre. Les athlètes pouvaient ainsi bénéficier d'une amélioration de 8 % de leurs performances cardio-vasculaires, d'après les estimations d'une étude suédoise inédite[105]. Entre remporter le Tour de France et ne même pas être au niveau pour faire partie d'une des équipes engagées dans la Grande Boucle, cela pouvait faire la différence.

Il y avait toutefois un inconvénient : l'EPO augmentait le niveau d'hématocrite, c'est-à-dire la proportion de globules rouges dans le sang et l'épaisseur de celui-ci. Ce taux est habituellement compris entre 42 et 48 % de la quantité totale de sang.

Avec cette hormone, certains cyclistes parvenaient à faire monter ce taux jusqu'à 50 %, voire au-delà. Bjarne Riis, le vainqueur du Tour de 1996, fut même surnommé « Monsieur 60 %[106] », l'EPO lui ayant soi-disant fait atteindre ce taux inhumain. Cette pratique était en soi très dangereuse. Si un sportif en prenait une dose trop importante, son sang pouvait se changer en une sorte de mélasse visqueuse susceptible de provoquer un accident vasculaire cérébral ou un arrêt cardiaque. À cause de la déshydratation, un phénomène courant lors des longues épreuves, le sang des coureurs avait déjà tendance à s'épaissir. À la fin des années 1980, les cyclistes achetaient ce produit au marché noir… Puis ils commencèrent à tomber comme des mouches.

En 1987, cinq coureurs néerlandais trouvèrent la mort à cause d'insuffisances cardiaques[107]. Le 17 août 1988, Connie Meijer, une cycliste hollandaise de 25 ans, s'évanouit et mourut elle aussi d'une crise cardiaque au cours d'un critérium. Le lendemain, Bert Oosterbosch, l'un de ses compatriotes, mourut des mêmes causes dans son sommeil, à 32 ans.

Des médecins et des spécialistes du sang déclarèrent que l'usage d'EPO avait pu jouer un rôle dans la mort d'au moins dix-huit cyclistes professionnels européens entre 1988 et 1992[108], dont dix avaient péri à cause de problèmes cardiaques. Lorsque le magazine *VeloNews* affirma qu'une « bombe atomique » avait explosé dans le sport, les médias grand public s'emparèrent du sujet. « Un produit permettant d'accroître l'endurance lié à la mort de nombreux sportifs[109] », titra même le *New York Times*.

Catlin alerta le Comité international olympique[a]. Étant lui-même membre de la commission médicale du CIO, il insista pour qu'une enquête soit diligentée. Ces sportifs avaient pris une substance pour laquelle il n'existait encore aucun contrôle ! Il était convaincu que le CIO devait réagir, et sans tarder, car des vies étaient en jeu.

Il se rendit en Europe avec une équipe du Comité pour une mission d'enquête, mais personne n'accepta de lui parler de l'EPO, même les familles des victimes, qui refusaient de coopérer. Des coureurs prétendaient ne jamais en avoir entendu parler[110]. En gros, ils lui firent comprendre qu'il valait mieux qu'il s'en aille. Sans relâche, il leur répéta :

– Ne craignez pas de parler. Nous tentons de sauver la vie d'autres cyclistes. S'il vous plaît, aidez-nous.

En réponse, il n'obtint qu'un silence. Il était persuadé que certains protégeaient non seulement la mémoire de leurs amis, proches ou équipiers, mais aussi le sport lui-même. Les unes après les autres, les affaires de dopage se succédaient. Il fallait faire quelque chose.

Catlin défendit sa cause en 1988. Mais il lui fut impossible de briser la loi du silence qui régnait dans le milieu depuis si longtemps. Sept ans plus tard, Lance Armstrong prit de l'EPO pour la première fois[111].

*
* *

Quand Armstrong s'engagea avec Motorola en 1992, il fréquentait déjà des entraîneurs à la réputation douteuse, dont le premier avait été Eddie Borysewicz.

---

a. Communément appelé le CIO.

En 1985, celui-ci se retrouva au centre de l'une des plus grosses affaires de dopage de l'histoire du sport américain. Polonais, il avait affûté son art dans les écoles de sport du bloc soviétique. Alors qu'il entraînait l'équipe américaine pour les Jeux olympiques de 1984, il fut accusé d'avoir fait subir des transfusions sanguines à des coureurs pour augmenter le nombre de leurs globules rouges porteurs d'oxygène. Si l'on n'effectuait pas ce genre de transfusion dans les règles, et si le sang n'était pas conservé à la bonne température, les coureurs dopés pouvaient tomber malades… voire succomber.

Cette pratique n'était pas expressément interdite par le CIO, mais le règlement stipulait qu'il était défendu aux athlètes de prendre un traitement ou de subir une intervention susceptibles d'influencer la compétition de manière inéquitable. Quoi qu'il en soit, en 1984, Borysewicz et d'autres responsables de l'équipe olympique de cyclisme demandèrent à sept de leurs coureurs de s'aligner dans une pièce du Ramada Inn de Los Angeles et d'attendre leur tour pour aller s'allonger et recevoir du sang d'un proche ou d'une personne du même groupe sanguin[112]. Deux d'entre eux tombèrent malades. Quatre autres remportèrent des médailles, dont une en or[113].

Quelques mois plus tard, ces transfusions furent rendues publiques, écornant aussi bien l'image du cyclisme que la réputation de Borysewicz.

« Eddie B. a introduit le dopage industriel dans le cyclisme américain, et ça a tout changé », déclara Andy Bohlmann, qui, de 1984 à 1990, fut à la tête du programme antidopage de l'USA Cycling, puis de la fédération elle-même.

En 1990, Chris Carmichael, un ancien coureur de l'équipe 7-Eleven, fut nommé entraîneur de l'équipe nationale, avec des dizaines de cyclistes sous ses ordres, dont Armstrong et trois autres garçons prometteurs issus de l'équipe nationale junior, Greg Strock, Erich Kaiter et Gerrik Latta.

Ils finirent tous par avouer que les responsables de l'équipe nationale les avaient dopés sans leur consentement alors qu'ils étaient encore adolescents[114]. L'un d'eux cita nommément Carmichael. Ils déclarèrent que leurs responsables leur avaient certifié qu'il s'agissait d'injections de simples vitamines ou d'« extraits de cortisone ». On leur avait aussi remis des cachets non identifiés dissimulés dans des barres chocolatées qu'ils devaient manger pendant les compétitions. L'eau de leurs bidons était coupée avec des produits dopants interdits.

Des années plus tard, à l'école de médecine, Strock découvrit qu'il n'avait jamais existé d'« extraits de cortisone ». Il se rendit compte que ses entraîneurs lui avaient certainement injecté un produit dangereux, qui avait sans doute déclenché la maladie auto-immune qui l'avait obligé à mettre un terme à sa carrière de cycliste en 1991. Il se remémora le championnat des États-Unis de 1990, quand Carmichael était arrivé avec une mallette pleine de produits et de seringues et qu'il lui avait fait une piqûre sur les fesses sous la supervision d'un autre entraîneur, René Wenzel. Strock se rappelle avoir vu à d'autres courses Carmichael avec cette mallette, tel un représentant de l'industrie pharmaceutique faisant la tournée de ses clients.

Et que Lance Armstrong pensait-il d'un entraîneur au passé si trouble ? Selon lui, ils étaient comme des frères. On pouvait d'ailleurs voir une photo de Lance sur la jaquette de l'une des vidéos d'entraînement que Carmichael avait éditées plus tard. Le coureur rédigea aussi la préface d'un certain nombre de ses livres. Il prétendait être le cerveau responsable du succès d'Armstrong. N'importe qui pouvait profiter des conseils de l'entraîneur du plus grand cycliste du monde en se rendant à l'un de ses stages d'entraînement d'une semaine. Le prix : 15 000 petits dollars (près de 11 000 euros).

*

* *

Tout au long des années 1990, J.T. Neal fut le soigneur attitré d'Armstrong lors des épreuves qui se déroulaient aux États-Unis et des stages d'entraînement de l'équipe nationale. Mais en Europe, et pendant les compétitions importantes, l'honneur de pouvoir masser le champion revenait à un homme du nom de John Hendershot. En Europe, au milieu des autres soigneurs du peloton, il faisait à la fois figure de gamin sympa et d'aîné calculateur. Ses homologues enviaient son salaire et le prestige qui l'accompagnait. Partout où il allait, aussi bien au milieu du public lors des courses que chez lui, en Belgique, les gens se retournaient sur son passage pour l'apercevoir. Toutes les équipes se le disputaient. Armstrong le voulait. J.T. Neal déclara qu'il était « comme un dieu[115] » pour lui et le qualifiait de « meilleur soigneur qui ait jamais existé ».

C'était un kiné, un physiothérapeute et un faiseur de miracles américain. Avec ses mains, il était capable de ramener à la vie un coureur exténué et perclus de douleurs. En suivant ses conseils nutritionnels et en dormant selon ses indications, les coureurs se réveillaient chaque matin en pleine forme. Il connaissait tous les secrets des soigneurs et avait développé au fil des ans un savoir-faire incroyable. D'après Neal, Hendershot s'était fait très vite à la culture du dopage. Mais ce que les coureurs préféraient chez lui, c'était sa passion pour la chimie et ses talents dans ce domaine.

Pendant près de dix ans, il prépara les courses chez lui, en Belgique, dans son laboratoire de fortune. Il y mélangeait des produits différents, toujours avec un seul objectif en tête : rendre les coureurs plus rapides[116].

Ce savant fou préparait ce qu'il appelait des « mélanges bizarres » d'éphédrine, de nicotine, d'extraits concentrés de caféine, de vasodilatateurs, de produits qui permettaient de fluidifier le sang et de testostérone, cherchant en permanence le moyen de donner un coup de fouet aux sportifs. Il conditionnait ses mélanges dans de minuscules ampoules qu'il leur distribuait sur la ligne de départ ou qu'il leur injectait. Et il n'était pas le seul. Dans toute l'Europe, des soigneurs fabriquaient leurs propres mélanges, parfois dangereux, et se les administraient eux-mêmes avant de les valider. Ils étaient leurs propres cobayes.

Hendershot, qui n'avait reçu aucune formation scientifique ou médicale, apprit l'art du dopage en observant les effets des produits sur un sujet d'expérience humain : lui-même. Quand il sentait son cœur se mettre à battre fort et vite, il savait qu'il se trompait – cela ne fonctionnerait pas sur des coureurs qui se trouvaient déjà dans des conditions physiques extrêmes. Il voulait accroître leurs capacités, mais pas au point de leur faire avoir une crise cardiaque !

Si Hendershot était son propre cobaye[117], il ne traînait généralement pas longtemps avant d'essayer ses potions et ses cachets sur les cyclistes, y compris Armstrong. Quand ce dernier devint professionnel, après les Jeux olympiques de 1992, il fut recruté par Motorola, l'une des deux grandes équipes américaines. Comme il voulait le meilleur soigneur, on lui présenta aussitôt Hendershot. Ils étaient parfaitement assortis. Et le soigneur et le cycliste étaient disposés à jouer avec le feu, ensemble[118]. « On était à la frontière entre la victoire et la mort », dit Hendershot.

Il affirma que les sportifs de son équipe avaient le choix de consommer ou non ces produits. Ils pouvaient « attraper le pompon ou non », mais lui en tout cas, ne connaissait aucun cycliste professionnel qui n'eût pas au moins essayé de prendre quelque chose. Ce sport était tout simplement trop difficile, voire impossible, comme sur le Tour de France, une épreuve de trois semaines, pour des coureurs sains. Selon lui, les cyclistes ne pouvaient pas rester dans ce sport plus de quatre ans sans se doper. Ainsi stimulé, le peloton allait plus vite, et les coureurs sains pouvaient aider leur capitaine durant la première semaine de la course, peut-être, en courant en tête de peloton pour donner l'allure, ou en distribuant les bidons qu'ils allaient chercher à l'arrière de la voiture, mais ils devaient ensuite abandonner tant ils étaient épuisés. Une telle carrière ne pouvait être que de courte durée.

Quand Armstrong arriva dans l'équipe Motorola, en 1992, il y avait déjà un système en place – comme, dans la plupart des équipes – qui permettait aux coureurs de se doper. Henderson annonça qu'il recevrait des ordonnances pour chacun d'eux de la part du médecin de l'équipe, Max Testa, un Italien qui, encore en décembre 2013, travaillait dans le domaine du sport et dirigeait une clinique du sport dans l'Utah. Hendershot apporterait ces ordonnances à son pharmacien, à Hulste, en Belgique, pour récupérer les produits…

Le cyclisme a toujours été un sport important en Belgique – pour plusieurs générations successives, c'était l'un des plus populaires du pays –, et le pharmacien ne posait pas de questions malgré la quantité impressionnante de produits que lui demandait Hendershot. En échange, celui-ci lui offrait des maillots dédicacés de l'équipe ou lui permettait d'assister à toutes les grandes courses en lui remettant des passes VIP qui lui donnaient accès aux coulisses. Il quittait ensuite l'officine avec des sacs débordant d'EPO, d'hormone de croissance, d'anticoagulants, d'amphétamines, de cortisone, d'analgésiques et de testostérone, un produit particulièrement prisé qu'il distribuait aux coureurs « comme des bonbons ».

D'après Hendershot, en 1993, comme l'ensemble de ses coéquipiers, Armstrong prenait tous ces produits. Il se souvenait de son attitude : « Je prends ça parce que ça fait partie du métier ». Il avait rejoint le programme de dopage de l'équipe sans la moindre hésitation parce que tout le monde y participait. « C'était comme un dîner d'équipe, se rappelle Hendershot. Je vous garantis que tout le monde – les médecins, les soigneurs, les coureurs, les directeurs sportifs et les mécaniciens –, tout le monde savait. »

Ils prenaient ces produits dans la plus grande décontraction et personne ne s'en cachait. Après avoir fait ses injections aux coureurs, Hendershot jetait un sac de déchets rempli de seringues et d'ampoules vides directement dans la poubelle de l'hôtel de l'équipe.

Même s'il n'a jamais administré d'EPO ni d'hormone de croissance à Armstrong, il en a donné à d'autres coureurs de l'équipe et savait parfaitement qu'Armstrong en prenait. Il raconta qu'en 1995, Diann, sa femme, avait transporté un stock important de ces deux produits depuis la Belgique jusqu'au camp d'entraînement de l'équipe, dans le sud de la France.

Les coureurs comme Armstrong pouvaient se procurer leurs produits de différentes façons : par Hendershot, par leur médecin personnel ou un médecin de l'équipe, ou en en achetant sur le marché noir. Chaque coureur apportait alors son traitement à Hendershot, qui le lui administrait soit par injection, soit en combinant les produits dans une solution buvable ou une pochette de perfusion, selon les instructions du médecin. Parfois, c'étaient des comprimés qu'il leur distribuait.

Au début des années 1990, d'après l'estimation de Hendershot, moins de la moitié des équipes du circuit professionnel disposaient d'un médecin dans leur personnel. Celles qui en avaient un étaient à la pointe. « Le dopage met tout le monde au même niveau, mais meilleur est votre médecin, plus grande sera la chance que vous finissiez en tête », a déclaré Hendershot avant d'ajouter que « tous les médecins » administraient des produits prohibés à leurs coureurs.

Il a affirmé savoir quelles substances Testa donnait aux coureurs, mais a refusé de les citer, car il était convaincu que, contrairement à d'autres médecins dans le milieu, Testa se souciait de la santé des cyclistes. Mais, toujours d'après lui, les médecins qui refusaient de donner des produits aux coureurs ne faisaient pas long feu dans le métier. Hendershot redoutait en permanence que les produits qu'il administrait puissent se révéler dangereux, surtout quand il s'agissait de substances que les coureurs avaient injectées eux-mêmes dans les pochettes de perfusion ou lorsque c'étaient leurs médecins personnels qui préparaient des mélanges. Il était parfaitement conscient que si quelque chose venait à mal tourner, il en serait coupable, mais il parvenait à justifier ses actes. Même s'il fournissait des produits stupéfiants aux sportifs, il se disait : « Tu n'es pas un dealer. Ce n'est pas un trafic organisé. Ce n'est rien. »

Il savait qu'il se mentait à lui-même.

Il se justifiait en prétendant que le programme était supervisé par Testa[119]. Si le dopage n'était pas autorisé par l'équipe, il était au moins quasi officiel[120]. Il faisait confiance à Testa pour s'assurer que les coureurs ne prennent aucun risque[121].

Armstrong aimait tant Testa que, peu de temps après avoir intégré l'équipe de Motorola, il se mit à vivre en Italie durant la saison sportive, non loin du cabinet du médecin, dans la petite ville de Côme, au nord de Milan. Il y fit venir son excellent ami Frankie Andreu, et, au fil du temps, d'autres coureurs allèrent les rejoindre, dont George Hincapie, un New-Yorkais, et Kevin Livingston, un gars du Midwest. Ils devinrent tous des patients de Testa[122]. Plus tard, ils seraient tous des équipiers d'Armstrong au sein de l'US Postal lors de ses victoires sur le Tour de France.

Hendershot soutint que tous ces coureurs étaient persuadés de ne rien faire de mal en se dopant. Dans un sport où la pharmacologie tient un si grand rôle, la définition de la triche est à géométrie variable : si tout le monde se dope, personne ne triche. Armstrong en était convaincu[123]. À ses yeux, il n'y avait aucune hésitation à avoir, aucun doute, aucune justification à trouver. Comme Hendershot le disait, Armstrong s'était contenté d'attraper le pompon[124].

*

* *

20 avril 1994. Trois coureurs de l'équipe Gewiss-Ballan, dont le siège était en Italie, se hissèrent sur le podium de la Flèche wallonne, une classique d'un jour dans les côtes des Ardennes belges. Les vainqueurs saluaient la foule, deux d'entre eux brandissant leur bouquet au-dessus de leur tête, dans leur maillot bleu ciel, rouge et bleu marine. Armstrong bouillonnait. Les coureurs de la Gewiss se vantaient de leur exploit à ses dépens. Il avait terminé trente-sixième, à deux minutes et trente-deux secondes du vainqueur.

À une cinquantaine de kilomètres de l'arrivée, des membres de la Gewiss s'étaient échappés du peloton, et, comme Armstrong le déclarerait plus tard, avaient « démoralisé tout le monde ». Tandis que le peloton semblait faire du sur-place à l'horizon derrière eux, ils avaient porté une nouvelle accélération. Ils avaient emprunté des routes étroites et escarpées jusqu'à la montée finale du mur de Huy, une côte relativement raide avec des portions à 26 % qu'ils avaient gravi comme s'il s'agissait d'un simple faux plat. Moreno Argentin avait été le premier à franchir la ligne d'arrivée, tandis que ses coéquipiers Giorgio Furlan et Evgeni Berzin avaient fini deuxième et troisième.

Ce fut en Belgique, en 1994, que le peloton, exténué, comprit le pouvoir exceptionnel de l'EPO, et ce fut le médecin de l'équipe victorieuse qui le leur expliqua. En fait, il l'expliqua au monde entier. Après l'épreuve, Jean-Michel Rouet, un journaliste de *L'Équipe*, interviewa le médecin Michele Ferrari et lui demanda si ses coureurs prenaient de l'EPO.

– Je ne prescris pas ce genre de produit[125], affirma celui-ci. Mais l'EPO est en ventre libre en Suisse, par exemple, pas besoin d'ordonnance. Et si des coureurs en prennent, ça ne me choque pas. L'EPO ne modifie pas fondamentalement les performances.

– C'est dangereux, en tout cas ! s'indigna le journaliste. Dix coureurs néerlandais sont morts, ces dernières années.

Puis Ferrari, qui avait toujours nié que ses sportifs se dopaient, fit une déclaration qui allait le suivre longtemps :

– Ce n'est pas l'EPO qui est dangereux, c'est son abus. Il est tout aussi risqué de boire dix litres de jus d'orange.

En d'autres termes, cela pourrait faire partie d'un petit déjeuner bien équilibré.

Mais chez les non-initiés, la confusion régnait. Armstrong, Andreu, Hincapie et Livingston, les quatre coureurs qui formeraient le cœur du cyclisme américain, se mirent à submerger de questions leur propre médecin, Testa[126]. « Quels sont les effets de l'EPO ? » « Est-ce dangereux ? » « Croyez-vous que d'autres équipes en prennent ? » « Pouvez-vous nous aider à en obtenir ? »

Testa tenta de les convaincre qu'ils n'en avaient nullement besoin. Il leur soutint que leurs capacités naturelles leur suffisaient pour gagner et que tous les coureurs n'en prenaient pas.

– Certains essaient de se faire de l'argent avec ce produit. Vous n'en avez pas besoin. D'après des études, ça a un effet relativement limité[127].

Pourtant, Testa comprit que l'usage de l'EPO finirait par être inévitable. Il ne tenta donc plus de les dissuader d'en prendre. Un jour, il tendit à chacun de ses coureurs une enveloppe renfermant des études sur l'EPO et des instructions sur la meilleure manière d'en faire usage. Il leur expliqua quelle dose il fallait en prendre et à quels moments. « Si vous voulez vous servir d'un pistolet, mieux vaut en lire le mode d'emploi que de demander à un type dans la rue[128] », me dit-il.

Hendershot et plusieurs coureurs[129], dont Armstrong, reconnurent que Testa avait toléré l'usage de ce dopant et en avait facilité l'usage, même si le médecin le nie farouchement.

*

* *

Lors des sorties d'entraînement, les Motorola pédalaient pendant des heures pour se délasser les jambes. C'était le 18 mars 1995. La veille, en rentrant du Milan-San Remo où il avait terminé soixante-treizième, Armstrong grommela à Hincapie, un ami de longue date :

– C'est n'importe quoi, tout le monde prend des trucs. On est en train de se faire massacrer[130].

Le lendemain, alors que l'équipe pédalait le long du lac de Côme, il insista. Il avait 23 ans, était déjà champion du monde et avait remporté une étape sur le Tour de France 1993. Mais il considérait que ce n'était qu'un début. De plus en plus insolent, il n'était pas près de laisser une bande de mauviettes européennes lui mettre une raclée parce qu'ils prenaient un produit fabuleux, et pas lui.

Il approcha ses coéquipiers l'un après l'autre.

– Ils sont en train de me mettre une dérouillée, il faut qu'on réagisse. Il faut qu'on mette en place un nouveau système[131].

Ils savaient où Lance voulait en venir : il était temps qu'ils se mettent à l'EPO[132]. Ce nouveau produit était omniprésent. Les coureurs transportaient des Thermos remplis de glace et de minuscules ampoules d'EPO en verre[133]. « Ding, ding, ding ! » On entendait les ampoules tinter contre les glaçons. « Ding, ding, ding ! » À l'époque, c'était la bande-son du cyclisme.

Armstrong aurait pu choisir de prendre de l'EPO seul, mais cela ne lui aurait pas servi à grand-chose. Le vélo, malgré les apparences, est un sport d'équipe. Il y a d'ordinaire dans chaque équipe un capitaine de route qui mène le jeu et que ses équipiers soutiennent. Chez Motorola, cet homme était Armstrong, sans conteste le meilleur coureur complet.

Les autres équipiers sont des « domestiques », des coureurs secondaires qui se sacrifient pour aider leur capitaine à gagner, en partie grâce à des tactiques d'équipe, en partie grâce à l'aérodynamique. Chacun leur tour, ils se relaient devant leur capitaine – ou sur le côté, en éventail, en cas de vent de travers – afin de creuser une sorte de tunnel dans l'air, et de lui permettre de se mettre à l'abri et d'économiser ses forces. Le capitaine se laisse entraîner dans leur sillage, économisant ainsi jusqu'à 40 % de son énergie.

Le but est de conduire le mieux possible le capitaine de l'équipe, jusqu'au point décisif de la course. Ensuite, il peut s'échapper pour remporter l'étape ou du moins de gagner du temps sur ses concurrents au classement général, afin de récupérer le maillot jaune.

Toutefois, à un moment donné, les domestiques finissent par s'épuiser et se voient obligés de laisser filer leur capitaine avant de s'efforcer de terminer l'étape. Ainsi, plus les domestiques d'un capitaine sont forts, plus il a de chances de gagner, car ils seront en mesure de s'accrocher et de l'aider au fur et à mesure qu'ils approcheront de la ligne d'arrivée.

En 1995, Armstrong adressa un ultimatum à ses domestiques[134] : s'ils voulaient qu'on les sélectionne dans l'équipe du Tour cette année-là, ils devaient se mettre à l'EPO. Ils refusaient ? Eh bien, c'était la porte. Armstrong avait décidé de prendre les choses en main. C'était son succès qui était en jeu. Motorola avait bâti son système autour de lui. S'il terminait soixante-treizième des grandes courses, l'équipe ne parviendrait pas à attirer le moindre sponsor. Motorola leur avait déjà fait savoir que la marque s'éloignerait des pelotons à la fin de la saison. La pression était là, il fallait à tout prix attirer un nouveau sponsor pour payer les factures.

*

* *

Quand Hendershot devint le soigneur d'Armstrong, J.T. Neal prit le poste d'assistant personnel du cycliste. À Côme, il lui rendait des services et tentait de lui faciliter l'existence pendant qu'il courait ou s'entraînait. Lorsque Lance abandonna avant la fin du Tour de France, en 1993, 1994 et 1996, Neal vint le chercher pour le ramener à Côme. Pendant l'intersaison, il le conduisait d'un appartement à un autre. C'était lui aussi qui gérait la maisonnée. Un jour, il paya lui-même pour qu'on rétablisse l'électricité quand Armstrong et Andreu n'avaient pas payé leurs factures. Il répara également le sèche-linge.

Neal le préparait au championnat du monde (prévu à l'automne) avec des séances de massage. Quand Armstrong revenait à Côme après un Tour, commençaient alors les séances de massages. Ils étaient inséparables. Neal l'initia à l'art en l'entraînant dans les musées de Milan. Parfois, ils se contentaient de rester devant chez Lance et d'admirer le lac de Côme, partageant un menu hypocalorique, comme du thon assaisonné au vinaigre balsamique et à l'huile d'olive.

Le cycliste se rendait presque tous les jours chez Testa. Même si le soigneur Hendershot affirme qu'il a commencé à lui injecter des produits dopants peu de temps après que Lance eut signé avec Motorola, en 1992, le coureur prétend, lui, qu'il n'a commencé à se doper qu'au championnat du monde de 1993[135]. Testa lui prescrivait du Synacthene®, un produit qui incite les glandes surrénales à secréter des glucocorticoïdes[136] – les coureurs trouvent que le synacthen les rend plus forts et fait disparaître les douleurs causées par une course difficile. Ce produit était disponible dans l'équipe Motorola avant même qu'Armstrong pousse ses coéquipiers à prendre de l'EPO[137].

Neal avait l'impression que le travail de Testa consistait à injecter seulement à Armstrong tous les produits qui lui tombaient sous la main. Il le mettait constamment sous perfusion[138] pour lui administrer des substances destinées à lui « nettoyer le foie ». Stephen Swart, un équiper de Lance originaire de Nouvelle-Zélande qui avait commencé à courir en Europe en 1987, ne vivait pas à Côme et ne voyait pas Testa aussi régulièrement que les Américains, mais il avait entendu parler du dopage d'Armstrong… en même temps, le monde du cyclisme était petit et les rumeurs, surtout quand elles étaient liées au dopage, allaient bon train.

Swart, un jeune bien charpenté à l'air austère, était persuadé que c'était Lance qui rendait cela obligatoire, et non les directeurs sportifs. Jim Ochowicz, qui avait participé deux fois aux Jeux olympiques sur piste et que l'on considérait comme le parrain du cyclisme américain, avait fondé l'équipe 7-Eleven, la première formation américaine à concourir en Europe, et y était resté à l'arrivée de Motorola comme nouveau sponsor. Il avait été le premier à imaginer que les Américains iraient défier la vieille garde européenne et avait tout fait pour concrétiser son rêve.

En 1986, 7-Eleven fut la première équipe américaine à participer au Tour, et l'un de ses coureurs, Davis Phinney, remporta même une étape. Pendant des années, Ochowicz fut l'interlocuteur clé aux États-Unis pour tout ce qui concernait le cyclisme international, le négociateur, le contact qui pouvait discuter avec les directeurs de courses européens. Avec les journalistes, pour une raison que lui seul connaît, il adorait minimiser l'importance de ses connaissances sur les rouages de ce sport.

Chaque fois qu'on l'interrogeait sur Armstrong, l'EPO ou tout autre produit dopant, il prenait un air profondément indigné. Il esquissait alors un sourire nerveux et répondait[139] : « Je ne sais pas quoi vous répondre » (2005), ou « Je ne connais pas la réponse à cette question » (2009), ou « Ma réponse, c'est que je n'en ai pas la moindre idée » (2010). Pendant sept ans, après chacune de mes interviews avec lui, je suis repartie en me disant que c'était soit un fieffé menteur, soit l'homme le plus crédule dans l'univers « ding, ding, ding » du cyclisme.

Swart, d'autres coureurs et des employés de l'équipe, insistèrent sur le fait qu'il était impossible qu'Ochowicz ait pu faire preuve d'une aussi grande naïveté. Armstrong le considérait comme son « père de substitution ». Ochowicz fut même son témoin de mariage et le parrain de son premier fils. Mais Swart et d'autres affirmèrent qu'il quittait la pièce chaque fois que l'équipe parlait de dopage.

Hendershot avait le sentiment que les directeurs sportifs, comme Ochowicz, étaient les membres les plus malhonnêtes de leurs équipes, parce qu'ils fermaient souvent les yeux sur le dopage et ne semblaient jamais se soucier de la santé de leurs coureurs. Ils comptaient sur les médecins et les soigneurs pour faire en sorte que les cyclistes ne meurent pas d'overdose.

*

* *

Armstrong certifie que les membres de l'équipe Motorola se sont mis à prendre de l'EPO en mai 1995, au Tour DuPont[140], la course par étapes la plus connue des États-Unis. Alors qu'il y avait terminé second les deux années précédentes, Armstrong en devint le deuxième vainqueur américain après Greg LeMond. Sa victoire lui rapporta 40 000 dollars (environ 30 000 euros). Avec les bonus, il empocha en tout 51 000 dollars (environ 37 000 euros), qu'il partagea avec ses coéquipiers.

Swart a affirmé qu'il avait reçu les instructions de Testa à propos de l'EPO au cours du printemps 1995, et qu'Andreu et lui s'étaient ensuite rendus en Suisse pour s'y procurer le produit. Ils en prirent sur le Tour de Suisse, qui se déroulait peu de temps avant le Tour de France. Swart a déclaré qu'il avait pris de l'EPO pour la dernière fois après le prologue du Tour de 1995. Chaque matin et chaque soir, des employés de l'équipe se présentaient à l'hôtel avec des sacs de glace pour les Thermos des coureurs[141], parfois épuisés après avoir cherché des glaçons toute la journée dans des pays où l'on avait l'habitude de servir les boissons à température ambiante.

Pendant le jour de repos de ce Tour de France 1995, Armstrong et ses équipiers se réunirent dans la chambre de Testa. Ce dernier se tenait devant une petite machine, une centrifugeuse, et leur demanda de former une file pour qu'il puisse leur prélever un échantillon de sang et le mettre dans la centrifugeuse, qui faisait tourner le sang très vite, le séparant en trois éléments : le plasma, les globules rouges et les globules blancs, son objectif étant de mesurer leur niveau d'hématocrite. Si celui-ci était trop élevé, cela signifiait qu'ils avaient pris trop d'EPO et couraient le risque d'avoir une crise cardiaque. Ils avaient d'ailleurs déjà tous entendu parler de ces cyclistes qui faisaient sonner leur réveil au beau milieu de la nuit pour faire un peu d'exercice afin d'éviter un arrêt cardiaque pendant leur sommeil, leur sang s'étant épaissi à cause du produit dopant.

Comme ils avaient déjà parcouru la moitié des étapes du Tour, leur niveau d'hématocrite aurait dû chuter sous la normale tant ils avaient laissé de forces dans la course. Mais, grâce à l'EPO, leur organisme fabriquait encore de nouveaux globules rouges. Leur niveau respectif était des plus élevés, comme s'ils n'avaient pas donné le moindre coup de pédale. Ils étaient frais.

Swart constata que la majeure partie de ses coéquipiers avaient un niveau d'hématocrite supérieur à 50[142]. Le sien, se rappelait-il, était le plus bas de tous, à 47 %. Il se souvenait aussi de celui des autres[143] : celui d'Andreu était à 50 ; Andrea Peron, un Italien, avait le plus élevé, à 56 (la preuve de son dopage ne fut jamais établie) ; Armstrong était soit à 52, soit à 54, au moins dix points au-dessus de ses chiffres habituels. Malgré cet avantage, Armstrong, le champion des courses d'un jour, allait finir à la trente-sixième place de ce Tour, à près d'une heure et demie du vainqueur, Miguel Indurain.

*

* *

Alors qu'elle se trouvait en Belgique, Kathy LeMond fut réveillée au milieu de la nuit par la sonnerie du téléphone[144]. En décrochant, la femme de Greg LeMond, la star du cyclisme américain, entendit crier et pleurer à l'autre bout du fil. Puis elle perçut une voix :

– Il est mort ! Il est mort ! J'ai essayé de l'aider, mais il est déjà mort ! Je l'ai touché, il est froid ! Il est mort !

Cette voix était celle d'Annalisa Draaijer, l'épouse américaine de Johannes Draaijer, un cycliste néerlandais de 26 ans. Cette nuit-là, chez les Draaijer, aux Pays-Bas, trois jours après le retour d'une course de son mari, Annalisa avait entendu celui-ci émettre des gargouillis, alors qu'ils étaient couchés. Elle avait tenté de le réveiller, mais son corps était inerte. Il était mort à ses côtés. Elle n'avait pas su qui appeler, elle ne connaissait personne d'autre que Kathy.

Greg LeMond avait couru avec lui au sein de l'équipe néerlandaise PDM. Leurs femmes avaient noué des liens parce qu'elles parlaient toutes les deux anglais. À présent, leur ami était mort. Dès que la nouvelle fut rendue publique, on émit l'hypothèse que l'EPO avait épaissi le sang du cycliste au point de lui provoquer un arrêt cardiaque. La preuve ne fut jamais établie que Johannes Draaijer était mort à cause de cela. Mais pour Greg LeMond, c'était une évidence.

– Il est mort pour quoi ? demanda-t-il. Pour rien. Tout le monde savait ce qui se passait, mais personne n'a réagi. Personne[145].

5

À l'automne 1995, Lance Armstrong se lança à la recherche du docteur Michele Ferrari[146]. Il voulait travailler avec celui qui avait transformé les vélos de la Gewiss-Ballan en machines volantes pendant la Flèche wallonne.

Mais Ferrari était devenu un faiseur de rois dans le cyclisme et se montrait très exigeant sur sa clientèle. Ainsi, même des coureurs aussi forts qu'Armstrong devaient subir un examen médical avant de trouver un accord. Ayant peur d'aller où que ce soit seul, Lance parvint à convaincre J.T. Neal et son amie de l'époque, Monica Buck, une ancienne Miss Hawaiian Tropic qui vivait au Texas, de l'accompagner au cabinet de Ferrari, à Bologne. Ils s'y rendirent avec la voiture du coureur, Bologne se trouvant à deux heures et demie de Côme par l'*autostrada* A1.

Ce ne fut pas un trajet des plus agréables. Neal, qui refusait qu'Armstrong y aille, était furieux qu'il soit passé outre sa décision et qu'il ait tout de même pris rendez-vous avec Ferrari. Tout ce qu'il lui dit, avec son accent traînant du Sud, fut :

– Tu commences à devenir trop gourmand, Lance[147].

À seulement 24 ans, Armstrong avait presque 750 000 dollars (près de 550 000 euros) sur son compte en banque[148]. Mais Neal savait que son poulain idolâtrait des gens comme Ochowicz, le directeur sportif de Motorola, qui mangeait dans les meilleurs restaurants, séjournait dans des hôtels cinq étoiles et ne commandait que des vins parmi les plus chers. Armstrong ne voyait qu'une seule façon d'arriver à son niveau, et Ferrari allait lui montrer la voie. Il avait demandé à Eddy Merckx, le quintuple champion de Belgique, de lui présenter le médecin, et Merckx lui avait rendu ce service[149].

Monica, quant à elle, était un petit bout de femme plantureuse qui aurait bien aimé devenir actrice et qui était venue du Texas spécialement pour rendre visite à Armstrong[150]. Neal se faisait du souci pour elle. Lance faisait facilement craquer les femmes. Il avait plaqué la précédente, Danielle Overgaag – une grande cycliste des Pays-Bas qui était allée vivre avec lui à Austin –, parce qu'il estimait qu'elle avait des « vues trop arrêtées[151] ». Neal était persuadé qu'il ne serait jamais allé voir Ferrari si Danielle avait encore été avec lui. Mais, à la fin de l'été 1995, il lui avait demandé de retirer toutes les affaires de la jeune femme de son appartement de Côme afin de faire place nette pour Miss Hawaiian Tropic, qui semblait déjà parfaitement à son aise.

Le cabinet de Ferrari, au sous-sol de la maison bolognaise du médecin, était encombré de fils électriques, d'éprouvettes, de vélos et de machines. Armstrong avait entendu parler de certains de ses patients[152] : Axel, le fils d'Eddie Merckx[153], et Max Sciandri, un Britannique qui avait grandi en Italie et qui nia plus tard avoir consulté Ferrari. Tous les deux s'étaient soudain mis à pédaler plus vite que jamais, et Armstrong leur avait demandé s'ils avaient un secret. « Oui », lui avaient-ils répondu. Ferrari, l'Italien efflanqué au front dégarni et au visage d'oiseau, avait étudié à l'Université de Ferrare et suivi les cours de Francesco Conconi, un scientifique considéré comme le grand maître de la médecine sportive italienne. Ancien membre de la commission antidopage du CIO, il en connaissait un rayon sur l'EPO. Le CIO l'avait grassement rémunéré pour ses recherches sur ce produit[154]. Mais il jouait un double jeu : alors que le CIO le payait pour mettre au point un protocole de détection, il fournissait de l'EPO aux skieurs et aux cyclistes italiens.

C'était Conconi qui avait tout appris à Ferrari. À présent, Armstrong voulait devenir le disciple de Ferrari, comme Platon avait été celui de Socrate.

Après l'avoir évalué, le médecin le félicita :

– C'est exceptionnel, vraiment exceptionnel[155]. Je vais te suivre, et, ensemble, nous ferons de grandes choses.

Mais il lui annonça qu'il ne pourrait progresser que s'il suivait ses conseils à la lettre sans jamais en dévier.

Ferrari lui fit débourser 10 000 dollars (environ 7 500 euros) pour la consultation et exigea 10 % du salaire d'Armstrong[156]. Même celui-ci, qui faisait attention à son argent comme s'il en manquait autant que sa pauvre mère jadis, considéra que cela en valait la peine, compte tenu de ce qu'il allait pouvoir gagner par la suite. Il accepta de le payer.

Il fallait que le coureur et le médecin gardent leur relation secrète, car ce dernier était sous le coup d'une enquête des autorités italiennes pour avoir triché et dopé ses coureurs[157]. Il n'acceptait que le liquide et n'écrivait rien afin de laisser le moins de traces possible. Au fil du temps, cependant, il se montra de plus en plus négligent.

Sur le trajet du retour, Lance se vanta de la façon dont sa carrière allait décoller grâce à l'aide de Ferrari[158] (qui dément encore avoir dopé ses patients). Monica Buck n'avait quant à elle qu'une envie, lui raconter ses deux heures de shopping avec Neal, pendant que le médecin s'occupait de lui. Se sentant un peu seul, Neal constata que son coureur n'éprouvait pas la moindre culpabilité. Il avait l'impression qu'il avait oublié leur récente visite à la famille de Fabio Casartelli, l'équipier d'Armstrong chez Motorola qui s'était tué durant le Tour de 1995. Il avait pourtant tenu son nouveau-né dans les bras et consolé sa veuve…

Au cours d'une étape du Tour de France, Casartelli était tombé et s'était cogné la tête contre un bloc de ciment sur le bas-côté de la route. Testa, qui supervisait le dopage de l'équipe Motorola[159], avait convaincu le médecin légiste français de ne pas effectuer d'autopsie, car, lui avait-il dit, la façon dont il était mort était évidente[160].

Armstrong déclara plus tard que le jour où Casartelli était mort était aussi celui où il avait compris ce que cela signifiait que de prendre le départ du Tour.

« Ça n'a rien à voir avec le vélo, expliqua-t-il. Le Tour de France, ce n'est pas qu'une course cycliste, pas du tout. C'est une mise à l'épreuve. Ça vous pousse dans vos derniers retranchements aussi bien physiquement que mentalement, et même moralement. Je l'ai compris, à présent. Il n'y a pas de raccourcis possibles[161]. »

Pas de raccourcis… Sauf si vous estimez que signer un contrat secret avec le médecin le plus tristement célèbre d'Europe pour ses liens avec le dopage en est un.

*

* *

Depuis son Texas, Armstrong discutait des heures au téléphone avec Ferrari. Il lui demandait des conseils d'entraînement et lui posait sans relâche toutes sortes de questions. Une fois par semaine, au beau milieu de la nuit, le fax du bureau de Neal se mettait à crépiter[162], le médecin lui transmettant ses programmes d'entraînement et de dopage, lui expliquant quand prendre de l'EPO, de l'hormone de croissance ou de la testostérone, et comment éviter d'être contrôlé positif.

Bien que le grand public fût persuadé que Chris Carmichael était l'unique entraîneur responsable de la préparation d'Armstrong, ce n'était qu'une couverture[163]. Même si Carmichael refusa de le reconnaître. En 2006, il m'a soutenu qu'il était son entraîneur principal, mais, plus récemment, il a refusé de me rappeler à plusieurs reprises et de répondre à mes e-mails.

Pour se procurer les produits, le coureur avait diverses méthodes. Il lui arrivait de demander à certains de ses coéquipiers d'aller lui en chercher dans des pharmacies en Suisse, ou d'aller en acheter là-bas en personne. Grâce à ses contacts sur le marché noir, le soigneur Hendershot finissait toujours par en trouver. Malgré tous les efforts que Lance leur demandait, et les risques qu'ils prenaient, la victoire en valait la peine.

*
* *

En 1995, Neal, le directeur commercial officieux d'Armstrong, ne fut plus en mesure de gérer seul les contrats de son poulain. Des sociétés désiraient produire des cartes à collectionner. D'autres souhaitaient le sponsoriser. Il lui fallait de l'aide. Il lui était devenu presque impossible de le surveiller. Bill Stapleton entra alors en scène.

Ancien nageur olympique qui avait fait ses classes à l'Université du Texas, Stapleton venait d'être recruté par le cabinet d'avocats Brown McCarroll, à Austin, et avait cruellement besoin de clients. Il avait besoin d'Armstrong.

Quand ce dernier entra en contact avec lui au printemps 1995, Stapleton lui promit de s'occuper personnellement de lui. Il lui proposa un taux de commission relativement bas[164] : 15 % sur ses contrats marketing. D'autres agents, dont le très en vue Leigh Steinberg, lui avaient demandé jusqu'à 20 %.

Il emmena Armstrong boire une bière et lui sortit le grand jeu.

– Vous êtes un gros poisson dans un petit bassin, lui dit-il. Je répondrai à tous vos appels. Pour moi, vous serez le centre du monde.

– Vous serez tout le temps disponible, chaque fois que j'aurai besoin de vous ?

– Oui, pour tout, tout le temps.

– Pour tout ?

– Oui, absolument tout.

C'était exactement ce que Lance voulait entendre. Il adorait qu'on le considère comme le centre du monde.

*
* *

Pendant ce temps, le troisième mariage de Linda Armstrong battait de l'aile parce que son mari, John Walling, buvait trop et

« oubliait » parfois d'aller travailler[165]. Neal trouvait que Lance aurait dû l'aider en lui envoyant un peu d'argent[166]. Le cycliste refusa.

Pour une raison que Neal ignorait, Armstrong en voulait de plus en plus à sa mère[167], sa grande alliée de toujours, celle qui avait créé et perpétué le mythe que le monde du cyclisme avait fini par adopter. Voilà qu'à présent il ne voulait plus rien avoir à faire avec elle.

Quand il acheta sa propriété à Austin, en 1994, pour 240 000 dollars (près de 175 000 euros), il aurait pu faire appel à sa mère, qui était agent immobilier, et lui verser une commission. Mais il n'en fit rien[168]. Sa relation avec sa mère était devenue si préoccupante que Neal et Linda tentèrent de le convaincre d'aller voir un psychologue pour qu'il puisse canaliser cette colère dans le sport. Là encore, Armstrong refusa. Neal ne le reconnaissait plus et n'aimait pas le voir dans cet état. Il craignait qu'il se mette à juger chacune de ses relations en fonction de ce qu'elle pouvait lui apporter.

L'année précédente, Linda et Neal s'étaient rendus à Minneapolis pour demander conseil à Greg et à Kathy LeMond sur la façon de négocier les contrats de Lance[169]. Autour de la table de la cuisine de la propriété des LeMond, au bord d'un lac, ils demandèrent également comment s'y prendre pour contenir l'ego du sportif.

– Qu'est-ce que je peux faire pour que Lance se regarde un peu moins le nombril et se mette à prêter un peu attention aux autres ? demanda Linda[170].

Mais les LeMond ignoraient la réponse. Gênés, ils demeurèrent sans voix quelques secondes. Avaient-ils bien entendu ? Linda Armstrong était-elle bien en train de leur dire que son fils n'avait aucune empathie ? Qu'il était incontrôlable ? Ils avaient l'impression qu'elle était terrorisée. Ils s'en tinrent à des conseils professionnels : le surveiller de près, ne pas le laisser dévier, choisir ses partenaires avec soin.

*

* *

Deux ans après que l'équipe Gewiss eut survolé la Flèche wallonne et annoncé presque publiquement que ses coureurs se dopaient – sous la supervision de Ferrari, leur médecin –, Armstrong monta sur la plus haute marche du podium de l'épreuve et fut le premier Américain à remporter cette célèbre classique vernale. Cette année-là, en 1996, il remporta également le Tour DuPont pour la deuxième année consécutive. Il fut second au Paris-Nice, également une course par étapes, ayant grandement amélioré ses capacités au sprint et au contre-la-montre. Ne lui restait plus, pour pouvoir prétendre à une victoire sur la Grande Boucle, qu'à améliorer ses performances de grimpeur.

Mais, au fur et à mesure que l'été 1996 avançait, Armstrong ressentit une baisse de régime. Il abandonna sur le Tour de France au bout de cinq jours à cause d'un mal de gorge et d'une bronchite. « Je n'arrivais plus à respirer[171] », expliqua-t-il aux journalistes.

Neal non plus ne se sentait pas dans son assiette. Il ne tarda pas à en connaître la raison : il avait un cancer. On lui découvrit un myélome multiple, un cancer rare des plasmocytes qui inhibe la production de cellules sanguines saines. Armstrong était sous le choc. Les médecins ne donnaient à Neal que deux ans à vivre[172].

Pourtant, malgré son épuisement, il se rendit aux Jeux olympiques d'Atlanta avec son poulain. Une pompe électrique se chargeait de lui administrer sa chimiothérapie dans la poitrine. Il dormit à même le sol dans la maison que Lance avait louée pour l'occasion.

« Il en avait besoin pour son intimité[173], déclara Neal à propos de la maison. Pour se faire toutes ses fichues piqûres, il lui fallait cette discrétion parce que les autres sportifs ne suivaient pas le même traitement. Ils ne se faisaient pas de piqûres. Dans la chambre, on avait l'impression de se trouver dans une pharmacie. »

Neal était présent quand Hendershot fit son apparition avec un sac rempli d'ampoules, de seringues et de pochettes de perfusion, et qu'il le tendit à Armstrong, comme si c'était lui qui était atteint d'un cancer[174]. Il vit son successeur lui administrer une perfusion avant et après chaque course. Armstrong prenait déjà de la testostérone, de l'hormone de croissance et de l'EPO[175], mais Neal ignorait quelles substances Lance avait prises pendant ces Jeux. Armstrong n'a jamais révélé s'il avait utilisé des produits illicites lors de ces Jeux ou pendant leur préparation. Quant à Hendershot, il ne se souvient plus des produits qu'il lui a donnés, mais il a avancé ceci : « Je ne serais pas complètement surpris qu'il s'agisse de produits interdits. »

Hendershot m'a avoué qu'il était courant de donner aux cyclistes différents cocktails de stéroïdes avec de l'EPO, de l'aspirine ou des anticoagulants de qualité pharmaceutique pour s'assurer que leur sang ne se transforme pas en mélasse. Mais ce que Hendershot donna à Armstrong durant ces Jeux ne fit aucun miracle. Il termina douzième de la course sur route et sixième du contre-la-montre, se sentant inexplicablement éteint dans chacune des épreuves.

Il acheva la saison au septième rang mondial, ce qui se révéla suffisant pour signer un contrat lucratif de deux ans avec l'équipe française Cofidis, que tout le monde tenait en haute estime. Son salaire : 2,5 millions de dollars (environ 1,8 million d'euros). Il avait même obtenu que Hendershot l'accompagne dans l'équipe en tant que soigneur personnel[176], un privilège qui n'était accordé qu'aux plus grands coureurs.

À ce moment-là, il avait également réussi à accumuler les sponsors, dont Nike, Giro, Oakley et Milton Bradley. Son compte en banque débordait. Stapleton disait de lui que c'était un « jeune homme très riche » et estima qu'il avait gagné entre 2 et 3 millions de dollars (entre 1,5 et 2,1 millions d'euros) cette année-là.

Il était temps pour lui de s'émanciper un peu. Il finit par quitter l'appartement qu'il louait à Neal depuis sept ans et emménagea dans une garçonnière à la hauteur de ses revenus. Il fit construire une maison de 460 m² au bord du lac Austin, avec une piscine, un jacuzzi, deux places de bateau et vingt-neuf palmiers. Il remplaça sa NSX à 70 000 dollars par une collection de nouveaux jouets nettement plus sympas : une Porsche 911 à 100 000 dollars (75 000 euros), une Harley-Davidson, un jet-ski et un hors-bord. Pour son vingt-cinquième anniversaire, il organisa une somptueuse soirée dans sa nouvelle demeure.

Mais quelque chose n'allait pas.

Il était revenu d'Europe affaibli, comme s'il avait la grippe. Ses maux de tête résistaient même à une pleine poignée de comprimés d'ibuprofène, et parfois à trois cachets contre la migraine. Le soir de son anniversaire, il mit cela sur le compte des margaritas, mais, quelques jours plus tard, il commença à cracher du sang. Son médecin personnel déclara que ses saignements aux sinus étaient probablement dus à des allergies.

Le 2 octobre 1996, vers 13 heures, Armstrong et Neal déjeunaient dans leur lieu de prédilection, *The Tavern*, à Austin[177]. Ils se dirigèrent ensuite vers un centre commercial pour trouver une paire de chaussures pour Neal. Cette fois, Armstrong se plaignit d'une douleur au ventre.

– J'ai du mal à marcher, dit-il en se pliant en deux.

Neal comprit que le diagnostic du médecin – une crise d'allergie – n'était pas le bon. Il avertit Armstrong que c'était peut-être grave et lui conseilla d'aller voir un autre médecin. Il en appela un pour lui. Le cycliste entra dans son cabinet avant 15 heures, Neal l'attendant nerveusement chez lui.

Des médecins lui firent passer une échographie, puis une radio du torse, et lui annoncèrent la mauvaise nouvelle.

– Eh bien, c'est assez grave, lui expliqua le docteur Jim Reeves. On dirait bien qu'il s'agit d'un cancer des testicules avec des métastases dans les poumons[178].

Entre 17 h 30 et 17 h 45, le téléphone de Neal se mit à sonner[179]. C'était Lance.

– J'ai un cancer des testicules, déclara-t-il. Je ne sais pas quoi faire.

Il semblait désespéré, et Neal était sous le choc. Voilà qu'ils avaient tous les deux un cancer.

Quelques jours plus tard, des médecins découvrirent que celui d'Armstrong s'était étendu à son abdomen et à son cerveau. À la fin du mois, il fut admis au centre de cancérologie de l'Université de l'Indiana, à Indianapolis, pour qu'on lui ôte ses tumeurs. Il avait 50 % de chances de survivre, d'après ses médecins.

La nouvelle déclencha une certaine nervosité dans le milieu du cyclisme. Ferrari craignait que les produits qu'il lui avait fait prendre ne soient à l'origine de son cancer ou qu'ils aient, du moins, favorisé sa propagation[180]. Armstrong n'était pas de cet avis. Si c'était le dopage qui provoquait le cancer, de nombreux autres coureurs seraient déjà morts. Tout ce qu'il voulut bien concéder, c'était qu'il regrettait d'avoir pris de l'hormone de croissance.

– Ce n'est pas bon[181]. C'est probablement ça qui a permis au cancer de se propager plus rapidement, raconta-t-il à ses amis.

Il leur jura qu'il n'en prendrait plus jamais.

Pourtant, à l'instar de Ferrari, tout le monde se demanda s'il n'avait pas abusé des produits dopants. Surtout Hendershot, qui se demanda aussitôt ce qu'il avait fait.

Tous les mélanges, toutes les piqûres, les potions et les produits pour « nettoyer le foie » qu'il lui avait administrés pendant plus de trois ans avaient forcément un lien avec ce cancer[182]. « Ce n'est pas difficile à comprendre, déclara le soigneur. Si vous croyez que ça n'a rien à voir, vous vous mettez le doigt dans l'œil. Ça a forcément accru les risques. »

À présent, Armstrong allait peut-être mourir, et Hendershot était terrifié à l'idée d'être obligé de vivre avec ce poids sur la conscience. « Je ne me sentais pas coupable, ajouta-t-il. Je me sentais complice. »

Mais, d'après le soigneur, tout le monde était au courant que Lance se dopait : les coureurs, les responsables de l'équipe[183], les soigneurs, les types qui nettoyaient les roues des vélos. Tout le monde. Et personne n'avait levé le petit doigt. Surtout pas Hendershot.

Sa femme Diann et lui ne trouvèrent qu'une seule chose à faire pour se sentir mieux. Ils se débarrassèrent de ses réserves de produits. Ils firent leurs bagages, et ils abandonnèrent le cyclisme. Hendershot n'appela pas Armstrong pour avoir des nouvelles sur son cancer[184]. Il ne chercha pas à le contacter. Point.

On n'entendit plus jamais parler de lui.

6

Un an avant que les coureurs de Motorola se mettent d'accord pour prendre de l'EPO, deux ans avant qu'on découvre le cancer d'Armstrong, Frankie Andreu faisait la connaissance d'une jolie petite brune dans la pizzeria *Buddy's*, dans leur ville de Dearborn, dans le Michigan. C'était en 1994. Elle avait 27 ans, vendait des filtres à eau et envisageait d'ouvrir un café à l'italienne. Il avait le même âge qu'elle et revenait tout juste d'Europe où venait de s'achever la saison de cyclisme.

Après un simple coup d'œil au physique du jeune homme – il faisait 1,87 m pour 75 kg, avec sans doute moins de 4 % de graisse –, Betsy Kramar marqua un temps d'arrêt.

– Comment se fait-il que vous ayez des bras aussi fins ? lui demanda-t-elle en désignant ses biceps filiformes.

Il se mit à rougir.

– Oh, je suis cycliste professionnel.

– Pardon ? C'est votre métier ? Faire du vélo ? J'ignorais qu'on pouvait gagner sa vie de cette façon !

Il était beau, avait des cheveux bruns aux reflets dorés, des yeux verts et un sourire sexy. Elle était tombée sous son charme, même s'ils ne semblaient pas avoir grand-chose en commun.

Elle avait obtenu un diplôme de théâtre à l'Université du Michigan ; il n'avait suivi que quelques cours dans un IUT parallèlement à sa carrière de cycliste. Elle était extravertie avec un sens de l'humour acerbe ; il était plus sérieux. Ils étaient tous les deux obstinés et avaient des idées très arrêtées sur certains sujets. D'ailleurs, dans le peloton, le surnom de Frankie était « Ajax », pour son côté abrasif. Chacun d'eux avait un parent qui avait fui le communisme : le père d'Andreu s'était échappé de Cuba, et celui de Betsy de l'ex-Yougoslavie.

Assez tôt, Betsy se rendit compte qu'il correspondait aux trois critères qu'elle recherchait chez un homme : il était catholique, conservateur et contre l'avortement. Elle l'avait cuisiné sur ces sujets dès leur premier rendez-vous. Son interrogatoire aurait pu en effrayer certains, mais son charme et sa nature franche et directe plaisaient beaucoup à Andreu.

Bientôt, il l'entraîna dans le milieu du cyclisme. Il l'emmena voir des courses et la présenta à ses amis. Elle apprit qu'il avait toujours été domestique – son travail consistait à aider le capitaine de son équipe – et que son capitaine de route était un gamin du nom de Lance Armstrong.

Elle fit la connaissance de ce dernier à Philadelphie. Elle trouva que c'était un cycliste comme un autre, mais, même si cela ne voulait pas encore dire grand-chose en 1994, c'était une star du vélo en Amérique. LeMond était alors sur le point de mettre un terme à sa superbe carrière, et la popularité de ce sport était redescendue à son plus bas niveau aux États-Unis.

À l'exception des victoires de LeMond sur le Tour de France, les Américains ne connaissaient du cyclisme professionnel que ce qu'on en disait dans *La Bande des quatre*[a], le film de Peter Yates de 1979. Un jeune bachelier y tombait amoureux de ce sport et développait une obsession pour l'équipe nationale italienne, se mettant à se raser les jambes, parce qu'il avait entendu dire que les coureurs italiens le faisaient, et à prendre un accent italien.

a. *Breaking Away*, film américain de Peter Yates (1979).

Quand on lui présenta Lance, Betsy le traita comme n'importe qui d'autre, comme un adversaire de joutes oratoires. Elle discutait avec lui de son athéisme, tentant de le convaincre qu'il était impossible de trouver le bonheur sans croire en Dieu.

– Tu ne peux pas tout maîtriser dans ta vie, tu sais ? lui disait-elle. Parce que c'est à ça que Dieu sert[185].

– Ce ne sont que des conneries, Betsy. Je maîtrise parfaitement mon destin, lui assurait-il.

Après la religion, ils discutaient politique. Même s'il pouvait se montrer charmant, pour un démocrate, elle le trouvait trop sûr de lui et égocentrique. Lorsqu'elle allait rendre visite à Frankie, à Côme, ils sortaient souvent manger une pizza. Un jour, alors qu'elle préparait un risotto chez Armstrong, au bord du lac, il lui donna un coup de main. Trouvant que c'était une cuisinière merveilleuse, il lui posa des questions sur sa recette et les ingrédients qu'elle utilisait. Même si elle savait très bien qu'il se montrait aimable avec elle uniquement pour qu'elle continue à lui préparer des petits plats, elle se sentit tout de même très flattée.

Au cours de l'été 1994, aux États-Unis, Lance prêta à Andreu sa nouvelle Volvo – qu'on lui avait offerte pour sa victoire au championnat du monde de 1993.

– Betsy mérite de monter dans une belle voiture, la complimenta-t-il.

Elle en fut ravie.

Bien sûr, la plupart du temps, il était lourd et détestable, imbu de sa personne et mythomane. Mais elle n'avait pas l'intention de l'épouser.

Le 14 septembre 1996, sur la ligne des 50 yards du stade de football américain de l'Université du Michigan, Andreu annonça à Betsy qu'il l'aimait et la demanda en mariage. Elle fondit en larmes et dit « oui ».

La date de la cérémonie fut fixée à la Saint-Sylvestre.

*

* *

Deux semaines après leurs fiançailles, au cours de l'automne 1996, le couple apprit qu'Armstrong était atteint d'un cancer. Ils l'avaient toujours connu comme étant quelqu'un de très dynamique, et l'idée qu'il puisse dépérir les accabla.

Deux jours après qu'on lui eut ôté des tumeurs dans le cerveau, Betsy et Frankie allèrent à Indianapolis, au centre de cancérologie de l'Université de l'Indiana, dans le centre-ville, pour rendre visite à leur ami. On les dirigea vers une salle de conférence.

Toujours aussi curieuse, Betsy fit l'inventaire du lieu où ils se trouvaient. À gauche, une salle de bains. À droite, une grande table rectangulaire. Derrière, un canapé et un poste de télévision contre le mur. Armstrong avait pris place à la table, une perfusion dans le bras. Betsy avait l'impression de voir l'ombre de lui-même, il n'avait plus rien à voir avec l'infatigable Texan qu'elle avait appris à si bien connaître.

Le cancer l'avait privé de son caractère fanfaron. Il était frêle et chauve, avec une longue cicatrice sur le cuir chevelu à l'endroit où les médecins lui avaient ouvert le crâne. Elle lui sourit et prétendit qu'il avait bonne mine. À vrai dire, elle était étonnée qu'il ait pu perdre tant d'énergie.

Frankie et elle se retrouvèrent dans cette salle avec quatre amis de Lance car sa chambre était trop petite. La télé diffusait un match de football américain avec les Dallas Cowboys. Tout le monde s'efforçait de parler de tout et de rien.

Quelqu'un ayant offert au cycliste une machine à jus de fruits, Betsy en profita :

– Tu aimes le jus de carotte ? lui demanda-t-elle, s'apprêtant à vanter les mérites de ce qu'elle appelait le « pouvoir des jus ». Et les pommes ? Tu aimes le jus de pomme ? Tu sais, j'ai une centrifugeuse, à la maison, et je m'en sers pour faire toutes sortes de jus. On peut même y mettre des légumes. C'est bon pour la santé.

– Merci, je ne savais pas.

Ils interrompirent brusquement leur conversation quand deux hommes en blouse blanche pénétrèrent dans la salle. Ils venaient interroger Armstrong sur ses antécédents médicaux.

– On ferait bien de partir et de lui laisser un peu d'intimité, intervint Betsy en donnant un coup de coude à Andreu.

– Non, vous pouvez rester, répondit le cycliste.

Elle fit de nouveau signe à Frankie pour lui faire comprendre qu'ils devaient quitter la pièce. Elle lui donna de petits coups de pied.

– Non, Lance a dit qu'on pouvait rester, lui rétorqua-t-il.

L'un des médecins demanda à Armstrong s'il avait déjà pris des produits dopants. Betsy sentit son pouls s'accélérer. *Qu'est-ce qu'il a dit ?* Elle tourna brusquement la tête vers le malade. Elle le vit scruter la pièce, étudier les personnes présentes.

Il y avait l'entraîneur Carmichael et sa future femme, Paige, et la blonde Lisa Shiels, une étudiante en médecine à l'Université du Texas qui était aussi la dernière conquête en date du coureur. Était également présente Stephanie McIlvain, son interlocutrice personnelle chez Oakley, le fabricant de lunettes de soleil.

C'étaient les personnes les plus proches d'Armstrong. Après les avoir scrutées, il en conclut qu'il pouvait leur faire confiance. Une main sur sa perfusion, il répondit calmement à la question du médecin, comme s'il récitait une liste de courses :

– De l'hormone de croissance, de la cortisone, de l'EPO, des stéroïdes et de la testostérone[186].

À cet instant, devinant la stupeur de Betsy, Frankie l'entraîna dans le couloir. Loin de la porte, près des ascenseurs, elle s'adressa à lui d'une voix sonore :

– Merde ! C'est à cause de ça qu'il a attrapé le cancer, hein ? Je refuse de t'épouser si tu prends tous ces trucs. Le mariage est annulé !

– Je te le jure devant Dieu. Je te le jure devant Dieu. Je te le jure devant Dieu, lui répondit-il en se signant. Je t'en prie, je te le promets. Je ne prends pas tous ces trucs.

Tout ce que Betsy savait sur les stéroïdes, c'était que Ben Johnson, le sprinter canadien, avait été pris la main dans le sac aux Jeux de Séoul de 1988 après avoir remporté le 100 m. Mais elle en savait suffisamment pour comprendre que c'était mauvais pour la santé. Et illégal. Pire que tout, le fait d'en prendre était à ses yeux un acte immoral. Cela allait à l'encontre des règles de la compétition. C'était de la triche.

– C'est ça, le cyclisme ? insista-t-elle.

Andreu la supplia de baisser d'un ton.

– Je t'en prie, Betsy. Je n'ai jamais pris de stéroïdes. Je n'ai jamais rien pris de tout ça[187].

Il lui demanda de ne pas s'inquiéter : il n'avait rien à se reprocher.

– Je n'ai rien à voir avec cette merde de dopage.

Elle se précipita vers la sortie. Il lui emboîta le pas. L'atmosphère était si tendue qu'ils ne retournèrent pas voir Armstrong ce jour-là. Betsy voulait en savoir davantage, mais Andreu refusait d'en parler.

Elle ignorait que son fiancé venait juste de lui mentir. Plusieurs de ses coéquipiers ont affirmé qu'il avait pris de l'EPO, au moins depuis la saison 1995[188]. Swart, lui aussi chez Motorola, reconnut que cela avait été le cas de tous les membres de l'équipe, y compris Andreu, sur le Tour de 1995.

Sur sa planète, Andreu avait cru que tout le monde était conscient que les cyclistes prenaient de l'EPO.

Seulement, Betsy était la dernière à l'apprendre.

*

* *

Pendant les semaines qui suivirent, Betsy appela quatre de ses amis et deux membres de sa famille pour leur parler de la révélation d'Armstrong. L'une de ces personnes était Dawn Polay, sa camarade de chambre à l'université, qui connaissait Andreu depuis l'école primaire.

– On ne sait jamais, tenta-t-elle de la rassurer. Écoute d'abord ce qu'il a à te dire avant de prendre la moindre décision. Ce n'est pas parce qu'une personne en a pris que c'est aussi le cas de Frankie.

Armstrong venait de provoquer un sacré remue-ménage. Pourquoi avait-il fait confiance à Betsy ? S'il lui avait prêté la moindre attention, depuis qu'il la connaissait, il aurait su qu'elle était contre la cigarette et l'alcool, sans parler de la drogue. Selon Dawn, il avait commis une erreur monumentale : avouer à Betsy, une moralisatrice inflexible et catégorique dans ses jugements, quelque chose qui allait complètement « à l'encontre des règles ».

Pendant des semaines, Betsy et ses amis tentèrent de déterminer ce que l'aveu d'Armstrong pouvait signifier pour son futur mariage. Si Andreu s'était dopé, est-ce que leurs enfants auraient trois bras ? Ils se demandèrent si Lance était responsable de son propre cancer. La jeune femme posa même la question à son médecin.

La majorité des spécialistes prétendent qu'il est impossible de déterminer avec certitude si c'est l'usage de produits dopants qui a provoqué le cancer d'Armstrong ou si cela a pu favoriser le développement d'un cancer préexistant. Car, même s'il a été prouvé que la testostérone causait le cancer de la prostate, aucun élément ne permettait d'affirmer que le dopage provoquait le cancer des testicules, l'une des formes les plus rares de cette maladie. Les hommes avaient une chance sur deux cent soixante-dix d'en contracter un[189]. À 25 ans, Armstrong se situait dans la fourchette d'âge, qui allait de 20 à 40 ans, des personnes les plus susceptibles d'avoir un cancer des testicules.

Bien que l'on n'en ait pas la preuve, certains spécialistes avancent que la prise d'EPO et d'hormone de croissance pourrait précipiter le développement de tumeurs et aider les cellules cancéreuses à se reproduire à un rythme plus élevé. L'hormone de croissance encourage le foie et d'autres tissus à sécréter de l'IGF-1[190] (*insulin-like growth factor*) – d'après le docteur Arjun Vasant Balar, un cancérologue du centre médical Langone de l'Université de New York –, et il a été prouvé que l'IGF-1 favorisait le développement des cancers.

Lucio Tentori, un chercheur spécialisé dans le cancer, de l'Université de Rome « Tor Vergata », a publié un article en 2007[191] dans lequel il se demandait si l'hormone de croissance, l'IGF-1, les stéroïdes anabolisants et l'EPO étaient susceptibles d'accroître les risques de cancer. Il n'était au courant que d'un seul cas de cycliste ayant eu un cancer après avoir pris de l'hormone de croissance, et on lui avait trouvé un lymphome de Hodgkin, non un cancer des testicules.

Malgré toutes ses études et ses analyses, Tentori était incapable d'affirmer autre chose que ceci : « Il faut que les sportifs prennent conscience du fait qu'un traitement à long terme comprenant des agents dopants est susceptible d'accroître le risque de développer un cancer. »

7

Sur la photo, ils forment une sacrée équipe. J.T. Neal et Lance Armstrong : deux patients chauves et souriants atteints du cancer. Neal adorait ce cliché. C'était la preuve qu'ils pouvaient compter l'un sur l'autre pendant la période d'incertitude de leur grave maladie, tous deux étant confrontés à la fragilité de l'existence.

Durant l'automne 1996, Neal avait guidé son jeune protégé tout au long de son traitement contre la maladie au Southwest Regional Cancer Center d'Austin. Il connaissait les infirmières et les médecins depuis son propre passage. Il connaissait aussi parfaitement le service et était parvenu à lui obtenir une chambre individuelle.

Le fait que cette chambre soit à l'écart plaisait particulièrement à Lisa Shiels, la nouvelle conquête d'Armstrong, une étudiante sérieuse. Elle pouvait étudier tout en lui apportant le soutien dont il avait besoin.

Parmi les amis et les membres de sa famille qui le soutenaient, ceux qui pensaient qu'il allait s'en tirer n'étaient pas nombreux. Stapleton en faisait partie. Pour l'encourager à se projeter dans l'avenir, il lui suggéra de fonder une association caritative à son nom, pour qu'il puisse continuer à faire les gros titres pendant son rétablissement[192]. Armstrong et quelques-uns de ses amis – Bart Knaggs, John Korioth et le chiropracteur d'Austin Gary Seghi – trouvèrent que c'était une excellente idée et en discutèrent durant un dîner. La création de cette fondation était une mesure efficace en termes de communication, mais elle permettrait aussi de sensibiliser la population au cancer des testicules, ce qui éviterait peut-être à d'autres de subir le même sort qu'Armstrong. S'il avait été informé de l'existence de cette maladie, s'il avait découvert plus tôt qu'il en était atteint, s'il n'avait pas laissé ses testicules grossir comme des citrons avant de s'en préoccuper, son cancer ne se serait probablement pas propagé jusqu'à son abdomen ou à son cerveau. Il était persuadé que cette fondation pourrait éviter à d'autres sa propre négligence.

En 1997, en compagnie du secrétaire d'État du Texas, Stapleton remplit les documents officiels actant la création de Livestrong, la fondation de Lance Armstrong. Korioth, le patron d'un bar d'Austin et l'un des meilleurs amis de Lance, proposa de prendre sa direction. Knaggs incita quelques-uns de ses riches amis, dont Jeff Garvey, un capital-risqueur d'Austin très impliqué au sein d'USA Cycling, à en rejoindre le conseil d'administration[193].

Armstrong souhaitait que tous ses amis l'aident dans sa nouvelle mission. Lorsqu'il chercha un siège social pour la fondation, il songea aussitôt aux appartements rénovés de J.T. Neal. Même si celui qu'il avait choisi avait une valeur mensuelle de 650 dollars (470 euros) sur le marché, il lui en proposa 200[194] (150 euros), et Neal s'en offusqua.

Ce dernier en avait assez de brader ses logements. Armstrong était riche. De plus, Neal avait besoin de mettre de l'argent de côté pour sa famille. Pendant sa chimiothérapie à Austin, il avait vu la mort de près et connaissait des gens qui ne s'en étaient pas tirés. Il savait que la fin était proche pour lui…

Il refusa donc la proposition de Lance à 200 dollars, et celui-ci fut furieux. Il en voulait à Neal de ne pas tout faire pour l'aider à créer sa fondation. J.T. s'était attendu à cette réaction, car il avait constaté que personne dans l'entourage du cycliste n'osait plus lui dire non. Stapleton, Carmichael, Korioth, Ochowicz… Ils avaient tous su profiter, aussi bien financièrement que professionnellement, de leur association avec lui. « Il était entouré de tous ceux qui aimaient l'argent, qui voulaient l'impressionner et qu'il voulait impressionner. Pour ces gens-là, il avait de la valeur, et il signait beaucoup de contrats avec eux, lui reprocha Neal. Moi, je ne pouvais pas. »

Le premier événement organisé pour collecter des fonds pour la Fondation Lance Armstrong fut une course à Austin appelée Race for the Roses avant d'être finalement rebaptisée Ride for the Roses (la course aux roses). Ce nom laissait supposer que Lance avait appris malgré lui à prendre le temps de s'arrêter pour humer les fleurs. Quand Korioth se lança dans une prospection téléphonique pour trouver des sponsors, il fut surpris de l'ignorance de ses interlocuteurs : rares étaient ceux qui avaient déjà entendu parler de Lance Armstrong.

Mais Michael Ward, guitariste du groupe de rock The Wallflowers et cycliste averti, contacta Korioth pour lui annoncer qu'il souhaitait l'aider dans sa collecte de fonds en faisant jouer son groupe. Korioth accepta aussitôt. Pour la fondation naissante, c'était une occasion en or.

Armstrong n'avait pas encore remporté le Tour de France et n'était pas encore totalement remis de son cancer. Si, au bout d'un an, la maladie n'était pas réapparue, il serait alors possible d'envisager une rémission. Mais il ne se projetait pas aussi loin. Il n'en avait pas le temps. En plus de poursuivre ses traitements et de travailler à la réussite de la Race for the Roses, il fit entrer une nouvelle femme dans sa vie.

Lors de la conférence de presse au cours de laquelle il annonça la tenue de l'événement caritatif, il fit la connaissance de Kristin Richard. En tant que chargée de clientèle et de communication, elle faisait la promotion de la course. Elle lui plaisait beaucoup physiquement, mais Armstrong appréciait particulièrement qu'elle se donne autant de mal pour lui. C'était sa « pom-pom girl » officielle : elle était payée pour inciter les gens à s'intéresser au champion, à sa fondation et à cet événement.

Il raconta à Neal qu'il avait fait la connaissance de cette « fille sexy » issue d'une famille stable et aisée. Son père était à la tête d'une entreprise. Ses parents possédaient une maison près de New York. À ses yeux, la famille Richard semblait trop parfaite. Il lui avoua qu'il aimait Kristin autant pour la normalité de sa famille que pour elle-même.

Lisa Shiels devint vite de l'histoire ancienne. Quelques mois après la rupture, C.C., la fille aînée de Neal, la croisa par hasard et lui dit qu'elle était navrée que ça n'ait pas collé entre eux[195]. Lisa éclata en sanglots. Elle avait sacrifié son année de fac pour lui et avait l'impression qu'il s'était débarrassé d'elle dès qu'il n'en avait plus eu besoin. Frances, la femme de Neal, confirma que c'était tout à fait lui : « Il traite les gens comme des bananes. Il prend ce dont il a besoin, puis il jette la peau sur le bord de la route. »

En dépit de ce chagrin d'amour, la Race for the Roses eut plus de succès que l'avait escompté Korioth. Pour les amateurs de sport non avertis, les exploits d'Armstrong – un championnat du monde et deux étapes du Tour de France – ne signifiaient pas grand-chose. Mais pour les cyclistes, c'était une célébrité. Près de trois mille coureurs se présentèrent, dont la légende du patinage de vitesse devenue cycliste, Eric Heiden, ainsi que Dan Jansen, un patineur de vitesse médaillé d'or aux Jeux olympiques de 1994. En fin de compte, Korioth comprit qu'il avait sous-estimé l'importance de l'événement.

Armstrong avait l'impression que ses admirateurs le connaissaient intimement. Ils comprenaient la souffrance de gravir un col, la monotonie des routes interminables… « Ils ont tissé un lien très personnel avec lui, constata Korioth. Ils ont l'impression qu'ils pourraient pédaler à ses côtés. Et le truc, c'est que ça pourrait être le cas. »

*

* *

Le cancer d'Armstrong ne fit que renforcer ce lien, les passionnés de vélo se mêlant à ceux qui avaient réchappé de la maladie. Il était parvenu à réunir tous ceux pour qui il était une source d'inspiration, aussi bien comme sportif que comme symbole de ténacité.

Et ainsi Lance Armstrong fut-il hissé au panthéon américain des héros du sport. Il s'était levé de son lit de mort pour accéder à une sorte de béatification laïque, et les Américains se l'étaient aussitôt approprié. Le pays pouvait l'acclamer et se montrer fier de lui, un héros malgré lui… C'était l'histoire extraordinaire de quelqu'un de bien. Non seulement les Américains atteints d'un cancer pouvaient-ils vaincre la maladie, mais ils ne tarderaient pas à comprendre qu'ils pouvaient aussi aller battre ces maudits Français sur leur propre terrain de jeu, le Tour de France. Armstrong allait se battre contre le cancer, contre les Français… C'était un battant, et les Américains raffolaient de ce genre de dur à cuire au grand cœur.

En un sens, Armstrong répondait au besoin primordial des hommes : celui de se créer des modèles. C'était un type moyen devenu un super-héros, d'abord dans un service de cancérologie, puis sur son vélo. Ceux qui croyaient en lui ne voyaient que le bon côté de sa personnalité, ou se persuadaient qu'il n'y en avait pas d'autre.

Juste après avoir appris qu'Armstrong avait un cancer, Kevin Kuehler, un vététiste de talent, était allé chez son médecin parce qu'il avait des symptômes similaires aux siens[196]. Ce médecin lui affirma que ce n'était pas un cancer, mais, quatre mois plus tard, il chercha à obtenir un second avis. Cette fois, oui, c'en était bien un. En rentrant chez lui, ce jour-là, il s'entretint au téléphone avec Armstrong, invité d'une émission de radio.

Alors que Kuehler tentait de raconter son vécu, Armstrong l'interrompit :

– Vous avez appelé pour entendre mes conseils ou simplement pour parler[197] ?

Il lui recommanda ensuite de se faire retirer le testicule atteint, car cette opération lui sauverait la vie. Deux ans plus tard, Kuehler parvint de nouveau à joindre Armstrong, le cancer étant réapparu dans ses poumons. Cette fois, Lance organisa une rencontre téléphonique entre le vététiste et son cancérologue principal, le docteur Larry Einhorn, de l'école de médecine de l'Université de l'Indiana. Moins de trois quarts d'heure après, le médecin appela le vététiste, et ils discutèrent d'une option thérapeutique que ce dernier n'avait pas encore envisagée. Ce nouveau traitement fonctionna, et Kuehler survécut pour pouvoir témoigner devant le pays entier : « Je trouve que ce qu'il fait est prodigieux. Une fois guéri, il aurait pu se contenter de poursuivre tranquillement sa vie, mais il a préféré prendre le chemin le plus difficile et aider les autres. La plupart des hommes sont gênés à l'idée de discuter de leur intimité. Mais avec ce genre de cancer, plus on en sait, plus on est rassuré. Pour Lance, c'est une sorte de mission[198]. »

Parmi ses admirateurs, on compta bientôt des gens comme Jim de Nashville, dans le Tennessee, dont la femme était atteinte d'une leucémie. Sur son blog[199], il rédigea des mots que beaucoup d'autres adeptes d'Armstrong jugeaient incontestables : « De toute évidence, Dieu accomplit son œuvre par l'entremise de Lance Armstrong. »

*

* *

Alors que tous les Kevin Kuehler du monde commençaient à vénérer Armstrong, J.T. Neal attendait son poulain à l'aéroport d'Austin, ses appels répétés demeurant vains. C'était au printemps 1997, et Lance était sur la voie de la guérison. Ses admirateurs, dont de nombreuses victimes du cancer, voulaient le rencontrer, lui parler, ou simplement le toucher. Ils envoyaient des monceaux de lettres à son représentant chez Nike, soutenant qu'Armstrong était leur héros et le suppliant de leur envoyer un autographe. Ses amis avaient fini par le surnommer le « Jésus du cancer ». Ce qui ne lui plaisait guère. « Je n'aime pas toute cette agitation, déclara-t-il. Je n'aime pas la foule. Je n'aime pas les gens. Je n'aime pas les inconnus de manière générale[200]. »

Neal craignait qu'il se renferme.

Pourtant, les gens l'aimaient bien. Ils voyaient en lui ce qu'ils auraient souhaité voir en eux : de la générosité, de la gentillesse et, par-dessus tout, le courage nécessaire pour survivre à la maladie et travailler de nouveau.

J.T. était sur le point de se rendre en Arkansas pour sa seconde greffe de moelle osseuse. Cela le ferait s'étouffer et vomir, et lui donnerait du muguet buccal, une mycose que l'on retrouvait surtout chez les nourrissons. Il serait ensuite affaibli, et risquait même de mourir à cause de la greffe.

Il aurait besoin d'aide, de quelqu'un pour le nourrir et le conduire à l'hôpital ou à son hôtel, tout au long du protocole, qui s'étalait sur une semaine. Préférant éviter à sa famille la douleur de le voir ainsi amoindri, il avait demandé à Lance de l'accompagner. Celui-ci avait accepté. Il resterait à ses côtés pendant les sept jours. Ou pas.

À l'aéroport, Neal entendit enfin retentir la sonnerie de son téléphone.

– Où tu es[201] ?

– Euh, je ne peux pas venir, désolé[202], répondit Armstrong laconiquement.

Il avait obtenu des passes VIP pour aller voir les Wallflowers, après leur prestation à la Race for the Roses, et il ne voulait pas les gâcher[203]. Neal se sentit trahi. Il avait été présent quand Armstrong avait eu besoin de lui. Ils avaient suivi leurs traitements ensemble. Il l'avait invité dans sa famille et s'était tu à propos de tous les produits qu'il avait pris, l'EPO, les injections de Dieu savait quoi… C'était lui – pas Stapleton ni les Wallflowers – qu'il avait appelé avant les Jeux olympiques de 1996 pour l'aider à trouver un moyen de récupérer l'EPO qu'il avait oubliée dans le réfrigérateur de sa chambre d'hôtel à Milan[204]. Il avait écouté ses peurs et ses secrets, y compris à propos de ses pères biologique et adoptif. Il lui avait servi de directeur commercial et d'avocat, sans lui demander un centime. Plus tard, Neal dirait : « Je ne méritais pas d'être traité de cette façon. Personne ne l'aurait mérité. »

Certains de ses amis avaient appelé leurs propres médecins pour qu'ils l'aident à chercher des traitements alternatifs. « Mais pas Lance. Il n'avait rien fait de tout ça. »

Plus Neal pensait au lapin qu'il lui avait posé à l'aéroport, plus il souffrait. Il finit par ôter la Rolex qu'Armstrong lui avait offerte. Et il ne la remit plus jamais.

*

* *

Un jour, à la fin de l'été 1997, Armstrong eut une discussion avec Carmichael, qui était venu le voir à Austin. Il voulait qu'il remonte sur un vélo et avait finalement convaincu Stapleton de le soutenir sur ce point. Les deux hommes étaient financièrement très intéressés par son retour.

Carmichael, l'entraîneur d'Armstrong qui s'était fait remplacer par Ferrari en 1995, prétendit que ce serait dommage qu'il abandonne alors qu'il était encore très jeune[205]. Stapleton prévint Armstrong qu'il pourrait toucher un joli pactole s'il décidait de revenir. Les sponsors accourraient, et pas n'importe lesquels : des sociétés du classement Forbes 500. Le coureur était tout à fait capable de transcender les racines provinciales de ce sport.

Même s'il savait qu'il devrait de nouveau se doper, il m'avoua que cela ne lui avait pas fait peur, car il ne craignait rien entre les mains de Ferrari et savait d'expérience qu'il ne prendrait qu'une infime partie de l'EPO qu'on lui avait administrée – si ironique que cela puisse paraître – tout au long de sa chimiothérapie. Il était loin d'être convaincu que son cancer était dû aux produits qu'il avait pris[206]. Il accepta donc de remonter sur son vélo.

Le problème, c'était qu'il n'avait nulle part où aller.

L'équipe française Cofidis avait mis un terme à son contrat de deux ans de 2,5 millions de dollars (1,8 million d'euros). Elle lui proposait à présent 180 000 dollars (130 000 euros) avec des primes de résultat s'il retrouvait sa forme. L'équipe ne croyait pas du tout qu'il reviendrait à son niveau.

L'offre, qu'il trouva insultante, le rendit furieux. Ces « enfoirés d'Européens » l'avaient bien eu ! Rancunier comme personne, il se jura de se venger.

Il eut une meilleure proposition : celle de l'équipe United States Postal Service (US Postal). L'équipe américaine était dirigée par Thomas Weisel, un investisseur de San Francisco que plusieurs de ses coureurs surnommaient le « toutou des sportifs », car il adorait frayer avec les meilleurs athlètes. C'était lui-même un sportif. Dans sa catégorie d'âge, il était champion des États-Unis de patinage de vitesse, champion du monde cycliste et excellent skieur. Son objectif était de parvenir à former la meilleure équipe cycliste du pays.

Armstrong avait déjà couru pour lui en 1990 et 1991 en tant qu'amateur au sein de l'équipe Subaru-Montgomery que Weisel avait financée. Il avait su repérer le talent brut du jeune coureur. S'en étant souvenu, il accepta la proposition de Stapleton[207] : un salaire fixe de 215 000 dollars (155 000 euros) avec d'importantes primes de résultat.

C'était en octobre 1997, environ un an après la découverte de son cancer. Cette maladie allait se révéler être une véritable aubaine financière pour lui. Et aussi pour Stapleton. Ce dernier n'avait aucune honte à qualifier le sportif, après son cancer, de « rêve de marketing ». Lance préparait une autobiographie. Ceux qui n'avaient jamais prêté la moindre attention au cyclisme souhaitaient désormais tout savoir sur le super-héros de la discipline.

« Ce n'est plus un cycliste comme les autres. En raison de son cancer, la marque Lance Armstrong touche un public beaucoup plus large, déclara Stapleton à l'*Austin American-Statesman*[208]. Notre défi consiste à présent à en tirer profit. Il est sur le point de devenir quelqu'un de très médiatique. Comme n'importe quel sportif qui fait des publicités pour Pepsi ou Gatorade[a]. Si son retour est un succès, nous espérons lui décrocher des contrats avec Kodak ou Sony, ce qui lui ouvrira sans doute des portes pour incarner l'image de grandes entreprises. »

Alors que Stapleton et Carmichael cherchaient à rendre Armstrong célèbre dans le monde entier, J.T. Neal s'efforçait de lui faire garder les pieds sur terre. Sans doute parce qu'il faisait face à une mort imminente, il n'était guère séduit par le portrait que l'on faisait du coureur, l'idole de la sensibilisation au cancer. Il continuait de s'occuper de lui comme un père.

Lors de sa seconde greffe de moelle osseuse dans l'Arkansas, c'était un ami de sa famille qui avait remplacé Lance pour l'aider. Durant toute cette semaine, Neal se demanda quelles erreurs la mère de Lance et lui-même avaient bien pu commettre. Il savait

a. Boisson énergétique américaine non gazeuse.

depuis longtemps que le garçon était égoïste et que cet égoïsme était inhérent à son ambition débordante, mais, cette fois, en refusant de l'aider alors qu'il avait vraiment besoin de lui, Lance était allé trop loin. Mais Neal l'avait venu venir, en quelque sorte.

Armstrong n'avait pas prêté la moindre attention à ces médecins et à ces infirmières qui s'étaient relayés à son chevet pendant son traitement à Austin, puis il avait profité de son rétablissement pour amasser de l'argent. D'après Neal, il était hypocrite de l'ériger en porte-parole de la sensibilisation au cancer. « Regardez d'abord comment il l'a eu, dirait-il plus tard[209]. De quelle manière il se moque des règles. Pour lui, c'est : “J'ai le cancer et je suis quelqu'un de bien”, et : “J'emploierai tous les moyens pour parvenir à mes fins.” »

Neal savait qu'il recommençait à se doper. Tout en récoltant de l'argent pour sa fondation, il cherchait un moyen d'obtenir de l'EPO aux États-Unis[210], après avoir cessé d'en prendre pour combattre son cancer. Armstrong poussa le vice jusqu'à lui demander de lui donner l'EPO dont il se servait pour lutter contre son propre cancer. Finalement, devant les refus répétés de Neal de partager son traitement, Armstrong déclara qu'il avait trouvé une source d'approvisionnement dans le sud-ouest des États-Unis.

Vraiment las des intrigues du coureur, Neal continua à lui demander d'aider sa mère, Linda. Il insista pour qu'il lui envoie 10 000 dollars par an. Armstrong refusa.

Il finit par demander à Garvey, le directeur de la fondation, de faire pression sur lui. Armstrong refusant de nouveau, Garvey proposa d'envoyer lui-même de l'argent[211]. Le coureur lui posait un problème de relations publiques. Si la nouvelle venait à se répandre qu'il refusait d'aider sa mère dans le besoin, de quoi aurait l'air la fondation ? Et si l'Amérique apprenait que Lance Armstrong n'était pas un héros désintéressé ?

8

Deux ans avant qu'Armstrong soit recruté au sein de l'équipe US Postal, celle-ci fut remaniée de fond en comble. Après la saison 1996, le directeur sportif de l'équipe, Borysewicz, ancien mentor de Lance et entraîneur de l'équipe olympique de 1984, ne fut pas reconduit dans ses fonctions, pas plus que le médecin Prentice Steffen.

Sur le Tour de Suisse 1996, Steffen se trouvait dans une chambre de l'hôtel de l'équipe quand deux coureurs de l'US Postal, Tyler Hamilton et Marty Jemison, vinrent s'entretenir avec lui[212]. Jemison évoqua le programme médical de l'équipe. Il déclara qu'il ne présentait aucun intérêt – ils étaient en train de se faire humilier lors de cette première grande compétition européenne – et voulait avoir son avis.

– Vous croyez que vous pourriez faire quelque chose pour nous aider ? l'interrogea-t-il.

Steffen comprit que Jemison lui demandait d'utiliser des produits dopants[213]. Il se souvient de cette conversation comme d'une suite d'allusions qu'il savait vaines, car, ayant lui-même été toxicomane et s'en étant sorti, il était contre l'usage de tout produit illicite.

– Non, je ne peux vraiment pas m'engager sur ce terrain-là, répondit-il.

Hamilton a toujours nié l'existence de cette conversation. Jemison reconnaît, quant à lui, qu'ils se sont bien entretenus avec Steffen ce jour-là, mais qu'ils ont discuté de produits autorisés, comme des vitamines et des acides aminés. Quoi qu'il en soit, le médecin sentit aussitôt les coureurs et les responsables de l'équipe prendre leurs distances avec lui. Mark Gorski, le directeur commercial de l'équipe, ancien champion olympique en 1984, cessa de répondre à ses appels et à ses e-mails. Du jour au lendemain, on le remplaça par un médecin espagnol, Pedro Celaya.

Steffen était le médecin de l'équipe depuis plusieurs années, et il fut blessé par ce limogeage brutal. Il n'y eut même pas d'entretien officiel ! L'équipe se contenta de rompre le contact. Furieux, il écrivit une lettre à Gorski : « Qu'est-ce qu'un médecin espagnol sorti de nulle part pourrait vous proposer de mieux que moi ? La réponse me semble évidente : du dopage. »

La réplique de l'équipe lui parvint par l'intermédiaire d'un cabinet d'avocats. On le menaçait de poursuites s'il rendait ses accusations publiques.

Borysewicz avait également perdu son poste au sein de l'équipe. Même s'il s'était fait prendre dans l'affaire de dopage des Jeux olympiques de 1984, plusieurs de ses coureurs à l'US Postal ont affirmé qu'il ne leur avait jamais rien proposé de tel. Il leur avait dit qu'il refusait d'être impliqué dans un nouveau scandale.

En 1997, il fut remplacé par Johnny Weltz, un ancien coureur danois qui avait fait presque toute sa carrière dans l'équipe espagnole ONCE, réputée pour être l'une des plus sales du circuit[214]. Avec aux commandes Celaya, un médecin qui en connaissait un rayon sur le dopage mais qui avait nié toute implication dans ce domaine, et désormais Weltz, l'équipe était prête à franchir un nouveau palier. En effectuant son grand retour dans le cyclisme, Armstrong allait participer à la transformation de l'équipe.

*

* *

Dès que leurs coéquipiers eurent quitté leurs appartements de Gérone, en Espagne, Darren Baker et Scott Mercier se mirent au travail[215]. Ils jetèrent un coup d'œil sous les lits, dans les tiroirs, dans les poches de leurs blousons… partout dans les chambres de Tyler Hamilton et George Hincapie, leurs compagnons de chambrée respectifs et compatriotes américains de l'US Postal. Au fond du placard de Hincapie, ils finirent par tomber sur une boîte à chaussures pleine de flacons de médicaments. Au milieu des vitamines se trouvait une petite ampoule ambrée de testostérone.

– Je n'y crois pas ! s'exclama Mercier.

– Quoi ? C'est tout ? J'étais sûr qu'il y en aurait plus, s'étonna Baker.

C'était tout ce qu'ils avaient découvert, mais ils avaient obtenu une réponse à leur question : leurs coéquipiers se dopaient-ils ? Oui. Au moins l'un d'entre eux.

À 23 ans, Hincapie figurait déjà depuis longtemps parmi les meilleurs cyclistes américains. Fils d'immigrés colombiens, il avait grandi dans le Queens et s'était mis au vélo à l'âge de 8 ans. Ricardo, son père, avait été un cycliste de bon niveau. George s'entraînait avec son frère aîné, Rich, à Central Park. Les week-ends, les Hincapie participaient à des courses dans le New Jersey, dans le Connecticut et dans les environs de New York. Contrairement à Armstrong, qui s'était consacré exclusivement au vélo sur le tard parce qu'il s'était auparavant concentré sur le triathlon, Hincapie n'avait que 12 ans quand il remporta son premier titre de champion des États-Unis.

À l'école, il rêvait de participer à des courses en Europe, et peut-être même au Tour de France. Négligeant ses devoirs, il préférait élaborer des plannings d'entraînement. Il tenta d'aller à la fac pendant un semestre, à l'université Hofstra, mais eut rapidement la confirmation qu'il n'était pas fait pour les études.

Il se fit sa première injection de vitamines avec l'équipe des États-Unis, en Italie. Là-bas, en Europe, disait-il, il était si courant de se faire ce genre de piqûre que les supermarchés vendaient des seringues « à côté des pommes ». Aux Jeux olympiques de 1992, c'était Angus Fraser, l'entraîneur de l'équipe nationale – qui fut plus tard accusé de doper de jeunes coureurs – qui lui faisait ses piqûres[216], mais Hincapie était convaincu qu'il s'agissait de compléments alimentaires autorisés, comme les vitamines B12 et C.

Lors de ses débuts en tant que professionnel au sein de l'équipe Motorola, il vit l'un de ses coéquipiers, un Belge, s'injecter ce qu'il devina être de l'EPO[217]. Un autre, un Italien, avait un tiroir plein de produits, qu'il lui légua lorsqu'il dut quitter l'équipe à cause d'une blessure[218]. Les soigneurs, y compris Hendershot, lui faisaient des injections, mais il ne leur demanda jamais ce que contenaient les seringues. Il soutint que c'était son mentor, Frankie Andreu, déjà pro depuis plusieurs années et qui courrait plus tard pour l'US Postal, qui lui avait fait découvrir l'EPO.

« C'était courant, se défend-il, au sujet du dopage en Europe au sein du peloton professionnel. C'était scandaleux, mais je n'avais pas de plan de secours. À l'époque, on ne se disait pas : “Oh, merde, il faut que je triche.” On se disait plutôt : “Je ne vais pas me laisser avoir par tout le monde, il faut que j'en fasse autant.” »

Lors de son premier Grand Tour, le Tour d'Espagne de 1995, alors qu'il était encore propre, Hincapie eut beaucoup de mal à suivre « les types les plus gros, les moins en forme du peloton ». Il comprit alors qu'il aurait beau travailler très dur, il n'arriverait jamais à rien s'il ne se dopait pas.

Pendant trente ans, son père s'était levé à 4 heures du matin pour aller travailler comme bagagiste pour United Airlines à l'aéroport de LaGuardia. Sa mère avait conduit un bus scolaire pendant dix ans. « Ils m'avaient vraiment appris à me concentrer sur quelque chose et à m'y investir, déclara-t-il. J'allais pouvoir faire ce que je voulais et m'y consacrer à 100 %. »

Alors, quand il dut décider de prendre ou non des produits dopants, il suivit l'exemple de son ami Armstrong, il s'y engagea à fond. Un an après, Armstrong retrouverait une équipe avec Hincapie, ils courraient ensemble et se doperaient ensemble… Leur partenariat allait leur faire connaître des choses qu'ils n'auraient jamais imaginées – des victoires, mais aussi des drames.

*

* *

Baker et Mercier étaient deux coureurs de l'US Postal, sans doute les deux seuls à faire partie de l'élite et à avoir refusé de se doper. Même s'ils n'avaient jamais vu leurs coéquipiers prendre des produits dopants, ils trouvaient étrange que Hamilton et Hincapie, leurs compagnons de chambrée, puissent regagner du terrain sur des Européens qui tournaient à l'EPO. Comment était-ce possible ?

Hincapie, le grand sprinter dégingandé dont les points forts étaient sa rapidité et sa puissance sur le plat, était devenu nettement plus fort en montagne. Hamilton, un petit avec des taches de rousseur, des yeux bleu acier et des cheveux châtain-roux ondulés, était aussi meilleur grimpeur que jamais.

Ils ne semblaient pourtant pas du genre à se doper. Hincapie, que l'on surnommait Big George, était quelqu'un de calme, de gentil et de polyvalent que tout le monde appréciait, aussi bien dans le peloton que dans le public. Et on aurait pu croire Hamilton tout droit sorti d'une publicité pour les magasins de vêtements J.Crew, celle qui représentait un gars avec son golden retriever. Originaire de la Nouvelle-Angleterre, il avait pratiqué le ski de vitesse au lycée, et ses parents en avaient fait un garçon gentil et poli. À première vue, sur son vélo, il ressemblait moins à un sportif professionnel qu'à un adolescent maladroit qui aurait jeté votre journal sur le toit au lieu de le livrer devant votre porte.

Armstrong allait rejoindre l'équipe en 1998. Pendant l'année qu'il passa à l'écart des compétitions, la culture du dopage était restée la même. Ce n'était pas parce que les coureurs étaient sponsorisés par les services postaux, une agence indépendante du gouvernement des États-Unis, qu'ils allaient se mettre à suivre les règles. Ce fut peut-être même l'inverse, ce sponsor de luxe leur mettant encore plus de pression sur les épaules. L'équipe appartenait à Weisel, le banquier d'affaires au farouche esprit de compétition[219], et si redoutable qu'on l'a soupçonné d'avoir recruté certains employés non pas pour leur sens de la finance mais pour leur aptitude à aider sa société à remporter des compétitions sportives interentreprises.

Baker a raconté qu'un soir, l'un des meilleurs coureurs russes et lui s'étaient demandé si le dopage pouvait se justifier[220]. Le Russe avait un bon argument : on l'avait envoyé faire du sport, un été, alors qu'il devait avoir 11 ou 12 ans, loin de sa famille et de ses amis. Il n'avait rien trouvé à redire, car c'était ça ou un poste de travailleur saisonnier à l'usine. Trois groupes de gamins pouvaient profiter de dix vélos, et ils prenaient consciencieusement des « vitamines » qu'on avait choisies pour eux. La majorité des Américains n'avaient d'ailleurs aucun plan de secours s'ils échouaient dans le cyclisme. Seule une poignée d'entre eux étaient allés à la fac.

Baker et Mercier étaient deux exceptions. Le premier avait étudié la finance à l'Université du Maryland, et le second l'économie à l'Université de Californie, à Berkeley. Ils ne considéraient donc pas le dopage comme une question de vie ou de mort. S'ils pratiquaient ce sport, c'était parce qu'ils l'aimaient.

– Ce n'est qu'une course de vélos, se défendit Mercier. C'est une façon amusante de gagner sa vie, mais ce n'est qu'une course de vélos, allons !

C'était le genre de chose que Hincapie détestait entendre, et, pour cette raison, il haïssait Mercier. Si ce dernier avait d'autres options, ce n'était pas le cas de coureurs comme Armstrong et lui. C'était du moins l'impression qu'ils avaient. S'il ne réussissait pas dans le vélo, Armstrong craignait de se voir obligé d'aller travailler chez Starbucks[221].

Même si leurs coéquipiers les maudissaient, Mercier et Baker plaisantaient sur le dopage de plus en plus présent. Un jour, Mercier se mit à secouer le réfrigérateur, dans le camion de l'équipe, et entendit tinter les ampoules de verre.

– Hmm… Je me demande ce qu'il y a là-dedans… Oh, mon menu spécial ! Ce sont mes vitamines B, plaisanta-t-il avec Baker en éclatant de rire.

À leurs yeux, il était évident que le dopage avait fait main basse sur ce sport. Mercier remarqua des coureurs âgés de 20 à plus de 30 ans avec de l'acné, un effet secondaire des stéroïdes, et d'autres dont les arcades sourcilières semblaient s'être développées, ce qui peut être l'une des conséquences de la prise d'hormone de croissance.

Au Tour DuPont de 1994, en entrant dans les toilettes, Mercier tomba sur deux Espagnols qui partageaient un même box. Il en entendit un dire : « *Poco más, poco más* » (« Encore un peu, encore un peu »), avant de voir une seringue tomber aux pieds des coureurs. « J'ai trouvé ça répugnant, avoua Mercier. J'ai eu l'impression qu'ils étaient accros à l'héroïne. Je me suis dit : "Houlà ! Si on m'oblige à faire ça, je laisse tomber." »

Durant la même course, au début d'une étape, il s'arrêta à hauteur d'Armstrong, dont les bras étaient si musclés qu'il avait dû découper les manches de son maillot. Il avait rarement vu des jambes aussi puissantes.

– La vache, Lance ! Tu pourrais faire du football américain, tellement tu es baraqué. Tu pourrais jouer chez les Cowboys, s'amusa Mercier.

– Tu crois ? lui demanda Armstrong.

Trois ans plus tard, Mercier fut directement confronté au dopage, lors d'un entraînement de l'US Postal, en 1997. Le médecin espagnol Pedro Celaya effectua une prise de sang sur les coureurs pour pouvoir évaluer leur niveau d'hématocrite. Celui de Mercier était à 40,5.

– Pour être professionnel en Europe, il faut au moins 49 ou 49,5, le prévint-il.

– *Gracias,* Pedro, mais comment je peux faire ?

– Avec des vitamines B spéciales. On en parlera tout à l'heure, d'accord ?

Mercier ne lui répondit pas, sachant parfaitement qu'il parlait d'EPO.

Au printemps de la même année, Mercier eut quatre semaines de pause pendant lesquelles il avait l'intention d'aller dans le pays de sa femme, en Afrique du Sud. Il s'y rendrait après le Tour de Romandie, en Suisse, pour s'y reposer pendant deux semaines et s'y entraîner pendant deux autres. Avant la fin de la course, il s'entretint avec Celaya dans une chambre de l'hôtel au sujet de son futur programme d'entraînement.

Celaya lui tendit un calendrier marqué de petits cercles et d'étoiles sur certaines dates[222]. Il lui remit ensuite un sachet de congélation Ziploc rempli de gélules et d'ampoules.

– Qu'est-ce que c'est, Pedro ? demanda Mercier.

– Des stéroïdes.

– Ça va me faire rétrécir les couilles ?

– Non, non, répondit le médecin en éclatant de rire. Tu vas devenir fort comme un bœuf. Pas de courses, sinon tu risques de te faire contrôler positif. Mais tu vas être costaud comme jamais.

Il lui recommanda d'acheter des seringues dès son arrivée en Afrique du Sud et lui expliqua comment extraire le liquide de l'ampoule. Puis il lui conseilla de mettre les produits dans sa poche de devant pendant le vol. Si un douanier venait à l'arrêter, il devait prétendre qu'il ne s'agissait que de vitamines.

Mercier arriva en Afrique du Sud sans incident. Dès que son entraînement fut censé débuter, il s'empara de son sac de médicaments et du calendrier : tel jour, il devait prendre les pilules vertes au lever, puis plus tard, dans la soirée. Parfois au déjeuner aussi. Il devait cesser de prendre les cachets le dimanche qui précédait une course aux États-Unis programmée le samedi suivant. Cela lui laisserait le temps d'éliminer les produits et lui permettrait d'échapper à un contrôle positif. Il n'y avait rien de plus facile que de contourner les règles du dopage.

La femme de Mercier, Mandie, lui dit qu'elle ne pouvait pas prendre de décision à sa place, car elle refusait que leur relation soit gâchée par son avis sur la question – surtout s'il n'était pas le même que son époux. Il la regarda et déclara :

– Je ne vais pas les prendre.

Mercier ne put suivre le programme d'entraînement de Celaya que pendant trois jours. Le quatrième, il ne parvint à faire monter son rythme cardiaque qu'à 70 % de son maximum, au lieu des 85/95 % prévus dans le programme. Il avait les jambes en compote. Pendant plusieurs jours, il fut si fatigué et perclus de douleurs qu'il ne put réaliser que 80 % de son entraînement. Il dut même prendre quelques jours de repos.

Il lui serait impossible de suivre cet entraînement de deux semaines sans se doper. Grâce aux stéroïdes, il aurait pu mieux récupérer de chacune de ses séances et habituer son organisme à recommencer le lendemain. Il souffrit tellement pendant son entraînement qu'il sut que s'il voulait courir la saison suivante, il lui faudrait se doper. Hincapie avait raison : il n'était plus possible pour un coureur sain de rester compétitif. Il ne semblait pas y avoir d'issue hors des produits dopants. D'ailleurs, cela avait un avantage : il obtiendrait de meilleurs résultats, et donc une meilleure paie.

Mais Mercier décida d'abandonner le cyclisme. Il termina la saison, mais refusa de signer une prolongation de son contrat avec l'US Postal. Son rêve avait pris fin.

Même si on trouva sa décision courageuse, il se sentait embarrassé. À ses yeux, le fait d'avoir quitté ce sport prouvait qu'il était trop faible pour pouvoir résister à la tentation. « Je ne crois pas que j'aurais été capable d'arrêter, dit-il. C'était une mauvaise pente. »

Il termina cette saison et sa carrière au Tour d'Espagne. Pourtant excellent grimpeur, il parvenait même à se faire dépasser en montagne par des sprinters, réputés pour leurs jaillissements sur le plat. Le peloton franchissait les cols comme s'il avait des ailes. Il avait été en troisième position au pied d'une pente relativement raide, au début d'une étape. Mais, un à un, les coureurs lui étaient passés devant, comme s'il pédalait au ralenti.

*

* *

Le Tour d'Espagne eut également raison de Baker, dont la retraite sportive fut encore plus dramatique tant on considérait qu'il avait un talent inné pour le vélo. Jonathan Vaughters, un cycliste de Denver qui allait rejoindre l'US Postal l'année suivante, confirma qu'il était si doué qu'il aurait pu figurer parmi les dix meilleurs du Tour. « S'il avait accepté de se doper, naturellement. » Lors de ce dernier Tour d'Espagne, Baker raconta à Sam Abt du *New York Times* qu'il avait été aussi bon qu'Armstrong par le passé. « La plupart du temps, j'étais fort. Aussi fort que Lance Armstrong. Peut-être même encore plus fort en montagne. Mais il avait toujours plus soif de victoires que moi[223]. »

Baker savait, lorsqu'il fut sélectionné pour l'équipe des États-Unis, que les meilleurs coureurs se dopaient. « Tout le monde le savait, et tout le monde en parlait. »

Les coureurs répétaient à l'envi la célèbre repartie de Jacques Anquetil, le quintuple vainqueur du Tour : « Fichez-moi la paix, tout le monde se dope », et ressassaient ce que Fausto Coppi, double vainqueur du Tour, avait déclaré à la télévision : il avait reconnu se doper chaque fois que c'était nécessaire, « c'est-à-dire presque tout le temps ». Baker savait qu'ils avaient raison, et on lui mit une énorme pression pour qu'il franchisse le pas, mais il refusa.

On lui faisait des propositions en permanence. Au championnat du monde de 1995, le médecin de l'équipe américaine lui remit plusieurs cachets après qu'il se fut plaint que les autres coureurs semblaient nettement plus en forme que lui. Il a refusé de révéler le nom de ce médecin, mais plusieurs membres de l'équipe ont avancé qu'il s'agissait de Max Testa, qui travailla chez Motorola avec Lance Armstrong et certains de ses compatriotes.

– Tiens, ça va apaiser tes douleurs aux jambes, lui dit le médecin. C'est simplement de la cortisone.

– Mais ce n'est pas interdit ?

– Si, mais la quantité est insuffisante pour que tu sois contrôlé positif.

Il jeta les pilules à la poubelle.

Lors du Paris-Nice de 1997, il fut réveillé par un bourdonnement aigu dans sa chambre d'hôtel. Cela ne l'amusa pas vraiment, car il dormait profondément. Il vit alors un équipier italien en train de manipuler une centrifugeuse. Le cycliste vérifiait son taux d'hématocrite. Baker enfouit sa tête sous son oreiller.

Certains Français étaient même venus avec leur propre médecin. Il s'avéra qu'il s'agissait d'un vétérinaire spécialiste des courses hippiques. « Je n'avais jamais rien vu d'aussi ridicule, s'amusa Baker. Ce type ne s'était jamais occupé d'êtres humains ! »

Il fit la leçon à ses coéquipiers à propos du dopage.

– Si vous obligez constamment votre moteur à franchir la limite, tenta-t-il un jour de leur expliquer, ce n'est pas bon pour votre voiture. De la même manière, le dopage n'est pas bon pour votre corps.

Il leur dit aussi :

– Les hormones, c'est ce qui régule tout ce qui se passe dans votre organisme. Quand on commence à toucher aux composantes de base de la vie, on ne peut pas savoir ce qui peut arriver.

Personne ne le prit au sérieux. À l'époque, les dirigeants de l'équipe avaient changé. Le dopage systématique faisait désormais partie de la stratégie de l'US Postal.

À la fin de la saison 1997, Baker et Mercier quittèrent leur appartement de Gérone. Baker partit s'installer à San Francisco, pour travailler dans le service financier d'une entreprise, et Mercier à Hawaï, pour aider son père à gérer ses restaurants. Il n'y gagnait que 45 000 dollars (près de 33 000 euros) par an. Sa femme et lui s'en sortaient à peine avec leur nouveau-né.

*
* *

Quand Kristin Richard épousa Armstrong, en mai 1998, on ignore si elle se demanda si le dopage risquait d'avoir des conséquences sur sa future famille. Elle n'a pas répondu à mes demandes d'interview pour ce livre.

Ils avaient entamé leur liaison éclair début 1997, et il l'avait demandée en mariage au bout de six mois. Aussitôt après, elle commença à s'occuper des finances d'Armstrong et prit les commandes de la maisonnée, tâches jusque-là dévolues à la mère d'Armstrong et à J.T. Neal.

Avec le temps, elle finit par prétendre qu'elle était catholique pratiquante, mais ce n'était pas ce qui avait marqué de prime abord les amis d'Armstrong. Korioth, l'ancien patron de bar devenu responsable de la Fondation Lance Armstrong, avait été leur ami à tous les deux. « Elle me disait des cochonneries à longueur de temps, elle me racontait des blagues salaces. C'est son truc, tenter de s'intégrer et de se faire passer pour un mec en racontant des choses choquantes. »

Korioth fut témoin du changement. La femme sûre d'elle et indépendante se transforma peu à peu en épouse soumise, capable de tout pour satisfaire son mari. Tout ce qu'il voulait, quand il le voulait. Elle n'était là que pour lui faciliter la vie. Lors du championnat du monde de 1998, elle l'aida même à se doper. Mais elle alla plus loin : elle aida toute l'équipe US Postal à se doper[224]. Tandis que les coureurs quittaient leur hôtel pour se diriger vers la ligne de départ, plusieurs membres de l'équipe la virent envelopper des comprimés de cortisone dans du papier d'aluminium. L'un après l'autre, elle leur remettait leurs minuscules paquets.

Christian Vande Velde, originaire de la banlieue de Chicago, trouva cela très amusant :

– La femme de Lance nous roule des joints[225] !

9

Armstrong se trouvait à Bend, dans l'Oregon, lorsque se déroula la plus grosse saisie de produits dopants de l'histoire du Tour de France, à 8 000 km de là. L'équipe Festina, l'une des meilleures du Tour, s'était fait exclure de la compétition pour dopage. Willy Voet, l'un de ses soigneurs, avait été surpris au volant d'une voiture qui aurait pu passer pour une pharmacie ambulante. Il transportait deux cent trente-quatre ampoules d'EPO, quatre-vingt-deux doses d'hormone de croissance et cent soixante gélules de testostérone[226].

Ne s'estimant pas encore assez fort pour une compétition de trois semaines aussitôt après son traitement contre le cancer, Armstrong n'avait pas participé au Tour cette année-là. Ainsi, pendant que les meilleurs membres de l'US Postal couraient en France, il dut se contenter de la Cascade Classic, une course par étapes de plusieurs jours dans les environs de Bend. Les organisateurs de la compétition étaient ravis qu'une seconde équipe US Postal à la tête de laquelle figurait Lance Armstrong ait accepté d'honorer leur course. Le triple vainqueur du Tour, LeMond, ayant abandonné la compétition, la popularité du cyclisme aux États-Unis était au point mort. Ils espéraient qu'Armstrong, le champion du monde 1993, parviendrait à attirer le public.

Il entama la semaine d'épreuves par l'une de ses plus étranges victoires. En ouverture de la Cascade Classic, des dizaines d'enfants, dont la moyenne d'âge devait se situer autour de 5 ans, s'affrontèrent lors de la course annuelle réservée aux plus petits. Ils étaient arrivés à tricycle, à skateboard et à vélo (la plupart d'entre eux avec les roulettes de débutants). Afin de donner à l'événement un côté plus spectaculaire, on avait demandé à Armstrong de se ranger à leurs côtés sur la ligne de départ et de pousser le peloton de gamins jusqu'à l'arrivée.

Le starter lança les hostilités, une petite course d'environ 200 m. Certains gamins prirent la route de travers, tentant tant bien que mal de se diriger vers leurs parents sur le bord de la chaussée. Quelques-uns prirent la chose tellement à cœur qu'un petit groupe se forma en tête du peloton, suivi d'Armstrong.

Sur la fin de l'épreuve, Armstrong se mit à pédaler à côté du leader, un garçon particulièrement valeureux d'une dizaine d'années. Puis, d'un dernier coup de pédales, le champion du monde prit l'avantage sur lui juste devant la ligne d'arrivée.

Paul Biskup, le directeur technique de la Cascade Classic, n'en crut pas ses yeux.

– Pourquoi est-ce que ce type s'est senti obligé de franchir la ligne en premier ? demanda-t-il à ses amis de l'organisation. Pourquoi est-ce qu'il n'a pas laissé gagner ce gamin ?

Tous étaient d'accord : Armstrong leur avait donné l'impression d'être un tel compétiteur dans l'âme qu'il n'avait pas pu s'en empêcher.

Il remporta ensuite la Cascade Classic.

*
* *

À l'autre bout du monde, Armstrong plaisanta à propos de l'arrestation de Voet :

– Ils l'ont peut-être arrêté parce que son pot d'échappement traînait par terre à cause du poids de ce qu'il transportait dans le coffre[227], déclara-t-il à ses équipiers de la course dans l'Oregon.

En France, cela ne faisait rire personne. L'arrestation de Voet avait incité la police à se lancer dans une guerre totale contre le dopage dans le peloton. Elle se mit à perquisitionner les bus, les hôtels et les entrepôts des équipes. Au quartier général de Festina, à Lyon, elle découvrit des produits étiquetés au nom des coureurs.

Au départ de la huitième étape, des coureurs de l'US Postal avaient été pris de panique en apercevant la police devant le camping-car des meilleurs coureurs de l'équipe. Pedro Celaya, un médecin pourtant d'ordinaire très calme, se mit à jurer entre ses dents[228].

– *Mierda. Mierda. Porque? Porque? Qué debemos hacer? Qué debemos hacer?* (Merde. Merde. Pourquoi ? Pourquoi ? Qu'est-ce qu'on doit faire ? Qu'est-ce qu'on doit faire ?)

Il savait que si la police perquisitionnait son équipe, elle découvrirait l'EPO, la testostérone et l'hormone de croissance[229]. Même si tout le monde fermait les yeux sur ces produits dans le milieu du cyclisme, en France c'était une infraction. Le médecin de Festina était déjà en prison, et Celaya n'avait aucune envie d'aller le rejoindre.

On avait dissimulé dans le camping-car des produits pour une valeur totale de 25 000 dollars (18 000 euros). Tandis que les coureurs s'élançaient sur la rampe de départ, non loin de là, acclamés par des milliers d'admirateurs, le médecin rassemblait toute l'EPO, la testostérone, l'hormone de croissance et la cortisone. La rumeur courait que la police perquisitionnait certaines équipes, et il craignait que l'US Postal soit la suivante sur la liste. Il s'apprêtait donc à tout jeter dans les toilettes[230].

Avant qu'il ait pu tirer la chasse, toutefois, Hincapie, qui était le second coureur à s'élancer dans cette huitième étape, prit ce qu'un de ses coéquipiers qualifia de « dernière grosse dose[231] » d'EPO. Il allait avoir besoin d'énergie pour terminer le Tour – un Tour sur lequel certains cyclistes allaient devoir rester sains pour la première fois, car de nombreuses équipes s'étaient débarrassées de leurs produits d'une manière ou d'une autre. La simple perspective d'une course sans dopage était si douloureuse que Viatcheslav Ekimov, un coureur russe de l'US Postal qui nia pendant des années s'être dopé, déclara en plaisantant qu'il allait plonger dans les toilettes pour récupérer les ampoules[232]. L'un de ses coéquipiers se tourna vers lui et se dit : « Bon sang ! J'ai cru qu'il allait vraiment le faire[233] ! »

Armstrong lut les journaux et reçut des nouvelles de Hincapie et d'amis présents sur le Tour à propos de l'affaire Festina. Il comprit aussitôt que cette équipe fonctionnait de manière si professionnelle que le système de dopage de l'US Postal, en comparaison, aurait pu passer pour du travail d'amateurs. Même si les saisies incitèrent plusieurs formations à poursuivre la course sans dopage, ou, du moins, à réduire leur consommation de produits illicites, l'affaire poussa Armstrong à élaborer un système encore plus complexe.

Quand Celaya annonça qu'il avait reçu une offre plus lucrative de la part d'une autre équipe pour la saison suivante, Armstrong ne fut pas mécontent de le voir partir.

– Dès qu'on lui demande le moindre cachet de caféine, il veut prendre notre température[234].

Bien qu'ayant vu la mort de près, il ne trouvait pas l'attitude du médecin suffisamment offensive.

*

* *

Jonathan Vaughters était un gamin un peu gauche qui portait des blazers de laine et des pantalons moulants, à l'européenne. Il arborait des favoris taillés en pointe, des lunettes en plastique de premier de la classe, et courait en Europe depuis 1994. Armstrong et lui s'étaient affrontés à de multiples reprises depuis leur adolescence. Ils étaient également tous les deux convaincus que le succès du cyclisme devait énormément à l'EPO[235].

C'était l'un des coureurs en qui Armstrong avait le plus confiance, avec Christian Vande Velde, un jeune garçon sympathique, originaire du Midwest, amateur de saxophone, et sur le point d'épouser celle dont il était tombé amoureux au lycée. Ils étaient des domestiques, dont la mission consistait à conduire Armstrong à la victoire.

Ils feignirent tous les deux de rire quand Lance plaisanta à propos de l'affaire Festina[236]. En fait, comme ils le reconnurent plus tard, ce scandale les avait rendus plutôt nerveux. Vaughters, un grimpeur de classe mondiale, et Vande Velde, un débutant, paniquaient à l'idée que des coureurs et des responsables d'équipe puissent se retrouver en prison à cause du dopage. Vaughters savait que ce phénomène était profondément enraciné dans la culture de ce sport, et ce au plus haut niveau. Vande Velde était tout juste en train de le comprendre.

Ils partageaient tous les deux un appartement en Europe. Un jour, au milieu de l'année 1998, Vaughters lâcha :

– Hé, tu veux voir de l'EPO[237] ?

Il ouvrit le réfrigérateur pour montrer à Vande Velde un bidon rempli de glace et qui contenait quelques ampoules de verre. Culpabilisant déjà au sujet du dopage, il ne voulait pas aggraver les choses en mentant à son coéquipier. Il lui raconta donc tout, tous ses secrets de vieux briscard. Il lui expliqua les avantages de l'EPO et de quelle manière cela permettait d'augmenter le nombre de globules rouges. Il affirma que tous les meilleurs coureurs en prenaient.

Il lui confia que Celaya préparait des bidons pour toute l'équipe et que chacun d'eux contenait de l'EPO. Sur leurs étiquettes figuraient des noms et des dosages. Armstrong, Livingston, Andreu, Hincapie… Sur la sienne, on pouvait lire : « Jonathan – 5 x 2 », ce qui signifiait que le bidon contenait cinq ampoules d'EPO de 2 000 unités chacune.

Il lui expliqua que certains coureurs devaient prendre d'autres produits pour augmenter l'efficacité de l'EPO : de la vitamine B, de la vitamine C, de la testostérone… Il lui montra des seringues d'EPO et des patchs de testostérone.

– Il va falloir que tu prennes tout ça, toi aussi, un jour[238].

– Vraiment ? Tout ça ?

– Ouais, un peu de tout, si tu veux pouvoir suivre le rythme. Si tu veux continuer à faire du vélo.

C'était tout nouveau pour Vande Velde, qui était tombé amoureux de ce sport à l'âge de 5 ans. Son père, double champion olympique de course sur piste, avait pris l'habitude de gonfler les pneus de leurs vélos à 6 heures du matin pour qu'ils puissent faire le tour de leur quartier en banlieue de Chicago. Marisa, sa sœur aînée, était également cycliste.

Pour les Vande Velde, le vélo était bien plus qu'un passe-temps. Le père, John, s'était rendu célèbre dans ce sport en passant pour le Phineas Barnum du cyclisme sur piste. Il faisait en effet le tour des États-Unis avec son propre vélodrome de bois et d'acier, qu'il avait appelé le « Vandendrome », et sur lequel il organisait des compétitions. Il eut même un petit rôle dans *La Bande des quatre*, un film culte sur le cyclisme. Il interprétait l'un des méchants de l'équipe italienne Cinzano. Christian avait l'impression de vivre avec une véritable célébrité, qui les emmenait, sa sœur et lui, dans de longues balades à travers la banlieue de Chicago. Il était destiné à devenir coureur cycliste.

Il regardait sans répit la scène centrale du film, au moment où l'équipe Cinzano arrive dans l'Indiana et défie des coureurs de la région. Dave, le héros, tient bon face aux Italiens, jusqu'à ce que l'un d'eux jette une pompe à vélo dans ses roues, provoquant sa chute. « Tout le monde triche, dit-il plus tard dans le film. Mais je ne le savais pas. »

Après l'introduction au dopage de Vaughters, Vande Velde se rappela qu'il avait remarqué sur le camp d'entraînement, plus tôt dans l'année, qu'Armstrong avait toujours un mystérieux Thermos dans son sac. Étrange : il ne l'avait jamais vu boire avec.

Durant cet entraînement, il avait demandé à Armstrong si le dopage était un problème dans ce sport, mais celui-ci s'était contenté de lui répondre de ne pas s'en inquiéter[239]. Avec le recul, il s'était senti ridicule de lui avoir posé la question. Il comprenait désormais pourquoi Dylan Casey, l'un de ses coéquipiers, lui avait durement reproché d'être venu au petit déjeuner avec un Thermos à la main[240].

– Qu'est-ce que tu fous ? T'es complètement cinglé[241] ? lui avait-il demandé.

Le jeune coureur n'avait pas compris. Il n'y avait que du café, dans son Thermos.

Vaughters lui avait parlé du dopage parce qu'il aurait bien aimé que quelqu'un lui en parle lorsqu'il avait commencé à courir pour la petite équipe professionnelle espagnole Porcelana Santa Clara…

Il ne s'était jamais attendu à être confronté au choix de se doper ou non. José Luis Nuñes, le directeur sportif de l'équipe, était membre de l'Opus Dei, une organisation intégriste au sein de l'Église catholique qui se focalisait sur le dénuement et la piété dans la vie quotidienne. Il était célibataire et allait à la messe deux fois par jour. Il avait expliqué à Vaughters et à ses parents, Donna et Jim, que son objectif était de former de jeunes cyclistes sains parce que c'était la volonté de Dieu. Ils lui avaient fait entièrement confiance.

Si tel était réellement son objectif, il était passé largement à côté. Alors que son équipe luttait pour survivre et payait souvent ses coureurs avec du retard, Nuñes finit par céder à la réalité du sport et permit aux médecins de l'équipe d'initier Vaughters et ses coéquipiers à l'EPO[242].

– Vous allez prendre de l'EPO, mais pas pour augmenter votre taux d'hématocrite, d'accord ? tenta-t-il de leur expliquer. On va simplement l'empêcher de chuter en dessous de la normale, vous savez, comme si vous étiez des personnes normales en bonne santé. Ça vous évitera de faire de l'anémie[243].

Vaughters se persuada de croire à cette justification.

– Bon, génial, ça m'a l'air honnête. Ce n'est pas de la triche.

Il accepta de se faire injecter de l'EPO et laissa un entraîneur lui enfoncer la minuscule aiguille dans le bras.

Dans le milieu, tout le monde était au courant de la pratique du dopage et de sa généralisation. Pour Vaughters, c'était le « plus grand secret de Polichinelle au monde ».

En l'absence de contrôle, me raconta-t-il, les coureurs en parlaient ouvertement. Un jour, il avait entendu des Espagnols discuter d'EPO, pendant une course, de manière aussi désinvolte que s'ils parlaient d'un dîner. « Combien tu as pris d'unités ? » « Oh, vraiment ? Ça suffit ? Hmm, je vais peut-être essayer, alors. » *Houlà ! J'imagine que tous ces types se dopent. Ce n'est donc pas si grave*, avait-il songé.

Quand bien même, Vaughters n'avait jamais aimé tricher. En tant que luthérien pratiquant, il avait grandi dans une famille conservatrice. D'un père avocat dans la Navy, et d'une mère institutrice. Quand il avait fait une bêtise, ses parents lui demandaient de s'asseoir sur une chaise tapissée de tweed jaune, dans le salon, jusqu'à ce qu'il trouve une solution au problème qu'il avait causé.

Il était si tiraillé à propos du dopage qu'il se mit à suivre des cours à l'université en rapport indirect avec les choix auxquels les coureurs étaient confrontés : éthique I et éthique II, morale, endocrinologie. S'il devait se doper, autant le faire en connaissance de cause. Comme Armstrong, il savait comment fonctionnaient les produits dopants, de quelle manière l'organisme les assimilait et pour quelle raison les coureurs décidaient d'en prendre[244].

Il était convaincu qu'Armstrong avait beaucoup plus recours au dopage que lui. Vaughters avait un taux d'hématocrite naturellement élevé, qui oscillait entre 48 et 51, en fonction de l'altitude à laquelle il se trouvait. Cela signifiait qu'il ne lui fallait que de petites doses d'EPO s'il ne voulait pas échouer au nouveau contrôle mis en place au printemps 1997 par l'Union cycliste internationale, l'UCI.

Jusqu'alors, il n'existait aucun moyen de déceler l'EPO – il allait falloir attendre quatre ans avant qu'un protocole de détection soit mis au point et utilisé sur le Tour de France. Alors, pour tenter d'enrayer la prise de produits dopants, l'UCI décida de prélever des échantillons sanguins sur les coureurs et de calculer leur niveau d'hématocrite. Tout cycliste avec un taux supérieur ou égal à 50 % se voyait infliger une amende et une suspension de quinze jours. Verbruggen, le président de l'UCI, appelait cela un « bilan de santé », car cela dissuadait les coureurs au niveau d'hématocrite dangereusement élevé (et au sang épais) de participer aux épreuves et donc de risquer leur vie.

En raison de ce nouveau contrôle, Vaughters ne pouvait prendre de l'EPO que pour augmenter son niveau d'hématocrite de quelques points, alors qu'Armstrong pouvait en retirer un bien plus grand bénéfice puisque son niveau normal se situait à 42 ou 43. Bien que chacun réagisse différemment à l'EPO – certains répondaient naturellement à l'hormone alors qu'elle n'avait aucun effet sur d'autres –, Armstrong était en mesure d'augmenter son taux de globules rouges d'au moins sept ou huit points. Soit bien plus que Vaughters.

Vaughters pouvait faire monter son niveau d'hématocrite à 52 ou 53, soit un gain de quatre points tout au plus, puis il devait le refaire baisser temporairement, le temps du bilan de santé de l'UCI, en s'injectant du sérum physiologique dans le sang, une pratique courante chez ceux qui prenaient cette hormone. Quand c'était le cas, Vaughters voyait les chiffres grimper sur son dynamomètre, le capteur électronique dont le cadran était posé sur le guidon de son vélo. Cela permettait de mesurer la puissance du coureur.

Il remarqua à de nombreuses reprises que l'EPO lui permettait d'augmenter sa puissance de 4 à 6 %. Cela se traduisait par une plus grande vitesse et de meilleures fins de course.

À la fin de l'été, il était devenu l'un des meilleurs grimpeurs d'Europe.

Et cela le fit déprimer.

*

* *

Lors du « Tour Festina » de 1998, les gendarmes surveillant la compétition de près, une équipe eut l'idée de cacher son EPO dans un aspirateur. Un coureur demanda à des membres de sa famille de lui apporter le produit en douce dans sa chambre d'hôtel. Vers la fin de l'épreuve, par négligence, un coureur de l'US Postal oublia un Thermos plein d'ampoules d'EPO dans le réfrigérateur du bus de l'équipe[245]. Tant pis pour la course propre.

Le Tour s'acheva avec seulement quatorze des vingt et une équipes qui l'avaient entamé. Certaines avaient purement et simplement abandonné, d'autres s'étaient fait expulser. Seuls quatre-vingt-seize coureurs sur cent quatre-vingt-neuf terminèrent l'épreuve.

L'Américain Bobby Julich termina troisième, et ce fut le point culminant de sa carrière. Il partagea le podium avec Marco Pantani, qui venait aussi de remporter le Giro italien, l'un des autres Grands Tours, et l'Allemand Jan Ullrich, qui avait gagné le Tour de France l'année précédente. Au cours des années suivantes, tous les trois seraient soit impliqués dans des affaires de dopage, soit contrôlés positifs, ou bien ils admettraient s'être dopés. Julich semblait l'avoir pressenti. Après la course, en parlant de la liste des arrivées de 1998, il déclara :

– Dans dix ans, il y aura certainement un petit astérisque[246]...

*

* *

Plus tard cette année-là, Armstrong et Vaughters participèrent au Tour d'Espagne, une épreuve de trois semaines qui faisait partie des Grands Tours. Ils savaient tous les deux qu'ils avaient, grâce à l'EPO, poussé leur niveau d'hématocrite à la limite autorisée par l'UCI, mais ils n'en parlaient pas.

Quand Celaya vérifia leur taux pour s'assurer qu'ils seraient négatifs au contrôle sanguin de l'UCI, il inscrivit les initiales des coureurs et leur niveau sur une serviette en papier. Vaughters jetait toujours un coup d'œil à ces serviettes, et Armstrong estimait normal de connaître les chiffres de tout le monde.

– Hé ! 49, J.V. ? Tu n'es pas loin de la limite, mon pote[247].

Si quelqu'un avait un taux plus bas que celui des autres, il le réprimandait.

Armstrong évoquait librement son dopage, à l'époque. Durant cette Vuelta, il réclama même à Vaughters et à Vande Velde de lui rapporter des cachets de cortisone[248]. À la fin d'une étape particulièrement difficile, il demanda :

– Quelqu'un peut-il aller m'en chercher dans la voiture ?

Ils le regardèrent comme s'il avait perdu la tête. *Il veut de la cortisone ? En plein milieu d'une course ? Et il faut qu'on aille lui en chercher ?* Mais comme c'était le patron, ils retournèrent à la voiture de l'équipe. Johnny Weltz, le directeur sportif, commença à s'affoler parce qu'il n'en avait pas. Pour contenter le patron, il réduisit en poudre un cachet d'aspirine et enveloppa le tout dans du papier d'aluminium qu'il remit à Vande Velde.

Quand la course fit étape en Andorre, Vaughters voulut envoyer un e-mail à sa mère. Il se rendit donc dans la chambre d'hôtel de Lance pour lui emprunter son ordinateur portable. Le coureur sortit de la salle de bains torse nu, se brossant les dents d'une main, tenant une minuscule seringue dans l'autre. Avec un geste habile, il pinça un bourrelet de peau à hauteur de son ventre et se fit une injection d'EPO.

– Maintenant que tu prends toi aussi de l'EPO, tu ne risques pas d'en faire un bouquin !

Troisième partie

Les mensonges des médias

10

Durant les semaines qui précédèrent le Tour de France 1999, Jean-Marie Leblanc, son directeur, fit un pèlerinage pour demander qu'un miracle se produise[249]. Il se rendit à Notre-Dame-des-Cyclistes, une petite église de pierre dans le sud-ouest de la France que l'on considère comme le quartier général spirituel de ce sport. On y trouve dix bancs de bois, cinq de chaque côté de l'allée centrale[250]. Des maillots multicolores sont alignés sur les murs sur trois rangées ; plus de huit cents, en tout. Au fond sont exposés des trophées, et même des vélos.

Leblanc salua le prêtre de la paroisse, et ils se mirent à prier tous les deux pour la 86e édition de la Grande Boucle. Il lui fallait plus qu'une simple intervention divine, il lui fallait un Tour propre ! L'affaire Festina continuait à hanter l'épreuve. Un journal français la qualifia de « Tour de Farce[251] ». Jacques Chirac, alors président de la République, demanda même si la course n'était pas devenue trop difficile pour des êtres humains normaux et non dopés.

Leblanc fit la promotion de l'édition de 1999 en la qualifiant de « Tour du renouveau », slogan auquel le public, les sponsors et les journalistes eurent du mal à adhérer. Certains indices les avaient amenés à douter de la sincérité du directeur du Tour. Un mois plus tôt, Marco Pantani, le vainqueur du Tour 1998, avait été exclu du Tour d'Italie. Son niveau d'hématocrite avait atteint 52, un chiffre qui laissait supposer qu'il s'était dopé. Suspendu pour quinze jours, Pantani avait préféré renoncer à défendre son titre.

Ce fut dans ce contexte infernal que Lance Armstrong effectua son grand retour. Il fit son apparition le premier jour de course dans le parc à thème du Puy-du-Fou, et déclara que son cancer n'était qu'un contretemps passager dans le déroulement de sa carrière. Il remporta le prologue de l'épreuve, un contre-la-montre individuel de 7 km autour du parc, ce qui mit en émoi tout le milieu du sport. Dans son émission, Phil Liggett, un commentateur d'une chaîne de télévision américaine, se montra extatique :

– Quelle fabuleuse façon d'effectuer son retour dans le cyclisme après avoir vu la mort de près à cause d'un cancer !

Armstrong avoua qu'il était surpris de la vitesse à laquelle il avait roulé, le second ayant mis 7 secondes de plus que lui à boucler ce prologue.

– J'ai tout donné, et je me sentais bien, déclara-t-il.

Il remercia ses cancérologues de lui avoir sauvé la vie et reconnut que c'était merveilleux de pouvoir de nouveau monter sur un vélo. Interrogé sur l'affaire Festina, il répondit qu'il était inutile de s'inquiéter, qu'une telle chose ne se reproduirait plus. Qu'il n'y avait rien à craindre, que l'on pouvait tomber amoureuse sans risque d'un homme et de son vélo.

*
* *

L'US Postal avait un nouveau médecin, un nouveau directeur sportif et une nouvelle mentalité. Pour remporter la plus prestigieuse des courses cyclistes, il lui fallait se montrer plus agressive que jamais. Certaines équipes ont certainement été effrayées par l'affaire Festina, Armstrong y vit au contraire une occasion en or.

Ayant gagné le prologue, il s'attendait aux questions sur le dopage qui allaient suivre. C'était le prix à payer quand on était le capitaine d'une équipe et que l'on endossait le maillot jaune dans le premier Tour post-Festina. Pendant que ses équipiers resteraient dans l'ombre, il allait devoir répondre chaque jour aux questions des journalistes.

« Ç'a été une année très difficile pour le cyclisme[252], déclara-t-il. Et, en ce qui me concerne, c'est de l'histoire ancienne. Il y a peut-être eu un problème, mais il y en a dans tous les domaines : le sport, le cyclisme, la politique... Vous venez nous voir à l'entraînement en partant du principe qu'on est tous dopés. Ce sont des conneries. Ce n'est pas vrai. »

Tandis qu'Armstrong s'entretenait avec des journalistes après son prologue, des échantillons de son urine étaient en route pour le Laboratoire national de dépistage du dopage (le LNDD), en banlieue parisienne, pour y être analysés. Pour la première fois, les contrôleurs antidopage du Tour y chercheraient des corticoïdes, des hormones que les cyclistes prenaient depuis très longtemps, essentiellement parce qu'elles atténuaient les douleurs. Ils étaient aussi convaincus qu'on ne chercherait jamais à les détecter sur le Tour.

D'après Antoine Vayer, l'entraîneur de la tristement célèbre équipe Festina, les corticoïdes sont le produit préféré de la majorité des coureurs. Il a déclaré à David Walsh, un chroniqueur du journal britannique *The Sunday Times*, que de nombreux cyclistes ne pouvaient plus s'en passer, comme s'ils y étaient devenus accros. « Les coureurs en prennent quand ils sont tendus, quand ils n'ont pas le moral et quand ils n'ont pas de bons résultats. Pour eux, il ne faudrait jamais être tendu. C'est une mentalité de camé. Une bonne partie des meilleurs coureurs sont devenus psychotiques. Ils veulent gagner de l'argent, écraser les autres parce que, par rapport à eux, ils ne valent rien. Ils veulent de jolies maisons, de jolies femmes, de jolies voitures, et ils sont prêts à tout pour les obtenir[253]. »

*

* *

Pour l'US Postal de 1999, le nouveau programme de dopage intensif[254] débuta avec l'arrivée de Luis García del Moral, le nouveau médecin de l'équipe. Ce fumeur invétéré au front dégarni et au caractère bourru était à la tête d'une célèbre clinique du sport à Valence, en Espagne, et avait remplacé Pedro Celaya, un homme à la voix douce et posée, au poste de médecin en chef. Celaya avait accepté de fournir des produits dopants aux coureurs, mais certains étaient convaincus qu'il se contentait du minimum. Quelques-uns, comme Vaughters, avaient le sentiment qu'il les empêchait de progresser. Del Moral avait travaillé avec la ONCE, l'équipe espagnole qui avait la réputation d'être celle où l'on se dopait le plus[255].

Sur l'avis du médecin, Armstrong et ses équipiers expérimentèrent[256] un produit permettant d'augmenter la quantité de plasma – personne ne se souvient de son nom –, destiné à accroître leur volume sanguin et, par conséquent, à développer leur endurance. Cette substance, habituellement utilisée chez des patients qui avaient perdu beaucoup de sang après une grave brûlure ou une commotion, était censée produire le même résultat qu'une transfusion ou qu'une prise d'EPO, mais sur une plus petite échelle et d'une manière un peu différente.

– Euh, je pisse violet[257], se plaignit un jour Vaughters auprès de Del Moral. Vous êtes sûr qu'il n'y a pas de problème ?

Malgré les garanties du médecin, Vaughters commençait à avoir de sérieux doutes sur ce nouveau produit. Il avait déjà pris de l'EPO et de la testostérone, mais c'étaient des substances sur lesquelles il avait fait ses propres recherches. Désormais, Del Moral laissait de plus en plus de place à l'inconnu en élargissant l'arsenal pharmaceutique de l'équipe. En plus de l'amplificateur de plasma, il lui prescrivit un produit destiné à améliorer sa circulation sanguine, d'après lui. Imaginant sans cesse l'arrivée inopinée de contrôleurs antidopage qui découvriraient dans son organisme ces nouveaux produits ainsi que les résidus des plus anciens, le coureur en perdit le sommeil. Mais c'était désormais le quotidien de tous dans la nouvelle US Postal.

Cela faisait partie de la préparation de l'équipe à ce prétendu « Tour du renouveau ». Armstrong qualifia plus tard ce programme de « classique ». Avec aux commandes Del Moral et Johan Bruyneel, le nouveau directeur sportif qui venait d'achever sa carrière de coureur chez la ONCE, le nouveau système de dopage fonctionnait d'une manière froidement professionnelle. Tandis que Bruyneel et Del Moral prétendirent n'avoir jamais été impliqués dans quelque dopage que ce soit, Vaughters déclara que, désormais, « tous les coups étaient permis[258] ». Alors qu'Armstrong et deux de ses équipiers, Tyler Hamilton et Kevin Livingston, étaient suivis par le médecin italien Ferrari, les autres devaient se plier aux nouvelles recommandations de leurs responsables. « Il n'était pas question de faire dans la dentelle, déclara Vaughters. On n'arrêtait pas de nous dire : “Hé, on n'a qu'à prendre ça. Et puis, on va prendre ça aussi.” »

Plus ils consommaient de produits, mieux c'était.

Tandis que Celaya avait l'habitude de donner à Vaughters trois ampoules de 6 000 unités d'EPO pour une période de deux ou trois semaines, Del Moral lui en prescrivait de 15 000 à 20 000 unités.

– Fais un peu attention. Ne prends pas tout, sinon ton niveau d'hématocrite risque d'être trop élevé, lui recommanda-t-il un jour.

Vaughters fut stupéfait par sa nonchalance.

Organisé et ne trahissant aucune émotion, Del Moral consignait le programme de chacun dans un tableau Excel. Il ne voulait pas aller chez les coureurs pour discuter avec eux de la meilleure manière de prendre les produits qu'il leur apportait. Dans le cas de Vaughters, il lui déposait généralement son colis à Gérone, en Espagne, avant d'aller voir Armstrong à Nice. Il ne prenait pas la peine d'aller jusqu'en ville ; il lui donnait généralement rendez-vous près d'un poste de péage.

Vaughters s'y rendait d'ordinaire à vélo, et dissimulait le colis rempli d'ampoules et de seringues sous son maillot avant de rentrer chez lui. Un jour, sur le trajet du retour, lorsqu'il s'arrêta à un stop, le paquet glissa de sous son maillot et alla s'écraser sur la chaussée, projetant des ampoules et des seringues dans tous les sens, sous les yeux d'un groupe de dames âgées. Avec Del Moral, Vaughters était plus tendu que jamais. Ce qui l'ennuyait le plus, c'était que le médecin leur fournissait des seringues préremplies. Ils étaient alors dans l'incapacité de savoir ce qu'elles contenaient, car elles n'étaient pas étiquetées. Quand l'un d'eux lui posait la question, il répondait :

– Secret professionnel. Tu en veux ou pas[259] ?

Déjà indifférent au dopage, Vaughters n'avait jamais refusé. Se soumettre à des injections, parfois cinq en une séance, faisait désormais partie du boulot. C'était pour être certain qu'Armstrong gagnerait le Tour de France.

*

* *

Bruyneel avait travaillé avec Del Moral au sein de l'équipe ONCE. Malgré sa victoire sur deux étapes du Tour de France, on le connaît plus pour sa chute sur une route de montagne durant le Tour de 1996. Il ne fut pas blessé, et, couvert de boue et passablement secoué, il remonta sur sa machine.

Bruyneel et Armstrong firent connaissance lors du Tour d'Espagne 1998, l'année où l'Américain termina à une surprenante quatrième place alors qu'il se remettait tout juste de son cancer. Bruyneel était commentateur de course à cette époque-là. Ils s'entendirent aussitôt. Ce dernier affirma qu'Armstrong était le genre de cycliste qui pouvait parfaitement remporter le Tour, ce que personne ne lui avait jamais dit, et cette foi en lui piqua la curiosité du coureur. En le regardant, Bruyneel disait qu'il avait « l'impression de se voir dans un miroir[260] ». Ils avaient tous les deux la même rage de vaincre.

Armstrong usa de son influence sur l'équipe pour faire en sorte que Mark Gorski, le directeur commercial de l'US Postal, appelle Bruyneel et lui propose un poste de directeur sportif. Ce dernier accepta l'offre et mit aussitôt un plan au point.

Armstrong se concentrerait sur une seule épreuve : le Tour de France. Il oublierait les courses de mise en jambes du début de saison. Celles-ci l'exposeraient à des contrôles antidopage inutiles. À l'époque, l'UCI n'effectuait aucun contrôle en dehors des compétitions[261]. Cela lui éviterait donc bien des désagréments lorsqu'il prendrait des produits pour pouvoir s'entraîner plus dur.

La différence entre Johnny Weltz, l'ancien directeur sportif, et Bruyneel, était que ce dernier était obsédé par le dopage et cherchait sans cesse le meilleur moyen de s'en tirer sans être inquiété[262]. Il surveillait le programme de chacun de ses coureurs et connaissait le niveau d'hématocrite de tout le monde. Un jour, alors que Vaughters revenait en Europe après avoir passé un peu de temps chez lui à Denver, son taux était de 48. Bruyneel s'en prit à lui :

– Tu t'es dopé de ton côté, hein[263] ?

Quand le coureur lui expliqua que son niveau d'hématocrite était naturellement élevé et qu'il venait de passer un certain temps en altitude, le directeur sportif n'en crut pas un mot et quitta la pièce en trombe. Il voulait se faire obéir de tous les coureurs qui allaient accompagner Armstrong, la star de l'équipe, sur les routes de France.

Avec ce programme de dopage plus strict, dans lequel les produits provenaient directement de l'équipe et faisaient désormais partie intégrante du sport, Vaughters alla de plus en plus vite. Avant le Critérium du Dauphiné Libéré, l'une des courses précédant le Tour, il avait pris suffisamment d'EPO pour faire grimper son niveau d'hématocrite à 53. Une perfusion de sérum physiologique l'aida à fluidifier son sang pour pouvoir passer le contrôle sanguin de l'UCI.

Il remporta le contre-la-montre ardu du Dauphiné dont l'arrivée était jugée au sommet du mont Ventoux, qui surplombait la Provence. Il fallait faire preuve d'une force et d'une endurance incroyables pour en atteindre la cime. Mais Vaughters n'avait pas simplement remporté l'étape, il l'avait courue en un temps record : 56 minutes et 50 secondes, soit près de 43 secondes de moins que le second. Armstrong termina cinquième, environ une minute derrière lui. C'était la première fois que Vaughters avait eu l'impression d'avoir triché. D'habitude, il prenait de l'EPO uniquement pour éviter de se faire distancer, pour survivre au sein d'un peloton qui évoluait à des cadences infernales. Cette fois, après sa victoire, il se sentit sale. « J'ai eu l'impression qu'on me révélait les secrets d'un tour de magie. J'ai tout compris, m'avoua-t-il près de quatorze ans après cette victoire. Je me demandais si j'étais suffisamment bon pour être le meilleur si je me dopais comme les autres. La réponse était "oui". Le mystère s'était dissipé. »

Quelques semaines plus tard, il remporta la Route du Sud, une autre course importante de l'avant-Tour, mais, de peur de se faire prendre, il commença alors à mettre la pédale douce sur le dopage. Il avait du mal à comprendre pourquoi Armstrong et sa femme avaient choisi de vivre à Nice, alors que les lois françaises étaient des plus strictes. Il demanda à Kristin comment elle vivait la possibilité que la police débarque chez eux d'un jour à l'autre, avec un réfrigérateur plein d'ampoules d'EPO.

– Le mot de code est « beurre[264] », comme dans : « Il y a encore du beurre dans le frigo ? » lui expliqua-t-elle.

Les produits étaient rangés à côté du lait.

Vaughters commençait aussi à agacer Bruyneel, car il ne cessait de lui poser des questions sur la manière dont ils allaient pouvoir organiser leur dopage sur le Tour. Il demanda par exemple :

– Comment l'équipe va-t-elle faire pour se procurer des produits dopants en France ? Risque-t-on de se faire contrôler positifs ? Si on se fait pincer, c'est sept ans de prison, vous savez ?

Bruyneel lui répondait alors :

– Ne t'inquiète pas, Jonathan. On s'occupe de tout[265].

*

* *

Tandis que Jean-Marie Leblanc priait, en ce matin du départ du Tour de France 1999, l'Union cycliste internationale effectuait ses manœuvres habituelles pour exclure de la course quiconque aurait pris de l'EPO. On fit une prise de sang à tous les cyclistes pour mesurer leur niveau d'hématocrite. Tous ceux dont le taux excédait 50 % – à moins que, à l'image de Vaughters, ils n'aient une dispense médicale – seraient suspendus pendant deux semaines avec effet immédiat. Mais, comme souvent dans le sport, les dopés avaient une longueur d'avance sur leurs poursuivants.

Vaughters se souvient que, grâce à Del Moral et à Ferrari, huit coureurs sur les neuf de l'équipe frôlaient dangereusement les limites fixées par l'UCI. Le taux de Vaughters était de 51,999, après l'avoir fait grimper à plus de 52 grâce à l'EPO, puis redescendre juste sous la limite à l'aide de sérum physiologique. Le sprinter Hincapie était à 49,999, et Armstrong à 49,4.

– L'équipe est prête[266], annonça alors ce dernier.

Quelques semaines plus tôt, au Dauphiné, le niveau d'hématocrite de Lance était à 41. Il en avait parlé à sa soigneuse, Emma O'Reilly. Quand elle lui avait demandé ce qu'il comptait faire, il avait éclaté de rire avant de lui répondre :

– Tu le sais bien, Emma. Je vais faire comme tout le monde[267].

Emma, un petit bout de femme originaire d'Irlande qui avait une formation d'électricienne, officiait comme soigneuse au sein de l'US Postal depuis trois ans et demi. C'était un travail ingrat, mais elle adorait parcourir le monde aux frais de l'équipe et faire partie d'un groupe en pleine ascension. Cependant, elle prenait moins de plaisir à jouer son rôle dans ce système de dopage organisé.

Pendant un an et demi, on l'avait laissée à l'écart de tout ce qui concernait le dopage, mais, en avril 1997, sur le Circuit de la Sarthe, une course du début de saison, elle avait vu son collègue soigneur José Arenas préparer des seringues pour les coureurs[268]. Elle avait été émerveillée par la dextérité et la rapidité avec lesquelles il leur avait fait les injections. Puis elle comprit : Arenas était un soigneur médiocre, qui ne massait pas très bien et ne s'en tirait pas beaucoup mieux avec les tâches habituelles des soigneurs, comme préparer les repas et nettoyer les bidons. Mais ce n'était pas sa fonction principale. Loin de là, en fait. Son véritable travail consistait à aider les cyclistes à se doper[269].

Durant la saison suivante, Emma commença à endosser ce rôle. Au début de l'été 1998, on lui confia pour mission d'apporter des produits dopants à Hincapie[270]. Son instruction débutait. À l'époque où éclata l'affaire Festina, elle était impliquée de façon indirecte dans le système de dopage méthodique de l'équipe. Avant le début du Tour de 1998, dont le départ avait été donné à Dublin, elle avait permis à la formation d'échapper aux contrôles douaniers. Elle s'était rendue en Irlande plus tôt, pour passer du temps avec sa famille, puis avait retrouvé l'équipe au port, qu'elle avait rejoint au beau milieu de la nuit. À l'arrivée des douaniers, elle les avait convaincus qu'ils « allaient causer une émeute[271] » s'ils se mettaient à fouiller les voitures de l'équipe, car les coureurs étaient exténués et à cran. Ils avaient finalement laissé passer les véhicules sans les fouiller.

Armstrong aimait travailler avec elle parce qu'elle avait un grand sens de l'humour et qu'elle prenait sa mission très à cœur. Il la considérait un peu comme une grande sœur spontanée et robuste qui ne se laissait pas faire. « Il fallait quelqu'un pour le remettre à sa place, et, dans l'équipe, c'était moi », raconta-t-elle en 2012.

Pourtant, Emma lui apportait des glaçons pour son Thermos d'EPO, et elle se rendit même une fois en Espagne pour récupérer des cachets chez Bruyneel[272] avant d'aller les remettre à Armstrong sur un parking de McDonald's en France. En présence de Kristin, la femme du coureur, Emma glissa le flacon dans la main de ce dernier comme s'ils faisaient du trafic de drogue.

Armstrong lui faisait suffisamment confiance pour lui demander, avant le Tour de 1999, de dissimuler les preuves de son dopage. Juste avant la visite médicale d'avant-course et la conférence de presse, Andreu remarqua un hématome sur le bras d'Armstrong, une marque noire et bleue due à une injection[273]. Redoutant que des journalistes le remarquent et le submergent de questions, il demanda un peu de maquillage à Emma, qui fit de son mieux pour l'aider.

*
* *

En 1999, tandis qu'Armstrong approchait de l'arrivée à Sestrières, au sommet d'un mont alpin situé en Italie, il donna l'impression de s'entraîner un dimanche après-midi à Austin. Il s'agissait de la neuvième étape sur les vingt du Tour de France, la première en montagne, et l'US Postal écrasait tout le monde sur son passage. Andreu et Hincapie avaient imposé un rythme éreintant dans les premières montées pour obliger les autres équipes à s'accrocher. Quand les deux hommes s'étaient retrouvés à bout de forces, les spécialistes de la montagne qu'étaient Hamilton et Livingston avaient pris la relève. Ils avaient toutefois chuté dans une descente piégeuse, obligeant Armstrong à se débrouiller seul.

Sans équipiers pour le protéger, il avait attaqué dans la dernière montée, à environ 10 km de l'arrivée. Cela avait été une formidable démonstration de force, et les commentateurs télé avaient fait en sorte que les téléspectateurs s'en rendent compte. L'un d'eux déclara que le coureur avait été d'un sang-froid incroyable tout au long de l'ascension. Il n'avait pas esquissé la moindre grimace ni ralenti le rythme ne fût-ce qu'un instant. On aurait dit une machine.

Il avait remporté le prologue de l'épreuve, puis perdu le maillot jaune jusqu'à la huitième étape, où il l'avait repris à l'issue du contre-la-montre individuel. Mais ce ne fut que lors de cette neuvième étape qu'il montra à tout le monde qu'il allait falloir compter sur un nouveau Lance Armstrong. Jamais il n'avait été aussi fort dans la montagne.

Non loin de l'arrivée, tandis que la foule l'acclamait depuis le bord de la route, Armstrong, le rescapé du cancer, se mit à hurler dans son micro pour que tous les occupants de la voiture de l'équipe puissent l'entendre cinq sur cinq :

– Alors, qu'est-ce que vous dites de ça[274] ?

Il franchit la ligne trente et une secondes avant le second, le Suisse Alex Zülle, et plus d'une minute avant le troisième.

Le lendemain, les quotidiens français s'attaquèrent à sa crédibilité, laissant entendre qu'il n'aurait pu réaliser une telle performance dans une étape de montagne sans l'aide de produits pharmaceutiques.

Le journal *Le Monde* se posa quelques questions sur la course, n'hésitant pas à faire remarquer qu'avant son cancer, l'Américain n'était arrivé au mieux, dans les montagnes, qu'à 18 minutes du vainqueur et, au pire, à une demi-heure. Les journaux titrèrent : « Armstrong, l'extraterrestre du Tour », « Stupéfiant Armstrong », « Sur une autre planète », « L'hallucinant Armstrong ».

Puis vint la première accusation de dopage de sa carrière.

*
* *

Le Monde rapporta qu'Armstrong avait été contrôlé positif à la cortisone à la suite du prologue du Tour. Lors d'une conférence de presse, un journaliste lui demanda s'il en avait pris, pour des raisons médicales. Pendant deux jours, il nia avoir fait usage d'un tel produit.

– Ils veulent me voir craquer sur mon vélo, mais ce n'est pas près d'arriver. C'est du journalisme de charognards. On m'a persécuté[275], dit-il.

Emma savait déjà que ses commentaires à propos de la cortisone étaient des mensonges[276]. Pendant qu'elle le massait, un jour, elle l'entendit discuter avec Thomas Weisel[277], le patron de l'équipe, et Mark Gorski, le directeur commercial, pour trouver un prétexte expliquant pourquoi il avait été contrôlé positif. Weisel et Gorski nient avoir eu cette conversation et avoir eu connaissance d'un dopage au sein de l'équipe, mais Emma affirma les avoir entendus tous les trois décider d'antidater une ordonnance pour des douleurs dues aux frottements de la selle, l'une des causes principales de l'utilisation de la crème à la cortisone. Il leur suffisait de demander à Del Moral de rédiger une prescription et de la remettre à l'UCI, cela expliquerait pourquoi Armstrong avait été contrôlé positif à la cortisone. Gorski quitta la pièce pour aller voir le médecin.

– À présent, Emma, tu en sais assez pour me faire tomber, lui déclara le coureur.

L'UCI tenta également de lui venir en aide. Son président, Hein Verbruggen, le contacta pour lui dire :

– C'est un véritable problème pour moi. C'est un gros coup dur pour notre sport[278].

Verbruggen, qui nie avoir participé à la dissimulation des résultats, déclara à Armstrong qu'il n'avait aucune envie de gâcher son retour magique, surtout après l'affaire Festina. Il approuva donc l'idée d'Armstrong de produire une ordonnance antidatée. Mais il revenait à Armstrong de mettre la main sur une crème apaisante ou sur un collyre contentant du Cémalyt, le produit pour lequel il s'était fait prendre.

Aucun de ses équipiers ne crut à son histoire. Ils savaient très bien que le contrôle positif était dû à une injection de cortisone, plusieurs semaines avant, lors de la Route du Sud. Mais l'UCI n'allait pas seulement accepter l'histoire d'Armstrong, elle allait aussi en faire la promotion[279].

Plusieurs jours après la publication de l'information, l'union cycliste diffusa un communiqué dans lequel elle précisait que le coureur avait utilisé une crème à la cortisone, afin de traiter une dermatite allergique. Il avait été contrôlé positif pour des « traces infimes », poursuivait-elle, mais l'utilisation de la crème « était autorisée par le règlement et ne pouvait pas être considérée comme étant du dopage ». Le communiqué était accompagné d'une requête : « Nous aimerions demander à tous les représentants de la presse de réfléchir à la complexité de ces affaires, aux réglementations et à leurs aspects juridiques avant de publier leurs articles. Cela permettra d'éviter toute information superficielle ou dénuée de fondement. »

Défendant son sport et sa course la plus importante, Verbruggen finit par qualifier cette édition du Tour de « presque propre[280] ». Pour preuve, il avança que tous les contrôles sanguins effectués par l'UCI durant l'épreuve avaient montré que le niveau d'hématocrite de l'ensemble des compétiteurs se trouvait bien en-deçà de la limite des 50 % fixée par l'Union cycliste, contrairement aux précédentes éditions où il avait été en moyenne de 48 ou 49. Verbruggen affirma que les contrôles de la Grande Boucle 1999 n'atteignaient pas « de tels niveaux ».

Mais s'était-il trompé ? Au départ du Tour, d'après Vaughters, tous les coureurs de l'US Postal sauf un avaient des niveaux d'hématocrite dangereusement proches de 50[281]. Et il ne s'agissait que d'une équipe sur les vingt engagées dans l'épreuve.

*

* *

La vitesse incroyablement élevée lors de l'étape de Sestrières n'était pas passée inaperçue aux yeux des coureurs qui s'efforçaient de suivre le rythme. Jean-Cyril Robin, l'ancien coureur de l'US Postal, déclara à son compatriote Christophe Bassons :

– Il faut que ça s'arrête. On ne peut pas continuer comme ça[282].

La vitesse moyenne sur le Tour serait de 40,2 km/h. Jamais auparavant elle n'avait franchi la barre des 40 km/h.

Robin et Bassons avaient terminé à l'arrière du peloton, ce jour-là, et ils en connaissaient tous les deux la raison : le dopage. On dit de Bassons qu'il était l'un des seuls coureurs sains de l'équipe Festina, qui s'était fait exclure du Tour l'année précédente. Il a déclaré avoir décliné un salaire dix fois plus élevé[283] pour éviter de devoir prendre de l'EPO. Cela lui valut le surnom de « Monsieur Propre », et certains cyclistes lui en firent baver de s'être exprimé contre le dopage et d'avoir brisé la loi du silence du peloton. Armstrong s'en était tellement pris à lui lors du Dauphiné, le mois précédant le Tour, qu'un jour, Vaughters lui tapa dans le dos et lui dit :

– Désolé pour tout ce qu'on te fait subir.

Ayant surpris son geste, Armstrong s'en prit alors à lui :

– Qu'est-ce qui te prend ? Tu es un autre Bassons[284] ?

Au cours du Tour de 1999, Bassons rédigea une chronique quotidienne dans *Le Parisien*, dans laquelle il confirma que l'affaire Festina n'avait strictement rien changé. Les coureurs continuaient à se doper, et ce sans le moindre regret. Après l'étape de Sestrières, il raconta au quotidien *Aujourd'hui en France* que la course d'Armstrong l'avait « dégoûté » parce que c'était suspect qu'il ait pu rouler aussi vite et aussi facilement. Il jugea que c'était le moment idéal pour évoquer « le cyclisme à deux vitesses ».

Au cours d'une autre étape de montagne, le lendemain, sous les yeux du monde entier, Armstrong tapa sur l'épaule de Bassons et lui demanda de la fermer. S'il pensait tant de mal de ce sport, il fallait qu'il renonce à son métier de cycliste professionnel et qu'il fasse autre chose.

– Ce que tu dis, ce n'est pas bon pour le vélo, lui fit-il remarquer. Rentre chez toi ! Va te faire foutre[285] !

Après cet épisode, le pouvoir de Lance Armstrong, le nouveau patron du cyclisme, déchira le peloton. De nombreux coureurs cessèrent d'adresser la parole à Bassons. Plus personne ne souhaitait être vu en sa compagnie.

Jean-Marie Leblanc, le directeur de la course, déclara à *Aujourd'hui* que Bassons s'exprimait « comme s'il était le seul à ne rien avoir à se reprocher ». Il certifia que l'utilisation de l'EPO « avait pratiquement disparu ». Les propres coéquipiers de Christophe Bassons le qualifièrent de lâche, l'accusèrent de parler du dopage pour se glorifier, et soutinrent qu'il ferait mieux d'abandonner ce sport. Il était devenu l'homme à abattre, et, quelques jours plus tard, il finit par abandonner.

« L'erreur que j'ai commise, c'est d'avoir cru que les autres me soutiendraient[286] », regretta-t-il, ajoutant qu'il était probable que ceux qui ne prenaient pas d'EPO étaient sous cortisone ou d'autres produits plus légers, ce qui les empêchait de se joindre à lui dans sa croisade antidopage.

Le quotidien sportif *L'Équipe* déclara que, à l'image de Jeanne d'Arc, on l'avait « condamné au bûcher[287] » et que c'était « sa passion qui avait causé sa perte ».

Pendant six mois, il lui arriva de se réveiller en pleine nuit en hurlant sans raison. L'année suivante, il courut avec plusieurs anciens de Festina, qui refusèrent de lui adresser la parole. En 2001, alors qu'il participait aux Quatre Jours de Dunkerque, plusieurs cyclistes tentèrent de le faire tomber dans un fossé. Il préféra alors abandonner complètement ce sport.

Armstrong, le nouveau gourou du vélo, l'avait bien dit : il ne voulait plus de Bassons. Et sa volonté fut faite.

*

* *

Après l'affaire Festina, les meilleurs grimpeurs de l'US Postal refusèrent de voyager avec leur EPO, la police française étant susceptible de perquisitionner leur bus ou leurs chambres d'hôtel à tout moment. Ils décidèrent donc de recruter quelqu'un pour faire ce boulot à leur place, un Français du nom de Philippe Maire[288], le jardinier et homme à tout faire de Lance, qui leur servirait de coursier tout au long du Tour.

Maire suivait le Tour à moto[289], ce qui lui valut le surnom de « Motoman ». Lorsque Armstrong, Hamilton ou Livingston avaient besoin d'EPO, l'entraîneur Pepe Martí appelait Motoman sur un portable prépayé, afin qu'ils se retrouvent en un lieu donné. Le cuisinier de l'équipe, Geert « Duffy » Duffeleer, participait souvent à cette logistique[290]. Maire et Martí nièrent toute implication. C'était aussi simple que de se faire livrer une pizza.

Hamilton et Livingston partageaient la même chambre, ce qui permettait à Bruyneel et à Armstrong de s'y rendre pour parler dopage. Ce groupe restreint, surnommé « l'équipe A », voyageait dans le plus beau camping-car de l'équipe, tandis que les autres devaient s'entasser dans un véhicule bien plus rustique.

Del Moral ou Martí apportaient les seringues préremplies dans le camping-car ou dans la chambre d'hôtel pour que l'équipe A puisse prendre de l'EPO tous les trois ou quatre jours jusqu'à la troisième semaine de course[291]. Lorsque c'était fait, l'un d'eux dissimulait les seringues dans un sac ou dans une canette de Coca[292], et Moral se chargeait de se débarrasser de ces preuves accablantes.

L'« équipe B » recevait ses seringues dans du papier d'aluminium[293], et le médecin leur faisait leurs injections sans leur dire quels produits il leur administrait. Même si certains l'ignoraient, toute l'équipe prenait notamment de l'Actovegin[294], de l'extrait de sang de veau, que l'on prescrivait généralement aux victimes d'accidents vasculaires cérébraux et qui était censé fluidifier le sang. Ce n'était qu'un produit parmi d'autres dans l'arsenal pharmaceutique de l'équipe.

Lors de son premier Tour, Vande Velde était si épuisé qu'il accepta que Del Moral lui donne de la testostérone. Quand je l'ai interviewé, au début de l'année 2013, il m'a raconté qu'il était en train de se faire masser par un soigneur, un « grand Hollandais du nom de Ronnie », quand Del Moral entra dans sa chambre. Le médecin lui dit :

– J'ai de la testostérone. Tu en veux ou pas ? Oui ou non ? Je peux revenir.

Vande Velde, étendu sur son lit, se dit alors : « Merde, il me parle de dopage pour la première fois et il faut que ce soit devant quelqu'un. » Il réfléchit aux conséquences s'il acceptait : ce serait de la triche, et il pouvait se faire contrôler positif. Puis il considéra les conséquences s'il refusait : il ne pourrait peut-être plus courir à l'avant du peloton et aider Armstrong, et il était si fatigué qu'il ne pourrait peut-être même pas terminer le Tour. Finalement, il lui répondit :

– Ouais, tant pis, je vais en prendre.

Del Moral lui demanda d'ouvrir la bouche et fit tomber sur sa langue quelques gouttes de testostérone mélangée à de l'huile d'olive.

– Ça aura quitté ton organisme dès demain matin, lui expliqua-t-il.

Vande Velde reconnut : « Ça aurait pu être un placebo, pour ce que j'en sais. C'était une quantité infime. Peut-être que j'ai bien dormi simplement parce que je n'avais pas de dérèglement hormonal. »

Il déclara aussi que si l'US Postal brillait, ce n'était pas uniquement dû à son système de dopage organisé : « Pour résumer, on s'entraînait plus durement, on profitait d'un meilleur régime alimentaire, et on se dopait mieux que les autres. »

*
* *

Si Vaughters n'était pas tombé dans la seconde étape, il aurait dû se soumettre au même programme de dopage que l'équipe B. Le peloton se trouvait dans l'ouest de la France, près de l'île de Noirmoutier, sur le glissant passage du Gois, qui disparaissait sous les eaux à marée haute. Le coureur devant lui chuta après avoir dérapé sur une portion de la chaussée couverte de mousse. Vaughters le heurta et fit un vol plané.

Il percuta si fort les rochers le long de la route qu'il perdit connaissance. Quand il rouvrit les yeux, la première chose qu'il vit fut une femme en train de hurler. Il avait le visage en sang. Pourtant, il remonta sur sa machine et reprit prudemment la route, seul et songeur.

Il s'était injecté de l'EPO en Espagne, juste avant de monter dans l'avion qui allait le conduire sur le Tour. Pour cette raison, il avait failli dépasser la limite d'hématocrite autorisée. Si on le contrôlait de nouveau, il craignait d'être testé positif car son organisme était très sensible à ce produit. Plus il y pensait, plus il devenait nerveux, et moins vite il pédalait.

Il prit sa chute pour un signe du destin. Il fallait qu'il cesse de se doper. Il n'avait rien à y gagner. Il mit pied à terre et attendit l'ambulance derrière lui.

– Plus jamais je ne me doperai, déclara-t-il alors qu'il était encore tout seul.

*

* *

Des coureurs comme Vaughters et Hincapie observaient Armstrong de loin, ravis de ne pas s'être trouvés à sa place quand il avait dû mentir pour toute la profession.

« Qu'est-ce que j'y peux ? J'ai vu la mort de près, et je ne suis pas idiot, affirma Lance à des journalistes durant ce Tour de 1999. On ne m'a jamais contrôlé positif[295]. »

Lors d'une interview télévisée après l'étape, il déclara : « J'affirme catégoriquement que je ne me dope pas[296]. Je suis sûr qu'on m'observe, qu'on m'épie et qu'on fouille dans mes poubelles. Vous ne trouverez jamais rien. Aussi bien *L'Équipe*, que Channel 4, les journaux espagnols, belges et hollandais… Il n'y a rien à trouver. Et je suis persuadé qu'une fois que tout le monde aura terminé de faire du zèle, décidé de faire preuve d'un peu de professionnalisme, et cessé de publier n'importe quoi, ils se rendront compte qu'ils ont affaire à quelqu'un de sain. »

Lors d'un entretien avec la chaîne de télévision australienne SBS, il ne mâcha pas ses mots :

« Je n'ai aucun secret. On se sert de la plus vieille technique du monde : le travail. »

Il nia des dizaines de fois s'être dopé, insistant sur le fait qu'il n'était pas le « nouveau coureur » que certains journalistes avaient dépeint. Ceux-ci lui firent remarquer que sa meilleure performance sur le Tour avant son cancer avait été une place de trente-sixième. Il leur expliqua alors que s'il avait quoi que ce soit à cacher, il ne vivrait pas, ne s'entraînerait pas et ne courrait pas en France, le pays qui avait les lois antidopage les plus strictes.

Lorsqu'un journaliste du *Monde* lui demanda pourquoi il n'avait pas présenté immédiatement à l'UCI une ordonnance pour de la cortisone, le coureur riposta :

– Monsieur *Le Monde*, me traitez-vous de dopé ou de menteur[297] ?

La question demeura sans réponse. Aucun autre journaliste dans la pièce n'osa intervenir.

Armstrong se servit de son passé de rescapé pour gagner la sympathie du public, ce que ses détracteurs finirent par qualifier de « bouclier du cancer ».

– On dit que le stress provoque le cancer. Donc, si vous souhaitez éviter de l'attraper, ne venez pas sur le Tour de France, et ne portez surtout pas le maillot jaune[298], déclara-t-il alors.

Si les journalistes européens demeuraient critiques à son égard, la majeure partie de la presse américaine le défendait. Les médias avaient dépêché des envoyés spéciaux sur le Tour pour raconter l'histoire de ce nouveau héros national qui avait sauvé le cyclisme du dopage. L'organisation accrédita près de mille journalistes, soit deux cents de plus que pour les éditions précédentes. La longue histoire du dopage sur le Tour se perdit au milieu de tout ce tintamarre.

On se plaignit dans les colonnes de *USA Today* qu'Armstrong ne puisse pas jouir pleinement de ses victoires à cause des médias français. « On peut comprendre qu'il en ait assez de leur mauvais travail, de leur jalousie et de leur chauvinisme[299]. »

On lut dans *The Philadelphia Inquirer* que le Tour de France avait trouvé « son sauveur après le scandale de l'année précédente[300] ». « La presse française, qui fait preuve d'une piètre objectivité, a laissé sous-entendre de manière assez cynique, avec ses titres ambigus et ses citations de médecins anonymes, qu'aucun mortel n'était en mesure de renaître tel un phénix sans produits artificiels. »

The Detroit News prétendit qu'Armstrong « s'efforçait de rester indifférent aux sous-entendus stupides de la presse française[301] » et que de nombreux journalistes qui ne s'étaient jamais occupés de cyclisme étaient à la recherche d'« une nouvelle affaire de dopage comme celle qui avait ébranlé le Tour l'été précédent ».

The Washington Post évoqua le « rescapé et l'homme qui a presque à lui seul relancé un sport souillé par un dopage généralisé[302] ». Il qualifia aussi les médias français de « susceptibles ».

Un journaliste écrivit dans le *New York Times* qu'Armstrong était « un farouche adversaire de l'utilisation de produits dopants dans le sport[303] », qu'il avait donné au Tour « une image positive » et que « son histoirc réchauffait le cœur et inspirerait certainement beaucoup de monde ».

Les Américains furent submergés par une propagande pro-Armstrong. Phil Liggett, le commentateur du Tour sur ABC, fit remarquer que les Français effectuaient leur plus mauvaise performance sur l'épreuve depuis 1926 et qu'ils étaient jaloux de la réussite d'Armstrong.

« Il est impensable qu'il se dope, déclara-t-il. Ils sont en train de le poignarder dans le dos, là-bas. »

Même les cancérologues d'Armstrong prirent la parole.

« Ce type a une telle hygiène de vie que vous auriez du mal à le croire[304], soutint auprès de l'agence Associated Press le docteur Lawrence Einhorn du centre de cancérologie de l'Université de l'Indiana. »

Ceux qui s'intéressaient au sport, y compris les journalistes, avaient une envie folle de croire au miracle de la compétition. Des reporters répétèrent ce que leur avaient raconté l'US Postal, Armstrong et son agent, Stapleton. Gorski, le directeur commercial, affirma que c'était grâce à l'affaire Festina que des coureurs sains comme Armstrong avaient enfin la chance de pouvoir gagner des courses.

– C'est un miracle[305] ! s'exclama-t-il.

Ils expliquèrent comment Lance s'était spécialisé dans les courses à étapes de trois semaines après avoir été celui des classiques d'une journée : c'était grâce à son cancer. La maladie lui avait fait perdre près de 7 kg alors qu'il mesurait 1,73 m – même si certains journaux parlèrent de 4,5 kg, et d'autres de

10 kg. Sa perte de poids devint sa défense : plus léger, il lui était plus facile de se propulser au sommet des montagnes.

La presse américaine salua également le travail de son « entraîneur », Chris Carmichael, qui n'était en fait qu'une couverture pour dissimuler son programme de dopage avec Ferrari. D'après *USA Today*, Carmichael l'aidait, grâce à des « techniques de pointe, à développer une formidable capacité cardio-vasculaire et un rendement considérable[306] ». *The Washington Post* prétendit que les techniques de Carmichael lui permettaient « de faire plus de tours avec un plus petit plateau, plutôt que de développer une plus grande puissance avec un grand plateau[307] ». Carmichael se vanta un jour que les résultats d'Armstrong à l'entraînement étaient « encore meilleurs que s'il avait pris de l'EPO ».

*

* *

Betsy Andreu vit l'étape phénoménale d'Armstrong vers Sestrières à la télévision, chez elle, à Dearborn, dans le Michigan, avec Frankie Jr., son fils de deux mois. Elle était consciente que le dopage se pratiquait au sein du peloton, mais restait persuadée que son mari était sain, puisqu'il le lui avait soutenu en 1996, lorsqu'ils avaient tous les deux assisté aux aveux de Lance auprès de ses médecins, à Indianapolis. Mais en regardant l'étape, elle comprit.

Non seulement Armstrong avalait les côtes comme s'il était à moto, mais son mari se trouvait également aux avant-postes, emmenant son capitaine vers le sommet des pentes les plus redoutables des Alpes. Elle appela son amie Becky Rast, l'épouse du journaliste sportif et photographe James Startt.

Becky croyait que Betsy l'appelait pour se réjouir des exploits de son mari. Elle la félicita donc :

– Oh, mon Dieu, Betsy ! Frankie s'en tire bien ! Il s'en tire drôlement bien, même[308] !

– Il s'en tire bien, mon cul, rétorqua-t-elle. Qu'est-ce qu'il fout devant ? Ce n'est pas un grimpeur ! Il devrait être juste devant la voiture-balai.

Elle savait que son grand efflanqué de mari était un sprinter-né, qu'il était fait pour donner toute sa puissance sur de courtes distances. Ce qu'elle le voyait faire était physiquement impossible. Elle avait quitté l'Europe à la fin mars, pour pouvoir accoucher chez elle, et n'avait vu que brièvement son mari à la naissance de leur fils. Pendant tout le temps qu'ils avaient passé ensemble, elle ne l'avait vu qu'une seule fois se faire une injection, et il avait prétendu qu'il s'agissait de vitamine B12. Il lui semblait désormais évident qu'il s'était dopé en son absence.

Quand elle l'appela, plus tard dans la journée, elle alla droit au but :

– Qu'est-ce que tu as foutu ? lui demanda-t-elle.

*

* *

Avant le Tour de 1999, Betsy soupçonnait déjà leur bon ami Lance de tromper les gens à bien des égards. Après avoir discuté avec lui, un matin, avant de retourner aux États-Unis, au printemps, l'image qu'elle avait de lui ne fit que se dégrader davantage. Ils s'étaient vus la veille lors d'une soirée chez Lance, à Nice. Son coup de fil la réveilla. Il lui annonça qu'il avait découvert des vêtements de femme et des bijoux à côté de sa piscine.

– Avec qui j'ai fini la soirée[309] ? lui demanda-t-il.

– Tu plaisantes ? Ta femme est enceinte ! Comment as-tu pu faire une chose pareille ?

Dans tous ses états, elle appela Becky, la femme de Kevin Livingston, qui lui révéla que c'était elle qui avait laissé ses affaires près de la piscine de Lance, après avoir enfilé son maillot de bain. Elle lui soutint qu'il ne s'était rien passé entre eux. Pourtant, Betsy en conclut qu'il n'avait « aucun sens moral ».

Pendant des années, elle ne parla des aveux de dopage d'Armstrong à l'hôpital qu'à sa famille et à ses amis. Elle ne rendit jamais l'information publique, parce que le milieu du cyclisme protégeait les siens. Son mari Frankie n'avait pas fait d'études supérieures, et il fallait qu'il continue à travailler dans ce milieu, parce que, à l'image de Hincapie et des autres, il était persuadé que c'était le seul moyen pour lui de gagner sa vie. Alors, elle dut garder son opinion pour elle, car les aveux d'Armstrong « exposaient le cyclisme, dans une certaine mesure. C'était un secret qu'il ne fallait absolument pas révéler ».

Armstrong ne doutait pas qu'elle tairait son secret. Lors d'une balade d'entraînement, un an après que les Andreu eurent assisté à ses aveux à l'hôpital, il interrogea Frankie à propos de la réaction de sa femme.

– Elle en a parlé[310] ?

– Elle a un peu pété les plombs, et, tu sais, on a eu quelques engueulades de couple. Mais, par la suite, ça s'est un peu tassé.

– Bien, bien… On n'a pas intérêt à ce que les gens se posent trop de questions.

Il continua ensuite à rouler, pas inquiet du tout, rassuré même, par les propos de son ami.

*

* *

Dans la dernière étape du Tour de France 1999, Armstrong et l'US Postal menèrent le peloton vers Paris en laissant une traînée rouge, blanche et bleue dans leur sillage, franchissant la ligne d'arrivée à une vitesse moyenne encore jamais atteinte : 40,2 km/h. Sur le point d'achever leur périple de 3 686 km, ils se mirent à poser pour les photographes en buvant du champagne. Après trois semaines d'un régime alimentaire strict, Armstrong se jeta sur un cornet de glace.

Près de cinq cent mille personnes s'étaient massées sur le bord des routes, dont un contingent américain plus important que jamais. Lance paradait impérieusement sous les drapeaux des États-Unis et du Texas, car ce n'était que la deuxième fois, après Greg LeMond, qu'un Américain remportait l'épreuve reine du cyclisme.

Sur la plus haute marche du podium, avec l'Arc de triomphe en arrière-plan, il écouta l'hymne de son pays la main sur le cœur. Sa femme enceinte à ses côtés, il se pencha un moment vers elle pour lui sécher quelques larmes.

– Je suis bouleversé ! Je suis bouleversé[311] ! déclara-t-il ensuite.

Il ajouta qu'il espérait que sa victoire pourrait donner du courage à ceux qui luttaient contre le cancer.

– On peut tout à fait retrouver ses capacités d'avant… et même davantage[312].

Puis il remercia ceux qui l'avaient aidé à atteindre cet objectif qu'il croyait inaccessible.

– Je dédie cette victoire pour moitié à la communauté du cancer : les médecins, les infirmières, les patients, les familles, les rescapés et ceux qui n'ont pas eu la chance de s'en sortir, poursuivit-il. Pour 25 % à mon équipe et à moi. Et pour 25 % à ceux qui ne croyaient pas en moi[313].

George W. Bush, alors gouverneur du Texas, l'appela en personne :

– Nous sommes très fiers de vous. C'est incroyable[314].

Kirk Watson, le maire d'Austin, qui avait lui aussi survécu à un cancer des testicules, était en train d'organiser un défilé et un festival en son honneur.

Les cancérologues de Lance n'arrêtaient plus de se vanter. Le docteur Einhorn, l'un de ses médecins d'Indianapolis, déclara :

– Si Hollywood en fait un film, tout le monde sortirait de la salle en secouant la tête d'incrédulité. Même son nom, « Lance Armstrong », est trop beau pour être vrai[315].

La victoire annoncée d'Armstrong déclencha aussitôt un regain d'intérêt pour ce sport aux États-Unis : les audiences télé pour la dernière étape du Tour bondirent de 80 % par rapport à l'année précédente. On put alors avoir un premier aperçu d'Armstrong comme effigie de Nike, car il figurait dans la nouvelle série de publicités « Just Do It. ». Le fabricant de chaussures lui donna le rôle de premier mort à disputer le Tour de France : « D'après les derniers chiffres de survie au cancer, Lance Armstrong n'est ni vivant ni en train de courir sur le Tour de France. »

Bernie Lincicome, un journaliste sportif de Chicago, conseilla à ses admirateurs de ne pas culpabiliser malgré les accusations de dopage portées contre lui, qu'il qualifia de « calomnies sans importance[316] » lancées par une poignée de journalistes jaloux.

Il leur fallait demeurer convaincus qu'Armstrong était une source d'inspiration et un sportif honnête, poursuivit-il dans son article. « Enfin, quoi ! Un type qui gagne contre le cancer et dans les Alpes… Est-ce qu'ils ont fait passer un contrôle antidopage à Hannibal ? On a parfaitement le droit de s'en réjouir… de lui et de sa place sur la plus haute marche du podium. »

Beaucoup de gens se rangèrent du côté d'Armstrong après sa victoire. Des gens qui avaient jusque-là considéré le vélo comme un sport exotique qui n'intéressait pas grand-monde, et qui ignoraient même qu'une grande course se déroulait tous les étés en France – et ce depuis quatre-vingt-seize ans –, se mettaient à acheter des vélos et à se motiver en regardant leur champion à la télévision. La marque Trek promit à ses revendeurs un vélo distinctif « Armstrong » pour Noël. Un marchand de cycles de la banlieue de Dallas annonça que les maillots de l'US Postal se vendaient si vite, malgré leur prix – 70 dollars (un peu plus de 50 euros) –, qu'il était constamment en rupture de stock[317].

Armstrong figura bientôt non pas sur une mais sur deux boîtes de céréales Wheaties, et General Mills confirma que ces deux boîtes réalisaient des ventes supérieures de 10 % par rapport aux autres[318], ce qui signifiait une augmentation des recettes de plusieurs millions de dollars. Les services postaux américains firent savoir qu'ils avaient augmenté leur chiffre d'affaires « de millions et de millions[319] » de dollars par rapport à leurs concurrents grâce à leur partenariat avec le cycliste.

Quelques experts en marketing comme David Carter et Rick Burton confièrent à *USA Today* qu'Armstrong pouvait devenir une star aussi célèbre que Michael Jordan et Tiger Woods.

Carter le qualifia d'« incarnation 100 % américaine de l'œuvre de Norman Rockwell, et de la façon dont les gens imaginaient leur héros[320] ». Il ajouta : « C'est le genre de type que vous rêvez que votre fils devienne et que votre fille épouse[321]. »

Grâce à sa notoriété de héros du sport américain, Armstrong était sur le point de devenir très riche. Son agent, Bill Stapleton, avait déjà négocié les droits d'un livre, le coureur étant assuré de toucher 400 000 dollars (environ 300 000 euros), et il était en pourparlers pour deux films. Il annonça aussi que Lance avait signé des contrats de sponsoring pour près d'un million de dollars (environ 750 000 euros), et ce avant même la fin du Tour. « Et encore, on n'a pas eu le temps d'écouter ce que les sociétés de sodas et de fast-food ont à nous proposer[322] », précisa-t-il.

Bristol-Myers Squibb[323], l'entreprise pharmaceutique qui fabriquait le traitement de chimiothérapie qu'avait suivi le coureur, avait signé avec lui un contrat de sponsoring de 250 000 dollars (environ 185 000 euros). Les services postaux américains augmentèrent son salaire à 2 millions de dollars (1,5 million d'euros). Ses honoraires pour des conférences publiques passèrent de 30 000 dollars à 70 000 (de plus de 22 000 euros à près de 53 000), sans compter les frais pour deux.

Il allait rédiger son autobiographie à succès, *Il n'y a pas que le vélo dans la vie*[a], dans laquelle il raconte son histoire, de quelle manière il a réchappé du cancer et remporté le Tour contre toute attente. À propos des produits dopants, il écrit dans son livre : « Le dopage est malheureusement une réalité dans le cyclisme, comme dans tous les autres sports d'endurance, à vrai dire. Fatalement, quelques équipes et certains coureurs ont l'impression qu'il s'agit de l'arme atomique : il faut en passer par là pour rester compétitif au sein du peloton. Je n'ai jamais eu ce sentiment, et, surtout après ma chimio, je trouvais répugnante l'idée d'introduire des corps étrangers dans mon organisme. »

En termes de marketing, le livre le propulsa dans une autre galaxie. Durant l'année 2000, il allait gagner 5 millions de dollars (3,75 millions d'euros) en sponsoring, plus un salaire de 2 millions de dollars[324] (1,5 million d'euros), ce qui le plaçait au même niveau que les meilleurs quarterbacks de la NFL[b], ces sportifs que ses camarades de classe vénéraient tant quand il allait à l'école au Texas.

Quelques jours après le Tour de 1999, il se rendit à New York dans le jet privé de Nike. Là-bas, il fut l'invité de toutes les émissions matinales et de tous les talk-shows, dont le *Late Show with David Letterman*, émission au cours de laquelle l'animateur

a. *Il n'y a pas que le vélo dans la vie*, publié aux Éditions Albin Michel en 2000.
b. National Football League.

qualifia les journalistes européens d'« idiots », et leurs accusations de dopage de « conneries ». Il se rendit ensuite à la Maison-Blanche, où il offrit un vélo à Bill Clinton.

Armstrong et Stapleton avaient raison : son cancer était ce qu'il lui était arrivé de mieux… en termes de marketing. Il refuserait même les propositions de sponsoring de moins d'un million. Le champion déclara alors qu'il était désormais « une entité commerciale, et plus une personne[325] ».

Mais, sur cette dernière étape du Tour, il avait eu le temps de savourer son triomphe, et tout ce que cela signifiait pour lui. En descendant du podium, il s'était emparé d'un drapeau américain géant et en avait posé la hampe sur son épaule tandis qu'avec ses coéquipiers, il remontait sur sa machine. L'équipe que Lance avait surnommée « The Bad News Bears » (« Les Ours à problèmes ») avait alors remonté les Champs-Élysées pour un tour d'honneur autour de l'Arc de triomphe. Sept des neuf coureurs étaient américains, et le groupe avait fait ce qu'il fallait pour réussir dans un sport dépourvu de tout scrupule.

Pendant cette parade, un journaliste français à moto s'était hissé à sa hauteur pour lui demander ce qu'il pensait de sa victoire.

– Quand on vous offre une seconde chance, dans la vie, lui répondit-il, saisissez-la à fond[326] !

11

Pendant leur préparation pour le Tour de 2000, Armstrong, Hamilton et Livingston se rendirent de Nice à Valence, en Espagne, en jet privé[327]. Trois semaines plus tard, Lance allait tenter de remporter son deuxième Tour d'affilée. Mais il lui fallait d'abord faire quelque chose d'important.

À Valence, dans un hôtel de luxe désert, Bruyneel et Martí observaient Del Moral enfoncer de grosses aiguilles dans les veines des stars de l'US Postal[328]. En moins d'un quart d'heure, il recueillit 500 cm^3 de sang de chacun des coureurs dans des pochettes de perfusion en plastique disposées sur une serviette blanche, par terre. Il les rangea ensuite dans une glacière bleue.

Le mois suivant, deux jours avant la montée infernale du mont Ventoux, les poches de sang refirent leur apparition, au moment où les coureurs en avaient le plus besoin. Tandis que ces derniers étaient étendus sur des lits dans une vaste suite de leur hôtel, on fixa les pochettes sur le mur au-dessus d'eux avec de l'adhésif. On sortit également les grosses aiguilles et les lignes de perfusion. Ils se mirent tous à trembler quand le sang glacé commença à s'écouler dans leurs veines.

Des coureurs ayant entendu dire que le Tour ferait peut-être appel à de nouveaux protocoles de détection pour déceler la présence d'EPO, l'US Postal préférait se rabattre sur la bonne vieille méthode de la transfusion sanguine. Aucun contrôle ne permettrait de déterminer si un sportif s'était fait transfuser son propre sang. L'UCI continuait à mesurer le niveau d'hématocrite de chacun des cyclistes pour vérifier s'il était bien sous la limite des 50 %, mais, désormais, les coureurs préféraient le faire monter grâce à des transfusions plutôt qu'avec l'aide de produits dopants.

Le procédé avait un « petit côté Frankenstein, déclara plus tard Hamilton, quelque chose de la fabrique à robots du bloc soviétique des Jeux olympiques des années 1980[329] ». Il trouvait aussi que cela avait des relents d'« expériences scientifiques en cours de physique, au collège ».

Le jour des transfusions, alors qu'il restait un peu plus de la moitié de ce Tour 2000 à parcourir, Armstrong portait déjà le maillot jaune de premier du classement général. Il était passé à l'offensive au cours de la dixième étape, ce qui lui avait permis de grimper de la seizième place à la première, comblant de façon complètement inattendue un retard de dix minutes. C'étaient Hamilton, Livingston et le Russe Viatcheslav Ekimov qui avaient conduit leur capitaine jusqu'à la dernière montée de l'étape. À près de 13 km de l'arrivée, il partit seul, gravissant la côte à une telle vitesse que ses rivaux qualifièrent sa performance de « surnaturelle », comme s'il avait dissimulé un moteur sur sa machine. Il accrut son avance au classement général en gravissant tout aussi promptement le mont Ventoux. Il pédala si vite qu'il termina à quelques roues derrière le vainqueur de l'étape, Marco Pantani, un petit Italien maigrichon, l'un des meilleurs grimpeurs de l'époque. Dans la salle de presse, les journalistes n'en croyaient pas leurs yeux[330].

À l'exception de quelques Français qui crièrent « Dopé ! Dopé ! » quand il passa devant eux, Armstrong remporta le Tour de 2000 sans déclencher la moindre polémique.

Ce ne fut que plus tard dans l'année qu'il apprit qu'il allait de nouveau avoir des ennuis.

*

* *

Hugues Huet, un journaliste de France 3, avait suivi une voiture banalisée de l'US Postal sur plus de 150 km. Lors d'une halte, deux membres du personnel de l'équipe jetèrent des sacs-poubelles dans une benne à ordures. Huet les filma, puis alla plus tard jeter un coup d'œil dans les sacs. Il y découvrit des seringues usagées, des compresses tachées de sang et des boîtes vides de produits pharmaceutiques, dont de l'Actovegin. Ce dernier ne figurait pas sur la liste des produits interdits, mais des spécialistes de l'antidopage confirmèrent que le dérivé de sang de veau était susceptible d'augmenter les effets dopants d'une transfusion sanguine ou d'une prise d'EPO.

Les images des employés en train de jeter leurs déchets finirent dans un reportage de France 3. Mais, avant même la diffusion de la séquence, le procureur de Paris ouvrit une enquête pour déterminer si l'équipe d'Armstrong avait enfreint ou non les lois françaises sur le dopage.

Armstrong et les membres de son équipe feignirent d'être surpris par cette enquête. Dan Osipow, un porte-parole d'US Postal, déclara que l'équipe appliquait une politique de tolérance zéro à propos du dopage. Et Armstrong fut si contrarié qu'il menaça de boycotter l'édition 2001 du Tour et de ne pas défendre ses deux titres successifs.

– Ces substances dont tout le monde parle, l'Activ-o-quelque chose, c'est la première fois que j'en entends parler, se défendit-il. Avant ce calvaire, ni mes coéquipiers ni moi ne savions ce que c'était[331].

Il déclara qu'il était innocent, que son équipe était saine et qu'aucun de ses membres n'avait jamais été contrôlé positif. Plus tard, il ajouta qu'une accusation de dopage aurait pu avoir un effet dévastateur sur sa réputation et sur sa famille. « J'aurais pu perdre tout ce que j'avais gagné en travaillant si dur : ma carrière, ma réputation, mes résultats sportifs, tout ce qui peut s'abîmer quand on est persuadé que vous n'êtes pas quelqu'un de bien[332] », écrivit-il dans l'un de ses livres.

Finalement, Armstrong admit que l'équipe détenait de l'Actovegin[333] pour que le médecin puisse traiter les irritations dues aux frottements de la selle, avant de prétendre que ce produit appartenait à un membre du personnel qui était diabétique. Gorski insista sur le fait qu'aucun des neuf coureurs de l'équipe n'en avait pris[334].

Vaughters passait l'intersaison chez lui, à Denver, quand il entendit parler de l'enquête des Français. Curieux, il fit une recherche sur Internet pour savoir de quel produit il s'agissait et présuma que c'était ce que Del Moral lui avait injecté lors du Tour de 1999. *De l'extrait de sang de veau ?* Cela lui donna aussitôt la nausée.

Quand Alisa, sa première femme, rentra chez eux, elle trouva son mari recroquevillé par terre, dans l'entrée, en larmes, les genoux contre son visage.

– Je ne savais pas ce que c'était. Ils n'ont pas voulu me le dire, avoua-t-il en sanglotant. Et maintenant, si ça se trouve, j'ai la maladie de la vache folle ! Qu'est-ce que j'ai fait ? Qu'est-ce que j'ai fait ?

Alisa Vaughters n'avait vu son mari pleurer qu'une seule fois auparavant, et c'était après avoir pris de l'EPO pour battre le record de l'ascension du mont Ventoux dans le Dauphiné. Mais la maladie de la vache folle ? Des gens en étaient morts, en France. Elle commença à s'inquiéter pour son mari, le père de leur nourrisson, Charlie.

Contrairement à Betsy Andreu, dont le mari avait pris de l'EPO pour aider Armstrong à remporter ce Tour de 1999, tout en lui assurant le contraire, Alisa Vaughters savait que le sien s'était dopé. Elle fut étonnée d'apprendre que ce n'était pas le cas de toutes les épouses ou petites amies de coureurs. Comme Armstrong, son mari conservait ses produits dans le réfrigérateur.

– Il faudrait être idiot pour ne pas s'en rendre compte, constata Alisa.

Quand elle avait fait la connaissance de Jonathan, il lui avait rapidement avoué ses pratiques et lui avait semblé très bien informé des effets indésirables. Plus tard, il lui avait dit que certaines épouses aidaient leur mari à se doper, mais, à son grand soulagement, il lui avait assuré que ce n'était pas ce qu'il attendait d'elle.

Elle n'avait rien à voir avec Kristin Armstrong, qui faisait allusion à l'EPO sous le nom de code de « beurre », et qui avait apporté de la cortisone aux coureurs lors du championnat du monde de 1998 comme s'il s'agissait de bouteilles de Gatorade. Et elle n'avait rien à voir non plus avec Haven Hamilton, dont plusieurs équipiers de l'US Postal avaient remarqué l'implication dans la carrière et la réussite de son mari. Pendant les longs entraînements quotidiens de Tyler Hamilton sur les routes espagnoles, Haven se trouvait souvent au volant de sa voiture pour l'encourager. (Tyler reconnaîtrait plus tard que Haven faisait « partie de l'équipe[335] », vérifiant parfois que le sang était bien dans le réfrigérateur, où ils le dissimulaient dans un pack de lait de soja.) Non, Alisa Vaughters étant hôtesse de l'air, elle n'était que rarement disponible pour lui apporter un tel soutien, et cela ne l'intéressait pas, de toute façon.

La première fois qu'elle évoqua le dopage avec une autre femme de coureur, ce fut en 2002, lors de l'enterrement de vie de jeune fille de Leah, la future épouse de Christian Vande Velde, qui reprochait sans cesse à ce dernier la présence d'aiguilles dans leur maison[336] (Vande Velde est devenu un client de Ferrari fin 2000). Il se faisait ses injections en cachette, dans sa salle de bains fermée à clé, mais elle avait fini par s'en rendre compte et était sortie de ses gonds. Elle craignait que l'utilisation de ces produits puisse avoir une incidence sur sa fertilité. Finalement, au cours de son enterrement de vie de jeune fille, à Boulder, dans le Colorado, elle se tourna vers Alisa, les larmes aux yeux.

Désinhibée après quelques verres, elle lui cria, par-dessus le martèlement de la musique :

– C'est vraiment difficile ! Toutes ces aiguilles ! C'est vraiment difficile[337] !

– À qui le dis-tu ! lui répondit Alisa sur le même ton.

Elles s'étreignirent et se mirent toutes les deux à pleurer. Elles étaient soulagées de pouvoir enfin confier leurs peurs à quelqu'un. Elles se sentaient toutes les deux profondément empêtrées dans les mensonges de ce sport.

Comme des épouses de mafieux qui profiteraient des avantages de la situation sans jamais parler des travers de leurs maris, elles n'avaient jamais abordé le sujet du dopage. Comme les femmes de n'importe quels coureurs, elles allaient souvent déjeuner ou prendre un café entre elles à Gérone. Elles passaient des heures ensemble, des semaines ensemble, se soutenant mutuellement dans des pays inconnus quand leurs époux s'entraînaient pendant cinq heures ou participaient à des courses de plusieurs jours. S'il arrivait à leurs maris d'évoquer librement entre eux leurs programmes de dopage, des femmes comme Leah et Alisa gardaient habituellement le silence.

Après la soirée, les deux amies reprirent leurs vieilles habitudes. Elles n'abordèrent plus jamais le sujet.

*

* *

Betsy Andreu avait du mal à croire qu'Armstrong puisse prendre des produits dopants si peu de temps après avoir failli mourir du cancer. Elle ne parvenait pas à comprendre Kristin, la femme du coureur, et toutes celles qui acceptaient que leurs maris se dopent. Elle finit par se confier à Angela Julich, la femme de Bobby Julich, un cycliste américain qui avait été le coéquipier de Lance dans l'équipe junior des États-Unis et qui avait terminé troisième du Tour en 1998. Quand elle répéta les paroles d'Armstrong à l'hôpital, Angela lui répondit :

– Ça ne m'étonne pas[338].

Les deux femmes détestaient le dopage, mais elles ne pouvaient rien prouver. Elles savaient, en revanche, qu'Armstrong, Hamilton, Livingston et Axel Merckx étaient clients de Ferrari[339], qui était sous le coup d'une enquête en Italie. Betsy considéra que ce lien était une preuve suffisante de ce qui se passait au sein de l'US Postal.

– Si ton mari sort d'une chambre d'hôtel en caleçon et que tu trouves une autre femme dans le lit, il te faut d'autres preuves pour être certaine qu'il te trompe ? Je ne suis pas idiote, tu sais.

Quand elle interrogea Haven Hamilton à propos du dopage, la femme de Tyler lui répondit :

– Je ne veux pas en entendre parler[340].

Betsy appréhendait d'aborder le sujet avec Becky, l'épouse de Livingston, parce qu'elle la trouvait trop naïve. D'après la façon dont elle parlait de Ferrari, elle donnait l'impression de croire que son mari faisait tout ce chemin jusqu'à Bologne, pour aller se faire masser. Quand elle lui répéta les aveux de Lance dans cet hôpital, Becky eut un air déconfit. « Ouah…, lâcha-t-elle. Ouah[341]… »

Mais celle qui agaçait le plus Betsy, c'était Kristin Armstrong, en partie à cause de ses tenues Gucci, ses sacs Louis Vuitton, son snobisme et son air condescendant, mais surtout parce qu'elle acceptait le dopage avec une réelle désinvolture.

– C'est un mal nécessaire, avoua-t-elle à Betsy quand celle-ci lui parla d'EPO.

Début 1999, se souvint Betsy Andreu, elle dînait à Nice avec les Armstrong et les Livingston quand Pepe Martí, l'entraîneur-coursier, arriva. Il était en retard. Il revenait d'Espagne. Il avait passé la frontière de nuit pour pouvoir apporter de l'EPO à Armstrong. Quand celui-ci s'empara du paquet, il s'exclama :

– De l'or liquide[342] !

Quelques semaines plus tard, alors que Betsy et Frankie se rendaient en voiture au départ du Milan-San Remo avec les Armstrong, ils firent une halte inhabituelle dans le parking d'une station-service Agip, à quelques pas de l'autoroute, à la périphérie de Milan, pour que Lance puisse retrouver Ferrari dans un camping-car.

– Pourquoi on s'arrête ici ? lui demanda Betsy. Ça ne te paraît pas bizarre d'aller voir un médecin sur un parking ?

– C'est pour éviter que la presse le harcèle[343], lui répondit Armstrong en faisant allusion aux journalistes qui souhaitaient interroger Ferrari sur son rôle dans le dopage.

Elle raconta qu'en attendant son retour, elle avait eu l'impression de se retrouver dans un film d'espionnage. Au bout d'environ une heure, Armstrong ressortit du camping-car en s'exclamant :

– J'ai d'excellents chiffres[344] !

De retour sur l'autoroute, il expliqua à Andreu qu'il aurait de bien meilleurs résultats s'il était un peu moins radin et faisait appel aux services de Ferrari[345].

Frankie avait déjà dit à sa femme :

– Non seulement je n'ai aucune envie de dépenser mon argent, mais je ne veux surtout pas de cette merde dans mon organisme.

Il lui avait parlé des tarifs du médecin, soit 10 à 20 % du salaire d'un coureur, ce qui représentait beaucoup trop à ses yeux. Armstrong lui avait également mis la pression pour qu'il commence à s'entraîner « sérieusement[346] », c'est-à-dire qu'il se mette à prendre de l'EPO plus régulièrement.

Avec tous ces éléments en tête, Betsy Andreu se présenta à la fin du Tour de France 1999 avec pour mission de découvrir quels produits son mari avait bien pu prendre pour aller aussi vite dans les étapes de montagne. Ils purent passer un premier moment tous les deux lors de la soirée fastueuse organisée par l'US Postal au musée d'Orsay, à Paris, non loin des quais de Seine, pour célébrer la victoire. Elle voulait parler de dopage, mais pas lui. Il la supplia d'aller serrer la main de Lance et le féliciter pour sa victoire. Elle refusa.

– Je veux savoir ce que tu as fait. Comment tu as fait pour grimper comme ça ? Il est impossible que Lance ait pu gagner cette course en étant propre.

– Va lui serrer la main, Betsy, je t'en prie.

– Non.

– S'il te plaît, pour moi ?

– Non, je n'irai pas. Enfonce-le-toi bien dans le crâne.

Il fallut attendre leur retour chez eux à Nice pour que Frankie se décide enfin à parler de dopage. Betsy découvrit un Thermos et un thermomètre dans le réfrigérateur, des indices suffisants pour la pousser à croire que son mari avait pris de l'EPO.

– Tu ne comprends pas. Je serais incapable de suivre le rythme si je n'en prenais pas. Ça va si vite que je finirais hors délais.

– Tu ne peux pas te justifier en me racontant que tout le monde en prend, Frankie. Tu sais que ce n'est pas vrai. Mais je me moque de ce que font les autres. Si on t'oblige à prendre de l'EPO pour rester chez US Postal, alors je veux que tu quittes l'équipe de Lance. Quitte cette équipe, Frankie. On n'a pas besoin de cette merde.

Il resta dans l'équipe le temps de la saison 2000, mais, comme il me l'expliqua, il refusa de participer au nouveau programme de dopage. Il me certifia être resté propre tout au long du Tour. Son contrat ne fut pas renouvelé. Il ne participerait plus à aucune compétition cycliste.

*

* *

Avec le public, les meilleurs coureurs de l'US Postal – Armstrong, Hamilton et Livingston – n'hésitaient pas à faire preuve d'une grande hypocrisie[347]. Ce qui avait débuté par une innocente histoire d'amour pour le vélo était devenu une série de mots codés, de rendez-vous clandestins et de conversations furtives. Ils recevaient leurs cocktails de produits dans des sacs en papier blanc, et avaient tous leurs petits secrets, sans doute un téléphone portable prépayé dont ils se servaient pour discuter de leur dopage et des moyens de contourner les contrôles. Pour éviter qu'on les confonde, ils faisaient souvent référence à l'EPO sous le nom de « Edgar Allan Poe », ou simplement « Po ». Ils se rendaient sur le lieu des compétitions dans l'avion privé d'Armstrong afin d'éviter ces fouineurs d'agents de sécurité des aéroports.

Un jour, lors d'une balade d'entraînement à Gérone, Vaughters entendit Lance dire au téléphone : « J'ai pris une crème glacée avec quelques gouttes de nappage. »

– Qui c'était ? s'enquit-il.

– Ça ne te regarde pas[348], répondit son capitaine.

Il comprit que cet aspect « espionnage » autour du dopage plaisait beaucop à Armstrong. On entrait dans une autre dimension du sport…

Les transfusions sanguines donnèrent à l'US Postal une avance incroyable sur les autres tricheurs du peloton. Les équipes concurrentes n'avaient pas les mêmes moyens financiers. Celle d'Armstrong pouvait également compter sur « Motoman » – l'assistant à moto d'Armstrong –, qui transportait leur sang réfrigéré jusqu'en France et dans les hôtels quand il leur fallait faire une transfusion. Bruyneel supervisait le plan, le cuisinier de l'équipe se chargeait de la logistique, Del Moral de l'aspect médical, et Ferrari des meilleurs coureurs.

« C'est l'organisation du système qui leur donnait l'avantage, expliqua Vaughters. Alors que les autres équipes avaient un ou deux types qui se dopaient comme ça, il n'y avait que l'US Postal qui avait un programme précis pour chacun de ses meilleurs éléments. »

Ceux qui payaient les services particuliers de Ferrari utilisaient souvent des patchs de testostérone. Il leur avait affirmé que le produit n'était détectable que pendant un très court laps de temps[349]. Il leur confia même que ce n'était pas un problème de continuer à prendre de l'EPO[350], même en 2001, quand l'UCI eut mis en place ses véritables contrôles. Il leur suffisait de s'en injecter une plus petite quantité dans les veines plutôt que sous la peau, ce qui permettait à leur organisme de l'éliminer plus rapidement. Cela leur donnait également la possibilité d'en prendre plus souvent – un procédé qualifié de « microdosage ». Même quand ils subissaient des transfusions, il leur fallait de l'EPO pour en dissimuler les effets.

Les transfusions permettaient de fluidifier le sang, cessant son besoin de produire de nouvelles cellules appelées « réticulocytes ». L'EPO stimulait alors la production de ces réticulocytes, une valeur que les analystes étudiaient de près pour déterminer s'il y avait dopage ou non. Ainsi, en combinant les transfusions et l'EPO, les coureurs parvenaient à berner les contrôleurs avec des résultats qui semblaient normaux.

Il était relativement aisé de mener les contrôleurs en bateau, de toute façon. À l'époque, on n'effectuait que très peu de contrôles, voire aucun, en dehors des compétitions. Les cyclistes ne craignaient donc pas les visites inopinées.

L'Agence américaine antidopage[a], une agence indépendante qui avait pour mission de gérer l'antidopage aux États-Unis dans les sports olympiques, vit le jour en octobre 2000. Jusqu'alors,

---

a. Plus souvent appelée l'USADA.

c'étaient l'USA Cycling et l'UCI qui s'occupaient des contrôles antidopage, mais il était difficile de faire confiance à ces organismes. Ils avaient tout intérêt à ce que leur sport paraisse le plus propre possible.

En 2001, Armstrong fut contrôlé deux fois par l'USADA. Hincapie trois fois, Hamilton une, et Livingston aucune. Les deux années suivantes, l'USADA contrôla Armstrong une fois par an, même si d'autres organismes s'en chargeaient pendant le Tour.

L'UCI n'entama véritablement ses contrôles en dehors des compétitions qu'au milieu des années 2000. Il était jusqu'alors plus facile pour les coureurs de se doper, car ils prenaient la plupart de leurs produits pendant leurs phases de préparation. En se dopant avant une compétition, ils pouvaient s'entraîner plus durement et récupérer plus vite.

À l'époque, il n'était pas difficile de se faire contrôler négatif, même en compétition. Les cyclistes n'étaient pas chaperonnés correctement avant les contrôles, et on leur laissait suffisamment de temps pour manipuler leur urine et éviter que leur échantillon soit positif[351], en buvant des litres d'eau, ou même en utilisant discrètement, au moment de la collecte, un cathéter rempli d'urine saine.

Quand des contrôleurs se présentaient à l'hôtel de l'équipe pendant une épreuve, ou chez quelqu'un, Armstrong et ses équipiers semblaient être au courant de leur venue[352]. En 2000, lors d'une course en Espagne, Hincapie, le fidèle acolyte, permit à son capitaine d'échapper à un contrôle positif en le prévenant qu'ils étaient dans le hall de l'hôtel. Armstrong ayant pris de l'huile à la testostérone, il abandonna l'épreuve pour éviter tout examen[353]. D'autres fois, on aurait pu avoir l'impression que Bruyneel connaissait les emplois du temps des contrôleurs, comme si quelqu'un l'avait renseigné[354].

Chez les Hamilton, quand des contrôleurs se présentaient à l'improviste, Haven était suffisamment au courant de ce qui se passait pour demander à son mari s'il était en règle[355]. S'il avait récemment pris des produits et qu'il était encore « resplendissant », comme il disait, ils se recroquevillaient par terre jusqu'à ce que les contrôleurs repartent.

En course, ce sont généralement le gagnant et trois coureurs tirés au hasard qui sont contrôlés. L'US Postal n'eut jamais un seul test positif. Du moins, officiellement. D'après Hamilton, Armstrong fut contrôlé positif au Tour de Suisse 2001.

– Putain, je ne le crois pas ! lui raconta-t-il. Je me suis fait choper pour de l'EPO[356].

Il avait ajouté qu'il n'était pas inquiet, parce que ses avocats avaient contacté l'UCI : « Ils vont se voir, et tout va rentrer dans l'ordre. » Il expliqua aussi à Floyd Landis, qui allait rejoindre l'équipe fin 2001 : « M. Bruyneel et moi sommes allés au siège de l'UCI et avons conclu un accord financier pour éviter que le contrôle positif soit rendu public.[357] » Verbruggen, le président de l'UCI de l'époque, déclara plus tard que ni l'UCI ni lui n'avaient été complices de la moindre dissimulation.

Armstrong se vanta devant ses coéquipiers d'avoir un tel pouvoir dans le milieu du cyclisme que même un contrôle positif ne pouvait pas l'arrêter. Le plus drôle, c'est que ce contrôle ne fut jamais déclaré officiellement positif, d'après plusieurs personnes qui avaient travaillé sur ce dossier.

Le test de détection de l'EPO était si récent que Martial Saugy, le directeur du laboratoire responsable de l'analyse des échantillons d'urine prélevés sur le Tour de Suisse 2001, s'abstint de qualifier les échantillons de « positifs », car la marge d'erreur était trop importante[358]. Il se contenta donc de les juger suspects. Un an plus tard environ, Jacques de Ceurriz, un autre directeur de laboratoire antidopage, qualifia lui aussi les échantillons d'urine d'Armstrong de suspects[359]. Cette fois, ces derniers provenaient du Dauphiné, et l'UCI en fut avertie.

Les directeurs de laboratoire Saugy et Ceurriz comprirent bien plus tard qu'ils avaient travaillé sur des échantillons d'urine d'Armstrong – ces derniers étaient anonymes. Mais les responsables de l'UCI avaient été en mesure de faire correspondre leurs numéros avec le nom d'Armstrong. Ils appelèrent aussitôt le coureur pour le prévenir qu'il avait été à deux doigts d'être contrôlé positif. C'était un avertissement pour l'obliger à faire preuve d'un peu moins de négligence.

Armstrong était sceptique. Il ne comprenait pas comment il pouvait avoir des résultats douteux et considéra que le test n'était pas fiable. Il chercha donc à saisir le fonctionnement de ce nouveau test de détection. Il demanda de l'aide à l'UCI, qui mit au point une séance d'explications.

Un avocat de l'UCI organisa un rendez-vous pour le début du Tour de 2002 avec Armstrong, Bruyneel et Martí pour que Saugy puisse leur expliquer le fonctionnement de ce test[360]. Même s'il s'agissait d'un entretien inhabituel – l'USADA reprocha plus tard à Saugy d'avoir donné à Armstrong « les clés » pour contourner ce test –, Saugy crut qu'il était en train d'apporter la preuve au patron du peloton que sa méthode de détection était fiable. Il espérait que le coureur, à son tour, préviendrait ses collègues et qu'ils cesseraient de prendre de l'EPO. Après tout, toutes les explications techniques à propos de ce test étaient déjà disponibles. L'UCI avait également affirmé à Saugy que Bruyneel avait une formation scientifique et qu'il avait des questions à lui poser. Saugy leur expliqua donc que, pour ce test, le laborantin devait déposer un échantillon d'urine sur une fine couche de gel, y faire passer de l'électricité et attendre que différentes formes de protéines contenues dans l'urine se dissocient du reste[361]. Celles-ci dessinaient alors un motif en forme d'échelle que le scientifique devait interpréter comme une réaction positive ou négative à l'EPO. Ces examens nécessitant une interprétation, cela laissait aux coureurs d'importantes marges de manœuvre.

Armstrong et Bruyneel l'écoutèrent comme des élèves dans une classe, mais demeurèrent muets. À la fin de la présentation, seul Armstrong prit la parole. Il croisa les bras et adressa un regard menaçant à Saugy qui plissa les yeux.

– Vous vous rendez compte que vous mettez une pression énorme sur la carrière de nombreux cyclistes[362] ? demanda-t-il.

Puis il quitta la pièce.

D'après deux scientifiques antidopage qui ne sont pas autorisés à parler de cette affaire, si l'on avait contrôlé l'échantillon d'urine d'Armstrong de ce Tour de Suisse 2001 d'après les critères de 2013, le coureur aurait été sanctionné.

*

* *

À l'approche du Tour de France 2001, le journal londonien *The Sunday Times* publia un article de David Walsh[363] dans lequel il prétendait qu'Armstrong avait été un précurseur en prenant de l'EPO dès 1995, dans son équipe de l'époque, Motorola. Walsh était un journaliste anglophone primé qui doutait depuis longtemps de l'innocence d'Armstrong, et c'était l'un des rares à publier ainsi ses doutes. Il avait réuni un faisceau de preuves suffisamment circonstanciées pour pouvoir confirmer qu'il avait eu raison de se méfier.

Dans son article, il affirmait qu'Armstrong était client de Ferrari. Il citait anonymement aussi l'un de ses coéquipiers, qui soutenait que plusieurs coureurs de l'équipe Motorola avaient envisagé de prendre de l'EPO et que « Lance était un interlocuteur clé dès qu'il s'agissait d'EPO ». Des années plus tard, Walsh révélerait que sa source n'était autre que le Néo-Zélandais Stephen Swart.

Armstrong était livide. D'ordinaire, il rendait coup pour coup. Son agent, Stapleton, qui avait la réputation de menacer les journalistes de poursuites quand ils rédigeaient des articles critiques sur le coureur, avait entendu parler de ce papier avant même sa publication et avait organisé une attaque préventive en demandant à un journaliste du quotidien italien *La Gazzetta dello Sport* de publier une interview d'Armstrong. Le coureur y reconnaissait avoir travaillé pendant six ans avec Ferrari pour préparer un exploit en particulier : le record du monde de la plus longue distance parcourue en une heure sur une piste de vélodrome.

Ses coéquipiers trouvèrent ce prétexte hilarant, si ce n'était ridicule. Ils n'avaient jamais entendu parler de ce projet et se mirent à plaisanter sur le fait qu'Armstrong n'avait probablement jamais couru sur un vélodrome.

Lors du Tour de France 2001, après la publication de l'article de Walsh, Armstrong envisagea tout d'abord de réfuter les accusations de l'auteur auprès d'un petit groupe de journalistes de confiance. Il les convoqua à une mini-conférence de presse, qu'il annula vingt minutes plus tard, préférant se fendre d'un communiqué.

Dans sa déclaration, il reconnaissait avoir consulté Ferrari et admettait que le médecin « avait une réputation sulfureuse à cause des déclarations qu'il avait faites en 1994 à propos de l'EPO (quand il avait soutenu que ce produit était aussi dangereux qu'une consommation excessive de jus d'orange). Je n'ai jamais nié ma relation avec Michele Ferrari. D'un autre côté, je n'ai jamais rien fait pour la rendre publique. Quoi qu'il en soit, nous n'avons jamais discuté d'EPO, et je n'en ai jamais pris[364] ».

Il affirma qu'il s'était contenté de lui donner des conseils, « sur mon régime alimentaire et ma préparation en altitude[365] », que ses méthodes de perfectionnement étaient parfaitement naturelles, comme sa position sur son vélo.

En dépit des démentis du coureur, l'article de Walsh eut un écho dans les pages sportives de l'ensemble de la presse, surtout en Europe, et déclencha une communication effrénée de la part du camp Armstrong. Stapleton n'y alla pas par quatre chemins. Pour défendre son client, il dut également défendre Ferrari. Il expliqua au *New York Times* que le médecin s'y connaissait « en physiologie, et quand il parlait d'engrenages, Lance l'écoutait[366] ». « Le docteur Ferrari n'est pas un guérisseur », déclara-t-il.

Presque chaque jour sur ce Tour de 2001, le champion fut obligé de justifier sa relation avec Ferrari. Il raconta aux journalistes qu'il était « fier » de travailler avec lui « de façon ponctuelle[367] » et qu'il réfléchirait à faire de nouveau appel à lui si l'enquête italienne mettait au jour des actes répréhensibles.

– Les gens ne sont pas idiots[368], fit-il remarquer, une semaine avant la fin du Tour. Ils vont regarder les faits. Ils vont se dire : « D'un côté, il y a Lance Armstrong, de l'autre, il y a Ferrari. Leur relation est-elle douteuse ? Peut-être. » Mais les gens sont intelligents. Ils vont se demander : « Est-ce que Lance Armstrong s'est déjà fait contrôler positif ? Non. Est-ce que Lance Armstrong a déjà été contrôlé ? Oui, à de nombreuses reprises. »

Stapleton et lui n'étaient pas seuls dans ce combat. Pendant qu'Armstrong ripostait auprès des journalistes en France, Nike, l'un de ses principaux sponsors, porta l'affaire devant le peuple américain, devant ceux qui croyaient ce qu'ils voyaient dans les publicités télévisées, en tout cas. La marque américaine diffusa un nouveau spot avec le coureur.

Le regard face à la caméra, il déclare : « C'est mon corps. Et je peux en faire ce que je veux. Le pousser, l'étudier, l'affûter et l'écouter. Tout le monde voudrait savoir ce que je prends. Ce que je prends ? Mon vélo, et je me démène six heures par jour sur une selle, et vous ? »

Walsh avait bien une idée de ce qu'il prenait. Et ce n'était pas simplement son vélo. C'étaient des produits dopants. Il ne lui restait plus qu'à trouver une preuve irréfutable.

Dans un autre article, après celui qu'il avait écrit sur la relation entre Ferrari et Armstrong au début du Tour de 2001, Walsh s'entretint avec Greg LeMond. Après avoir lu que Lance travaillait avec Ferrari, LeMond déclara qu'il était anéanti parce qu'il avait toujours cru qu'il s'agissait d'un grand coureur et d'un héros susceptible d'inspirer les victimes du cancer.

– Si Lance est propre, c'est le plus grand retour dans l'histoire du sport, dit-il. Si jamais ce n'était pas le cas, ce serait la plus grande imposture[369].

12

Au cours des deux dernières années de sa vie, du printemps 2000 à l'automne 2002, dans l'espoir de publier un livre, J.T. Neal enregistra vingt-six heures de bandes. Il y retraçait et commentait les plus belles périodes de son existence, surtout les années durant lesquelles le jeune Texan Lance Edward Armstrong était passé de l'ombre à la célébrité.

Il n'eut jamais l'occasion de terminer son livre. Après sa mort, son fils Scott conserva les bandes dans un placard de sa chambre. Personne dans sa famille ne les avait écoutées, mais on me les remit avec l'autorisation de reproduire ses propos dans ce livre. De passage à Austin pour retranscrire les enregistrements, je rencontrai Armstrong et l'interrogeai sur son ancien meilleur ami.

– J.T. Neal ? Oublie. Évite de te lancer dans cette merde, me conseilla-t-il.

Il minimisa l'importance de Neal dans sa vie, soutenant qu'il ne savait rien sur son dopage puisqu'il s'y était mis bien après la fin de leur collaboration. Il ignorait que, quelques heures plus tard, je me trouverais chez J.T., mon casque sur les oreilles, devant mon ordinateur portable, écoutant la première cassette qu'il avait enregistrée :

« Nous sommes aujourd'hui le 12 avril, et voici mes souvenirs avec Lance Armstrong… »

*
* *

Au-dessus du garage, dans le grenier de la maison de J.T. Neal – une ancienne église au sommet d'une colline –, trois grands cartons et deux valises prenaient la poussière depuis plus de dix ans. Les cartons débordaient de documents, de coupures de presse et de posters de Lance alors qu'il était encore le jeune coureur que Neal avait pris sous son aile. L'une des valises, toutes deux frappées d'un logo Motorola Cycling Team à demi effacé, appartenait à Neal, et l'autre à son poulain. Elles contenaient non seulement de vieux maillots du Tour de France, mais aussi ceux des petites courses régionales ayant marqué les débuts de la carrière du cycliste.

Neal comprenant qu'il allait bientôt mourir, le comportement d'Armstrong le contrariait de plus en plus. Il avait vu la pub Nike « Ce que je prends ? » Il avait aussi entendu ses démentis à propos de Ferrari et du dopage. Qu'Armstrong soit un menteur, c'était une chose, mais Neal était convaincu qu'il était allé plus loin encore… selon lui, la vie de Lance était devenue une succession de tromperies.

« Quand il dit : "Je n'ai jamais pris d'EPO", il nie la réalité, je sais qu'il ment, explique-t-il. Et je sais que les gamins vont l'admirer. Ils l'ont toujours admiré. »

La façon dont il traitait Kevin Livingston, l'ancien coureur de l'US Postal, ne lui plaisait pas non plus. Il s'était carrément débarrassé de lui en échange de quelques grimpeurs espagnols. Il était pourtant l'ami qui avait été à ses côtés dans l'équipe des États-Unis, puis chez Motorola, et surtout quand il s'était battu contre le cancer. Il avait même été présent dans ce moment délicat où Armstrong avait eu besoin d'un chauffeur pour aller déposer son sperme dans une banque du sperme avant son traitement contre le cancer. Il avait été là pour pédaler lentement à côté de lui quand la chimiothérapie l'avait privé d'une bonne partie de son énergie. Il lui aurait été impossible de trouver mieux.

Il avait également été là pour se doper avec lui. C'étaient tous deux des clients de Ferrari. Livingston, qui m'affirma en 2010 ne s'être jamais dopé, l'avait suivi jusqu'à la porte du médecin. Malheureusement pour lui, Ferrari n'avait pas été assez précautionneux pour dissimuler qu'il avait été son client. Les Italiens avaient découvert dans ses documents la preuve que Livingston avait pris de l'EPO et un puissant stéroïde[370]. Et la police avait rendu ces documents publics.

Au même moment, Armstrong refusa d'aider Frankie Andreu à prolonger son contrat avec l'US Postal. Il expliqua à Hamilton que Livingston et Andreu demandaient trop d'argent et refusaient « de prendre de la merde[371] ».

Betsy Andreu était convaincue qu'Armstrong s'était débarrassé de son mari parce qu'il refusait d'adhérer au programme de Ferrari. Et du point de vue de Neal, il avait décidé sciemment de tourner le dos à deux de ses équipiers les plus fidèles.

J.T. trouvait que Lance s'isolait de ceux qui tenaient le plus à lui et leur préférait ceux qui étaient susceptibles de l'aider à remporter une course, à s'enrichir, voire les deux. Selon Neal, les seuls amis qui lui restaient étaient des « amis à double titre », comme l'entraîneur Carmichael, l'ancien directeur sportif Ochowicz et l'agent Stapleton, des amis qui lui rapportaient de l'argent.

« Quelque chose me dit qu'à long terme, ça risque d'être un inconvénient pour lui, parce qu'il n'a pas d'autres amis. Il s'est débarrassé de tous ceux qu'il avait. À présent, il n'y a plus que des béni-oui-oui et des groupies qui lui tournent autour. Et quand ils ne sont plus d'accord avec lui, il les jette et les remplace… C'est triste pour lui, parce qu'une fois qu'ils seront tous partis, il n'aura plus personne. Il restera tout seul avec ses millions. »

*

* *

Durant les mois qui suivirent la première victoire d'Armstrong sur le Tour, en 1999, Carmichael fonda Carmichael Training Systems, une société d'entraînement sur Internet dont le slogan était « Lance Armstrong l'appelle "coach". À votre tour, maintenant. » Profitant de ses liens avec le vainqueur du Tour de France, il écrivit plusieurs livres. Le premier, *The Lance Armstrong Performance Program: 7 Weeks to the Perfect Ride*[a], fut publié à l'automne 2000 et obtint aussitôt un immense succès.

Carmichael avait démarré son activité chez lui, à Colorado Springs. En moins de deux ans, mi-2001, il employait déjà quarante entraîneurs, avait cinq cents clients et des revenus qui avaient doublé[372]. En juillet 2002, la société comptait cinquante employés, soixante-quinze entraîneurs et mille abonnés. Comme Armstrong, Carmichael était très demandé. Dans des articles de journaux et de magazines, il décrivait le programme miracle qui avait permis à Armstrong de remporter le Tour de France.

Il raconta qu'il s'était réveillé en pleine nuit et qu'il avait eu une idée : jusque-là, Armstrong épuisait son énergie anaérobique[373]. C'était le même système physiologique qui lui permettait de remporter de grandes courses d'un jour et l'empêchait de gagner des épreuves de trois semaines. Il expliqua qu'il avait élaboré un programme qui ferait de Lance un probable prétendant au Tour. Il n'utiliserait plus de grands plateaux mais pédalerait plus vite, entre 85 et 95 tours par minute, afin d'entraîner son corps à utiliser davantage sa capacité cardio-vasculaire et à épargner son énergie anaérobique. Son entraînement se focaliserait sur des intervalles de brèves accélérations. C'était, d'après lui, l'une des clés du succès d'Armstrong : il pédalait plus vite que les autres !

Neal trouvait ahurissant qu'il ait fallu attendre 2001 pour que le public commence à découvrir que ce n'était peut-être pas Carmichael, finalement, le responsable du succès d'Armstrong. Après tout, la première visite du coureur à Ferrari remontait à 1995, quand Neal l'avait accompagné. Sans doute les règlements en espèces n'avaient-ils pas permis d'établir de liens entre eux, à moins que ce ne fût dû au fait qu'ils aient tous les deux pris des précautions pour que leur relation demeure secrète.

En novembre ou décembre 1999, Ferrari se rendit à Austin[374]. Armstrong l'hébergea dans l'une de ses maisons, à la sortie de la

---

a. *Le Programme de performance de Lance Armstrong : sept semaines pour une course parfaite.* Ouvrage publié aux États-Unis par Rodale Books, en 2000.

ville. D'après Neal, tous ses proches savaient ce qui se passait[375] – même sa mère fut indirectement impliquée. Un virement bancaire daté du 24 juillet 1996[376] – quand elle se chargeait encore de payer les factures de son fils – provenait d'un compte qui se révéla être à son nom et à celui de son fils. Le virement prouvait que 42 082,33 dollars (environ 31 000 euros) avaient migré vers le compte de Ferrari.

On ignore si Linda Armstrong, qui s'appelait alors Linda Walling, savait que Ferrari s'occupait du dopage de son fils. Sur ses cassettes, Neal raconte que Linda et lui ont « éclaté de rire » en apprenant que Carmichael prétendait avoir contribué à la victoire de 1999, ce qui laisserait penser que la mère du cycliste savait que l'entraîneur n'était qu'une couverture pour Ferrari. En revanche, ce qui est parfaitement clair à propos de cette période de la vie d'Armstrong, c'est que sa relation avec sa mère se détériorait, jusqu'à s'éteindre complètement quand il se maria avec Kristin, en 1998.

– Tu sais comment ça se passe, me raconta-t-il, suggérant que sa relation avec sa mère s'était dégradée à cause de la tension née du rapport tumultueux « classique » entre une mère et sa bru.

Selon lui, sa mère avait l'impression que Kristin et sa famille la considéraient de haut, et que sa femme ne supportait pas que Linda couve autant son fils. Ce qui avait encore plus détérioré la situation, c'était que le troisième mariage de Linda touchait à sa fin. Elle divorça d'avec John Walling en novembre 1998.

Neal, l'un des amis les plus proches de Linda, était de plus en plus furieux, car elle lui avait expliqué que cela faisait deux ou trois ans qu'elle soutenait financièrement Walling en travaillant comme responsable clientèle au sein de l'entreprise de communication Ericsson et en vendant des biens immobiliers.

Après sa séparation, elle raconta à Neal qu'elle avait dû vendre la maison dans laquelle Walling et elle avaient vécu. Elle avait emménagé dans un duplex qu'elle louait à Plano et entreposé une grande partie de son mobilier dans un garde-meuble parce que son nouvel appartement était trop petit. Un mois après que le divorce eut été prononcé, Armstrong remporta son premier Tour de France.

En 1999, son entreprise paya à Linda un billet d'avion pour qu'elle puisse se rendre sur le Tour, tandis qu'Ochowicz s'était chargé de lui trouver une chambre d'hôtel pour qu'elle puisse encourager son fils[377]. Elle ne passa pas beaucoup de temps avec Lance après sa victoire. Et même lorsque Neal et elle lui demandèrent des maillots jaunes dédicacés, il n'accepta pas tout de suite. Le fossé qui s'était creusé entre Linda et l'épouse d'Armstrong avait séparé la mère et le fils. Kristin le pressa de couper les ponts pour qu'elle cesse de saper leur mariage[378]. Pour lui faire plaisir, il se sentit obligé d'accepter.

En 1993, après avoir remporté le championnat du monde, il avait exigé que sa mère l'accompagne pour rencontrer le roi de Norvège :

– Personne n'empêchera ma mère d'entrer.

En 1996, lorsqu'il avait emménagé dans sa première maison, il avait baptisé cette dernière « Casa Linda » en son honneur. À présent, il refusait même de la prendre au téléphone[379].

Neal finit par lui demander – par l'implorer – d'envoyer un peu d'argent à sa mère, et tenta de lui expliquer à quel point il était important de prendre soin de ses proches. Armstrong lui répondit d'abord que son comptable lui avait conseillé de ne pas lui donner d'argent exempt d'impôt, mais Neal fut persuadé que c'était un mensonge. Il lui rétorqua qu'il devrait avoir honte de refuser d'aider sa propre mère. « Je lui ai tenu tête parce que sa mère n'avait rien et qu'il avait des millions », dit-il.

Au grand désarroi de sa femme, Armstrong finit par écouter Neal et aida sa mère à se payer un avocat pour son divorce[380]. Mais Neal était convaincu qu'il lui en tenait rigueur et qu'il s'était servi de ce prétexte pour prendre ses distances vis-à-vis de lui.

Il comprit aussi que le coureur ne supportait plus qu'on lui dise ce qu'il devait faire. Il préférait que ce soit les autres qui lui obéissent. À Austin, certaines personnes proches à la fois d'Armstrong et de Neal prétendirent toutefois que s'ils s'étaient perdus de vue, c'était parce que J.T. n'était pas suffisamment « chic » pour les riches capital-risqueurs que fréquentait Armstrong avec sa fondation Livestrong. Neal était tout sauf matérialiste : même s'il avait de l'argent, il portait des pulls trop grands, déchirés pour la plupart, et des pantalons de treillis troués.

Il savait qu'il allait mourir et qu'il ne lui restait peut-être plus beaucoup de temps. Il prenait par intermittence des stéroïdes pour sa maladie, et cela le rendait irritable et volubile, désireux de toujours faire connaître le fond de sa pensée. Cela s'était aggravé lorsqu'il en avait eu assez de donner tout ce qu'il avait à Armstrong, sans que celui-ci lui renvoie jamais l'ascenseur. Il était trop tard pour s'en plaindre, mais il regrettait d'avoir passé tant de temps avec lui et d'avoir parfois négligé ses propres enfants à cause de lui.

Au fond de lui, il était fier de ce que son poulain était parvenu à accomplir, et il était content pour lui. Il avait trouvé si gentil de sa part de permettre à sa femme Frances et à lui de prendre son fils Luke dans leurs bras peu après sa naissance. Les Neal avaient eu l'impression d'avoir élevé Lance et considéraient que Luke faisait partie de la famille.

« Si on avait pris garde plus tôt à certains signes avant-coureurs, ou s'il ne s'était pas dopé, il n'aurait probablement pas eu les problèmes qu'il a aujourd'hui, expliquait-il. Mais il a vendu son âme au docteur Ferrari pour de l'argent. C'est dommage, parce qu'il aurait pu continuer sans se doper, sans entraîner tout le monde là-dedans, et il aurait tout de même été un excellent cycliste. »

*

* *

Le 24 septembre 2001, Neal reçut une invitation à la soirée que donnait Armstrong pour fêter le cinquième anniversaire de la découverte de son cancer, ce qu'il appelait son jour « Carpe Diem », une expression latine qui invitait à prendre la vie comme elle venait. Il avait choisi ce nom car la maladie l'avait poussé à prendre sa destinée en main. Frêle et souffrant, Neal lui avait alors envoyé un courrier dans lequel il faisait allusion à cette année 1996, durant laquelle ils avaient tous les deux appris qu'ils avaient un cancer – Neal pendant l'été et Lance à l'automne –, à l'époque où ils étaient inséparables. « J'ai l'impression que c'était hier, quand on a connu notre premier jour "Carpe Diem" », lui écrivait-il. Il n'obtint jamais de réponse.

Quelques semaines auparavant, Neal était tombé sur lui dans un restaurant, alors qu'il se remettait encore d'une fracture à la hanche et d'une tumeur qui l'avait obligé à subir plus d'une dizaine de séances de radiothérapie. Ils ne s'étaient pas vus depuis un moment, et Armstrong semblait ravi de le retrouver. Il lui avait assuré qu'il fallait qu'ils se revoient, et ils avaient échangé leurs numéros de téléphone. Mais Neal avait du mal à savoir s'il était sincère ou non.

« Il m'a dit qu'il m'appellerait, mais je n'ai plus jamais eu de nouvelles, déclara-t-il à l'époque. J'imagine qu'il doit être terriblement occupé. »

Peu de temps avant de mourir, il téléphona à Linda :

– Je t'ai toujours bien aimée, et ton fils aussi[381].

Elle lui répondit qu'il avait fait du bon boulot en tant que « mère de substitution », quand il s'était occupé de Lance alors qu'elle habitait à trois heures de route de chez son fils. Elle lui demanda comment il se sentait. Il refusa de lui répondre. Il détestait qu'on lui pose ce genre de question.

Ainsi, le 1er octobre 2002, même ses proches furent surpris d'apprendre qu'il ne passerait sans doute pas la nuit. Linda tenta de joindre son fils pour lui annoncer la nouvelle. Elle décrivait Neal comme « l'une des rares personnes qui tenaient vraiment à lui (Lance), sans espérer y gagner quoi que ce soit[382] ». À partir de là, l'histoire diffère, en fonction de celui qui la raconte.

Linda Armstrong raconta dans son livre qu'elle avait appelé son fils chez lui, mais que c'était le répondeur qui avait décroché[383]. À son deuxième coup de fil, ce fut une voix inconnue qui lui répondit. Elle perçut les bruits d'une fête, en arrière-plan.

Son fils fêtait l'anniversaire de son cancer. Cela ferait six ans le lendemain, le 2 octobre, qu'on le lui avait diagnostiqué. Quand elle demanda qu'on lui passe Lance, la personne au bout du fil lui répliqua :

– Il est sorti faire de la balançoire avec Ethel[384].

C'était sa belle-mère. Elle insista en lui assurant que c'était urgent et qu'il fallait que Lance la rappelle sur-le-champ.

– Bien sûr, pas de problème, lui répondit la personne.

Pendant qu'Armstrong faisait la fête, la famille de Neal et ses amis proches s'étaient rassemblés chez ce dernier pour lui faire leurs adieux. L'un des sportifs sur qui il avait veillé avait pris la route depuis Dallas, à plus de 300 km de là, pour lui apporter des donuts. Un autre était parti à la recherche d'un matelas en mousse pour qu'il soit plus à son aise dans son lit. Et une dernière tentait de maîtriser ses sanglots, en vain.

Deux personnes présentes au chevet de Neal affirmèrent que Lance l'avait appelé sur son portable, ce soir-là.

Celle qui lui répondit raconta qu'elle s'était tournée vers Neal et lui avait signalé que c'était Lance. Mais Neal, qui lui en voulait encore énormément, fit un geste dédaigneux de la main.

– Je ne le prends pas.

C'était trop tard.

Armstrong et Doug Ulman, le directeur général de la fondation d'Armstrong, soutinrent qu'ils se trouvaient tous les deux dans une voiture en route pour une soirée officielle Livestrong qui avait lieu le lendemain quand on appela le coureur pour lui annoncer la mort de Neal, le 2 octobre 2002. Le jour « Carpe Diem » d'Armstrong. Ulman déclara que c'était l'une des deux seules fois où il avait eu l'occasion de voir Lance pleurer.

Le principal quotidien d'Austin, l'*Austin American-Statesman*, publia une nécrologie élogieuse au sujet de Neal, dont le titre était : « Cet habitant d'Austin était le meilleur ami des sportifs ». Neal, qui avait 60 ans, avait aidé des athlètes à « se tenir en bonne santé et à atteindre l'excellence » sans être jamais intéressé. Le papier citait Josh Davis, un nageur deux fois médaillé aux jeux olympiques : « J.T. était l'exemple parfait de l'être humain qui était là non pour prendre mais pour donner. »

Ses obsèques eurent lieu dans une église située au sein de l'Université du Texas. Ce furent Kevin Livingston et d'autres sportifs que Neal avait aidés qui se chargèrent de porter son cercueil. D'après la mère d'Armstrong, son fils était resté dans le cimetière, « prostré et plein de tristesse[385] ».

La famille de Neal et d'autres personnes présentes aux funérailles gardaient un autre souvenir de la cérémonie.

Le cycliste et son épouse s'étaient rendus à l'église juste après une séance photo. Il portait un tee-shirt, un blouson de cuir noir, un jean et des tongs. Quant à elle, elle était vêtue d'un ample chemisier blanc orné d'œillets. Armstrong ne leur avait semblé ni prostré ni attristé, affirmèrent-ils. Mais plutôt indifférent, voire agacé. À la fin de l'office, il s'était approché de Caroline, la fille de Neal. Elle avait senti son cœur se serrer en le voyant vêtu de manière si décontractée, mais elle était trop bouleversée pour le lui faire remarquer.

Il lui déclara :

– Ce n'est pas mon truc, les enterrements.

Elle demeura bouche bée un long moment, retenant ses larmes, stupéfiée par son attitude.

– Qu'est-ce que tu veux que je te dise, Lance ? Tu n'es pas le centre du monde.

Quatrième partie

Les mensonges du milieu

13

Dans un café de Gérone, en Espagne, David Zabriskie aurait voulu quitter la table, pousser sa chaise, se lever, annoncer : « Non merci, le dopage, ce n'est pas pour moi », et laisser Johan Bruyneel et le docteur Luis García del Moral en plan. C'était en mai 2003. Il évoluait parmi les pros pour la troisième année consécutive, et c'était le plus jeune coureur de l'US Postal, une équipe qu'il avait failli ne pas pouvoir rejoindre, car Armstrong le trouvait trop bizarre, à l'image de Vaughters. Il s'imagina s'éloigner de ce café en bombant le torse comme un héros de western. Mais il n'en fit rien.

Il eut au contraire l'impression que ses doigts étaient soudés à sa minuscule tasse d'expresso. Il était venu avec son coéquipier, Michael Barry, pour récupérer des injections de vitamines – que les coureurs de l'équipe surnommaient des « produits de récupération » – quand Bruyneel lui proposa bien plus que cela…

– Tenez, on vous a apporté des produits de récupération et un peu d'EPO, déclara le directeur sportif, de manière aussi décontractée que s'il lui demandait de lui passer le sel.

– Euh, pardon ? demanda Zabriskie.

Pour gagner du temps, il posa un tas de questions à Bruyneel et à Del Moral, le médecin de l'équipe :

– Si j'en prends, je pourrai encore avoir des enfants ?
– Bien sûr[386], répondit le directeur sportif.
– Ce seront des attardés mentaux ?
– Non.
– Euh, mes oreilles vont se mettre à pousser ?
– Non, le rassura Bruyneel. Tu sais, tu n'es pas obligé d'en prendre.

Sur son vélo, Zabriskie ressemblait à un squelette, tant il avait les coudes et les genoux pointus. Il pesait moins de 66 kg pour 1,82 m. Du côté capillaire, il alternait entre la coiffure hirsute de rockstar et la coupe militaire. Il porta un temps une grosse moustache que Buffalo Bill lui-même aurait trouvée exagérée. La plupart de ses coéquipiers le trouvaient curieux, et pas seulement parce qu'il avait les yeux vairons. Il croyait en certaines théories du complot, du moins en parlait-il souvent, comme celle qui voulait que le gouvernement américain ait conçu sa propre nourriture industrielle pour éliminer son peuple. Il craignait que son téléphone portable lui fasse attraper un cancer du cerveau. Timide en compagnie d'inconnus, il se sentait suffisamment à l'aise dans le car de l'équipe pour chanter à tue-tête, raconter des histoires drôles et évoquer les figurines de super-héros dont sa maison était peuplée.

En 1998, on avait invité Zabriskie, alors encore amateur, à Austin pour courir aux côtés d'Armstrong et de Livingston. Il pédalait derrière eux pendant qu'Armstrong relatait ses exploits sexuels. Au début, il était si intimidé qu'il ne disait pas un mot. Il finit par accélérer pour remonter jusqu'à leur hauteur et leur montrer qu'il était lui aussi un grand séducteur. Il leur raconta qu'un jour il avait croisé une fille dans un 7-Eleven, « et, ouais, je me la suis tapée ». C'était une anecdote inventée de toutes pièces, sa façon pour le moins immature de tenter de s'intégrer.

Mais cela ne plut guère à Armstrong. Des années plus tard, quand Bruyneel envisagerait de le faire venir à l'US Postal, Armstrong se souviendrait de son étrange comportement ce jour-là. Il recommanda à son directeur sportif de faire une croix sur lui. Zabriskie finit par avoir le poste, uniquement après que plusieurs personnes liées à l'USA Cycling furent parvenues à convaincre le champion que le jeune coureur ne lui poserait pas de problème.

Pourtant, ce jour de mai 2003, dans ce café de Gérone, la timidité naturelle de Zabriskie reprit le dessus lorsque Bruyneel déposa le paquet d'EPO sur la table. Il était probable que tous les meilleurs coureurs de l'US Postal en soient déjà passés par là. Avec lui, cependant, c'était différent. Il n'avait jamais couru pour une autre équipe et il ne connaissait rien au dopage. De tous ceux qui avaient un jour fait partie de l'US Postal, aucun n'avait fait preuve d'une telle naïveté et d'une confiance aussi aveugle.

Il fut donc désemparé par la proposition de Bruyneel. La simple mention du terme « dopage » le perturbait. Il avait grandi au milieu de la drogue et avait appris à la détester. Il avait été témoin des effets qu'elle pouvait avoir. Il avait vu ce qu'elle avait fait à son père.

*

* *

Dans le quotidien *Salt Lake Tribune*, la nécrologie de Michael H. Zabriskie prétendait qu'il était mort paisiblement le 7 septembre 2000 et qu'il « aimait la musique, la pêche, le sport et l'équipe de basket des Utah Jazz ». Cela ne correspondait pas tout à fait au souvenir laissé par cet homme qui avait vécu dans les ténèbres.

Il passait des jours dans son sous-sol, ivre et défoncé, vendant de la marijuana et de la cocaïne depuis son fauteuil inclinable[387]. Il se disputait si souvent avec les membres de sa famille qu'ils allaient se réfugier dans une chambre, se recroquevillant dans un coin lorsqu'il tentait de défoncer la porte. Il terrifiait sa femme, Sheree, et la menaçait de la frapper. Elle était persuadée qu'il tenterait de les tuer, elle et ses enfants, un jour. Elle avait déjà été témoin d'une telle horreur : son propre père avait tué sa mère en lui tirant dessus avant de retourner son fusil contre lui.

En réaction, Sheree Zabriskie avait imaginé un autre monde pour ses enfants, loin de leur père. Elle les emmenait à l'hôtel ou au camping. Dans les bons jours, elle les accompagnait au cinéma, le temps que son mari se calme. C'était leur façon à eux d'avoir l'impresion d'être comme les autres.

Pour Zabriskie, le symbole du dysfonctionnement de sa famille était le vieux fauteuil inclinable marron de son père. Ce fauteuil. Ce maudit fauteuil miteux qu'il avait installé devant le téléviseur du sous-sol. Son père en usa au moins trois. Il était certain que c'était là qu'il mourrait, les jambes surélevées, l'atmosphère chargée de fumée de marijuana, un verre de whiskey Lord Calvert dans une main, la télécommande dans l'autre.

Quand Zabriskie était à l'école primaire, son père lui avait dit qu'il travaillait dans le bâtiment. Pendant longtemps, il ne se posa aucune question. Il savait que son père dissimulait des enveloppes de billets d'une valeur de 500 dollars chacune dans la structure tubulaire d'un porte-chapeau en cuivre, et il régnait au sous-sol une drôle d'odeur, mais il ignorait de quoi il s'agissait. Tandis qu'il faisait ses devoirs de cinquième, un soir, sur le comptoir du sous-sol, pendant que son père regardait un extrait d'une émission de Larry King sur la consommation thérapeutique de marijuana, il se mit à soupçonner que quelque chose n'allait pas.

– Regarde, il y a un type qui s'est allumé un joint sur le plateau de Larry King[388] ! s'exclama son père à l'intention d'un ami au téléphone.

Entendant son père parler de drogue avec tant de désinvolture et employer le terme de « joint » très fréquemment, il finit par comprendre : *Oh, mon Dieu, papa est un dealer !* Au bout de plusieurs années, quand il en trouva enfin le courage, il décida d'affronter son père. Michael Zabriskie lui expliqua qu'il s'était mis à revendre de la drogue quand il avait dû abandonner le lycée pour pouvoir subvenir aux besoins de la famille.

David ne se sentit pas soulagé, d'autant que son existence commença à devenir agitée. Plus son père donnait des coups de poing dans les murs et menaçait sa famille, plus il se renfermait et devenait timide. Il se réfugiait dans une pièce du sous-sol où il conservait ses figurines de Batman, Spider-Man et Musclor. Celles-ci représentaient son désir de protéger sa mère et ses sœurs, et de sa volonté de mettre un terme à ses souffrances. Alors qu'il vivait à Salt Lake City, la capitale des mormons, Zabriskie n'étant pas mormon lui-même, ses camarades de classe lui garantirent plus d'une fois qu'il irait en enfer.

Il était bon élève et obtenait d'excellents résultats. Pourtant, il déjeunait seul dans un pré non loin de là et n'allait jamais aux bals de l'école. C'était un paria. Après les cours, il allait faire du roller sur le parking de l'église mormone. Cela lui permettait de se déconnecter du monde, de danser en écoutant grâce à son Walkman les airs de *West Side Story*, *Camelot* et *Tommy* des Who. Il restait là des heures, fredonnant les paroles et rêvant de faire quelque chose, n'importe quoi, qui lui permettrait de devenir célèbre. Il refusait d'être considéré toute sa vie comme le fils démoniaque d'une famille de bons à rien. Ensuite, il rentrait chez lui et se laissait rattraper par la réalité, son père ivre toujours affalé dans son maudit fauteuil inclinable. Il l'avait supplié d'arrêter de boire, lui avait écrit des lettres dans lesquelles il lui expliquait tout ce qu'il représentait pour lui, mais en vain.

Alors qu'il était en quatrième, une femme vint sonner à leur porte. Elle expliqua à David qu'elle avait heurté le rétroviseur du camping-car familial garé devant la maison. Elle souhaitait en parler avec son père, mais il fut incapable de convaincre ce dernier de remonter du sous-sol. Soudain, la femme fit un pas de côté, et une équipe du SWAT[a] fit irruption dans la maison. Les policiers s'engouffrèrent dans l'entrée, affublés de leurs casques d'assaut, prêts à faire feu avec leurs armes automatiques noires. Ils criaient : « Police ! Police ! » Ils bousculèrent le jeune Zabriskie, âgé de 14 ans, et se précipitèrent au sous-sol.

Ils menottèrent l'homme et le firent sortir sous bonne garde.

– Vous en avez mis, du temps ! leur lança-t-il d'un ton malicieux.

En larmes, David lui hurla dessus :

– Tout est ta faute !

---

a. Aux États-Unis, le SWAT, acronyme de *Special Weapons and Tactics* (*Special Weapons Attack Tactics* à l'origine), est l'unité de police spécialisée dans les opérations paramilitaires dans les grandes villes.

La police avait saisi de la marijuana, de la cocaïne et quelques milliers de dollars en liquide. Michael Zabriskie passa plusieurs mois dans la prison du comté pour trafic de stupéfiants.

Quand David rentra chez lui après la descente de police, il retrouva la maison sens dessus dessous. On avait éventré son matelas avant de le jeter par terre. Plus tôt, lorsque la police lui avait demandé s'il y avait de l'agent dissimulé dans la maison, il était si nerveux qu'il leur avait tout avoué. « Oui, oui », leur avait-il dit. C'était l'argent de Noël, et il était caché dans son matelas. Sous la contrainte, quand la pression devenait insupportable, Zabriskie était incapable de garder un secret.

*
* *

Le cyclisme lui sauva la vie. La thérapie de Zabriskie consistait à faire du VTT dans les rues de la ville. Plus vite il pédalait, plus il pouvait s'éloigner de chez lui. Il puisait dans sa rage pour trouver l'énergie de gravir des pentes escarpées. Plus ses jambes et ses poumons lui brûlaient, plus il insistait. *Jamais je ne serai comme mon père. Jamais je ne serai comme mon père.*

Finalement, lorsqu'il eut l'impression d'être devenu un bon coureur, il assista à une conférence organisée par le Rocky Mountain Cycling Club. Steve Johnson, un physiologiste du sport de la région, évoqua les tactiques de course et expliqua à quel point le vélo était loin d'être un sport individuel. Il se mit à déplacer des trombones pour illustrer le fonctionnement d'une équipe. Un coureur pouvait mener le peloton, faire un écart et ouvrir la porte à celui qui le suivait. Un autre pouvait protéger un coéquipier d'une attaque. Vous avez besoin de coéquipiers, et eux ont besoin de vous, déclara-t-il. Et c'était la seule façon de l'emporter. Ce qui plut immédiatement à Zabriskie.

Pour sa première sortie en groupe avec le club cycliste, il se présenta avec une heure d'avance. Ses nouvelles chaussures à fixation ne lui furent d'aucune aide sur le trajet d'une centaine de kilomètres. Sa selle était trop basse, et il n'avait pas pensé à emporter de l'eau, juste un paquet de chewing-gums. Même s'il eut du mal à tenir jusqu'au bout, sous les encouragements des autres coureurs, il en savoura chaque seconde. Sur ces routes, luttant contre sa propre souffrance, il était enfin parvenu à trouver la paix.

Après la balade, il se laissa tomber sur son lit, sentant son cœur battre comme jamais. Tout ce qu'il connaissait sur les compétitions cyclistes, c'était le nom de l'épreuve la plus célèbre, le Tour de France. Il ignorait qu'il s'agissait d'une course de trois semaines et de plus de 3 000 km, avec des cols et des sprints, qui exigeaient des capacités surhumaines. Il n'en savait rien, vraiment. Mais, après cette sortie avec le Rocky Mountain Cycling Club, il était au moins sûr d'une chose. Là, sur son lit, le garçon qui rêvait d'être un super-héros se dit : *Je viens de faire un premier pas vers le Tour de France.*

*
* *

Zabriskie était un garçon grand et maigre, le gabarit idéal pour faire du vélo. À 16 ans, il remporta sa première course, l'Iron Horse Classic du Colorado, et, plus tard dans l'année, devint champion de l'État dans sa catégorie d'âge. À 17 ans, il gagna une course réservée aux juniors, toujours dans le Colorado, qui portait le nom de Lance Armstrong, déjà champion du monde à l'époque. Cette victoire le qualifia pour aller se faire la main au centre d'entraînement olympique. L'année suivante, en 1997, il termina quatrième du contre-la-montre du championnat du monde et décida, sur les conseils de Johnson, devenu son mentor, de renoncer à l'université pour tenter de devenir coureur professionnel.

Lors de l'affaire Festina, en 1998, Zabriskie et ses coéquipiers de l'équipe des États-Unis évoquèrent le sujet du dopage. Ils pensaient qu'il leur faudrait prendre des produits interdits pour espérer avoir du succès. Un jour, Zabriskie interrogea Johnson à propos du dopage.

– Ne t'inquiète pas, tu ne seras pas obligé de te doper, lui garantit son mentor. Le cyclisme est plus propre que jamais.

– Alors, tu crois que je peux continuer ?

– Oui, ça va bien se passer, je te le promets.

Levi Leipheimer, qui était allé à l'Université de l'Utah et qui connaissait Zabriskie depuis des années, lui assura que c'était le moment idéal pour devenir pro, parce que le dopage était sur le déclin.

Mais, lors d'une longue sortie à Colorado Springs, il fit la connaissance de Matt DeCanio, un coureur professionnel. Il lui demanda comment cela se passait en Europe.

– Oh, mon pote, c'est n'importe quoi ! Vraiment n'importe quoi[389].

– Comment ça ?

– Ces types prennent des traitements pour les animaux, pour les chevaux, toutes sortes de trucs.

Pendant plus d'une heure et demie, DeCanio lui raconta tant d'histoires surréalistes sur le dopage en Europe que Zabriskie fut persuadé que ce vieux briscard se moquait de lui et tentait de l'effrayer. En fait, ce discours fut son premier avertissement : les pros se dopaient, et s'il voulait courir au plus haut niveau, il lui faudrait lui aussi en passer par là.

Ce n'était pas comme s'il pouvait demander conseil à son père. À la fin de son entraînement, quand il rentra chez lui, à l'intersaison, il constata que son père buvait encore plus qu'avant. Durant la semaine qui suivit la fête de ses 21 ans, il comprit qu'il en avait assez.

Il franchit le point de rupture alors que sa mère et lui étaient au téléphone pour réserver un billet d'avion, afin d'aller rejoindre l'équipe nationale sur sa base d'entraînement européenne. Son père nc cessait de décrocher l'autre combiné, au sous-sol, dans le but de perturber leur conversation. Il avait coincé un tabouret de bar contre la porte pour que personne ne puisse entrer. Zabriskie en eut assez. Il défonça la porte à coups de pied, en criant et en jurant, se jeta sur son père et lui arracha le combiné des mains. C'était la première fois qu'il osait s'en prendre à lui, et cela les effraya aussi bien l'un que l'autre.

Sept mois plus tard, Michael Zabriskie mourut. Le whisky Lord Calvert avait eu raison de son foie et lui avait donné la jaunisse.

David avait vu juste : son père ne vécut pas assez longtemps pour voir son fils devenir l'un des meilleurs cyclistes du monde. La drogue et l'alcool avaient fait leur œuvre. *Cette foutue drogue.*

*

* *

Zabriskie et son père n'eurent pas l'occasion de se réconcilier, ni même de se dire au revoir. David était si indigné qu'il ne se rendit jamais dans la chambre d'hôpital de son père. Il ignorait que c'était sa dernière chance de lui parler.

Il ne vint pas à l'enterrement, car il participait à une course en France ; le Grand Prix des Nations. Ce jour-là, la colère, la rancœur, le remords et la tristesse se mêlèrent à son talent pour lui faire oublier la douleur physique. Il remporta l'épreuve dans la catégorie des moins de 23 ans, et ce fut sa première victoire européenne importante, tandis qu'Armstrong remportait la course chez les pros. Il allait également se souvenir de ce jour pour une autre raison. Sur la ligne d'arrivée, il fit la connaissance d'un homme qui, pendant les années à venir, allait le guider et le façonner : Johan Bruyneel.

Après avoir mené Armstrong et l'US Postal à la victoire à deux reprises sur le Tour de France, c'était un homme très demandé. Zabriskie fut impressionné que quelqu'un d'aussi important puisse se montrer si adorable avec lui. En effet, le directeur sportif le couvrit de compliments et lui expliqua qu'il pourrait être encore meilleur et devenir riche s'il s'engageait avec la bonne équipe. Zabriskie ne se le fit pas dire deux fois. Il avait besoin d'argent pour gagner son indépendance, et le plus vite possible. Ainsi, quelques semaines plus tard, à Izegem, en Belgique, dans l'arrière-boutique d'une bijouterie qui appartenait au frère de Bruyneel, il signa un contrat avec l'US Postal pour un salaire annuel de 40 000 dollars (environ 30 000 euros). Il devint le coéquipier d'Armstrong, qui était déjà l'un des cyclistes les plus connus au monde.

Aussitôt, il comprit qu'il ne faisait pas partie du même monde que lui. Pas d'avion privé, pas de contrats de plusieurs millions de dollars, pas d'admirateurs. Les coureurs tels que Zabriskie étaient insignifiants. Il commença ses entraînements à Tucson, en Arizona, et l'équipe fêta son vingt-deuxième anniversaire en lui offrant des *shots* de vodka. Il termina la soirée complètement ivre, vomissant même derrière le bar. Hincapie le prit en photo quand Bruyneel insista pour qu'il prenne encore un verre, rien qu'un…

– Bois-le ou je te vire !

Il aurait voulu refuser, car il ne pouvait plus avaler une goutte d'alcool. Mais c'était Bruyneel, le grand manitou, l'homme qui tenait son avenir entre ses mains et qui exerçait un pouvoir absolu sur l'équipe. Alors, comme avec son père, il céda. À la fin de la soirée, après avoir été suffisamment malade, il s'effondra dans la baignoire de sa chambre d'hôtel.

Avec cette initiation, il intégra une nouvelle famille. Tout aussi dysfonctionnelle que celle qu'il avait dans l'Utah. Bruyneel, la figure paternelle, passait son temps avec Armstrong et ne faisait pas attention aux jeunes coureurs. Zabriskie se sentit de nouveau perdu. Orphelin. Marty Jemison, un de ses compatriotes de l'Utah, lui demanda s'il souhaitait reprendre son appartement de Gérone à 400 dollars (300 euros) par mois, mais Bruyneel le lui déconseilla :

– Ne prends pas cet appartement, plus personne ne va habiter à Gérone. Je t'aiderai à trouver un endroit.

Il séjourna temporairement chez deux coureurs plus âgés, Julian Dean et Matt White, dont l'appartement était en chantier, avec de la nourriture et des vêtements un peu partout. Le jour de son arrivée, il régnait dans l'air un parfum de marijuana qui lui était très familier. Lors d'une promenade d'entraînement, ce jour-là, White lui confia qu'il avait pris « des tonnes d'hormone de croissance[390] », alors qu'il courait pour une équipe italienne, et que ses pieds avaient grandi de plusieurs pointures ! C'en était trop pour Zabriskie, le petit nouveau encore timide. *Qu'est-ce que j'ai fait pour me retrouver avec ces délinquants ?* se demanda-t-il…

Dean et White tentèrent de l'aider à trouver un appartement, mais ils ne visitaient que d'immenses tours miteuses. Il finit par dénicher un studio au-dessus d'un magasin de café, dans une petite ville.

Mais l'arôme de café qui s'élevait de la boutique ne parvint pas à le réconforter. Sa solitude le faisait déprimer comme jamais. Il se nourrissait exclusivement de pizzas. Il ne participait pas à beaucoup de courses parce que ses entraînements ne se passaient pas bien. Il dépensait des centaines de dollars au téléphone avec Randi Reich, une blonde magnifique et intelligente inscrite à l'Université de Californie, à Berkeley, dont il avait fait la connaissance avant de quitter l'Utah. Au lycée, elle avait été dans la même classe que l'une de ses sœurs. Il lui expliqua qu'on lui mettait de plus en plus de pression pour qu'il prenne des produits dopants. Elle lui répondit que si jamais il cédait, elle le quitterait. Il lui promit de ne jamais se laisser tenter.

Lors d'une sortie d'entraînement, il interrogea Armstrong, curieux de savoir si le double vainqueur du Tour reconnaîtrait que le dopage faisait partie du sport.

– J'ai l'impression d'être un coureur assez bon, dit-il à Armstrong. Mais je ne comprends pas comment des gars peuvent me doubler aussi facilement quand je suis au maximum.

– Il faut que tu t'entraînes plus dur, se contenta-t-il de lui répondre.

Zabriskie demeura sceptique. Il avait entendu des coureurs étrangers parler de dopage, discuter de façon désinvolte, comme s'il n'était pas là, des produits qu'ils prenaient et de ceux que d'autres cyclistes consommaient. Il avait vu ce qui se passait au quotidien dans les hôtels des équipes. Parfois, certains s'injectaient un liquide vert, jaune, rouge ou incolore[391]. Del Moral lui expliqua qu'il s'agissait d'un mélange de vitamines et qu'il ne fallait pas avoir peur d'en prendre. Durant cette première saison, chaque fois qu'on lui proposa une injection de « récupération », d'une couleur ou d'une autre, il refusa poliment.

À l'automne 2001, il croyait encore que certains des meilleurs coureurs étaient sains, notamment Leipheimer, qui venait de finir troisième de la Vuelta. La façon dont il avait terminé l'épreuve avait éveillé quelques soupçons en lui, et la rumeur qu'il se dopait s'était mise à courir, mais Zabriskie n'en crut pas un mot, et alla même jusqu'à le défendre.

– Je connais Levi, et il s'entraîne comme un malade, déclara-t-il, ne parvenant qu'à déclencher l'hilarité générale.

Un jour, il dit à Leipheimer :

– Je sais qu'il y en a qui disent que tu te dopes et que tu prends des trucs, mais je sais à quel point tu t'entraînes dur, et je suis sûr que tu le mérites.

L'année suivante, en raison de ses piètres performances de la saison précédente, il ne gagna que 15 000 dollars (11 200 euros). Son entraînement se déroulait si mal – il mangeait n'importe quoi et ne parvenait pas à se concentrer à cause de la solitude – que Bruyneel ne lui faisait même plus assez confiance pour le faire courir. Il ne réintégra l'équipe qu'après l'avoir supplié de lui donner une nouvelle chance. Il souhaitait tellement continuer à faire ce sport qu'il commença à se dire qu'après tout, il n'y avait rien de mal à prendre quelques produits de temps à autre… Lors de la Redlands Classic, en avril 2002, il se sentit si épuisé et démoralisé qu'il demanda à son coéquipier Dylan Casey une injection de ces fameuses vitamines de « récupération ». Casey s'empara d'une ampoule et Zabriskie l'examina. Bon, il était effectivement inscrit « vitamines » sur l'étiquette. Il laissa donc Casey lui administrer le produit dans le bras. Il était incapable de dire si cela lui avait fait de l'effet ou non, car il prenait déjà énormément de vitamines par voie orale.

Il finit par apprendre à trouver une veine adéquate et à faire ses injections de « récupération » tout seul. Personne ne lui avait encore proposé de produits dopants.

Au début de la saison 2002, Bruyneel lui annonça qu'il lui faudrait prendre toutes les vitamines que l'équipe lui proposait. Zabriskie accepta. Il trouva étrange que ses coéquipiers ne fassent aucun commentaire sur le fait qu'il se faisait régulièrement des injections, tel un toxicomane. Même lorsqu'il manqua la veine avec des « produits de récupération », provoquant l'apparition d'une énorme boule sous sa peau, Frankie Andreu éclata de rire et tenta de le rassurer, comme si cela lui était déjà arrivé un certain nombre de fois :

– Ne t'inquiète pas, ça va s'estomper.

Il continua à rechigner à prendre aveuglément ce que les autres coureurs se faisaient prescrire. Lors de la Vuelta de 2002, Del Moral demanda à toute l'équipe de se mettre en file indienne dans le car avant le contre-la-montre pour se faire administrer une piqûre intramusculaire qu'aucun coureur ne sut identifier. Zabriskie ignorait si c'était légal ou non, mais personne ne protesta.

– Très bien. Tenez-vous sur une jambe et détendez vos fessiers, leur recommanda le médecin avant de leur enfoncer une aiguille dans le postérieur.

Zabriskie demanda à s'allonger pour la piqûre, pour que ce soit moins douloureux. Le médecin exigea qu'il reste debout. Il refusa alors l'injection.

– Non merci.

Del Moral fut ennuyé qu'il ait refusé de suivre le plan.

– Tu es une mauviette. Tu es une putain de mauviette[392] !

Au cours de sa seconde année au sein de l'équipe, Zabriskie perdit son image de gamin bizarre et devint une sorte de boute-en-train. De temps à autre, il se mettait à chanter dans le car et déclenchait l'hilarité générale. Un jour, il donna la sérénade à Bruyneel, avec une chanson que Burke Swindlehurst, un ami et cycliste professionnel également originaire de l'Utah, lui avait apprise. Il entonna sur l'air de « Purple Haze » de Jimi Hendrix :

« *EPO all in my veins*
Lately things just don't seem the same
Actin' funny, but I don't know why
'Scuse me while I pass this guy[a]. »

*
* *

a. *Avec toute cette EPO dans les veines,*
Ces derniers temps, on dirait que tout a changé.
J'me sens bizarre, mais je ne sais pas pourquoi.
'Scusez-moi pendant que je double ce type.

Ce jour de mai 2003, dans un café de Gérone, après avoir terminé cinquième des Quatre Jours de Dunkerque, et se sentant bien grâce à ce beau succès, Zabriskie écouta Bruyneel et Del Moral développer leurs arguments sur la nécessité pour l'élite du cyclisme de se doper. Pour réussir dans ce sport, prétendaient-ils, il allait falloir que Zabriskie se mette à prendre de l'EPO et à se coller des patchs de testostérone.

– Écoute, Dave, ces types qui viennent de te battre, à Dunkerque, ils en prennent tous. Même ceux qui étaient derrière[393].

Zabriskie se demandait s'il n'exagérait pas. Il lui répondit :

– Je sais bien que l'équipe a besoin de points dans l'immédiat et que vous voulez que j'en marque facilement.

– Non, ça n'a rien à voir[394], se mit à rire Bruyneel.

Le coureur se tourna vers Barry, avec qui il avait déjà parlé d'EPO, ayant partagé sa chambre avec lui lors d'une course, plus tôt dans la saison. Il chercha son soutien. Quelques semaines auparavant, Barry lui avait confié qu'il cherchait un moyen de quitter le cyclisme à cause du dopage.

– Tu ne vas poser aucune question ? lui demanda Zabriskie. Tu vas accepter tout ça ?

– C'est comme ça[395], lui avait répondu son coéquipier.

Barry, qui avait rejoint l'équipe l'année précédente, avait un jour interrogé les médecins à propos des injections qu'ils lui administraient. Del Moral lui avait répondu :

– Tu ne me fais pas confiance ? Putain, vous posez trop de questions, les gars[396].

Pourtant, lorsqu'on leur proposa de l'EPO, ce jour-là, Barry avait déjà décidé qu'il accepterait d'en prendre. Il avait vu trop de coureurs se doper pour continuer à croire qu'il pourrait réussir en restant sain.

Quand, l'année précédente, Barry avait emménagé dans l'appartement de Jonathan Vaughters, à Gérone, un appartement qu'il partageait désormais avec Vande Velde, il avait découvert des ampoules d'EPO et des seringues sous son lit[397]. Plus tard, il avait mis la main sur celles de Vande Velde, et sur son hormone de croissance, dissimulée dans un paquet de café, dans le réfrigérateur, et avait aperçu sur sa peau les rougeurs que laissaient les patchs de testostérone. Au fil du temps, ses coéquipiers s'étaient montrés de moins en moins prudents vis-à-vis de lui. Hincapie, qui était devenu son ami, l'encouragea à prendre de l'EPO et de la testostérone pour qu'il « se sente mieux[398] ». Il lui avait certifié qu'il n'en aurait pas besoin de beaucoup pour sentir les résultats. Il se fia donc à ses conseils.

Ils quittèrent tous les quatre – Zabriskie, Barry, Bruyneel et Del Moral – le café et se rendirent chez Barry, non loin de là. Les deux nouveaux avaient suffisamment fait leurs classes comme cela dans l'équipe des coureurs sains, il était temps pour eux de rejoindre le programme de dopage. Ensuite, Bruyneel et Del Moral allèrent droit au but[399], et le médecin leur expliqua tout ce qu'ils devaient savoir avant de prendre de l'EPO.

Il fallait faire attention quand on se l'injectait[400]. Il fallait que ce soit bien dans la veine. Si, par accident, ils piquaient dans la graisse, l'EPO resterait détectable pendant plus d'une semaine, et ils courraient donc le risque de se faire contrôler positifs. Ils allaient recevoir un texte codé de sa part, avec toutes les instructions nécessaires sur les quantités à s'administrer.

En tant que responsable de ce club sans cesse plus grand où tout reposait sur le secret, la tromperie et le mensonge, Bruyneel n'hésitait pas à mettre l'accent sur l'importance de la paranoïa[401] : il fallait bien laver ses seringues pour que, si quelqu'un les trouvait, il soit impossible de détecter le produit. Jeter les ampoules le plus loin possible de chez soi et vérifier qu'on n'était pas suivi. Si un contrôleur se présentait, il ne fallait pas lui ouvrir. Et ne jamais, jamais en parler à qui que ce soit.

Les deux coureurs tendirent le bras pour que Del Moral puisse les piquer.

« Je n'ai pas vu de différence avec les autres trucs, les "produits de récupération", déclara Zabriskie. C'était pareil. »

Il s'agissait d'une nouvelle étape vers son objectif d'intégrer un jour l'équipe qui participerait au Tour de France. Une nouvelle étape pour aider Armstrong à gagner et à s'enrichir, à devenir plus puissant encore et à se faire aimer de millions de gens.

Pour Zabriskie, tout cela allait trop vite : le rendez-vous au café, la promenade jusque chez Barry (un endroit plus sûr pour se doper parce qu'il était canadien et que l'USADA ne risquait pas de débarquer à l'improviste), les instructions, la piqûre… Il avait l'impression d'être le passager d'un avion en train de s'écraser et de manquer de temps pour sauver sa peau. *Est-ce que tout le monde ressent ça, la première fois ?* se demanda-t-il. *Et Armstrong ? Et Vande Velde ? Et Hincapie ?* Y avait-il quelqu'un d'assez fort pour résister à cette pression étouffante ? Pour arrêter le temps et s'en aller ?

Zabriskie se sentit trahi par Bruyneel, un homme en qui il croyait, quelqu'un qui avait débarqué dans sa vie et l'avait aidé à rebondir après la mort de son père. Chez lui, seul, il jeta par terre l'EPO, les patchs de testostérone et les « produits de récupération » que Bruyneel lui avait remis, se laissa tomber sur le sol et se roula en boule. Quelques heures plus tard, il se releva enfin pour appeler sa mère et lui raconter ce qui s'était passé.

– Je viens de prendre de la drogue. Je viens de devenir comme papa, lui avoua-t-il.

Il dut répéter plusieurs fois la même chose avant que sa mère finisse par comprendre ce qu'il disait entre deux sanglots. Il avait menti. Il n'avait pas tenu la promesse qu'il avait faite à la femme qu'il considérait comme l'amour de sa vie.

– Je crois que tu ferais bien de rentrer tout de suite et d'arrêter tout ça, lui conseilla sa mère. Rentre à la maison. Rentre. Ce ne sont pas des gens bien.

Il retourna chez lui la semaine suivante pour s'entraîner pour le reste de la saison. Le Memorial Day, le dernier lundi de mai, il descendit seul le Millcreek Canyon, un lieu de randonnées et de vélo réputé. En longeant la route principale, il vit un gros 4 x 4 blanc Nissan s'arrêter avant de s'engager dans un parking. Il crut que la conductrice l'avait vu arriver. Ce qui n'était pas le cas. Il alla s'écraser la tête la première contre la voiture. Il fut projeté à près de 8 m de là, sur les pierres tranchantes qui se trouvaient sur le bas-côté de la route.

Il avait tout le flanc gauche en lambeaux. Il s'était fait arracher plusieurs ongles par un phare du véhicule. Sa jambe gauche faisait un angle anormal. Elle était brisée et lui faisait atrocement mal. Il avait aussi le poignet gauche fracturé et déjà enflé.

Couvert de sang, il s'efforça de se redresser en position assise, puis réfléchit à ce qui venait de se produire. C'était plus qu'un accident, se dit-il. C'était un signe de Dieu.

14

À la fin de la saison 2001, Lance Armstrong comprit qu'il lui fallait un autre bon grimpeur dans l'équipe. Il en avait déjà un, certes, un petit rouquin à la peau blanche qui ressemblait à Kid Rock et qui était issu d'une communauté de fondamentalistes religieux de Pennsylvanie. Il s'appelait Floyd Landis, il était malin, il avait de l'esprit, mais il était quelque peu paranoïaque. Passant d'un extrême à l'autre, il pouvait très bien vider un pack de bières tous les soirs pendant une semaine avant de se contenter d'un bol de céréales pendant des jours[402]. Mais il était vraiment doué sur une selle.

Quand Zabriskie fut rétabli et réintégra l'US Postal, en 2004, il partagea un appartement avec Landis et un autre coureur, Tony Cruz. Zabriskie et Landis étaient tous les deux des personnes énigmatiques au sens de l'humour très particulier. Ils devinrent rapidement amis. Mais Landis luttait contre une dépression[403]. En 2002, lors de sa première saison, il avait pris des antidépresseurs pour faire face[404]. Il n'aimait pas vivre à Gérone, loin de sa femme Amber et de sa belle-fille Ryan, et la hiérarchie au sein de l'équipe ne lui plaisait pas – il trouvait injuste, par exemple, de ne gagner que 60 000 dollars (45 000 euros) par an.

Dans leur appartement de Gérone, il se plaignit de la fortune d'Armstrong auprès de Zabriskie :

– Son putain d'argent, son putain d'avion[405]...

Frustré et furieux de ne pas avoir encore connu le même succès qu'Armstrong, Landis sortit un jour sur le balcon et menaça de sauter. Il déclara qu'il voulait « en finir[406] ».

– Il t'est déjà arrivé de passer de bonnes journées, Floyd ? demanda Zabriskie.

– Oui.

– Eh bien, si tu décides d'en finir, tu n'en auras plus jamais.

Il était peu probable qu'il trouve la mort ce jour-là. Le balcon était au deuxième étage...

Zabriskie et Landis devinrent inséparables. Ils se serraient l'un contre l'autre sur un minuscule scooter parce qu'ils refusaient d'acheter une voiture. Zabriskie se mettait alors à chanter « Simple Man » de Lynyrd Skynyrd : « *Forget your lust for the rich man's gold/All that you need is in your soul*[a]. » Armstrong les surnommait « Dumb et Dumber ».

Lors d'une journée pluvieuse, Landis persuada Zabriskie de sécher leur sortie d'entraînement quotidienne. Ils s'installèrent à la table d'un café et ingérèrent des litres de caféine. L'histoire fait désormais partie de la légende de l'équipe : Landis but treize cappuccinos d'affilée, alors que Zabriskie dut s'arrêter à cinq.

Les deux coureurs n'avaient pas du tout la même définition du métier de cycliste professionnel qu'Armstrong. Ils étaient là pour s'amuser, y compris en lançant des fléchettes sur un poster de l'équipe qu'ils avaient scotché sur l'un des murs de leur appartement. Pour Lance, au contraire, le vélo était une affaire des plus sérieuses dont il était le patron. Il y avait énormément d'argent en jeu. Ses meilleurs domestiques, à l'image d'Hamilton et de Vande Velde, avaient des salaires de près d'un million de dollars (750 000 euros) par an. Celui d'Armstrong était de plusieurs millions.

Lance considérait Landis comme un mauvais employé capable d'empêcher la société d'atteindre son plein potentiel. Il n'aimait

---

a. « Cesse de convoiter l'or des riches/Tu trouveras en toi tout ce dont tu as besoin. »

pas du tout son manque de discipline. Pire, Landis était encore en conflit avec l'UCI, qui faisait office de fonds de garantie pour les équipes en compétition, et servait par conséquent de caution au cas où l'une d'elles devait faire faillite. Landis, qui n'avait pas encore été payé par son équipe précédente, racontait aux journalistes que l'organisation refusait de protéger ses coureurs.

Verbruggen, le président de l'UCI, répondit par une lettre : « On fonctionne peut-être de manière aussi agressive aux États-Unis, mais pas en Europe, et surtout pas avec moi[407]. »

Armstrong lui conseilla d'aller présenter ses excuses au patron de l'UCI[408] :

– Écoute, Floyd, il faut que tu fasses ce qu'il te dit, parce qu'il se peut qu'on ait une faveur à lui demander, un jour ou l'autre[409].

Il lui expliqua qu'il avait déjà eu besoin de l'aide de l'UCI lorsqu'il s'était fait contrôler positif sur le Tour de Suisse 2001. Il fallait que Landis présente ses excuses à Verbruggen pour que l'US Postal puisse rester dans les petits papiers de l'Union cycliste.

Le coureur préféra donc demander pardon plutôt que de se mettre à dos et Armstrong et Verbruggen. Ce fut l'un des rares moments qui lui rappelèrent son enfance, quand, en tant que bon garçon mennonite, il devait s'incliner face à l'autorité. Mais cette époque était bel et bien révolue.

Floyd Landis avait grandi à Ephrata, au cœur de la communauté germanique de Pennsylvanie, dont la majorité des habitants étaient soit amish, soit mennonites. Ses parents, Arlene et Paul, l'avaient élevé, ainsi que ses cinq frères et sœurs, comme des mennonites, en suivant les préceptes d'une des branches de la religion protestante anabaptiste qui faisait une interprétation littérale de la Bible et prêchait le pacifisme. Pendant dix-neuf ans, Floyd avait partagé un grand lit avec son frère Bob, dans une maison blanche d'un étage entourée d'une barrière de piquets blancs, la radio réglée sur une station de gospels locale, et la télévision ne servant qu'à regarder des vidéos familiales[410].

Paul Landis, le père de Floyd, gagnait sa vie en travaillant pour une laverie automatique et un lave-auto, et grâce à d'autres petits boulots. L'argent ne coulait pas à flots, mais ils savaient se contenter de peu. Ils s'habillaient simplement : les femmes portaient des robes de coton grossier et des foulards sur la tête ; les hommes des chemises blanches et des pantalons de coton retenus par des bretelles. Aux abords de Farmersville Road, il n'était pas question d'écouter du rock, de jurer ou de boire de l'alcool.

L'éducation de Floyd fut des plus strictes, et son avenir semblait tout tracé : il devrait rendre gloire à Dieu et vivre simplement. Mais c'était compter sans sa liberté de penser et ses doutes : « Comment se fait-il que la moitié de la population mondiale n'ait jamais entendu parler de cette religion et qu'elle soit destinée à aller en enfer[411] ? » se demandait-il. Il était capable de réciter des passages entiers de la Bible, mais, comme Armstrong, il avait du mal à garder la foi.

Il quitta le domicile familial à l'âge de 20 ans et partit pour la Californie avec son vélo. Six ans plus tard, il intégra l'US Postal et prit la direction de l'Europe. Une fois devenu professionnel, il continua à remettre les usages en question. Il ne comprenait pas pourquoi certains ne voyaient aucun mal à grignoter des pâtisseries durant une course alors qu'il était tabou de manger un donut. Il avait du mal à accepter la croyance populaire d'après laquelle les coureurs puissent attraper des virus par les pieds s'ils ne portaient pas de chaussettes. Et pourquoi avaient-ils le droit de manger du fromage mais pas de crème glacée ? Il se forgea la réputation d'aimer se prendre la tête pour le plaisir – ou de boire quinze expressos pour le plaisir.

Lorsqu'il devint évident qu'il courait le risque de se faire ostraciser, il tenta de trouver sa place. Il accepta de subir des transfusions sanguines pour améliorer son niveau, et Armstrong lui remit des patchs de testostérone sous les yeux de sa femme. On le récompensa pour avoir suivi les règles : il intégra l'équipe qui allait participer au Tour de France de 2002. Une semaine après le départ de la course, il se retrouva sur le même lit qu'Armstrong afin de recevoir une transfusion sanguine[412], la veille du contre-la-montre individuel dans lequel Armstrong termina second et Landis quinzième.

Faisant désormais partie des coureurs les plus redoutés du « Train Bleu » – le surnom de l'US Postal, car ses membres couraient souvent ensemble –, Landis aida son capitaine de route à faire de belles fins d'étape dans les montagnes, et notamment à remporter deux victoires d'affilée dans les Pyrénées, ce qui permit à Armstrong de prendre suffisamment d'avance pour prétendre à un quatrième titre sur le Tour.

*

* *

En 2002, Armstrong fit remplacer Livingston et Hamilton par Landis et des grimpeurs espagnols, qui remplirent parfaitement leur mission.

À l'exception de deux coureurs, aucun de ceux qui avaient participé à la première victoire d'Armstrong sur le Tour ne faisait encore partie de l'équipe. Ne restaient plus que Hincapie et Vande Velde. À l'époque, ils faisaient tous les deux appel aux services de Ferrari. Ils se réunissaient souvent chez Hincapie, qui habitait seul, pour s'injecter eux-mêmes de l'EPO[413]. Ils portaient des manches longues pour dissimuler leurs ecchymoses et les marques de piqûre.

Du point de vue d'Armstrong, l'équipe avait changé, mais le programme de dopage se déroulait à merveille. Après avoir remporté le Tour de 2002, il déclara que son corps s'était « reconstitué[414] » après son cancer, mais que c'était son équipe qui méritait tous les honneurs. « C'est l'organisation, l'équipe, le programme[415] », dit-il avant d'ajouter qu'il fallait être un « malade mental » pour croire qu'il se dopait.

Pourtant, le quotidien *L'Équipe* publia un article titré : « Faut-il croire en Armstrong ? » Le journaliste y écrivait : « Il y a trop de rumeurs, trop de soupçons. Il inspire à la fois l'admiration et le rejet. »

Le *Washington Times*, quant à lui, soutenait que les Français étaient simplement jaloux : « La devise de la France ? Si on ne peut pas les battre, enquêtons sur eux[416]. »

Auprès des journalistes, Bruyneel remercia les services postaux américains de lui donner carte blanche avec l'équipe : « Notre sponsor ne nous dit pas : "Il faut que vous participiez à cette course-ci ou à celle-là parce qu'il y a des intérêts commerciaux." Ce qu'il veut, c'est qu'on prenne le départ du Tour de France à 100 % de nos capacités. Après, le moyen d'y parvenir, c'est notre problème[417]. »

Les services postaux étaient ravis de la promotion que leur faisait Lance Armstrong, mais ils s'inquiétaient des accusations de dopage qui ne cessaient de surgir depuis le retour du champion. Lorsqu'ils renouvelèrent leur contrat pour quatre ans, en 2000, ils y inclurent une clause d'« atteinte à la morale et d'usage de produits dopants » dans laquelle il était spécifié que le sponsor était en mesure de suspendre ou de renvoyer tout coureur qui échouerait à un contrôle antidopage ou qui aurait dans ce domaine une conduite inappropriée susceptible de porter préjudice à l'équipe ou à l'agence gouvernementale.

Stapleton répondait à tous ceux qui accusaient Lance de tricher pour gagner. Il déclara notamment à Coca-Cola, l'un des sponsors de l'équipe :

– Écoutez, il ne se dope pas, d'accord ? Je serais prêt à miser ma carrière là-dessus.

Armstrong se lança dans la rédaction de la suite de son autobiographie. Dans ce livre, *Chaque seconde compte*[a], il fustige toute allégation de dopage. Il évoque l'enquête française sur les membres de l'US Postal qui avaient jeté des déchets médicaux dans une benne à ordures sur le Tour de 2000. Cette enquête avait rendu ses sponsors quelque peu nerveux, mais Armstrong affirma qu'il s'inquiétait davantage des effets que cela aurait pu avoir sur sa réputation.

Il se faisait aussi du souci pour son fils Luke.

– Luke est un « Armstrong », et les gens connaissent ce nom. Quand il retournera à l'école, je ne veux pas que ses camarades de classe lui disent : « Ah ouais, ton père, ce gros tricheur, ce dopé. » Ça me ferait énormément de peine[418].

Lance et Kristin s'efforçaient de donner l'image d'un mariage parfait : deux personnes belles et riches qui fréquentaient des célébrités et qui faisaient penser à la famille Kennedy, de l'avis

---

a. *Chaque seconde compte*, écrit avec Sally Jenkins, paru aux Éditions Albin Michel en 2003.

d'un de leurs proches. Mais c'était loin de suffire au coureur. Ils étaient tous les deux sur la plage de Santa Barbara, en Californie, le jour de la Saint-Valentin, quand il lui annonça qu'il la quittait[419], qu'il voulait divorcer.

Kristin signa un accord de confidentialité qui l'empêchait de répondre aux questions qu'on lui poserait sur le dopage de son mari[420], une règle à laquelle elle s'astreignit, même au cours de procédures judiciaires. Plus tard, elle déclara qu'elle était devenue une sorte de « béni-oui-oui » qui ne cherchait plus qu'à tenter de rester heureuse à ses propres dépens.

Mike Anderson, qui était devenu le mécano et l'assistant personnel d'Armstrong en 2002, confia que Lance souhaitait mettre un terme à son mariage parce qu'il voulait pouvoir profiter de tous les avantages de sa célébrité, y compris des « innombrables filles qui venaient frapper aux vitres du car »…

Finalement, Armstrong limogea aussi Anderson. En 2004, celui-ci découvrit des stéroïdes dans son armoire à pharmacie, à Gérone[421], et eut l'impression que le coureur lui en voulait d'avoir découvert son secret. Alors qu'il ne s'y attendait pas du tout, il fut renvoyé.

Ils s'affrontèrent tous les deux devant un tribunal. Anderson prétendant qu'Armstrong avait renoncé à la promesse qu'il lui avait faite de financer le magasin de cycles qu'il souhaitait ouvrir ; le coureur affirmant qu'Anderson tentait de l'escroquer. Ils finirent par trouver un terrain d'entente.

Anderson, un Américain marié à une Américaine, désirait s'éloigner d'Armstrong au plus vite. Et partir loin. Avec sa famille, il partit donc s'installer en Nouvelle-Zélande.

*
* *

Fin 2002, les Français refermèrent l'enquête sur Armstrong. Mais un journaliste anglais persévéra. Jonathan Vaughters eut des nouvelles de David Walsh pour la première fois à l'automne 2003, plus d'un an après qu'il eut quitté le cyclisme, vraisemblablement pour de bon.

Walsh – « ce putain de petit troll », comme l'appelait Armstrong – souhaitait le rencontrer aux États-Unis pour la rédaction d'un livre sur le cyclisme. Sans citation, uniquement pour obtenir quelques anecdotes. Vaughters, qui travaillait désormais comme agent immobilier à Denver, accepta.

Face à son burrito dans un restaurant mexicain, Walsh lui annonça qu'il trouvait curieux que le coureur ait pris si soudainement sa retraite alors qu'il n'avait que 29 ans et qu'il lui restait encore un an de contrat avec l'équipe Crédit Agricole. Le journaliste lui confia que l'ancien soigneur de l'US Postal Emma O'Reilly lui avait affirmé qu'il pouvait faire confiance à Vaughters et que celui-ci aurait sans doute des choses à lui raconter.

– Je voudrais simplement que vous soyez honnête avec moi, lui dit Walsh. Je sais que vous vous êtes dopé, mais, au bout du compte, je suis persuadé que vous êtes quelqu'un de bien. Vous avez quitté ce sport alors que vous étiez au sommet de votre carrière. J'aimerais savoir pourquoi. Et je voudrais aussi que vous m'en disiez plus sur le dopage au sein de l'US Postal. Parlez-moi de Lance Armstrong.

Vaughters demeurait muet. Le journaliste insista. Il était temps, disait-il, de mettre fin au mensonge et à la triche qui sévissaient dans le cyclisme depuis près d'un siècle. Il lui déclara qu'il fallait empêcher Armstrong de poursuivre sur sa lancée.

– Vous avez l'occasion de défendre votre sport, Jonathan, et d'y remettre un peu d'ordre.

Le coureur se sentait tiraillé. Après avoir quitté le milieu, il ne voulait plus entendre parler de ces histoires. Il en avait assez de la triche et des mensonges. Il aspirait à une nouvelle vie, une vie meilleure.

Après avoir remporté le contre-la-montre et établi le record de la course au mont Ventoux en 1999, il s'était promis de ne plus jamais prendre d'EPO. Il n'avait pas tenu sa promesse. Après cette saison-là, il avait quitté l'US Postal, puis s'était dopé occasionnellement, mais pas avec le même succès que celui que lui garantissait virtuellement le programme de dopage organisé de son ancienne équipe.

Environ un mois avant le Tour de 2002, Livingston, dans sa dernière année avec l'équipe Telekom de Jan Ullrich, proposa à Vaughters d'essayer un nouveau produit, l'albumine[422]. C'était un concentré de protéines plasmatiques issu du sang humain et qui permettait d'augmenter son niveau d'hématocrite.

Vaughters ignorait si Livingston en avait déjà pris, mais après avoir lu un article sur le sujet sur Internet, il se dit qu'il allait essayer. Il alla en acheter à la pharmacie, en Espagne.

Vaughters et la majorité des meilleurs coureurs du peloton étaient contraints d'avoir recours à des produits comme l'albumine parce qu'ils ne disposaient pas de l'équipement nécessaire sur le Tour pour se transfuser leur propre sang. Dans ce domaine, Armstrong et l'US Postal avaient un énorme avantage. Ils bénéficiaient des fonds nécessaires pour faire ce qu'ils voulaient et d'un système qu'ils avaient pu peaufiner au fil des ans. Si quelque chose tournait mal, ils étaient persuadés de pouvoir compter sur la protection d'officiels de l'UCI comme Verbruggen. L'Union cycliste avait déjà enterré le contrôle positif à la cortisone d'Armstrong sur le Tour 1999. Ils avaient passé un accord. Cela avait créé un précédent.

Les équipes qui souhaitaient courir proprement, comme celle du Crédit Agricole, n'avaient aucune chance. Vaughters l'apprit à ses dépens. Alors qu'il courait pour cette équipe sur le Tour 2001, il fut piqué au visage par une guêpe ou une abeille au cours d'une sortie d'entraînement. Son œil droit avait enflé, mais il ne pouvait pas prendre de cortisone parce qu'il n'avait pas déclaré prendre ce produit avant la compétition, et on lui refusa une dispense parce que la cortisone ne figurait pas sur la liste des produits autorisés en cas de réaction allergique.

Il supplia le médecin de l'équipe de lui en administrer et de faire croire que c'était pour une blessure au genou. Il se serait agi d'un mensonge, mais cela lui aurait permis de poursuivre l'épreuve. Mais le directeur sportif Roger Legeay refusa, parce qu'il ne voulait pas que l'équipe enfreigne le règlement. Vaughters quitta la pièce en claquant la porte et en hurlant :

– Allez vous faire voir ! On a atteint le summum de l'hypocrisie !

Le lendemain matin, il se présenta au départ de l'étape, sachant qu'une bonne moitié des coureurs prenaient de la cortisone en dépit du règlement.

– Putain, qu'est-ce que tu as à l'œil ? lui demanda Armstrong.

– Une piqûre d'abeille.

– Pourquoi tu ne prends pas de la cortisone ?

– Parce que ce n'est pas autorisé pour les réactions allergiques.

– Tu n'es pas dans la bonne équipe, mon pote.

En 2002, Vaughters se ressaisit pour le Tour de France. Tandis qu'Armstrong avait Bruyneel, Del Moral et Motoman pour assurer la logistique de son dopage, Vaughters s'apprêtait à suivre son propre petit stratagème. Il continuerait à utiliser des patchs de testostérone et à prendre des microdoses d'EPO. Mais il s'administrerait aussi de l'albumine pour diluer son sang avant les dépistages de l'UCI. De cette manière, il donnerait l'impression d'avoir un niveau d'hématocrite relativement bas alors qu'il serait bien au-delà de la limite des 50 %.

Cela lui semblait être une excellente idée, jusqu'à ce qu'il en lise une nouvelle fois la notice, quelques jours avant le départ du Tour. Il y était inscrit que l'albumine présentait 1 % de risques de provoquer une hépatite C. Il songea à son fils de presque 2 ans, et, finalement, décida que c'en était assez : il jeta tous ses produits dans un sac-poubelle, puis dans une benne à ordures.

Il abandonna peu avant le milieu de l'épreuve et annonça ce soir-là à son directeur sportif qu'il quittait le cyclisme pour rester avec sa famille. Il refusa que l'équipe lui verse le salaire qu'elle lui devait, 350 000 dollars (environ 260 000 euros) jusqu'à la fin de son contrat. Il souhaitait simplement partir.

De retour à Gérone, il quitta son appartement pour regagner le Colorado avec une telle hâte qu'il oublia des patchs de testostérone sous son lit et une centrifugeuse dans le salon.

À présent, Walsh était avec lui, le regardant dans les yeux et lui affirmant qu'il décelait de la bonté en lui. Personne ne semblait vouloir faire le ménage dans le cyclisme, lui dit le journaliste, mais Vaughters pouvait changer la donne. Il pouvait révéler ses secrets. Peut-être les jeunes coureurs ne seraient-ils plus contraints de prendre la décision qu'il avait lui-même dû prendre : se doper ou abandonner le sport.

– On est obligés de faire ça ? demanda Vaughters. En toute sincérité, si vous parvenez à faire tomber Lance, quelqu'un d'autre prendra sa place.

– Sans doute, Jonathan, mais si on coupe la tête, peut-être que le reste du corps suivra.

Le coureur marqua une pause, poussa un énorme soupir, puis se résigna :

– D'accord, d'accord.

Betsy Andreu était parvenue à lézarder la carapace qui protégeait les secrets d'Armstrong. Elle avait contacté Walsh en 2001, après son article sur la relation que le cycliste entretenait avec Ferrari, et elle était devenue l'une de ses meilleures sources à propos du dopage dans le sport. À présent, c'était au tour de Vaughters de fissurer davantage cette carapace en répondant à chacune des questions du journaliste.

Après l'interview, il prit conscience de ce qu'il venait de faire.

– Soit c'est moi qui vais me faire exclure de ce sport, soit c'est Lance.

*
* *

Il faisait si chaud sur la neuvième étape du Tour de France 2003, dans le sud-est de la France, que le bitume formait des cloques sur la chaussée. L'Espagnol Joseba Beloki menait devant Armstrong, de trois longueurs dans une descente vertigineuse, quand il s'apprêta à négocier un virage serré à droite. Soudain, sa roue arrière se déroba. Il se cramponna à ses freins. Son pneu arrière explosa, et il fut projeté à terre. À l'arrivée des médecins, il était en miettes : il avait le fémur droit, le coude et le poignet brisés.

Et que fit Armstrong pendant les millisecondes qui séparèrent la chute de Beloki de celle qui l'attendait très certainement ? S'il broncha, personne ne s'en rendit compte. Il vira à gauche de Beloki, qui était en train de hurler, et coupa à travers champs. À travers champs ? Sur le Tour de France ? Lance Armstrong passa devant un gendarme médusé qui se tenait sur le bas-côté de la route et poursuivit sa course à travers un champ en jachère.

La sécheresse ayant rendu le terrain très aride, Armstrong eut l'impression de traverser une gare de triage tant il était secoué sur sa machine. Il se laissa porter sur une centaine de mètres, et, au pied de la côte, il prit conscience de la présence d'un fossé. Il mit donc pied à terre, s'empara de son vélo et bondit par-dessus l'obstacle avant de reposer la machine sur la chaussée.

Il se remit en selle et reprit la route devant le peloton qui fondait sur lui. Un ancien coéquipier, Tyler Hamilton, lui donna une tape sur l'épaule, comme pour lui dire : « Tu assures, mon pote ! » À la télévision, un commentateur s'écria :

– C'est incroyable ! C'est la première fois que je vois ça. Armstrong a traversé le champ. Voilà, il est de retour sur la chaussée. À 4 km de l'arrivée, quels réflexes de la part du Texan ! Il a parfaitement maîtrisé la situation. Oh, c'est tout bonnement incroyable !

Ces 17 secondes, entre la chute de Beloki et la remontée en selle d'Armstrong, sont la preuve que ce coureur était destiné à faire du vélo.

Cela aurait pu être un champ de maïs ou de tournesols. Il aurait pu s'arrêter, comme le coureur immédiatement derrière lui. Mais cela n'avait pas été le cas. Il aurait pu s'embourber dans de la terre meuble. Mais non. Personne ne sait s'il s'est posé toutes ces questions. Il s'est simplement jeté dans l'inconnu, et tous ceux qui le connaissaient l'ont certainement imaginé en train de plisser ses yeux bleus, faisant ressortir davantage ses pommettes saillantes. N'hésitez pas à regarder plusieurs fois la scène sur YouTube, vous finirez sans doute par apercevoir sa cape de super-héros.

À l'arrivée, Armstrong raconta aux journalistes :

– J'ai eu très peur, et j'ai eu énormément de chance… J'ai eu de la chance que ce champ ait été en jachère et qu'il ne se soit pas agi d'un ravin.

Les organisateurs du Tour s'étant accordés sur le fait que ce raccourci était inévitable, et par conséquent toléré, Armstrong fut presque assuré à l'arrivée de pouvoir remporter sa cinquième victoire d'affilée.

Avant son cancer, disait-il, c'était bien de gagner, mais pas crucial. Mais après la maladie, « j'étais déterminé comme jamais », m'avoua-t-il.

Il expliqua cette détermination par une courte formule : « Je gagne, je vis ; je perds, je meurs. »

*
* *

À l'approche du Tour de France 2004, Armstrong organisa une attaque préventive contre *L.A. Confidentiel : les secrets de Lance Armstrong*[a], le livre que Walsh avait écrit avec Pierre Ballester, un ancien journaliste de *L'Équipe*. Un mois avant sa publication, Nike et la Fondation Lance Armstrong se mirent à vendre des bracelets en caoutchouc jaune portant l'inscription « Livestrong », pour un dollar pièce. Les recettes servirent à financer les programmes de la fondation pour les jeunes atteints du cancer.

Le moment choisi pour cette campagne était un peu tiré par les cheveux, mais l'idée du bracelet cheminait depuis plusieurs mois[423] déjà. Nike souhaitait faire quelque chose pour commémorer la cinquième victoire d'Armstrong sur le Tour de France, et Scott MacEachern, son représentant personnel au sein de la société, était convaincu qu'il fallait que ce soit un accessoire vestimentaire, pour que le public puisse afficher son soutien à la cause du cancer. Nike et une équipe de communicants avaient fini par se mettre d'accord sur ce bracelet en caoutchouc après avoir vu des stars de la NBA porter le même genre de symbole.

En quelques semaines, la demande fut telle que l'accessoire fut en rupture de stock. Armstrong venait d'initier un phénomène culturel populaire au moment même où il avait le plus besoin d'une bonne presse. C'était précisément ce qu'il avait prévu avec sa fondation et Nike[424].

Ils espéraient que cette campagne « Portez du jaune » permettrait d'éclipser l'ouvrage à charge de Walsh, dont la sortie française était prévue pour le 15 juin, deux semaines avant le départ du Tour. Ce jour-là, la Fondation Armstrong publia un communiqué de presse demandant à tous les Américains de porter du jaune le 16 juin pour afficher leur soutien aux personnes atteintes du cancer.

---

a. *L.A. Confidentiel : les secrets de Lance Armstrong*, ouvrage écrit par David Walsh et Pierre Ballester, publié par La Martinière en 2004.

Armstrong avait lu les bonnes feuilles du livre, un extrait de dix pages, dans le magazine *L'Express*. S'y trouvaient les accusations de dopage les plus graves qu'on eût jamais portées contre lui. On lui reprochait d'avoir pris différents produits, dont de l'EPO. Dans son livre, l'auteur raconte aussi qu'Armstrong a avoué à ses cancérologues, dans un hôpital de l'Indiana, qu'il lui était déjà arrivé de prendre différents produits dopants.

C'était Emma O'Reilly, son ancien soigneur, qui était la source principale de Walsh. Elle lui avait raconté de quelle manière elle avait dissimulé ses ecchymoses avec son propre maquillage et comment elle lui avait fourni un flacon de comprimés. Elle révéla que le prétexte qu'il avait donné pour expliquer le contrôle positif à la cortisone sur le Tour de 1999 était un mensonge. Il avait bien pris ce produit pour se doper, et non parce qu'il souffrait d'inflammations à l'entrejambe, comme l'avaient prétendu l'UCI et le coureur.

Après des années de silence, O'Reilly s'était fait payer pour divulguer cette information – « un montant dérisoire », environ 7 500 dollars (5 600 euros) –, mais elle affirma avoir parlé essentiellement pour soulager sa conscience.

Armstrong s'en prit aussitôt à Walsh. Il expliqua à un quotidien néerlandais que c'était le « pire journaliste[425] » qu'il ait connu, un homme prêt « à mentir, à menacer des gens et à voler » pour pouvoir raconter une histoire invraisemblable qui ne reposait sur aucun fait. « Les gens comme Walsh n'ont que faire de concepts comme l'éthique, le sens moral, les valeurs et l'honnêteté. »

Puis il attaqua Walsh en justice. En Grande-Bretagne, il porta plainte contre lui et Alan English, son adjoint au journal dominical londonien *The Sunday Times*, qui avait écrit un article s'inspirant des révélations contenues dans le livre. Il demandait un million de livres sterling (1,2 million d'euros). En France, il avait déjà intenté un procès contre Walsh, Ballester, la maison d'édition de *L'Express*, et celle du livre, La Martinière. Il poursuivit également O'Reilly en Grande-Bretagne pour diffamation, demandant au tribunal qu'elle lui verse « plus d'argent que je n'en ai jamais eu », déclara-t-elle. Sans doute croyait-il que la menace d'autres procès en diffamation permettrait d'empêcher la parution d'articles sur le point d'être imprimés.

Le lendemain de l'annonce de ces procès, Armstrong révéla que son équipe venait de signer un contrat avec un nouveau sponsor pour 2005, Discovery Channel. Judith McHale, président-directeur général de Discovery Communications, fit l'éloge de cet exemple à suivre :

– Il ne saurait y avoir meilleur ambassadeur pour une information fiable et de qualité.

Lors de la conférence de presse où cette annonce fut rendue officielle, Armstrong expliqua qu'il avait déposé ces plaintes parce que « trop, c'est trop ». Il s'efforça également d'ôter toute crédibilité à Emma O'Reilly, prétendant qu'il n'avait pas beaucoup travaillé avec elle et qu'on l'avait licenciée à cause d'un « comportement déplacé[426] ».

Armstrong et Stapleton voulaient avoir les médias de leur côté. Stapleton dit à l'auteur Daniel Coyle, qui écrivait son propre livre, *Lance Armstrong's War*[a], que les efforts de Walsh pour tenter de démasquer Armstrong resteraient vains. Jamais il ne courrait le risque, en se dopant, de perdre des sponsors tels que Coca-Cola, Nike et Subaru, des sociétés qui lui faisaient entièrement confiance, d'après lui.

– Putain, si on mentait, on pourrait dire adieu à tout ça, insista Stapleton. Est-ce que quelqu'un pourrait croire, ne serait-ce qu'une seconde, que quelque chose d'aussi énorme aurait pu rester longtemps secret[427] ?

*

* *

Quelques semaines plus tard, au départ de ce Tour de France 2004, Stapleton se trouvait dans un parking avec Bart Knaggs, son associé, et Frankie Andreu, qui avait pris sa retraite de coureur et officiait désormais en tant que commentateur sur la

a. Ouvrage écrit par Daniel Coyle, paru chez Harper Collins, 2005.

chaîne de télévision canadienne Outdoor Life Network. Dans une scène qu'on aurait pu croire tout droit issue des *Affranchis*, Stapleton mit la pression à Andreu pour qu'il oblige sa femme Betsy à déclarer publiquement qu'elle n'avait pas servi de source au livre de Walsh. Ce que Stapleton ignorait, c'était qu'Andreu enregistrait la conversation.

Stapleton, Knaggs et Andreu s'étaient retrouvés dans ce parking à cause d'une histoire qui avait débuté en 2001. Walsh avait alors révélé qu'Armstrong et Ferrari s'étaient vus. Betsy Andreu avait lu le travail de Walsh et avait été impressionnée. Elle avait demandé à son ami James Startt de voir si le journaliste pouvait la contacter. Ce fut alors le début d'une relation à distance de plusieurs années entre Walsh et elle. Ils étaient tous les deux obsédés par l'envie de révéler la vérité sur Armstrong.

Betsy finit par lui faire suffisamment confiance pour lui confirmer l'épisode de l'hôpital, où le cycliste avait avoué se doper.

– Continue à creuser, David, lui dit-elle. Il faut que tu le confondes. Continue à creuser.

Elle était contrainte de témoigner de manière anonyme, parce que son mari travaillait encore dans le milieu, et elle savait à quel point Armstrong avait la mainmise sur leur famille et sur le cyclisme. Les Andreu avaient trois enfants à élever. Betsy était femme au foyer. Frankie n'avait pas de diplôme universitaire et ne savait faire que du vélo. Armstrong les tenait à la gorge.

Mais, en coulisse, Betsy pouvait lui faire beaucoup de mal. Elle devint un élément indispensable dans le dispositif de Walsh. Elle tenta de l'aider à retrouver la trace de Lisa Shiels, l'ex-petite amie d'Armstrong qui avait assisté à ses aveux à l'hôpital. Elle commit toutefois l'erreur d'appeler Becky Livingston pour lui demander le numéro de Lisa, lui faisant promettre de ne pas en parler à son mari Kevin.

Une seconde après que Betsy eut raccroché d'avec Becky, celui-ci l'appela et lui reprocha avec véhémence de vouloir aider Walsh[428].

– Il va faire tomber tout le monde. Tu ne peux pas faire ça. C'est le gagne-pain de Frankie, c'est mon gagne-pain. Tu es folle ou quoi ?

Cela parvint aux oreilles d'Armstrong, qui envoya alors un e-mail acerbe à Frankie Andreu :

« Demander à Becky : "S'il te plaît, n'en parle pas à Kevin[429]", je trouve ça vraiment perfide et sournois », écrivit Lance Armstrong le 15 décembre 2003. « Je sais que Betsy est loin d'être une admiratrice, ça ne me pose pas de problème, mais ce n'est pas en cherchant à m'abattre que votre situation aura des chances de s'améliorer. Votre réussite à tous est étroitement liée à la mienne, et je te suggère de le lui rappeler. »

Ainsi, le jour même, juste avant ce fameux Tour, Stapleton appela Andreu pour lui donner rendez-vous sur le parking. Frankie apporta un magnétophone, qu'il dissimula dans la poche de sa chemise.

– Tu sais que ta femme raconte tout à Walsh[430] ? lui demanda l'homme de confiance d'Armstrong.

Andreu nia en bloc, prétendant que sa femme n'avait parlé à Walsh que de « détails insignifiants » et que Walsh lui avait demandé de l'aider à retrouver l'ex d'Armstrong. Il insista sur le fait qu'il comprenait bien que l'équipe, lui-même et tous ceux qui travaillaient dans le cyclisme profitaient des victoires de son capitaine.

– Putain, j'ai défendu Lance pendant très longtemps, poursuivit-il. Dans toutes les interviews que je donne, je ne dis que du bien de lui, tu sais ?

Stapleton était sceptique. Il lui dit que Walsh se vantait à propos de Betsy, qu'il la qualifiait de femme courageuse, qu'il avait déclaré qu'elle était prête à témoigner contre Armstrong, et qu'elle « savait des trucs ».

Il lui demanda ensuite si elle accepterait de témoigner contre Walsh dans l'affaire de diffamation, en France. Était-elle prête à prendre position et à affirmer que Walsh était un menteur ? Ou du moins, pour le moment, à se contenter de déclarer son soutien à Armstrong ?

– Je sais que Betsy ne porte pas Lance dans son cœur, mais c'est dans notre intérêt à tous de faire retomber cette affaire, lui expliqua Stapleton.

Il lui apprit que cela faisait partie de son grand projet de rassembler suffisamment de témoins pour discréditer Walsh, afin d'obliger le *Sunday Time* et l'éditeur La Martinière à reconnaître que l'hypothèse de Walsh ne tenait pas la route. Ils publieraient alors des excuses et/ou retireraient le livre des rayons, et Armstrong abandonnerait ses poursuites. Fin de l'histoire.

– L'autre possibilité, c'est la guerre ouverte devant la justice française, et tout le monde sera obligé de témoigner. Ça pourrait faire exploser le cyclisme, présagea Stapleton.

Lorsqu'ils se séparèrent, l'agent d'Armstrong annonça à Andreu qu'ils lui enverraient un document que sa femme devait signer. Mais Frankie savait que cela ne fonctionnerait pas. Elle avait refusé de serrer la main d'Armstrong après sa victoire sur le Tour de France 1999, et Stapleton voulait qu'elle le soutienne publiquement ?

La réponse de Betsy Andreu ne tarda pas à arriver :

– Dis-lui d'aller se faire foutre. Je ne signe rien du tout. Je ne vais certainement pas le défendre.

*

* *

Lors du Tour de 2004, Walsh fut traité en véritable paria. Armstrong s'assura en personne que ce soit le cas.

La plupart des journalistes qui couvrent le Tour de France font du covoiturage tout au long des trois semaines de l'épreuve, car les journées sont longues, et le parcours fait plus de 3 000 km. Comme les années précédentes, Walsh avait prévu de faire équipe avec John Wilcockson et Andy Hood, deux journalistes du magazine américain *VeloNews*, et Rupert Guinness, un Australien qui travaillait pour le *Sydney Morning Herald*.

Au départ de la course, à Liège, en Belgique, Wilcockson lui annonça qu'il ne pouvait pas venir avec eux, sinon Armstrong refuserait de donner des interviews à *VeloNews*[431]. Pour un magazine américain, ce serait du suicide. Walsh dut donc s'entasser avec des journalistes du *Monde*. Il était convaincu qu'il lui serait inutile de demander ce service aux autres reporters anglophones, car il était fort probable qu'Armstrong exerçait aussi son influence sur eux.

Tandis que Walsh se faisait vilipender, Armstrong et l'US Postal étaient au plus haut. Dès le début du Tour, Armstrong et ses équipiers remportèrent le contre-la-montre par équipe, Lance endossant le maillot jaune, Hincapie figurant en seconde position dans le classement général, et Landis en troisième. C'était la première fois en cent une éditions que des Américains occupaient les trois premières places du podium.

Encouragée par son succès, l'US Postal fit le nécessaire pour continuer à se doper. Les coureurs étaient si paranoïaques qu'ils se calfeutraient dans leurs chambres d'hôtel avant d'y effectuer leurs transfusions. Avec du plastique et du ruban adhésif, ils avaient pris l'habitude de recouvrir les bouches d'aération, les détecteurs de fumée, les climatiseurs et même les toilettes, de peur que quelqu'un ait dissimulé une caméra quelque part.

Un soir, sur le trajet qui conduisait les coureurs de la ligne d'arrivée à leur hôtel, le car de l'équipe fit une halte sur le bord d'une route de montagne[432]. Il ne s'agissait pas d'une panne mécanique ; les cyclistes avaient simplement besoin de sang neuf. Tandis que le chauffeur faisait mine de régler un problème inexistant dans le moteur, on procédait sur les compétiteurs à des transfusions sanguines, certains étendus sur les banquettes, Armstrong par terre. On avait suspendu les pochettes de sang aux porte-bagages au-dessus d'eux, le sang s'écoulant ainsi plus facilement dans les cathéters, puis dans leurs veines. Les vitres du car étant teintées, le public et les journalistes qui se trouvaient non loin du véhicule ne pouvaient assister à la scène.

Armstrong abandonna également tout semblant de bienveillance. Au cours de la dix-huitième étape sur les vingt que comptait l'épreuve, il se lança à la poursuite de l'Italien Filippo Simeoni, cent quarante-quatrième au classement général, qui se trouvait dans une échappée. Une fois le champion de retour dans le peloton, Hincapie se demanda : « Pourquoi fait-il ça ? Il a sept minutes d'avance sur les autres ! »

Une vengeance. Simeoni avait témoigné contre Ferrari dans l'affaire de dopage en Italie et avait affirmé que le médecin lui avait fourni des produits comme de la testostérone et de l'EPO.

Armstrong avait volé au secours de Ferrari, qualifiant le coureur de « menteur patenté », qui avait commencé à se doper bien avant de faire la connaissance du médecin. Simeoni l'avait poursuivi pour diffamation.

Ainsi, lorsqu'il rattrapa finalement le coureur italien sur cette dix-huitième étape, ce fut uniquement pour lui donner une bonne leçon. Il ne pouvait pas s'en empêcher…

Sous l'œil des caméras, il se mit à pédaler à côté de lui et lui dit en italien :

– Tu as commis une grosse erreur en témoignant contre Ferrari, et tu en as fait une autre en me poursuivant en justice. J'ai tout mon temps et beaucoup d'argent. Je vais t'anéantir[433].

Simeoni tenta de rester dans l'échappée, mais les autres coureurs lui demandèrent de partir parce qu'ils n'avaient plus aucune chance de remporter l'étape en présence d'Armstrong. Il céda. Armstrong et lui ralentirent pour permettre au peloton de les rattraper. Laurent Jalabert déclara qu'Armstrong avait écrasé l'Italien « comme un gamin écrase des fourmis ».

De retour dans le peloton, Armstrong se mit à plaisanter avec d'autres coureurs et fit avec ses doigts sur les lèvres le signe universel qui signifiait « motus et bouche cousue ». La télévision le filma en train de faire ce geste et diffusa les images à plusieurs reprises. Il se tourna même vers la caméra avec un sourire.

Plus tard, il expliqua qu'il avait rejoint Simeoni parce qu'il protégeait « les intérêts du peloton. Tout ce qu'il veut, c'est anéantir le cyclisme, le sport qui le nourrit, et ce n'est pas bien[434] ».

Simeoni se défendit :

– J'ai été surpris par la réaction d'Armstrong, mais il a montré aujourd'hui à tout le monde quel genre de personne il était. J'ai encore subi une grande injustice de sa part. Il ne donne pas la moindre chance à de petits coureurs comme moi, qui cherchent un petit moment de gloire sur une course aussi importante que le Tour. C'est dommage[435].

Armstrong gagna cette édition de l'épreuve avec plus de six minutes d'avance, après avoir remporté six étapes et dominé la course comme jamais, établissant ainsi le record du nombre de Tours de France remportés. Le comédien Robin Williams se trouvait dans les gradins, à l'arrivée, et portait un tee-shirt sur lequel était inscrit : « Jaune, en tête de la course ». La chanteuse Sheryl Crow était là aussi, pour embrasser le champion. Le super-héros et la rockstar étaient ensemble, désormais. Comme les précédentes conquêtes de Lance, elle aussi était au courant qu'il se dopait mais gardait le silence. Comment aurait-elle pu ne pas le voir ? Pour l'amour du ciel, l'EPO était juste là, à côté du beurre !

Lors de ce dernier jour du Tour de 2004, la Fondation Lance Armstrong annonça qu'elle avait vendu 25 000 bracelets jaunes à Paris. Plus d'1,37 million de téléspectateurs américains avaient regardé la retransmission de la dernière étape du Tour, un score phénoménal pour cette épreuve aux États-Unis.

Malgré les preuves avancées par Walsh, la vie semblait toujours aussi belle, aux yeux d'Armstrong.

Celle de Simeoni, en revanche, allait quelque peu se compliquer. Comme Bassons, le Français qui avait été contraint de quitter le Tour 1999, Simeoni fut d'abord maltraité par Armstrong, puis par le reste du peloton. Aucune équipe ne voulait de lui. Il était certain que l'Américain était à l'origine de la décision des organisateurs du Tour d'Italie 2009 de ne pas inviter son équipe sur l'épreuve, alors même qu'il venait de remporter le titre de champion d'Italie. Une fois encore, la volonté d'Armstrong fut faite. Simeoni quitta le cyclisme un an plus tard.

Et Emma O'Reilly se retrouva tellement empêtrée dans ses procès avec Armstrong que sa relation avec son petit ami Mike Carlisle en pâtit. Ce dernier luttait contre une sclérose en plaques, et la tension générée par la situation aggrava ses symptômes. Elle avait l'impression qu'Armstrong tentait de la ruiner ou de la rendre folle. Ou les deux à la fois. « J'ai cru qu'il allait tout me prendre[436] », déclara-t-elle un jour.

Pour les Andreu, les menaces continuèrent. Hincapie, l'ancien équipier d'Armstrong à l'US Postal, qui avait toujours été un garçon très obéissant, prit la relève.

« Je ne comprends pas que tu puisses laisser Besty (*sic*) tenter de détruire l'équipe sans réagir[437], écrivit-il à Frankie en août 2004. Certes, elle se contente de dire des trucs sur Lance, mais ça nous effecte (*sic*) tous. Comme nous, tu faisais toi aussi partie de l'équipe. S'il est coupable, alors, on l'est tous. C'est tellement hypocrite, tout ça. Elle s'en prend à notre gagne-pain. Un sport que nous aimons et pour lequel on se donne tant de mal... Ça ne fait pas très longtemps que tu es parti, comment peux-tu avoir déjà oublié ? »

Hincapie déclara qu'il lui a envoyé cet e-mail parce qu'Andreu avait lui aussi participé à cette culture du dopage. C'était même lui qui lui avait fait connaître l'EPO[438]. Il a aussi soutenu qu'Andreu et lui étaient chez Motorola en 1996 quand il avait découvert un Thermos rempli d'ampoules de verre dans leur réfrigérateur. Andreu lui avait d'abord affirmé qu'il s'agissait de produits censés l'aider à récupérer, mais Hincapie l'avait obligé à reconnaître que c'était de l'EPO.

Andreu prétendait qu'il avait eu besoin de prendre ces produits parce qu'il commençait à se faire vieux. Mais de l'avis de Hincapie, la concurrence se dopant, il avait été obligé de suivre le mouvement.

« C'était mon modèle, et c'est à cause de lui si je me suis mis à l'EPO, raconte Hincapie. C'était dingue qu'il puisse laisser Betsy dénoncer Lance alors qu'il avait fait la même chose. Elle menaçait les coureurs de ne plus avoir la possibilité de gagner leur vie dans le cyclisme. J'ai tenté de le convaincre de l'en empêcher. »

Mais le soufflé était déjà en train de retomber, et la mainmise d'Armstrong sur le sport de lui échapper. Le mécontentement commençait doucement à gronder chez ses anciens équipiers et employés, et ce en raison de la façon dont il les avait traités. Au lieu de se montrer aimable avec ceux qui étaient au courant de ses secrets, il les avait laissés tomber comme s'il s'était agi de parfaits inconnus. Ce fut ce qui allait causer sa perte.

Fin 2004, Zabriskie ne faisait plus partie de l'équipe. Landis non plus, puisqu'il avait signé avec Phonak, qui lui avait proposé un contrat de 500 000 dollars[439] (375 000 euros), plus du double de son précédent salaire de 230 000 dollars (172 000 euros), pour devenir capitaine de l'équipe.

Zabriskie avait eu du mal à négocier un nouveau contrat avec l'US Postal. Il raconta qu'il avait demandé 70 000 dollars (52 500 euros) par an, mais que Bruyneel refusait d'aller au-delà des 65 000 dollars (48 750 euros) qu'il gagnait déjà. Le directeur sportif avait pour argument que l'équipe l'avait soutenu quand il s'était fait percuter par le 4x4. Zabriskie savait qu'il méritait mieux, compte tenu du fait qu'il venait de remporter une étape sur le Tour d'Espagne. Ils ne parvinrent pas à se mettre d'accord.

Après avoir terminé cinquième du contre-la-montre dans le championnat du monde 2004 de cyclisme sur route, à la fin de la saison, Zabriskie s'installa sur la pelouse de l'hôtel de Vérone, en Italie, en compagnie de Steve Johnson, son mentor de longue date qui l'avait persuadé de renoncer aux études pour le vélo. En 1999, Johnson avait accepté un poste à l'USA Cycling et avait rapidement gravi les échelons. Il en était désormais le directeur général. C'était aussi un ami proche de Thomas Weisel, le propriétaire de l'équipe.

Zabriskie se plaignit auprès de Johnson de ses problèmes de contrat, mais, furieux et déçu de la façon dont l'US Postal l'avait traité, il lui parla du système de dopage de l'équipe[440]. Il lui avoua :

– Ils m'ont fait des piqûres, ils m'ont fait prendre des produits.

Il avait saisi l'occasion pour lui parler du dopage. Au fond de lui, il craignait que s'ébruite le fait qu'il avait rompu la loi du silence, car il savait qu'Armstrong l'« écrabouillerait ». Pourtant, Zabriskie avait espéré que Johnson en informerait l'USADA et que quelqu'un finirait par mettre son nez dans les affaires de l'US Postal.

Mais Johnson ne lui répondit même pas. Il m'avoua plus tard qu'il n'avait jamais entendu la moindre « plainte précise et crédible[441] » à propos du dopage au sein de l'US Postal avant 2010, quand les accusations contre Armstrong furent rendues publiques.

Après s'être entretenu avec Johnson, Zabriskie regagna sa chambre d'hôtel et s'empara du bracelet Livestrong que lui avait remis son équipe et qu'il gardait dans ses bagages. Il le déposa dans un cendrier et y mit le feu. Tandis que l'odeur âcre du caoutchouc brûlé commençait à envahir la pièce, il se tourna vers son compagnon de chambrée, un coureur qui allait rejoindre l'équipe la saison suivante, et lui dit :

– Amuse-toi bien avec ta nouvelle équipe.

*

* *

À l'époque, cela faisait déjà trois ans que Tyler Hamilton avait quitté l'US Postal. Durant l'été 2004, il était devenu le parfait exemple de ce qu'il advenait aux coureurs de la Postal qui n'étaient plus sous la protection de l'équipe d'Armstrong et qui ne faisaient plus partie d'un programme de dopage efficace. Il fut contrôlé positif...

Après qu'il eut remporté la médaille d'or lors du contre-la-montre individuel aux Jeux olympiques de 2004, les scientifiques travaillant pour le CIO découvrirent qu'il avait du sang d'une autre personne dans son organisme. L'Agence mondiale antidopage venait juste de commencer à dépister les transfusions sanguines, lorsque des sportifs utilisaient le sang de quelqu'un d'autre, une pratique interdite dans le cyclisme depuis la fin des années 1980. Hamilton fut le premier à échouer à ce test.

L'accusation de dopage fut abandonnée en raison d'une erreur de procédure de la part du laboratoire. Pourtant, cela ne suffit pas à l'effrayer, ni à le pousser à courir propre.

Un mois plus tard, Hamilton, qui participait à la Vuelta espagnole pour l'équipe suisse Phonak, fut de nouveau contrôlé positif à cause d'une transfusion sanguine.

Il nia aussitôt avoir commis un acte répréhensible.

– J'ai toujours été quelqu'un d'honnête, affirma-t-il.

Et comme Armstrong depuis tant d'années, il mentait de manière éhontée.

En se préparant pour cette saison cycliste, il avait mis son sang en dépôt chez le médecin sportif Eufemiano Fuentes, à Valence, en Espagne[442]. Quand on le lui avait réinjecté, à la fin de l'été, une erreur avait probablement été commise, et il s'agissait du sang de quelqu'un d'autre, d'où le contrôle positif. D'ailleurs, ce n'était pas la première fois qu'il avait des problèmes avec le sang qu'il entreposait chez Fuentes.

Plus tôt dans l'été, pendant le Tour de France, il s'était réinjecté une pochette de sang qu'il avait déposée chez Fuentes. Au bout de quelques minutes, il commença à avoir de la fièvre et comprit que quelque chose n'allait pas. Aux toilettes, son urine était d'un rouge si foncé qu'elle était presque noire ; il eut l'impression d'être « dans un film d'horreur[443] ».

Il frissonnait et avait envie de vomir. « J'avais l'impression que mon crâne s'était fissuré et qu'on me pelait le cerveau, petit à petit[444]. »

Il garda son téléphone portable près de son lit, au cas où il aurait besoin d'une ambulance, et annonça à ses coéquipiers qu'il allait peut-être mourir. Il était convaincu qu'on n'avait pas conservé son sang correctement et qu'il s'était injecté des cellules mortes dans l'organisme. « Soit c'est ça, soit on a trafiqué ma pochette de sang, soit le contrôle était défectueux », expliqua plus tard Hamilton, lors de son témoignage dans l'affaire Fuentes, en Espagne, en 2012. Quelle qu'en ait été la raison, cette erreur aurait pu lui être fatale.

En entendant parler de la mésaventure d'Hamilton, Armstrong secoua la tête. Il considérait que ce dernier prenait bien trop de risques avec le dopage. Il trouvait qu'il n'en avait jamais assez, qu'il voulait toujours repousser les limites de la sécurité. Tandis qu'Armstrong se targuait de ne prendre des produits que durant la préparation des courses, Hamilton se dopait toute l'année, y compris lors du réveillon de Noël.

Après ce contrôle positif en 2004, Hamilton fit sa première apparition publique à Las Vegas, à l'Interbike, le plus grand salon du cyclisme d'Amérique du Nord. Il allait tenter de sauver la face. Le public lui avait accordé le bénéfice du doute. Après tout, il était réputé pour être le coureur le plus aimable du circuit.

Ses sponsors et son équipe continuaient à le soutenir, le fabricant de casques Bell Helmets allant même jusqu'à mettre en vente des badges « *I believe Tyler* » (« Je crois Tyler »). Ses admirateurs attendirent des heures pour obtenir son autographe et lui présenter leurs condoléances pour Tugboat, son golden retriever, qui était mort juste avant les Jeux olympiques. Le coureur avait remporté sa victoire aux Jeux avec la plaque d'identification de son chien dans son casque.

Mais d'autres cyclistes commençaient à perdre patience. Bobby Julich, l'ancien de l'équipe Motorola, déclara :

– J'en ai assez des tricheurs, de devoir réparer leurs bêtises et d'être obligé de me justifier.

De retour à Boulder, sa ville adoptive, Hamilton donna une conférence à l'Université du Colorado, et son père, Bill, bondit de son siège en s'écriant :

– On croit en toi, Tyler !

Les Hamilton décidèrent de se battre, contestant la validité des analyses et mettant en doute l'impartialité du système mis en place par l'Agence mondiale antidopage et l'USADA. Leur défense consistait à affirmer qu'il avait eu un « jumeau chimérique », avec lequel il avait partagé le ventre de sa mère, ce qui avait occasionné la présence de cellules sanguines différentes dans son organisme, un phénomène qui expliquait apparemment tout…

*

* *

Vaughters en avait assez. Il savait qu'Hamilton mentait et que ces mensonges ne faisaient que perpétuer la culture de la triche, omniprésente dans le cyclisme. Il en avait également assez des gestes d'intimidation d'Armstrong, comme celui qu'il avait eu à l'égard de Simeoni. Après avoir abandonné l'immobilier, il avait créé une équipe cycliste réservée aux moins de 23 ans, et était révolté à l'idée qu'ils puissent être contraints chez les pros de prendre des produits dopants et de passer leur temps à mentir.

Alors, à l'automne 2004, il fit ses bagages et prit la direction de Colorado Springs. Là-bas, il laissa sa femme et son fils à l'hôtel Broadmoor et se rendit au siège de l'USADA, avec l'impression de frayer avec l'ennemi.

Il prit place face à Terry Madden, le directeur général de l'organisation, et Travis Tygart, le directeur juridique de l'agence.

Tandis que Madden lui posait des questions, Tygart prenait des notes.

– Je souhaitais simplement vous dire que vous étiez sur la bonne voie, avec Tyler, leur confia Vaughters.

– Vous êtes-vous déjà dopé ? demanda Madden.

Tygart leva les yeux de son bloc-notes. Vaughters garda le silence.

– Eh bien, apparemment, vous n'avez pas l'intention de nous le dire, poursuivit Madden.

Nouveau silence.

– Très bien. Alors, que pouvez-vous nous dire ?

Vaughters leur expliqua le procédé du microdosage de l'EPO, comment les coureurs parvenaient à passer au travers des mailles du filet en s'injectant de faibles quantités de produit pendant une très longue période. Pour qu'ils aient de meilleures chances de les prendre en flagrant délit, il leur conseilla d'effectuer les contrôles au petit matin ou tard le soir. Il leur révéla aussi qu'ils utilisaient des patchs de testostérone pour s'administrer de minuscules doses de stéroïdes au fil du temps.

Madden l'écoutait. Tygart prenait des notes.

Madden lui assura que l'agence avait la volonté d'aider ce sport à devenir propre. Vaughters leur confirma que lui aussi, mais qu'il fallait que leurs entrevues demeurent secrètes. Il avait vu ce qui arrivait aux coureurs – les Bassons et les Simeoni – qui s'exprimaient contre le dopage. Il n'avait aucune envie de se faire anéantir publiquement par Armstrong. Il avait une équipe de jeunes à diriger.

Armstrong avait déjà attiré l'attention de l'agence antidopage. Mais un incident avait particulièrement éveillé les soupçons de l'USADA. Plus tôt dans l'année, à peu près à l'époque où Hamilton s'était fait contrôler positif sur la Vuelta, Bill Stapleton, l'agent d'Armstrong, avait appelé l'USADA pour les informer que son coureur souhaitait faire un don de 250 000 dollars (environ 187 000 euros) à l'Agence pour son travail contre le dopage. Après avoir reçu cet appel, Tygart s'était rendu dans le bureau de Madden. Ils s'étaient regardés l'un l'autre en esquissant un sourire.

– C'est bien ce que je crois ? avait demandé Tygart. Qu'est-ce qu'il nous cache ?

Cinquième partie

Les mensonges du héros

15

Jusqu'au moment où Vaughters révéla tout à l'USADA, à l'automne 2004, Tygart ne s'était jamais réellement penché sur le cyclisme, ni sur sa longue tradition de dopage. C'était plutôt un adepte du base-ball, un fils d'avocat dans une famille d'avocats qui résidait à Jacksonville, en Floride. Ses arrière-grands-parents avaient fait partie de ces millions d'immigrants : ils étaient arrivés du Liban avec pour seul bagage leur ambition et avaient enseigné à leurs enfants ce que ces derniers enseigneraient aux leurs : qu'il n'y avait pas de miracles, que c'était uniquement en respectant les valeurs chrétiennes et en travaillant dur que l'on pouvait réussir.

Travis Thompson Tygart fréquenta la Bolles School, un lycée qui accordait une place importante au sport. Là-bas, il participa aux championnats d'État de base-ball et de basket. Dans son équipe de base-ball, il avait pour coéquipier Larry Jones, la future star des Atlanta Braves que les Américains n'allaient pas tarder à connaître sous le surnom de « Chipper ». Tygart et Jones avaient été témoins des effets des stéroïdes, notamment sur l'un de leurs adversaires aux muscles si protubérants qu'il parvenait tout juste à lancer la balle.

Lors d'un entraînement, pendant son année de terminale, il eut affaire pour la première fois aux produits dopants. Un soir, son cousin et lui faisaient de la musculation dans une salle de sport ; c'était une toute petite salle, avec des haltères et des poids dans tous les recoins, mais c'était l'endroit idéal pour se faire des muscles. Tygart se rappelle avoir été approché par un culturiste :

– Vous bossez dur, les gars !

– Ouais, répondit Tygart. On essaie de prendre des forces.

– Vous faites d'autres trucs ?

– De la cage de frappe.

– Rien d'autre ?

– Comment ça ?

– Vous savez, des produits de complément… Il y en a de bons, ça vous aiderait un peu.

Tygart fut pris au dépourvu. Naturellement, il aurait voulu se muscler et développer sa force. Quel jeune sportif ne l'aurait pas voulu ? À 17 ans, c'était un joueur de troisième base grand et mince. Il comprit ce à quoi le culturiste faisait allusion. Aux stéroïdes. Il se tourna vers son cousin, puis de nouveau vers le type.

– Euh, non merci. Ça ira.

*

* *

Sportif un peu guindé et meneur d'hommes né, Tygart devint délégué de classe en terminale et président de sa fraternité à l'Université de Caroline du Nord, Chapel Hill, où il suivit un cursus de philosophie. Alors qu'il était stagiaire au bureau du procureur de l'État de Floride, un été, il démissionna à cause de ce qu'il qualifiait de « gaspillage gouvernemental ». Ceux qui étaient censés gérer les archives passaient leur temps à jouer aux jeux vidéo. Chaque fois que quelqu'un venait consulter les archives, une alarme retentissait, et ils cessaient aussitôt de jouer, faisant mine d'être occupés. Il ne supportait pas de faire partie d'une entité gouvernementale qui payait ces employés pour jouer toute la journée. Il démissionna en signe de protestation.

Même à la fac, Tygart n'y connaissait toujours rien au cyclisme, et n'avait toujours pas entendu parler du Tour de France ni de Lance Armstrong. Il ne savait rien sur cette compétition qui allait bientôt faire parler d'elle grâce au simple nom de « Festina ». En revanche, il savait tout sur le base-ball. À la fac, il avait participé à la Rec League, le championnat amateur. Une fois marié, en 1995, il devint entraîneur de l'équipe de son ancien lycée, Bolles.

Quelques années plus tard, il suivit les cours de l'Université méthodiste du Sud, à Dallas. Entre sa seconde et sa troisième année, il travailla chez Jones Day, un grand cabinet d'avocats à Houston. C'était l'été de Mark McGwire et Sammy Sosa, les stars qui ont mis le base-ball sur orbite aux États-Unis et qui cherchaient à battre le record de home-runs[a] de la saison. L'Amérique était sous le charme, captivée par l'événement.

Mais si, dix ans plus tôt, vous aviez été un garçon de terminale très respectueux des règles et qu'on vous avait proposé des stéroïdes dans une salle de sport empestant la sueur, vous auriez sans doute aimé un peu moins l'été 1998. Si vous aviez été dans la même équipe que Chipper Jones au lycée et que vous l'aviez entendu pendant des années raconter de quelle manière les plus grands joueurs du championnat cherchaient à profiter de tous les avantages qu'on leur proposait, à commencer par les battes trafiquées, vous vous seriez sans doute inquiété de ce que cachaient tous ces records et ces conférences de presse euphoriques.

Vous auriez sans doute excusé le scepticisme de Tygart, même si McGwire et Sosa étaient devenus les coqueluches de l'Amérique, les chaînes de télévision nationales allant jusqu'à interrompre leurs programmes pour montrer leurs exploits. Tygart en savait suffisamment sur le base-ball et les stéroïdes pour pouvoir affirmer à ses amis :

– Il est impossible qu'ils réussissent tout ça sans rien prendre.

Cela ne l'empêchait pas de toujours aimer le sport. Il avait écrit deux articles sur le sujet dans des revues juridiques : l'un, s'inspirant de l'amendement « Title IX[b] », à propos de l'égalité

---

a. Au base-ball, le home-run est un coup sûr qui permet au frappeur de passer par toutes les bases d'une seule frappe, sans faute de la défense.

b. Amendement qui interdit toute discrimination sexuelle dans les programmes d'éducation.

sexuelle dans le sport dans son lycée par les équipements de baseball et de softball ; l'autre évoquant un exemple d'antitrust et de délocalisation d'un terrain de foot dans l'ouest du Texas. Un jour, il annonça à son vieil ami Chipper qu'il se pourrait qu'il devienne agent, mais Jones le lui déconseilla. D'après lui, c'était un boulot de « minable ».

Pourtant, quand l'équipe Festina fut exclue du Tour de France et que les coureurs de l'US Postal et le médecin de l'équipe jetèrent leurs produits dans les toilettes, pendant le Tour de 1998, Tygart ignorait que, quatre ans plus tard, il se retrouverait au beau milieu de tout cela.

*

* *

Un jour, fin 1999, n'ayant rien de mieux à faire, le jeune avocat Travis Tygart se rendit sur un site web qui proposait du boulot aux quatre coins du pays. Sur le moteur de recherche du site, il saisit les termes « sport » et « juridique ».

Il tomba sur l'annonce d'un cabinet d'avocats, Holme Roberts & Owen, qui travaillait pour un organisme du nom d'« Agence américaine antidopage ».

L'USADA avait vu le jour à la suite de l'affaire Festina, qui avait révélé au grand public l'existence d'un problème de dopage dans le cyclisme. Auparavant, les règlements antidopage variaient d'un sport à l'autre. Chaque fédération internationale avait ses propres normes, effectuait ses propres contrôles et gérait ses propres affaires. Aucun sport n'était aussi indulgent que l'Union cycliste internationale, l'UCI.

Lorsque des coureurs étaient contrôlés positifs, l'UCI ne décidait de la sanction à appliquer qu'après avoir étudié leur carrière, évalué ce qu'ils avaient apporté au sport, et s'ils « payaient le loyer de leur grand-mère et ce genre de trucs[445] », comme le reconnut un spécialiste de la lutte antidopage. « Ils voulaient garder la maîtrise de la situation. Ils préféraient se montrer flexibles et n'étaient pas très disposés à faire preuve de transparence. » À l'image de nombreux comités olympiques nationaux, l'UCI n'était pas la seule organisation à souhaiter que la réputation de ses athlètes demeure intacte. Le CIO décida donc d'agir pour que les contrôles deviennent plus objectifs, du moins en apparence.

En 1999, suite à l'affaire Festina, le CIO mit sur pied l'Agence mondiale antidopage (AMA) dans le but de standardiser les règlements appliqués jusque-là. Ses nouvelles directives entrèrent en vigueur en 2004. À cette époque, Lance Armstrong avait déjà remporté le Tour de France à cinq reprises.

L'USADA entama ses opérations à l'automne 2000, le Comité olympique américain et le Congrès l'ayant mandatée pour superviser la lutte antidopage dans le sport olympique. On attendait également de l'agence américaine antidopage qu'elle mette en pratique le règlement de l'AMA.

L'USADA n'était pas une agence gouvernementale, même si la majeure partie de son financement provenait de l'Office of Drug Control Policy[a] de la Maison-Blanche. Son budget était par conséquent voté au Congrès et susceptible d'être soumis au lobbying d'organisations ou d'individus puissants qui ne seraient pas satisfaits de son travail. Plus tard, Lance Armstrong en personne soutiendrait qu'il vaudrait mieux cesser de financer l'USADA, à défaut de supprimer l'agence.

Après avoir lu cette annonce sur Internet, Tygart postula chez Holme Roberts & Owen. Il obtint le poste et travailla pour le Comité olympique américain, la Pro Rodeo Cowboys Association, et les fédérations américaines de basket, de volley-ball et de natation. Ce qui l'intéressait le plus, cependant, c'était son travail sur le dopage pour l'USADA. Au bout d'environ deux ans et demi, il accepta le poste de directeur juridique au sein de l'agence.

À l'automne 2002, quand il prit possession de son nouveau bureau, il y trouva un poster représentant Armstrong sur son vélo, sur une route pavée, quelque part en Europe. Y figurait la célèbre citation du coureur : « Ce que je prends ? Mon vélo, et je me démène six heures par jour sur une selle. Et vous ? »

---

a. Bureau chargé de la lutte contre les produits stupéfiants.

Même si ce n'était pas lui qui l'avait accroché, Tygart conserva le poster au-dessus de son bureau. Il aimait la franchise qui s'en dégageait. La famille de sa femme avait été affectée par le cancer, et Armstrong, ce jeune Américain, venait de remporter la plus grande épreuve cycliste du monde, le Tour de France, alors qu'il sortait tout juste de l'hôpital. Selon lui, c'était l'une des plus belles histoires sportives de tous les temps.

Il fit la connaissance du champion quelques semaines plus tard, quand ce dernier appela l'USADA pour se plaindre. Jusqu'alors, Tygart et Armstrong avaient mené des existences parallèles sans aucun point commun à l'exception de leur âge, 31 ans. L'un était le produit d'un prestigieux lycée, l'autre n'avait pas terminé sa scolarité. L'un était pratiquant, l'autre athée. L'un avait une famille très soudée, l'autre une ascendance marquée par l'alcoolisme, l'adultère et le divorce.

Tygart s'était penché sur le cyclisme. Madden, le PDG de l'USADA, et Rich Young, l'un de ses associés chez Holme Roberts & Owen qui avait participé à la rédaction du règlement antidopage de l'AMA, lui avaient également parlé de la tradition du dopage qui y régnait, lui expliquant que l'usage de produits dopants était monnaie courante dans les sports d'endurance comme le cyclisme. La nouvelle politique de l'USADA à propos des contrôles hors compétition devrait leur permettre de prendre sur le fait un peu plus de contrevenants.

Afin de mettre en œuvre ces contrôles inopinés, l'USADA demanda à tous les sportifs de lui fournir un emploi du temps détaillé. Cela agaça Armstrong, qui s'en plaignit : il lui était impossible de leur communiquer le sien, car ses voyages et ses horaires d'entraînement changeaient en permanence. Ce n'était pas raisonnable. Les coureurs risquaient de se faire pénaliser simplement parce qu'ils auraient manqué un contrôle.

Quelques semaines seulement après l'arrivée de Tygart à l'USADA, Armstrong appela ce dernier en personne.

– C'est n'importe quoi, nous refusons de subir ce genre de traitement. Ce n'est pas bien de venir chez nous pour nous soumettre à des contrôles. Ce n'est pas correct[446].

Tygart fit tourner son fauteuil et lui rétorqua :

– Écoutez, monsieur, vous avez le bénéfice du doute. Je suis en train de regarder votre photo sur le mur de mon bureau, et il faut que vous compreniez que nous sommes obligés de donner à vos admirateurs la garantie que vous êtes réglo. Les contrôles hors compétition sont une bonne chose. C'est la meilleure façon d'attraper les tricheurs. Si vous êtes propre, comme le prétend votre poster, inutile de vous inquiéter.

*

* *

Tygart savait très bien ce que les sportifs étaient prêts à faire pour réussir. Il était très impliqué dans les affaires de dopage mises au jour par l'enquête sur les stéroïdes issus de la société californienne Balco (Bay Area Laboratory Co-Operative). Cette entreprise prétendait leur avoir fourni des compléments alimentaires et des vitamines tout ce qu'il y avait de plus légal. Il s'agissait en fait de produits dopants.

Le joueur de base-ball Barry Bonds et la sprinteuse Marion Jones étaient au nombre des sportifs qui avaient fait appel à ses services. Il y avait aussi la cycliste Tammy Thomas, ancienne médaillée d'argent au championnat du monde, qui fut suspendue à vie après avoir été contrôlée positive aux stéroïdes en 2002.

C'était l'une des affaires de dopage les plus étranges de tous les temps : Tammy insistait sur son innocence, mais il suffisait de la regarder pour être convaincu du contraire. Elle avait des épaules larges et musclées, une barbe naissante, un front dégarni et une voix grave et rauque.

Le cas de Thomas sous les yeux convainquit Tygart qu'il y avait un grave problème de dopage dans le cyclisme et qu'Armstrong n'était peut-être pas si propre que cela, après tout. D'autant plus que plusieurs coureurs ou anciens coureurs de l'US Postal avaient été contrôlés positifs – certains tests avaient été effectués par l'USADA, et d'autres par l'UCI.

En 2002, Kirk O'Bee fut déclaré positif à la testostérone. En 2004, Hamilton fut confondu pour une transfusion sanguine et se défendit comme un dément pendant près de deux ans, ce qui occupa Tygart pendant un bon moment. Et ils ne seraient pas les seuls.

Même si Tygart aurait voulu croire au valeureux retour d'Armstrong après son cancer, il ne pouvait décemment pas faire abstraction des indices de plus en plus nombreux qui tendaient à prouver que le champion s'était probablement dopé. Chaque fois qu'un coureur se faisait prendre, il s'efforçait de convaincre celui-ci de lui en dire davantage sur le dopage qui avait cours au sein du peloton professionnel. Il insistait pour qu'il se mette à table et balance le sport et ses anciens coéquipiers, et ce pour le bien des plus jeunes, qui risquaient un jour d'être confrontés à la décision de se doper.

Il tenta de convaincre Hamilton de lui parler du dopage qui s'était certainement pratiqué au sein de ses équipes en lui disant tout simplement :

– On sait très bien que tu n'es pas tout seul.

Même si Hamilton le soupçonnait de vouloir coincer Armstrong, Tygart ne prononça jamais son nom. Il allait à la pêche aux informations, mais les coureurs comme Hamilton, fidèles à la loi du silence qui régnait dans le peloton, refusaient de mordre à l'hameçon.

Chris Carmichael, l'entraîneur d'Armstrong, du moins sur le papier, donna à Tygart des raisons de douter encore plus du héros du cyclisme. Tous deux se connaissaient bien, car c'étaient de vieux amis de Colorado Springs, et leurs enfants fréquentaient la même école. Un jour, lors de l'anniversaire d'un enfant, Carmichael fit allusion à Betsy Andreu et au fait qu'elle prétendait que Lance avait avoué se doper, et il « la discrédita », d'après les termes de Tygart. Carmichael n'arrêtait plus de la dénigrer. Ses insultes « allaient si loin et étaient si méchantes » que Tygart trouva qu'il en faisait trop. « Il était facile de comprendre que ça dissimulait quelque chose, parce que sinon il n'aurait pas réagi de cette façon. Je suis rentré chez moi et j'ai demandé à ma femme : "Qu'est-ce qu'il essaie de cacher ?" »

Rien de tout cela ne prouvait quoi que ce soit, mais l'intérêt de Tygart fut aiguisé. Il ne souscrivait pas à l'hypothèse très répandue parmi les admirateurs de Lance Armstrong selon laquelle aucun rescapé du cancer n'aurait couru le risque de se doper simplement pour pouvoir pédaler plus vite.

« Personnellement, si j'avais été à l'article de la mort et que j'étais ressorti athée de cette terrible épreuve, je profiterais de la vie comme jamais, car je ne serais peut-être plus là le lendemain.

» Ces valeurs fondamentales qui nous animent tous, quelle que soit notre religion, comme le fait de traiter les autres comme des égaux, d'être honnête, de faire passer les autres avant soi… rien de tout cela n'aurait plus la moindre importance. Je refuserais de me soumettre à toutes ces contraintes morales.

» En fin de compte, le prolongement logique de tout cela consisterait à se dire : “Je me fous de tout. Je prends tout ce que je peux tant que j'en ai la possibilité.” »

Au fil des ans, tandis que les preuves contre Armstrong commençaient à s'accumuler, Tygart sut s'en souvenir.

16

Tyler Hamilton avait la belle vie. Sa femme Haven et lui vivaient dans une grande maison au bord d'un canyon, à Boulder, dans le Colorado. Par les fenêtres de derrière, ils avaient un point de vue à couper le souffle sur les contreforts couverts de conifères au pied des montagnes aux sommets enneigés de la chaîne du Continental Divide.

Dans le salon, la médaille d'or olympique de Tyler était suspendue au cou de la statue en bois d'un élan souriant. À côté se trouvait l'urne qui contenait les cendres de son chien, Tugboat, une touffe de poils de sa queue fixée au couvercle. Deux mois après que l'on eut découvert les cellules de quelqu'un d'autre dans le sang d'Hamilton, celui-ci avait déclaré :

– J'ai touché le fond. Je pourrais tout perdre.

Tandis que l'US Postal se préparait à la tentative de record d'Armstrong, qui envisageait sérieusement de remporter une septième victoire sur le Tour de France avant de prendre sa retraite, Hamilton s'efforçait de défendre sa réputation. Il insista sur le fait qu'il ne se serait jamais transfusé le sang d'un autre. Il m'avoua que c'était ridicule, car il redoutait d'attraper le sida et de transmettre la maladie à sa femme.

Haven Hamilton, dans un message qu'elle posta sur le site www.believetyler.org peu après le contrôle positif de son mari, qualifia ce résultat d'erreur. Elle soutint qu'ils avaient tous les deux horreur des transfusions depuis la maladie de Tugboat, juste avant les Jeux olympiques, cet été-là. Souffrant d'hémorragies internes, l'animal avait perdu plus de la moitié de son sang, et, à l'issue de sa seconde transfusion, il s'était retrouvé paralysé d'un côté de la gueule avant de finir par mourir.

« Parfaitement conscient des risques inhérents aux transfusions, il est ridicule de croire que Tyler aurait accepté de recevoir le sang de quelqu'un d'autre », écrivit-elle.

Une partie de son récit était vrai. Il ne s'était pas transfusé le sang d'un autre, mais le sien. Seulement, Fuentes ou l'un de ses employés avait confondu les pochettes de sang. Par rapport au système mis au point par l'US Postal, cela ressemblait beaucoup à du travail de Pieds Nickelés.

Armstrong exigeait le meilleur, et la Postal avait les moyens de suivre. Au sein de l'équipe, les coureurs étaient suivis par des médecins experts en dopage, à commencer par Del Moral et Ferrari. Ils se rendaient aussi en Belgique pour consulter le docteur Dag Van Elsland, un contrôleur antidopage des Flandres pendant les années 1990, et ce jusqu'en 2004[447]. Le médecin avait pour mission de récupérer leur sang et de l'entreposer.

L'équipe profitait de contrats de sponsoring fort juteux, et, d'après Landis, la vente de vélos suffisait à générer les liquidités nécessaires pour financer le programme de dopage.

Il prit connaissance de cet accord « vélo contre argent liquide[448] » en 2004. Au mois de mars de cette année-là, il brisa le cadre de sa machine alors qu'il était sur le point de remporter une étape du Paris-Nice. Lorsqu'il demanda un nouveau vélo à Bruyneel, celui-ci lui répondit que l'équipe n'était pas assez riche pour se permettre de fournir du nouveau matériel aux coureurs. Il se demanda comment il se faisait que l'on n'équipait pas ces derniers systématiquement, alors qu'Armstrong se déplaçait en jet privé.

Incrédule, il appela plusieurs sponsors pour leur demander quelle quantité de matériel ils leur fournissaient, parce qu'il n'y en avait pas assez pour tout le monde, ou alors il était vraiment usé. Quand il eut le fabricant de vélos, Trek[449], en ligne, on lui certifia que l'équipe disposait de suffisamment de machines et de pièces détachées pour pouvoir profiter de cent vingt nouveaux vélos par an. Rien que pour 2004, Landis en déduisit qu'il manquait environ soixante vélos. À 3 000 dollars (2 250 euros), cela avait pu rapporter 180 000 dollars (135 000 euros) à l'équipe. Cela lui fit l'effet d'une révélation. *Alors voilà comment l'équipe finance le dopage…* Il découvrit que c'étaient les sponsors, indirectement, qui payaient les produits dopants de l'équipe.

Bruyneel fut furieux d'apprendre que Landis avait passé ces coups de fil[450]. Il avait court-circuité son directeur sportif et posé beaucoup trop de questions. En poussant les sponsors à se demander où allait leur matériel s'il ne parvenait pas à l'équipe, il avait été à deux doigts d'enfreindre la loi du silence tacite qui permettait de protéger les programmes de dopage des différentes équipes vis-à-vis du monde extérieur.

Pour le punir de ne pas avoir été un « gentil garçon », Bruyneel et Armstrong, lors du Tour de France de cette année-là, jetèrent l'une des pochettes de sang de Landis dans les toilettes[451]. Malgré tout, il aida son capitaine à remporter son sixième Tour. Mais il ne courut plus jamais pour l'US Postal.

*

* *

Tandis qu'Hamilton était embourbé dans une bataille judiciaire avec l'USADA qui allait durer deux ans, Landis s'engageait avec l'équipe Phonak. Il était enfin devenu le capitaine de route qu'il méritait d'être, d'après lui.

Mais Phonak n'avait mis en place aucun système de dopage organisé. La preuve, Hamilton avait dû faire appel aux services du docteur Fuentes. Mais Landis s'en moquait. Il était persuadé de pouvoir devenir l'exception parmi ses anciens coéquipiers de la Postal qui s'étaient enfoncés dans la médiocrité après leur départ ou, pire, qui s'étaient fait contrôler positifs. Landis était convaincu de pouvoir remporter le Tour en restant propre.

Saris Cycling Group, la société qui fabriquait l'appareil électronique qui permettait à de nombreux coureurs d'évaluer leur rendement sur leur machine, était l'un des plus anciens partenaires de l'équipe. Pour aider Landis à s'en sortir sans les moyens de l'US Postal, Saris recruta Allen Lim, un doctorant en éducation physique à l'Université du Colorado, à Boulder, pour qu'il lui serve de physiologiste.

Lim, un ancien cycliste, s'était servi du mesureur de puissance de Saris pour effectuer ses recherches universitaires et était impatient de pouvoir passer de la théorie à la pratique. On lui offrait la possibilité d'analyser la puissance et les dépenses énergétiques de l'un des plus grands cyclistes du monde pendant les trois semaines que durait le Tour. C'était le premier à faire ce genre de chose.

Lim, qui se décrivait lui-même comme un « petit Chinois rachitique à lunettes originaire des Philippines », avait immigré à Los Angeles avec ses parents juste avant ses 2 ans. Alors qu'il suivait des études aux États-Unis, il avait connu deux drames : son père était mort après s'être étouffé au cours d'un repas, et l'un de ses meilleurs amis s'était fait violer pendant ses vacances au Brésil et était rentré à Boulder avec une dépendance à la cocaïne.

Il s'entretint sérieusement avec Landis pour la première fois en janvier 2005, chez le coureur, à Temecula, en Californie. Landis lui posa une question :

– Que penses-tu de mes chances de remporter le Tour, cette année ?

– Euh… eh bien, vous savez, par rapport à vos résultats de l'an dernier et compte tenu du fait que c'est vous le capitaine cette année… (Décontenancé par la question, l'étudiant marqua un temps d'arrêt pour réfléchir tout en sentant sur lui le regard inquisiteur du coureur.) Ce serait vraiment super si vous pouviez faire partie des cinq premiers au classement général. Ce serait un excellent objectif.

Soudain, Landis s'emporta.

– Putain, mec ! Si tu ne me crois pas capable de remporter ce putain de Tour de France, dégage d'ici. Parce que permets-moi de te dire que je vais le gagner, ce Tour[452].

Choqué, Lim garda le silence. Mais Landis se calma aussi vite qu'il avait explosé. C'était l'une des étranges sautes d'humeur dont l'étudiant allait être témoin à de nombreuses reprises.

Le coureur poursuivit :

– Parce que, vois-tu, si on ne s'entraîne pas pour remporter cette épreuve, on ne saura jamais comment il faut s'y prendre pour la gagner.

– D'accord, d'accord, se reprit Lim. Je suis persuadé que vous pouvez remporter le Tour.

– Génial. C'est ce que je voulais t'entendre dire[453].

L'Église mennonite avait demandé au jeune Landis de faire acte de foi en acceptant ses enseignements, mais il avait refusé. À son insu, il était en train de mettre en pratique ce que son Église avait prêché si longtemps auparavant. Il demandait simplement à Allen Lim d'y croire.

*

* *

La première semaine de mai 2005, deux mois avant le Tour de France, Lim se rendit à Gérone pour commencer son travail avec Landis. Ils habitaient ensemble et formèrent rapidement une équipe soudée. Toutefois, Landis ne tarda pas à lui demander :

– Tu crois que l'entraînement en altitude pourrait être aussi efficace que le dopage ?

L'étudiant avait toujours pris Landis pour un coureur sain, mais cette question éveilla sa curiosité. Pourquoi voudrait-il trouver une méthode « aussi efficace que le dopage » ? Lui était-il déjà arrivé de se doper ?

Avec le temps, le cycliste lui avoua qu'il avait participé au système de dopage de l'US Postal. Il lui expliqua comment Armstrong l'en avait convaincu. Lors d'une sortie d'entraînement, il avait eu du mal à suivre son capitaine, ce qui avait poussé ce dernier à lui dire :

– Tu n'es pas obligé de souffrir autant. Je peux t'aider à vaincre la douleur[454].

Après lui avoir raconté cette histoire, Landis se tourna vers son physiologiste.

– Il y avait énormément de monde qui s'occupait de son programme. Moi, je n'ai que toi.

Jusqu'alors, Lim n'avait eu aucune idée de l'importance du dopage dans le cyclisme. Et voilà que Landis lui soutenait que tous ceux qui réussissaient se dopaient probablement.

– Il y a tout un système en place, mais je n'en ai pas besoin, déclara le coureur. Je vaux mieux que ça. Je n'ai pas besoin de ces produits. Je peux gagner sainement[455].

Il lui raconta comment Bruyneel, furieux, avait jeté sa pochette de sang dans les toilettes, lors du Tour 2004. Il avait néanmoins terminé à une respectable vingt-troisième place. Lim fut soulagé d'apprendre qu'il s'en était aussi bien tiré sans se doper.

Il lui parla aussi du jour où le médecin de l'équipe lui avait fourni un comprimé spécial. Après l'avoir ingéré, il avait fait une excellente course. Alors, quand il lui en avait donné un autre, le lendemain, il l'avait gardé dans sa poche. C'était une idée brillante. Il le rapporterait chez lui et le ferait analyser. Cela lui permettrait de fabriquer ces comprimés lui-même. Il les vendrait, il gagnerait des millions de dollars et remporterait sûrement le Tour tous les ans jusqu'à la fin de ses jours. Mais l'analyse n'avait révélé qu'un seul ingrédient : du sucre. Le comprimé était un placebo.

Il expliqua à Lim qu'il ignorait ce qui l'avait contrarié le plus : qu'on lui ait donné un morceau de sucre alors qu'un véritable dopant lui aurait permis de gagner plus d'argent, ou qu'il ne puisse pas fabriquer de comprimés pour devenir encore plus riche.

Lim tenta de trouver ce qu'il y avait de plus positif dans les folles histoires de Landis. Il fut réconforté par le fait qu'il lui avait avoué la vérité sur son expérience au sein de l'équipe d'Armstrong, et ravi de l'entendre lui poser des questions sur des méthodes légales et naturelles susceptibles d'accroître ses performances, même s'il semblait toujours en revenir au dopage…

Le 26 mai, Landis demanda au « Chinois » – surnom grossier dont il avait affublé son physiologiste – de le conduire à Valence, à près de 450 km de Gérone, pour un rendez-vous. Lim, qui n'était jamais allé en Europe, s'enthousiasma.

– Oh, génial ! On va à Valence ! Je n'y suis jamais allé. Ils y cultivent vraiment des oranges ?

À Valence, Lim ne vit qu'une petite clinique du sport. Landis lui avait demandé de se garer dans un parking attenant et de l'y attendre. Moins d'une heure plus tard, il vit le coureur réapparaître avec un pansement dans le creux du bras. Cela ne lui disait rien de bon.

– Qu'est-ce que c'est ? Qu'est-ce qui se passe ? demanda-t-il.

Nerveux et visiblement apeuré, Floyd s'immobilisa, à deux doigts de fondre en larmes. L'étudiant comprit aussitôt qu'il culpabilisait à propos de quelque chose.

Au bout d'un moment, Landis lui avoua qu'il était allé voir Del Moral, l'ancien médecin de l'US Postal, pour qu'il lui fasse une prise de sang et qu'il conserve son précieux fluide dans sa clinique pour pouvoir le réutiliser sur le Tour[456].

Il projetait d'aller le récupérer juste avant l'épreuve et de l'apporter à Grenoble, où son beau-père, David Witt, le conserverait jusqu'au passage du peloton dans la ville[457]. Ce jour-là, la veille de l'entrée du peloton dans les Alpes, il se transfuserait son propre sang, ce qui lui donnerait un sérieux coup de fouet.

Il assura à Lim qu'il s'agissait d'une idée de dernière minute. Il avait prévu de réaliser ce Tour sans transfusion, mais les enjeux étaient trop importants pour pouvoir se le permettre. Il prétendit que c'était la faute d'Armstrong. S'ensuivit une explication de trois heures sur les raisons pour lesquelles il lui fallait se doper pour pouvoir battre Armstrong.

D'après lui, le fait que celui-ci se dope avait déclenché une « course aux armements » parmi les meilleurs coureurs d'Europe. Toutes les équipes savaient qu'Armstrong prenait en abondance des produits pour améliorer son endurance et atténuer sa douleur. Elles savaient aussi qu'il pratiquait des transfusions sanguines. Landis tenta de faire comprendre à Lim qu'il en allait de son devoir, non seulement envers lui-même mais aussi envers son équipe, de se hisser au même niveau que les autres afin de réduire l'avantage d'Armstrong.

Lim et Landis continuèrent quand même à discuter de la nécessité de se doper. Le physiologiste lui garantit qu'il avait un organisme tellement supérieur qu'avec son talent, il pouvait gagner sans se doper. Il lui était inutile de s'abaisser au niveau de l'US Postal et de tricher.

Le problème, avec l'argumentation de Lim, c'était le terme « tricher ». Les cyclistes professionnels étaient convaincus que le dopage n'avait rien d'injuste, puisque tout le monde s'y adonnait. Et cela en raison des résultats d'Armstrong.

Pour soutenir son point de vue, Landis lui raconta comment Armstrong s'était dopé pour l'US Postal. Il avait commencé en 1999, pour remporter le Tour de France pour la première fois, et n'avait jamais cessé depuis. Floyd prétendait que c'était injuste pour les coureurs qui, comme lui, étaient naturellement exceptionnels.

Peut-être en raison de tous les sermons qu'il avait entendus dans sa jeunesse – deux fois tous les dimanches et une fois chaque semaine –, il s'exprimait souvent comme un prêcheur charismatique. Il comparait son besoin de se doper à un combat religieux qu'il menait contre Armstrong. Tandis qu'il représentait le bien, Bruyneel et son champion étaient des démons qui incitaient les coureurs à rejoindre les forces du mal.

– Parfois, pour vaincre le diable, il faut se servir de ses armes[458], affirma Landis à Lim.

Des larmes dans les yeux, il lui expliqua comment son père l'avait obligé à rester des heures dans leur fosse septique en baskets pour la vider à la pelle. Il s'était entraîné sur son vélo au beau milieu de la nuit pour que ses parents n'en sachent rien. Et, lorsqu'il s'entraînait ou courait le jour, il portait un pantalon de survêtement, car les mennonites trouvaient immoral que les hommes montrent leurs jambes.

Il était persuadé qu'un tel coureur, un garçon qui avait grandi dans une telle simplicité, méritait de battre le roi des tricheurs, Armstrong. Il était convaincu que la pandémie de dopage était due à la bande de mafieux de l'US Postal : les coureurs, les responsables et les sponsors qui fermaient les yeux.

– Eh, Al, tu ne pourras rien y changer, et moi non plus[459], lui dit Landis sur le trajet du retour.

Il était certain qu'il en allait de son devoir moral de commettre un acte immoral en trichant, si c'était là le seul moyen de battre des types vraiment sans scrupules comme Armstrong et sa bande.

Lim en eut des vertiges. Il voulut prendre le premier avion pour chez lui, mais il s'inquiétait de ce qu'il adviendrait de Floyd s'il le laissait seul. Il s'était exprimé de manière si irrationnelle à propos du dopage qu'il pouvait tenter de prendre des risques inconsidérés pour avoir l'avantage.

Cherchant conseil sur la meilleure conduite à tenir, il envoya un e-mail à Prentice Steffen, un ancien médecin de l'US Postal qui avait aussi travaillé avec Landis au sein de l'équipe Mercury, de 1998 à 2001. Il savait que Steffen s'était plaint que l'équipe l'avait remplacé par un médecin espagnol parce qu'elle voulait mettre en place un système de dopage organisé. Il pensait que Landis et Steffen pourraient œuvrer de concert pour dénoncer le dopage d'Armstrong. Il demanda également conseil au médecin sur la meilleure façon de gérer le comportement imprévisible du coureur.

Steffen lui confirma qu'il était inutile que Landis se dope pour se hisser au niveau des autres. Il avait une autre option : porter plainte contre Armstrong devant le tribunal fédéral. Il avait lui-même tenté de convaincre d'autres personnes liées à l'équipe, dont Hamilton et Emma O'Reilly, de se joindre à lui en tant que parties civiles dans un procès fédéral. Il avait contacté un avocat de San Francisco spécialisé dans ce genre d'affaires, répondant aux critères de la loi Lincoln, qui donnait à des citoyens « lanceurs d'alerte » le droit et la motivation de poursuivre des sociétés au nom du gouvernement.

Steffen était prêt à déclarer qu'Armstrong et la société qui gérait l'équipe, Tailwind Sports, étaient au courant du programme de dopage lorsqu'ils avaient conclu un accord de partenariat avec le United States Postal. Le fait d'être au courant de ce dopage constituait une fraude, comme statuerait le tribunal. Mais Steffen avait besoin d'un témoin direct pour le soutenir.

Lorsque Lim aborda le sujet avec Landis, ce dernier lui répondit :

– C'est la plus grosse connerie que j'aie jamais entendue[460].

Lim interrogea également Steffen sur le bien-être émotionnel du coureur. Landis était toujours aussi déprimé qu'en 2002, lorsqu'il avait rejoint l'US Postal et vivait avec David Zabriskie. Son instabilité rendait le physiologiste nerveux. Il craignait que le coureur, qui semblait lutter contre un inexplicable sentiment de tristesse, puisse faire une bêtise.

– Je crois bien que Floyd n'a plus toute sa tête, lui annonça Lim. J'ai l'impression qu'il vaudrait mieux qu'il aille consulter.

Pour Steffen, cela n'avait rien d'étonnant. Il lui répondit que d'autres employés de Mercury avaient un jour parié sur la date à laquelle il se suiciderait.

Après l'aller-retour Gérone-Valence, Landis se réveilla à 16 heures, sonné après avoir dormi toute la journée. Poussé par Lim, il évoqua sa dépression. Il lui montra un manuel de neurophysiologie et lui affirma que la lecture d'ouvrages consacrés au fonctionnement du cerveau lui était très utile pour comprendre ses changements d'humeur.

– En fait, tu es là pour me garder en vie, déclara-t-il.

C'était une plaisanterie, mais Lim en était terrifié.

Le lendemain, Landis s'entraîna sur son vélo, pendant que son physiologiste surveillait ses dépenses énergétiques. Moins de vingt-quatre heures après son prélèvement sanguin, il aurait dû être affaibli. Au contraire, il afficha de belles statistiques, ce qui, de l'avis de Lim, était la preuve que c'était un coureur suffisamment fort pour se passer de globules rouges supplémentaires.

Au bout de plusieurs jours, cependant, en rentrant chez eux, Lim surprit Landis en train de s'injecter de l'EPO dans la cuisine. C'était la première fois qu'il assistait à ce genre de scène.

– Je suis désolé, dit-il. Je ne veux pas être impliqué là-dedans. Je pars.

– Non, reste ! l'implora le coureur. Écoute, si je décide de me doper, ce que tu fais pour moi est très important. Je ne peux pas le faire sans toi[461].

Il voulait lui faire croire que l'entraînement était plus important que le dopage, que celui-ci ne représentait qu'une infime partie de sa préparation. La différence, selon lui, c'était qu'Armstrong pouvait compter sur dix fois plus de monde pour l'aider à se préparer pour le Tour.

– Si tu pars, je n'aurai plus rien[462], insista-t-il.

En dépit de ses suppliques, l'étudiant rentra chez lui dès le lendemain. C'était trop bizarre et trop effrayant pour lui. Il souhaitait raconter toute l'histoire à l'USADA. Tout ce qu'il savait sur Landis, Armstrong, et sur le cyclisme en général. Mais il redoutait Landis, et craignait que personne à l'agence antidopage n'ait le courage d'enquêter sur ses allégations, qui mettaient en cause l'un des sportifs les plus adulés du pays. Il avait vu Armstrong s'en prendre publiquement à ceux qui avaient dénoncé son dopage : Bassons, Simeoni, Emma O'Reilly, Walsh...

Il préféra donc garder le silence.

*

* *

De retour à Boulder, Lim en voulait sérieusement à Landis. Il était bouleversé par la mort de son père et la dépression de sa mère, et était immensément peiné par la dépendance à la cocaïne de son meilleur ami. Même s'il avait obtenu son diplôme, il fut contraint d'emprunter de l'argent à sa famille et à ses amis pour pouvoir payer son loyer. Ce n'était pas vraiment de cette façon qu'il avait envisagé le métier de ses rêves.

Puis il reçut dans sa boîte aux lettres un chèque de 7 000 dollars (environ 5 200 euros), provenant d'Amber Landis, la femme du coureur. Lim se sentit partagé. Ce n'était pas une grosse somme d'argent, juste un geste de bonne foi de la part du coureur, mais cela le fit réfléchir.

Ce n'était pas tous les jours qu'un gamin d'immigrés comme lui avait la chance d'entraîner un cycliste de renommée internationale. Il culpabilisait aussi de l'avoir abandonné. *Et s'il lui arrivait quelque chose parce que je n'étais pas là pour le surveiller ?*

Il encaissa donc le chèque, régla quelques factures et acheta un billet d'avion pour l'Europe. Moins de deux semaines après son départ, il était de retour à Gérone. C'était à la mi-juin, et il ne restait plus que quelques semaines avant le départ du Tour de 2005. Landis était plus étrange que jamais. Il était tour à tour à cran, sur les nerfs et contrarié, puis fascinant, sincère et facétieux. « Il affichait désormais clairement les symptômes d'une personne atteinte de troubles bipolaires, m'avoua Lim. Soudain, mes inquiétudes n'eurent plus grand-chose à voir avec le dopage. »

Il avait l'impression que Landis devait remporter le Tour de France pour pouvoir rester en vie.

Cette fois, au lieu de fuir, il se consacra à lui. Il voulait savoir de quoi Landis était capable. Pendant que Lim était dans le Colorado, le coureur avait pris la décision de devenir un spécialiste de la transfusion. En plaisantant, il prétendait que le « docteur Landis » n'allait pas tarder à surpasser n'importe quel autre médecin.

D'après lui, il fallait qu'il devienne un expert parce qu'il avait des doutes sur le sang qu'il avait entreposé chez Del Moral.

– J'ai du mal à croire que je viens de conclure un accord avec ce type qui travaille encore probablement pour Lance, confia-t-il à Lim. Quel imbécile je fais !

Il craignait que Del Moral parle de son plan à Armstrong, puis que celui-ci tente de le contrecarrer. Il décida donc de retourner chez le médecin et de se faire transfuser son sang sur-le-champ. Après avoir appris que Levi Leipheimer, un autre Américain qui avait fait partie de l'US Postal, avait également mis en dépôt une pochette de sang chez Del Moral, il parvint à le convaincre de récupérer, lui aussi, son bien.

Avant de se rendre à la clinique du médecin, il se préleva toute une pochette de sang, sans l'aide de qui que ce soit – il en aurait besoin en remplacement de celle qu'il avait laissée chez Del Moral.

Lim le surprit en train de terminer sa prise de sang et le vit s'affoler à l'idée de ne pas savoir où il allait entreposer son sang. Il ne pouvait pas le garder dans son réfrigérateur, car sa femme et sa jeune belle-fille arriveraient des États-Unis dès le lendemain. Il acheta donc une glacière, un thermomètre électronique, de la glace et un pack de jus d'orange. Il découpa le haut du pack, y glissa la pochette de sang, puis rangea le tout dans la glacière pleine de glaçons, avec le thermomètre, qu'il avait au préalable inséré dans un sachet hermétique Ziploc. Sa pochette de remplacement était prête à l'emploi.

La présence de sa famille ne fit qu'ajouter une tension supplémentaire. Il se disputait jour et nuit avec sa femme. Lorsque c'était le cas, Lim s'occupait de leur fille, la petite Ryan.

Sa nouvelle devise était : « Tais-toi, évite d'énerver Floyd, attends le Tour, et tu pourras rentrer chez toi. »

Landis entreprit bientôt un nouveau projet : il allait aider Leipheimer, qui courait pour l'équipe allemande Gerolsteiner, à se doper[463]. Ils feraient leurs transfusions ensemble, quand le peloton passerait à Montpellier. Plutôt que de se réinjecter son sang à Grenoble pour se donner un coup de fouet dans les Alpes avec la pochette de Del Moral, il avait opté pour Montpellier et un coup de fouet dans les Pyrénées avec le sang qu'il s'était lui-même prélevé.

Leipheimer et lui étaient donc devenus complices, mais ils étaient loin d'atteindre le niveau de sophistication d'Armstrong.

Environ dix jours avant le départ du Tour de France, Lim les conduisit à Montpellier. Ils y furent accueillis par les beaux-parents de Landis, Rose et David Witt. Ce dernier allait faire partie de l'équipe qui leur permettrait de mettre leur plan à exécution. Tandis que Lim allait se promener avec la belle-mère de Floyd, les autres hommes se mirent au travail. Là-bas, le « docteur Landis » préleva 500 cm^3 de sang – une seule pochette – à Leipheimer. Au retour de Lim, il dissimula cette pochette dans un pack de jus d'orange, qu'il glissa dans une glacière remplie de glaçons. Leipheimer laisserait sa pochette dans le minibar de la chambre d'hôtel. Les beaux-parents de Landis iraient chercher à Gérone le sang que ce dernier s'était prélevé, puis le rapporteraient à Montpellier. Le plan diabolique de Landis qui allait lui permettre de se doper était finalement en train de se mettre en place.

Mais Floyd avait oublié un point important : un sachet hermétique pour le thermomètre. Ils en avaient besoin parce que l'appareil était électronique et qu'il valait mieux le garder au sec. Lim conduisit ses deux amis dans une succession de magasins, les coureurs demandant des sachets hermétiques dans un français exécrable qui faisait immanquablement penser à l'inspecteur Clouseau dans *La Panthère Rose.*

– Est-ce que vous avez un sachet du Ziploc ? Ziploc sac ? Sac du Ziploc ? Avez-vous?

Ils étaient si désespérés qu'à un moment, alors qu'ils étaient pris dans les embouteillages, Leipheimer baissa la vitre de la voiture et arrêta un passant :

– Excusez-moi, où est une supermarché ? Je cherche pour un sachet Ziploc.

Lim se mettant à ricaner, le cycliste se rendit compte qu'ils étaient tous en train de devenir fous. Ils finirent par trouver l'objet de leur quête et rentrèrent à Gérone le soir même.

Trois jours plus tard, Landis prit l'avion pour Valence afin de récupérer le sang qu'il avait laissé chez Del Moral. Son plan ne se déroula pas comme prévu. Lim le vit peu de temps après et remarqua aussitôt que le coureur était très pâle. Sa température était montée en flèche. Il avait la nausée. Lim et lui incriminèrent aussitôt la transfusion, le sang s'étant sans doute abîmé. Ils connaissaient tous les deux les risques : Landis pouvait mourir.

– Il faut qu'on t'emmène aux urgences, déclara Lim. Il faut que tu voies un médecin. Sans perdre de temps !

Le coureur refusa, car il ne voulait pas compromettre ses chances de participer au Tour de France, et il ne voulait surtout pas que l'on puisse imaginer qu'il était peut-être tombé malade à cause d'une transfusion. Le départ était dans une semaine.

Deux longues journées s'écoulèrent, et le coureur finit par se rétablir. Mais il savait qu'il était en difficulté. Avec ce mauvais sang dans l'organisme, son niveau d'hématocrite avait considérablement chuté, ce qui signifiait qu'il n'entamerait pas le Tour dans les meilleures conditions. Il lui restait une possibilité : retrouver un niveau d'hématocrite satisfaisant en s'injectant le sang qu'il s'était prélevé tout seul à Gérone et que ses beaux-parents n'avaient pas encore apporté à Montpellier.

Il s'empara de la pochette et se rendit seul dans sa chambre. Il laissa la porte entrebâillée. En passant devant la pièce, Lim le vit accroupi dans un coin, la pochette de sang scotchée sur le mur, une aiguille dans le bras. Il récupérait son bien.

Il ne lui restait cependant plus aucune pochette pour se doper. Le « docteur Landis » était dans une mauvaise passe : ses deux plans avaient échoué. Il avait avorté la première tentative en prenant conscience des relations qu'entretenaient Del Moral et

Armstrong. Il s'était réinjecté le sang et était tombé malade. Sa seconde tentative s'était retournée contre lui car il avait eu besoin de sang neuf après avoir été très affaibli par le sang abîmé. Il s'était servi de cette deuxième pochette pour faire remonter son niveau d'hématocrite à la normale avant le début du Tour.

Étrangement, il semblait plus heureux. Plus tard dans la matinée, après sa transfusion, il s'entraîna sous la pluie et dans la boue, et fit une halte au bord d'un profond canyon qui donnait sur des fermes et des vignobles. Sous les yeux de Lim, il se déshabilla, roula tous ses vêtements en boule et les jeta dans le canyon.

Il resta nu un long moment, poussant une succession de cris si puissants que Lim en eut la chair de poule.

*

* *

– Ça s'est bien passé, pour toi, à Grenoble ? demanda Armstrong.

Durant la première étape de montagne du Tour 2005, après un passage à Grenoble, Armstrong courut aux côtés de Landis pour lui faire comprendre que, oui, il était au courant de son projet initial de se doper à Grenoble. C'était simplement Del Moral qui le lui avait répété[464].

Toutes les pièces du puzzle semblaient s'emboîter. Landis était si paranoïaque qu'il était persuadé qu'Armstrong avait convaincu le médecin de trafiquer son sang.

– Putain, tu te rappelles quand je suis tombé malade ? dit-il à Lim, après une étape. Et si c'était parce que Lance avait déconné avec mon sang[465] ?

Armstrong aurait-il osé s'en prendre physiquement à Landis ? Lim l'ignorait, mais il sentait que Landis en était convaincu. Fin 2013, Landis m'expliqua qu'il n'avait eu de mauvaise réaction qu'une seule fois après s'être injecté du sang de Del Moral, mais qu'il en ignorait la raison. Pour Lim, cependant, la possibilité qu'Armstrong ait pu être impliqué dans cet incident confirma l'opinion qu'il se faisait de lui : c'était un ennemi.

Quelques jours plus tard, Lim tomba sur Vaughters, qui travaillait comme guide pour une société d'excursions à vélo.

Landis avait évoqué avec lui l'idée de travailler ensemble au sein de l'équipe de jeunes qu'il avait montée, la TIAA-CREF. Lim fut soulagé de voir un visage connu, quelqu'un à qui il pouvait parler.

– Jonathan, ce sport, c'est n'importe quoi, lui dit-il. Laisse-moi te raconter ce qui m'est arrivé, ces deux dernières semaines.

Vaughters voulait savoir si le cyclisme était un peu plus propre depuis 2002, l'année où il avait cessé de courir en Europe.

– Pas vraiment, c'est même pire ! lui répondit Lim.

– C'est horrible, c'est comme une course aux armements, sauf que les deux superpuissances ne maîtrisent plus rien du tout. C'est devenu si commun de se doper que les coureurs sont comme des gamins qui fabriqueraient leurs propres bombes atomiques. Comme de petits terroristes sans formation qui auraient accès à du plutonium.

Lim lui répéta de nombreuses anecdotes que Landis lui avait racontées à propos du dopage au sein de la Postal, à quel point le système était devenu complexe à l'époque où Floyd faisait encore partie de l'équipe. Il lui expliqua que l'équipe d'Armstrong faisait appel à un coursier à moto, parfois le cuisinier de l'équipe, pour transporter le sang des coureurs. Celui-ci restait au frais dans les sacoches réfrigérées de la moto, dont Landis avait des photos.

Lim lui raconta que le dopage était devenu si crucial que Landis était persuadé qu'en lui demandant si cela s'était bien passé pour lui à Grenoble, Armstrong avait tenté de lui faire comprendre qu'il savait que Landis avait reçu du sang abîmé.

C'est dingue, se dit Vaughters.

Deux jours après l'arrivée du Tour de France, Vaughters (Cyclevaughters) envoya un message instantané à Frankie Andreu (Fdreu) via AOL. Il lui répéta ce que Lim lui avait révélé.

Ce fut le début d'une succession de quatre-vingt-trois messages[466], essentiellement à propos d'Armstrong et de l'US Postal, certains évoquant directement le dopage :

« *Cyclevaughters* : De toute façon, j'ai du mal à comprendre pourquoi je ne me contente pas de jouer le jeu avec la bande de Lance. Enfin, merde, ça me faciliterait la vie, quoi ! Et puis ce n'est pas comme si je n'avais jamais rien pris, hein ?

Fdreu : Je joue le jeu, ma femme non, mais Lance nous déteste tous les deux.

Fdreu : C'est un cul-de-sac, tu sais comme il est. Dès que tu quittes l'équipe ou que tu fais quelque chose de mal, tu es exclu à tout jamais. »

Vaughters écrivit que lorsqu'il fut recruté par l'équipe Crédit Agricole, il s'était aperçu que « toutes les équipes ne se [faisaient] pas vingt-cinq injections par jour ». Il culpabilisait pour ce qu'il avait fait à l'US Postal. Chez Crédit Agricole, d'après lui, on ne faisait pas d'injections aux coureurs. « Je me suis alors rendu compte que Lance racontait n'importe quoi quand il prétendait que tout le monde se dopait », écrivit-il.

Vaughters et Andreu s'attardèrent sur les résultats inattendus de Hincapie dans la montagne, durant le Tour 2005. C'était un spécialiste des classiques d'un jour. Pourtant, il avait remporté l'étape la plus difficile du Tour de France. Il s'agissait d'une succession de six cols que seuls les meilleurs grimpeurs pouvaient gravir à une vitesse soutenue. La victoire de Hincapie était l'exemple parfait de ce que les transfusions sanguines avaient modifié dans le cyclisme. Cette victoire était aussi improbable que celle d'un spécialiste du 100 m sur un marathon.

« *Fdreu* : Explique-moi comment il est passé des classiques à la montagne !

Cyclevaughters : Je n'en sais rien… J'aimerais bien pouvoir faire confiance à George.

Cyclevaughters : Mais le problème, c'est que dans cette équipe, tout paraît normal. »

Vaughters raconta à Andreu qu'Armstrong et Bruyneel « [avaient] jeté la recharge de sang de Floyd dans les toilettes devant lui sur le Tour, l'an dernier, pour qu'il pédale moins bien ». Il lui apprit également que Landis avait une photo des sacoches réfrigérées de la moto qui transportait le sang des coureurs sur le Tour.

« *Fdreu* : C'est dingue ! Ça a encore franchi une nouvelle étape.

Cyclevaughters : Ouais. C'est compliqué à mettre en œuvre, mais avec de l'argent, c'est faisable. »

Vaughters lui confia qu'il pouvait « expliquer de quelle manière Lance embobine tout le monde. Ils ont trouvé un moyen très complexe d'échapper aux contrôles, mais ce n'est ni un nouveau produit ni une nouvelle technique. Ils ont simplement les moyens et un plan très bien conçu ». Il lui répéta ce que Lim lui avait dit : qu'en 2004, les coureurs de l'équipe d'Armstrong s'étaient fait prélever leur sang avant le Dauphiné, qui se déroule en juin. Un homme à moto le leur rapportait pendant le jour de repos. Ils refaisaient le plein et étaient prêts pour l'étape de montagne suivante.

« *Fdreu* : Je sais, j'en ai assez d'entendre à quel point Lance est quelqu'un de formidable, de génial, etc. C'est n'importe quoi, et il est difficile de se retenir de dire aux gens que ce n'est qu'un tricheur et un connard. »

*

* *

Landis termina neuvième de ce Tour 2005, sans transfusion. Un exploit incroyable. Leipheimer, qui s'était transfusé pendant la course avec l'aide de Landis[467], termina sixième. Collectivement, les coureurs américains avaient réalisé leur meilleur résultat depuis des années.

Mais, comme toujours, tout le monde n'eut d'yeux que pour Armstrong. Il venait de remporter son septième Tour de France, et ce à une vitesse record de 41,65 km/h. Sa petite amie, Sheryl Crow, était une rockstar. Dans le répertoire de son téléphone portable se trouvaient les numéros de Bill Clinton et de Bono du groupe U2.

Sa fondation, que tout le monde allait finir par appeler Livestrong, était en plein essor. Ce qui avait débuté comme une sortie à vélo au cœur d'Austin pour près de 3 000 personnes était devenu une organisation philanthropique à succès. De 2002 à 2005, les recettes de la fondation avaient été presque multipliées par huit, dépassant 63 millions de dollars (47 millions d'euros). Lorsque Armstrong remporta ce dernier Tour, la fondation avait écoulé près de cinquante-trois millions de petits bracelets jaunes Livestrong à un dollar. Les dons augmentèrent de près de 10 millions de dollars (7,5 millions d'euros) l'année suivant l'édition de ces bracelets.

Certains prétendaient que ce bracelet signifiait plus qu'un simple lien avec Armstrong. Buddy Boren, un cycliste de Dallas de 61 ans rescapé du cancer, portait le sien lorsqu'il fit le tour du Texas à vélo pour collecter des fonds pour le cancer. « On me dit : "Je vois que vous portez le bracelet de Lance Armstrong", confia-t-il au *Dallas Morning News.* Je réponds : "Ce n'est pas simplement le bracelet de Lance Armstrong." Je leur dis que c'est un bracelet Livestrong[a] et que je vis ma vie à fond[468]. »

Chaque année, Nike donnait 7,5 millions de dollars (5,6 millions d'euros) à la fondation, et 2,5 millions (1,9 million d'euros) à Armstrong pour qu'il porte les produits de la marque. En 2005, Nike étendit ses activités. La société ne se contenta plus d'assurer le marketing des bracelets et décida de lancer une ligne de vêtements Livestrong : des maillots, des shorts, des gilets et différents accessoires marqués de la date où les médecins avaient diagnostiqué le cancer du coureur, le « 02/10 ». Nike appela cela « son jour "*carpe diem*", un jour pour vaincre l'adversité et redonner un sens à la vie ».

Les magasins commandaient tellement de produits Livestrong auprès de Nike que l'équipementier craignit que ses autres départements, comme ceux consacrés au basket et à la course à pied, n'en souffrent, les boutiques préférant vendre les produits de la ligne Armstrong plutôt que les autres[469].

Au cours de ses huit premières années d'existence, Livestrong récolta 85 millions de dollars (près de 64 millions d'euros) pour

a. « *To live strong* », qui signifie « vivre sa vie à fond ».

la recherche sur le cancer, la prévention et les programmes d'aide aux personnes malades. Elle accorda plus de 15 millions de dollars (11 millions d'euros) de subventions.

Lors du Ride for the Roses de 2004, 6 500 cyclistes permirent de collecter pour la fondation 6 millions de dollars (4,5 millions d'euros) en une seule journée. D'autres événements sportifs Livestrong, des courses cyclistes, des courses à pied, des marches et des triathlons apparurent aux quatre coins des États-Unis. L'association Charity Navigator, qui s'était donné pour mission d'évaluer les différentes structures caritatives, accorda à la fondation sa meilleure note, quatre étoiles.

Pour certains, Armstrong apporta beaucoup plus que de l'argent à la communauté du cancer. Jadis, cette maladie souffrait d'une sorte de marque d'infamie ; personne n'osait ne fût-ce que prononcer son nom à voix haute. Grâce au coureur et à sa fondation, cela changea. Il était soudain devenu très tendance d'avoir un bracelet jaune, qui identifiait celui qui le portait comme faisant partie du club des rescapés du cancer ou de ceux qui avaient un proche touché par la maladie. Le candidat républicain à la présidentielle John Kerry en porta même un lors de sa campagne, et on le vit sur de nombreuses photos avec ce petit accessoire jaune. Armstrong était devenu le chef de « l'armée Livestrong », qui rassemblait des gens du monde entier.

Il était membre du President's Cancer Panel, un groupe de trois personnes qui rendait compte au président américain de la mise en place du « plan cancer ». Même s'il détestait s'exprimer en public, il accepta de se faire former par les meilleurs, et notamment un consultant politique de haut vol, Mark McKinnon, membre du conseil d'administration de la fondation d'Armstrong. Il ne devint jamais un orateur brillant, mais sa maladresse ne fit que contribuer à son charme. Quand il s'exprimait, même les puissants l'écoutaient. Et, d'après McKinnon, « quand il se décidait, il pouvait être très bon ».

Il envisagea même de se présenter au poste de gouverneur du Texas.Les sénateurs John Kerry et John McCain, tous deux des rescapés du cancer et d'influents parlementaires à Washington, écoutaient ses discours enflammés. L'été où il remporta son septième Tour de France, les sénateurs partagèrent leurs histoires de rescapés sur le site web de Livestrong.

« Lance Armstrong a montré aux personnes atteintes du cancer qu'il était essentiel de lutter non seulement contre la maladie, mais aussi contre la peur et l'isolement, écrivit McCain. Quand les gens se rendent compte qu'ils ne sont pas seuls, ils acquièrent la force de surmonter les obstacles qui se dressent devant eux lorsqu'ils sont atteints d'un cancer. Ce sentiment d'unité est un outil formidable. »

La communauté du cancer dévora l'autobiographie du coureur, *Il n'y a pas que le vélo dans la vie*, qui devint le livre de chevet d'un grand nombre de personnes, un manuel d'espoir et de persévérance.

« Je ne crois pas que qui que ce soit pourrait affirmer que la fondation serait ce qu'elle est aujourd'hui sans Lance Armstrong, écrivit McKinnon. Pas uniquement parce qu'il lui a apporté des fonds. Il lui a aussi apporté de la sueur. Il lui a consacré énormément de temps, d'énergie et de réflexion. Et si quelqu'un sait parfaitement diriger ce genre d'organisation, c'est bien Lance. Il a gouverné sa fondation comme il a gouverné son équipe cycliste. »

Il a également su apporter sa touche personnelle. Il a ainsi rendu visite à des services de cancérologie ainsi qu'à des hôpitaux pour enfants pour écouter l'histoire des patients. Quand quelqu'un lui demandait d'appeler un malade ou de lui envoyer un e-mail, il ne se plaignait jamais.

« Il n'y a pas grand-chose de plus puissant que la vie, poursuivit McKinnon. Il disait aux gens : "Vivez !" »

En 2005, une petite rescapée du cancer de 10 ans envoya une lettre à la fondation. Elle y disait : « Merci, Lance, d'être aussi fort. Moi aussi, j'ai été forte. »

Son impact sur le cyclisme fut sans précédent. Le nombre de licences délivrées par l'USA Cycling augmenta de 21 % de 2001 à 2005[470]. Les ventes de la société Trek Bicycle Corporation avaient doublé depuis 1998, l'année où elle avait signé un partenariat avec lui. « Sans Lance, on ne serait pas en train d'agrandir notre usine, et on n'aurait pas de nouveaux bureaux avec de la moquette, de grandes fenêtres et une salle de sport[471] », déclara Zap Espinoza, l'un des porte-parole de la société.

Tout ce qu'il avait touché semblait se transformer en or. Certains appelaient cela l'« effet Lance ».

Lorsqu'il remporta son septième Tour de France, il était déjà une mégastar internationale. Pour atteindre ce statut, il avait survécu non seulement au cancer, mais aussi à des années de surveillance, sa réussite étant constamment mise en doute.

Les autorités françaises n'étaient pas parvenues à établir la preuve qu'il s'était dopé, et il ne semblait pas prendre au sérieux les accusations de son ancien soigneur, Emma O'Reilly. Il ressortit relativement indemne de la parution du livre de David Walsh et Pierre Ballester. Aux journalistes qui lui avaient demandé à de nombreuses reprises s'il s'était dopé, il avait chaque fois nié avec un tel aplomb qu'il leur avait semblé impossible qu'il puisse mentir.

Avec le succès, il était devenu encore plus provocateur. En juillet 2005, il se tenait sur la plus haute marche du podium du Tour de France après avoir remporté l'épreuve pour la septième fois d'affilée, ce qui avait semblé inimaginable. Il entendit alors les acclamations des milliers de spectateurs amassés de chaque côté de l'avenue des Champs-Élysées, à Paris. À ses côtés, ses enfants – Luke, 5 ans, et les jumelles de 3 ans, Grace et Isabelle – étaient tout sourire. Les filles portaient des robes jaune tournesol assorties au maillot de vainqueur de leur papa.

Se tournant vers la foule, il déclara :

– Enfin, la dernière chose que je dirai à ceux qui ne croient pas dans le cyclisme, aux cyniques et aux sceptiques, c'est que je vous plains. Je vous plains de ne pas être capables d'avoir de grands rêves. Je vous plains de ne pas croire aux miracles.

« Mais c'est une sacrée course. C'est un immense événement sportif. Vous feriez bien d'ouvrir les yeux et d'y croire. Croyez en ces sportifs, en tous ces gens. Toute ma vie, je resterai un passionné du Tour de France. Il n'y a pas de secret : c'est une épreuve difficile, et pour la remporter, il faut travailler dur. Vive le Tour !

C'en était terminé pour Armstrong. Il allait prendre sa retraite. Il n'avait plus aucun défi à relever. Il avait vaincu ces enfoirés d'Européens, les gendarmes, les médisants, les Alpes et les Pyrénées. Il les avait tous battus.

Du moins le croyait-il.

17

À première vue, rien chez Bob Hamman ne laissait supposer qu'il deviendrait l'un des plus grands adversaires d'Armstrong. Ce n'était pas un formidable athlète – un Floyd Landis – mû par la vengeance et la jalousie. Ce n'était pas non plus quelqu'un de déterminé et d'acariâtre – une Betsy Andreu –, décidé à dénoncer ce qu'il considérait comme un comportement immoral.

Lorsque Armstrong remporta son septième et dernier Tour de France, Hamman était un champion de bridge de 66 ans, corpulent et aux cheveux blancs. Mais il avait un point commun avec Landis et Andreu : il refusait de se sentir floué. Dans son cas, il refusait qu'Armstrong puisse l'escroquer de plusieurs millions de dollars.

Hamman et SCA Promotions, sa compagnie d'assurances dont le siège était à Dallas, avaient signé en 2001 un contrat avec Armstrong et Tailwind Sports, la société qui gérait les équipes US Postal et Discovery Channel. SCA devait payer au coureur un bonus pour avoir remporté ses quatrième, cinquième et sixième Tours. Elle déboursa 1,5 million de dollars (1,1 million d'euros) pour sa quatrième victoire, 3 millions de dollars (2,25 millions d'euros) pour la cinquième, mais rechigna à se délester de 5 millions de dollars (3,75 millions d'euros) pour la sixième.

Elle rechigna après que Hamman eut lu le livre de David Walsh, *L.A. Confidentiel*[472]. Il demanda à SCA de ne pas payer le moindre centime à Armstrong tant qu'il n'aurait pas mené personnellement l'enquête sur les accusations portées par l'auteur. Si le coureur s'était vraiment dopé, Hamman ne se sentait pas le devoir de le payer. La nouvelle selon laquelle il refusait de verser son bonus fut rendue publique à l'automne 2004. Armstrong répliqua comme d'habitude, en engageant des poursuites.

Il était scandalisé que quelqu'un ose le défier devant son public américain. Ce genre d'attaques venait généralement de France, ou d'Anglais comme Walsh, mais certainement pas de ses compatriotes texans. Les bureaux de Hamman se trouvaient à Dallas, à deux pas de la maison où le coureur avait passé son enfance.

Stapleton, l'agent d'Armstrong, se mit aussitôt au travail. Il chercha tout d'abord à discréditer Hamman en achetant une pleine page dans le *Sports Business Journal*[473]. Il y présentait les victoires du coureur sur le Tour comme une réussite qui, « avec son histoire de rescapé du cancer, a fait de lui un coureur qui a su transcender le sport et la culture ». La publicité stipulait que SCA était une société qui n'honorait pas ses contrats et qui tentait de modifier « les règles lorsqu'il était temps de remplir ses obligations ».

La publicité de Stapleton fit comprendre à SCA que la bataille serait rude. Le fils de Hamman, Chris, conseilla à son père de céder :

– Ses communicants vont te broyer.

Mais Bob Hamman refusa d'abandonner. Non seulement souhaitait-il que sa société garde les 5 millions, mais il voulait aussi défendre l'intégrité de celle-ci. Armstrong et Stapleton n'allaient pas tarder à apprendre qu'il n'avait pas l'intention de se laisser faire. C'était sans doute le meilleur joueur de bridge de l'histoire : il avait remporté le titre de champion du monde à douze reprises. C'était le Michael Jordan d'un jeu complexe et exigeant que seuls pouvaient maîtriser des joueurs qui, d'après ses propres termes, « haïssaient leurs adversaires et voulaient gagner, gagner, gagner ».

SCA Promotions garantissait les risques que prenaient des sociétés lorsqu'elles organisaient des promotions ou des événements, comme, par exemple, un prix d'un million de dollars pour un panier de basket, ou une voiture neuve pour un « trou en un » au golf. Il était arrivé à SCA d'accepter toutes sortes de propositions. Une grenouille allait-elle battre le record du monde de saut en longueur ? (La réponse fut « non ».) Un fermier pouvait-il faire pousser une citrouille de plus de 500 kg ? (Le défi fut relevé, avec une courge de la taille d'une petite voiture.) Quelqu'un allait-il pouvoir retrouver un cafard avec une marque distinctive lâché dans les rues de Houston ? (L'animal disparut à tout jamais.)

SCA garantissait également des risques sportifs. Ernie Els allait-il pouvoir remporter l'open de golf de Grande-Bretagne alors que les bookmakers le donnaient à 470 contre 1 ? (SCA perdit son pari.) Armstrong allait-il pouvoir remporter un quatrième, un cinquième et un sixième Tour de France d'affilée ? (Hamman pensait que non. Encore perdu.)

Hamman avait eu vent des accusations de dopage qui poursuivaient le coureur. Pourtant, il avait vendu à Tailwind Sports le contrat d'assurance de 420 000 dollars (315 000 euros) – un moyen légal de parier, en quelque sorte – parce qu'il était persuadé que jamais un rescapé du cancer n'aurait osé se doper après avoir frôlé la mort. Il s'agissait d'un présupposé assez logique de la part d'un homme qui passait une grande partie de son temps à évaluer les décisions des autres.

Il avait laissé tomber la fac pour devenir un joueur de bridge professionnel, un jeu auquel il s'adonnait depuis l'âge de 6 ou 7 ans. Il avait remporté plus de cinquante championnats nord-américains et avait été le joueur le mieux classé du monde pendant vingt ans. Jusqu'en 2004.

Il me raconta qu'il s'en voulait d'être parti du principe que les autorités du cyclisme s'efforceraient de faire respecter le règlement. Il n'imaginait pas qu'Armstrong et Stapleton s'entendaient si bien avec les instances dirigeantes de ce sport, l'UCI.

Tout au long de la période de domination d'Armstrong, Stapleton avait fait de nombreux allers-retours jusqu'au siège de l'Union cycliste, en Suisse, pour rendre visite à Hein Verbruggen[474], le président de l'organisation de 1991 à 2005. Les relations de Stapleton avec Verbruggen avaient en partie trait à l'argent. En 2006, l'agent me raconta qu'Armstrong avait fait un don de 100 000 dollars (75 000 euros) au programme anti-dopage de l'UCI. Plus tard, il me confia qu'il s'était trompé dans les chiffres et qu'il s'agissait en réalité de 25 000 dollars (moins de 19 000 euros). Pat McQuaid, le successeur de Verbruggen, déclara en 2006 qu'il n'avait aucun souvenir d'un don d'Armstrong.

Tout cela rendit Sylvia Schenk pour le moins perplexe. Jadis présidente de la fédération cycliste allemande et membre du comité directeur de l'UCI, elle m'avoua en 2006 que le don du coureur était plutôt de l'ordre de 500 000 dollars (375 000 euros) et que cela frisait l'indécence. Ni Verbruggen ni McQuaid ne furent en mesure d'expliquer à Sylvia ou au comité directeur la raison de cette donation ou la manière dont l'UCI avait employé cet argent. « C'était un secret, m'expliqua-t-elle. Armstrong subissait un traitement particulier de la part de l'UCI. Jusqu'à quel point ? On ne le saura jamais, parce que Hein Verbruggen et Pat McQuaid refusent d'aborder le sujet. »

Des années plus tard, McQuaid déclara qu'Armstrong et sa femme avaient remis en 2002 un chèque de 25 000 dollars à l'UCI, et que la société de Stapleton lui avait fait un don de 100 000 dollars (75 000 euros) en 2005[475]. D'après lui, cet argent avait servi à l'achat d'une machine destinée à effectuer des analyses sanguines afin de lutter contre le dopage.

Ces dons, quels que soient leur montant et les dates auxquelles on les avait faits, ne représentaient qu'une partie des liens financiers qui unissaient Armstrong, l'USA Cycling, Verbruggen et l'UCI. Par exemple, une partie du portefeuille d'actions de Verbruggen était gérée par la banque d'investissements dirigée par Weisel, le propriétaire de l'équipe d'Armstrong[476]. Le courtier responsable du compte était Jim Ochowicz, l'ancien directeur sportif d'Armstrong, qui était resté l'un de ses amis proches, et président du conseil d'administration de l'USA Cycling de 2002 à 2006. Tygart de l'USADA déclara que ces liens « puaient[477] » à cause des conflits d'intérêts qu'ils généraient.

Pour sa part, Hamman ne prit connaissance de ces dons qu'au cours de l'arbitrage de l'action en justice intentée par Armstrong.

Le premier problème de Hamman avait été de trouver un avocat. Dallas aimait ses sportifs, ses Cowboys et ses footballeurs. Oui, la ville avait même appris à aimer Armstrong, un Texan autrefois considéré comme un paria par ses camarades de classe qui le traitaient de « tapette en collant ». Hamman reconnut que plusieurs cabinets avaient décliné son offre, car ils refusaient qu'on puisse les voir s'en prendre au héros local.

Hamman finit par frapper à la porte de Jeff Tillotson, l'un des associés de Lynn Tillotson Pinker & Cox. D'abord sceptique, l'avocat se sentit obligé d'accepter l'affaire parce que personne n'en voulait. Sa mère avait survécu à un lymphome et faisait partie des admiratrices d'Armstrong. Lorsqu'elle apprit que son fils allait représenter Hamman, elle déclara :

– Je suis vraiment gênée. J'ai lu son livre, et il m'a aidée à survivre[478].

Puis la situation empira pour Tillotson. « Dès que la nouvelle fut rendue publique, m'apprit l'avocat, j'ai reçu près de cent cinquante e-mails en quelques jours. On m'a traité de salaud, de menteur, et on a souhaité que mon cabinet fasse faillite. »

Pour sa stratégie, il fallait mettre le public au courant des accusations de dopage qui étaient portées contre le coureur dans le livre de Walsh et Ballester. Il fit donc parvenir cet ouvrage à différentes maisons d'édition américaines, tout en leur offrant gratuitement ses services si Armstrong les poursuivait pour diffamation une fois le livre publié aux États-Unis. Mais il n'y eut aucun preneur.

Puis le vent commença à tourner. Le 23 août 2005, trois jours après que Lance eut passé la journée à faire du vélo avec George W. Bush dans le ranch texan du président, le journal *L'Équipe* titra à la une : « Le mensonge Armstrong ».

Dans l'article, le journaliste annonçait que l'on avait soumis rétrospectivement à un test de détection de l'EPO les échantillons d'urine du coureur datant de 1999. Six d'entre eux s'étaient révélés positifs. « L'extraordinaire champion, le rescapé du cancer, est devenu une légende grâce à un mensonge », écrivit Damien Ressiot, le journaliste de *L'Équipe*.

Ressiot avait décroché son scoop en s'efforçant de découvrir quels étaient les échantillons d'urine qui appartenaient à Armstrong, car ils n'étaient identifiés que par un simple numéro. Toutefois, d'après le règlement, ces six résultats positifs ne purent pas devenir officiels, les examens ayant uniquement été conduits à des fins scientifiques.

Rapidement, Armstrong clama haut et fort que les chercheurs n'avaient pas suivi les procédures habituelles et que, pour cette raison, les résultats des analyses n'étaient pas fiables. Non, il n'avait pas été contrôlé positif à six reprises, se défendit-il, même si *L'Équipe* et le laboratoire affirmaient le contraire. Le coureur maintint qu'il était innocent.

De nombreux responsables du cyclisme et de l'olympisme prirent sa défense. Gerard Bisceglia, le directeur général de l'USA Cycling, qualifia les accusations de *L'Équipe* de « ridicules[479] », car on avait testé uniquement ses échantillons de rechange. Pour qu'un contrôle soit officiellement positif, il fallait que l'échantillon initial et celui de rechange soient tous les deux positifs. Sergueï Bubka, président de la commission des athlètes du Comité international olympique, exigea que le laboratoire soit suspendu pour avoir enfreint le règlement antidopage.

Règlement enfreint ou non, pour Armstrong, le mal était déjà fait. Dick Pound, le président de l'Agence mondiale antidopage, déclara publiquement qu'il ne s'agissait pas de la parole de l'un contre la parole de l'autre et que des analyses scientifiques prouvaient qu'il y avait un problème avec les échantillons d'urine d'Armstrong.

– À moins que les documents ne soient des faux, certaines questions sont soulevées.

Pound raconta qu'il reçut de la part d'Armstrong une succession d'e-mails, dont l'un était signé du mot « LIVESTRONG » en majuscules, répété à trois reprises et souligné. Il reçut ensuite ce qu'il appela un « appel kafkaïen[480] », au cours duquel le coureur lui affirma à de nombreuses reprises qu'il aimait son sport.

Le responsable de l'AMA comprit alors que le cycliste allait se défendre jusqu'au bout, quel qu'en soit le prix, et qu'il ferait mieux de lui fiche la paix. Après ce coup de téléphone, sans prévenir, Armstrong envoya une lettre au président du CIO pour lui demander de renvoyer Pound car il avait « contrevenu à plusieurs reprises aux normes éthiques ».

D'autres responsables considérèrent que ces tests positifs constituaient la preuve qu'Armstrong avait triché. Le directeur du Tour, Jean-Marie Leblanc, l'homme qui avait prétendu qu'Armstrong avait sauvé le sport en remportant le « Tour du renouveau » en 1999, soutint que les allégations de *L'Équipe* étaient les premières « preuves scientifiques[481] » qui indiquaient qu'Armstrong s'était dopé.

– Il nous doit des explications. Il en doit à tous ceux qui suivent le Tour, déclara-t-il. Aujourd'hui, ce que révèle *L'Équipe* me montre que je me suis fait avoir et qu'on s'est tous fait avoir[482].

Leblanc voulait qu'Armstrong parle, et il parla. Le jour où fut publié l'article du quotidien sportif, le coureur appela Bob Costas, le commentateur sportif qui coprésentait à l'époque l'émission « Larry King Live ». Il voulait être invité dans l'émission pendant au moins une heure pour pouvoir démentir ces allégations. « Bien sûr », lui répondit Costas.

Le coureur tenta de mettre les accusations du journal sur le compte des relations plus ou moins tendues qu'entretenaient les États-Unis et la France, après que celle-ci eut refusé de se joindre à l'armée américaine en Irak, en 2003. Il ajouta que la veille du départ du Tour de France 2005, le ministère des Sports français lui avait prélevé deux échantillons d'urine et deux de sang, alors que cela n'avait pas été le cas pour les autres coureurs.

– C'est une véritable chasse aux sorcières ! s'exclama-t-il. C'est n'importe quoi. Ça fait plus de sept ans que je le dis : je ne me suis jamais dopé. Je peux encore le répéter. Mais je le dis depuis sept ans. Ça ne sert à rien. Mais le fait est que je ne me suis jamais dopé.

Il poursuivit :

– Il suffit de réfléchir : j'ai échappé de peu à la mort, alors pourquoi je voudrais risquer ma peau en me dopant ? C'est complètement dingue. Jamais je ne ferais une chose pareille. Non. C'est impossible.

– Il est impossible qu'ils aient trouvé de l'EPO dans vos urines parce que vous niez catégoriquement en avoir jamais pris ? insista Costas.

– Quand j'ai uriné dans ce flacon, il n'y avait pas d'EPO dedans. En aucune façon.

Costas lui demanda s'il comptait poursuivre en justice ceux qui avaient proféré ces accusations. Le coureur répondit que oui, c'était probable, mais qu'il ne savait pas par où commencer. Le laboratoire français ? *L'Équipe* ? Le ministère des Sports ? L'Agence mondiale antidopage ?

– Tous ces gens ont gravement violé le code de l'éthique, affirma-t-il.

Costas déclara ensuite à Armstrong ce que ses millions d'admirateurs pensaient sûrement :

– Ici, aux États-Unis, vous êtes l'un des sportifs les plus admirés de… de tous les temps. Les gens refusent de croire à tout ça.

– Vous avez raison, confirma Lance.

Le coureur termina l'entrevue en rappelant aux téléspectateurs pourquoi les gens voulaient croire qu'il était propre : parce que c'était un héros. Il évoqua son travail pour le cancer avec Livestrong. King lui demanda s'il allait épouser Sheryl Crow, ce qui obligea Costas à intervenir :

– Vous savez, c'est pour ça que Larry est là, Lance. Je ne me serais jamais permis de vous poser cette question.

Il sembla très agacé que King ait dévié du très sérieux sujet des accusations de dopage contre Armstrong.

Le cycliste ne répondit pas vraiment à la question, et l'émission se termina maladroitement avec des sourires gênés.

Moins de deux semaines après l'article de *L'Équipe*, et peu de temps après avoir limité les dégâts avec l'aide de Costas et de King, Armstrong annonça la bonne nouvelle à son public américain : deux ans et demi après avoir déclaré à Kristin qu'il en avait assez de leur union superficielle, il demandait Sheryl en mariage. Les tabloïdes furent aux anges.

*

* *

Hamman et ses avocats savaient qu'il leur fallait un dossier en béton pour pouvoir battre cette espèce de Houdini qui parvenait à s'échapper de toutes les situations périlleuses dans lesquelles il finissait par se trouver. Avec l'aide de Costas et de King, il venait de se débarrasser devant tout le pays d'une accusation qui portait sur six contrôles positifs à l'EPO.

– On a l'impression de se battre contre un mur, avec ces types, parce que ce sont des célébrités, lui fit remarquer Tillotson. Il lui a suffi de décrocher son téléphone pour se retrouver dans cette émission, où il a pu s'en donner à cœur joie contre nous et tout nier en bloc.

Hamman, le joueur de bridge expérimenté, comprit qu'il n'avait pas la main gagnante. Il mit donc au point un plan B diabolique.

Si SCA perdait le procès, ce qui était très probable car un contrat était un contrat, Hamman était persuadé que les témoignages recueillis sous serment parviendraient à convaincre les personnes les moins obtuses qu'Armstrong s'était réellement dopé. Il espérait que les autorités sportives qui avaient le pouvoir de réagir face au dopage d'Armstrong ouvriraient une enquête officielle sur les allégations soulevées par l'affaire SCA. Hamman pensait qu'une telle enquête permettrait de révéler la vérité au grand jour et que le coureur pourrait même être contraint de renoncer à ses victoires sur le Tour de France. Par ce moyen détourné, il était possible que SCA récupère ses 5 millions de dollars. « Bob insistait pour que tous les faits soient énoncés, raconta Tillotson. Il misait sur le long terme. Même s'il ne récupérait pas son argent, la vérité finirait par éclater un jour, et cela le satisferait entièrement. »

Walsh, Ballester et le cycliste néo-zélandais Stephen Swart acceptèrent de témoigner au cours du procès SCA, ainsi que Betsy Andreu, qui lui fournit des informations de fond, lui envoya des SMS et des e-mails, et lui téléphona sans discontinuer. Tillotson se sentit obligé de le prévenir :

– Prenez vos distances avec Betsy. Elle ne fait pas partie de notre équipe au sens légal du terme. Ce n'est qu'un témoin.

Il m'expliqua que les avocats d'Armstrong avaient requis des copies de leurs communications pour prouver que c'était un témoin partial. « Le fait qu'elle soit si acharnée jouait en faveur de Lance », constata-t-il.

Tillotson et les avocats de SCA se servirent des témoignages sous serment pour peindre un portrait saisissant d'Armstrong le dopé. Swart déclara qu'il avait poussé l'équipe Motorola à prendre de l'EPO dès 1995. Michael Ashenden, un expert en transfusions sanguines, affirma que les échantillons d'urine issus du Tour 1999 prouvaient « au-delà de tout doute raisonnable » qu'Armstrong avait pris de l'EPO. Il fit remarquer que, pendant le Tour, les niveaux d'hématocrite du coureur augmentaient certains jours, en raison de ses injections. Emma O'Reilly, l'ancien soigneur, confirma qu'elle avait aidé le cycliste à dissimuler son dopage.

Les témoignages les plus captivants furent ceux de Betsy et Frankie Andreu. Ils avaient été assignés à comparaître à Detroit, chacun leur tour. Tandis que Frankie était resté à Dearborn, dans la banlieue de la ville, pour surveiller les enfants, Betsy se rendit dans un hôtel pour y faire sa déposition.

En entrant dans le hall de l'établissement, elle aperçut Armstrong dans un couloir, accompagné de Bart Knaggs, son ami cycliste d'Austin, qui était aussi l'associé de Stapleton. Elle quitta aussitôt les lieux et appela son mari.

– Il est là ! Lance est là, Frankie. Qu'est-ce que je fais ?

– Tu déconnes ?

– Non. Et tu sais quoi ? S'il croit me faire peur, c'est qu'il est bien bête.

Elle prit sa présence comme un compliment, comme la preuve qu'il pensait que son témoignage aurait des conséquences. Cela l'encouragea encore plus à dire la vérité. Elle lui en voulait encore d'avoir appelé Frankie tout juste trois jours auparavant pour lui rappeler que Craig Nichols, son cancérologue, avait accepté de lui fournir une déclaration sous serment. Dans son témoignage, il dirait qu'il n'avait aucun souvenir des aveux d'Armstrong.

Celui-ci avait expliqué à Frankie :

– De quoi ça va avoir l'air si tu soutiens que c'est arrivé et que le médecin dit le contraire ? Je fais simplement attention à toi[483].

Les Andreu ne se laissèrent pas avoir par sa fausse prévenance. Cela faisait un an qu'il ne les avait pas appelés, et voilà qu'il se souciait de ce que les gens allaient penser d'eux ?

Malgré sa solidité, Betsy était nerveuse lorsqu'elle se retrouva face à Armstrong dans la salle de conférences où elle allait faire sa déposition. Elle fut pour le moins troublée lorsqu'il l'accueillit avec un grand sourire et lui serra la main, débordant de gentillesse. Elle se remémora l'époque où ils se faisaient encore la bise.

Il sortit un tas de photos et se mit à lui montrer des clichés de lui avec Sheryl Crow, et d'autres avec ses enfants. L'aîné de Betsy, Frankie Jr., et le fils d'Armstrong, Luke, avaient le même âge. Il lui demanda de regarder à quel point Luke avait grandi. Elle comprit que c'était sa façon de lui dire : « Allons, ma vieille. On est amis, tous les deux. Tu ferais vraiment ça à un ami ? »

Tillotson fut également surpris d'apprendre qu'Armstrong et Knaggs avaient pris l'avion jusque-là. Le coureur avait fait un détour avant de se rendre à New York, où il allait animer l'émission *Saturday Night Live*, dont sa fiancée, Sheryl, serait l'invitée musicale. Tillotson comprit que c'était le signe que SCA était sur un gros coup. Il se dit : « Bon, c'est le sportif le plus célèbre du monde, et il prétend que nous sommes tous des fous et des menteurs. Alors, pourquoi se donne-t-il la peine de se montrer ? »

Armstrong, qui avait envoyé aux Andreu un e-mail avec un seul mot en objet, « *Cuidado* », « Attention » en espagnol, avait pris place à l'une des tables de la salle de conférences pour entendre Betsy Andreu témoigner sous serment.

Tillotson lui demanda si elle était au courant qu'Armstrong se dopait. Elle répondit par l'affirmative et décrivit la journée du 28 octobre 1996, lorsque Frankie et elle lui avaient rendu visite à l'hôpital, dans l'Indiana. Elle donna le nom des personnes présentes : Frankie, Chris Carmichael, Paige, la petite amie de Carmichael à l'époque, Lisa Shiels, l'ex d'Armstrong, et Stephanie McIlvain, la représentante d'Oakley. Elle décrivit aussi le médecin : jeune, mince, avec des lunettes et des cheveux noirs.

Elle répéta la question que ce dernier avait posée à Armstrong : « Vous est-il déjà arrivé de prendre des produits dopants ? » Et la réponse d'Armstrong : « De l'hormone de croissance, de la cortisone, de l'EPO, des stéroïdes et de la testostérone. »

Elle raconta à l'avocat tout ce qu'elle savait sur Armstrong. Elle énuméra les personnes auxquelles elle avait parlé de l'aveu du coureur : des amis, des cousins, des journalistes, les épouses de certains amis… Vingt-trois personnes.

– Désolée, j'ai encore deux noms, ajouta-t-elle.

Elle en avait parlé à vingt-cinq personnes. Plus tard, elle compléta la liste avec trois noms supplémentaires, dont celui d'un voisin et celui de la mère de Kristin Armstrong, Ethel Richard.

Elle évoqua le mystérieux paquet, le fameux « or liquide » que l'entraîneur Pepe Martí avait remis à Armstrong après le dîner, ce soir-là, en France. Elle décrivit la rencontre entre Lance et Ferrari, à la station-service, avant le Milan-San Remo. Elle confirma que Kristin Armstrong était au courant que son mari se dopait, qu'elle lui avait parlé d'un « mal nécessaire ». Elle rappela de quelle manière Stapleton avait demandé à Frankie – qui avait enregistré la discussion à son insu – de l'empêcher de parler de ce qui s'était passé à l'hôpital parce que « ça pourrait faire exploser le cyclisme ».

Pendant des années, elle n'avait rien pu dire publiquement. Elle était persuadée qu'en rompant la loi du silence, elle aurait anéanti la carrière de son mari. Mais, là, pendant trois heures, elle put s'épancher à loisir.

Lorsqu'elle eut terminé, Armstrong était déjà parti. Il avait profité de la pause-déjeuner pour gagner Manhattan, au plus grand soulagement de Frankie. Il était loin d'avoir autant d'assurance que sa femme.

Quand vint son tour de faire sa déposition sous serment, Frankie prit la place de Betsy à la table de la salle de conférences et confirma sa version des événements qui s'étaient déroulés dans cet hôpital. Mais quand on lui demanda s'il savait qu'Armstrong prenait des produits dopants, il répondit par la négative ; s'il avait déjà vu Armstrong se doper, il répondit que non ; s'il avait déjà discuté avec lui de prendre de l'EPO ou s'il avait entendu dire qu'il se dopait, il nia de nouveau.

Contrairement à sa femme, Frankie Andreu était encore tellement terrorisé par Armstrong qu'il se parjura, comme l'attestèrent plusieurs de ses anciens coéquipiers[484].

Stephen Swart, un ancien de l'équipe Motorola, eut du mal à comprendre pourquoi Frankie avait nié sous serment avoir été au courant qu'Armstrong se dopait – ou même avoir ne serait-ce qu'évoqué le dopage avec lui –, parce qu'il affirmait par ailleurs qu'en 1995, l'ensemble de l'équipe envisageait de prendre de l'EPO. Il affirma que Frankie avait participé comme les autres à cette culture du dopage, comme Armstrong, comme tant de coureurs d'élite de l'époque. Il se rappelait que son niveau d'hématocrite sur le Tour 1995 approchait de 50.

Armstrong soutint qu'il n'y avait « aucun secret » dans l'équipe, à l'époque, et que de nombreux coureurs, dont Andreu, évoquaient ouvertement leur dopage, qui consistait à prendre de la cortisone ou des produits à base de cortisone, puis de l'EPO, administrée au compte-gouttes par le docteur Max Testa. Andreu nia que ses coéquipiers et lui aient jamais discuté de leur dopage en toute innocence.

Après avoir témoigné, Andreu rectifia sa déposition, semblant revenir sur ses propos. Il n'était désormais « plus très sûr » de savoir si Armstrong avait pris des produits dopants et ne se rappelait plus vraiment s'il avait déjà parlé d'EPO en tête à tête avec lui. Il déclara aussi : « Après son cancer, je n'ai aucun souvenir de l'avoir vu directement prendre des produits dopants. »

Plutôt que de maintenir sa déclaration initiale d'après laquelle il n'avait jamais entendu Armstrong dire qu'il avait pris des produits dopants, Andreu modifia son témoignage pour une version à la limite du risible : « C'était la première fois que je l'entendais reconnaître avoir pris autant de produits dopants. »

Qu'importe ce qu'Andreu avoua sous serment – ou plutôt ce qu'il n'avoua pas –, Armstrong se sentait tout de même menacé par son témoignage. Il était si effrayé que ses talentueux communicants se mirent aussitôt au travail pour générer un peu de presse positive à son égard.

Tout d'abord, ils annoncèrent que la Fondation Lance Armstrong avait fait don de 1,5 million de dollars (1,1 million d'euros) à l'école de médecine de l'Université de l'Indiana[485]. Ce don permettrait de financer une chaire d'oncologie pour Lawrence Einhorn, le principal cancérologue d'Armstrong.

Plus tard, Nichols, l'un de ses médecins, également membre du conseil d'administration de Livestrong, fournit aux médiateurs une déclaration sous serment, exactement comme Armstrong l'avait annoncé aux Andreu. Il déclara qu'il avait surveillé les niveaux sanguins du coureur de façon régulière de janvier 1997 à octobre 2001 et qu'il n'avait rien décelé qui lui ait laissé supposer qu'il se dopait[486]. Il écrivit : « Si Lance Armstrong avait pris de l'EPO pour améliorer ses performances, je n'aurais pas manqué de remarquer des différences dans ses examens sanguins. » En 2013, il tenta de m'expliquer qu'il s'était fait avoir par Armstrong, avant de me raccrocher au nez quand je lui demandai des précisions.

Quatre jours après le témoignage des Andreu dans le Michigan, Armstrong anima l'émission *Saturday Night Live*. Dans un long monologue, il déclara :

– J'ai travaillé très dur sur cette émission. J'ai tenté de faire du bon boulot, mais pas trop. Parce que la dernière fois que j'ai fait quelque chose d'un peu trop bien, les Français se sont mis à analyser mon urine tous les quarts d'heure !

Un faux membre du public se leva alors pour lui demander avec un accent français exagéré s'il pouvait lui remettre un échantillon d'urine. Armstrong refusa. L'homme le montra du doigt et s'écria :

– C'est notre course ! Arrêtez de la gagner ! *J'accuse*[a] !

*

* *

Après des mois de dépositions et trois semaines d'auditions, Tillotson se mit à comprendre la manière dont fonctionnait le cyclisme et jusqu'où les gens étaient prêts à aller pour en défendre les secrets. Armstrong avait traité Emma O'Reilly de « traînée »,

a. En français dans le texte.

avait déclaré que Betsy Andreu avait menti à son sujet parce qu'elle le haïssait et que Frankie Andreu avait raconté n'importe quoi parce qu'il essayait « simplement de soutenir sa bourgeoise ». Il répéta qu'il ne s'était jamais dopé car cela lui aurait fait perdre « la confiance de tous les rescapés du cancer dans le monde, de centaines de millions de personnes ».

Tillotson vit Stapleton nier la possibilité qu'Armstrong se soit dopé à son insu. « C'est inimaginable », affirma-t-il durant son témoignage.

Il raconta qu'il avait même eu une entrevue secrète en 2000 avec des responsables de Coca-Cola, l'un des sponsors inquiets à cause de son coureur. Il les avait « regardés dans les yeux » et leur avait donné sa parole qu'Armstrong était sain.

Il vit témoigner Stephanie McIlvain, la représentante d'Oakley, en parfaite contradiction avec les propos de Betsy Andreu. Elle ignorait tout des aveux de dopage d'Armstrong à l'hôpital de l'Université de l'Indiana. Plus tard, on présenta une conversation téléphonique entre le vainqueur du Tour de France Greg LeMond et elle. Elle y reconnaissait avoir assisté aux aveux du coureur.

– J'étais dans la pièce. Je les ai entendus, admit-elle.

Pourtant, en février 2006, Tillotson comprit que l'affaire Hamman était vouée à l'échec. Le tribunal arbitral avait laissé entendre qu'il était probable que SCA devrait payer les 5 millions de dollars à Armstrong, car, comme il l'était indiqué dans le contrat, l'argent lui était dû pour la simple raison qu'il avait officiellement gagné le Tour de France. Ainsi, SCA signa un chèque de 7,5 millions de dollars (5,6 millions d'euros) – les 5 millions de dollars plus les frais – pour mettre fin à ce défilé de témoins susceptibles de dire ou non la vérité.

Armstrong put donc ajouter cette victoire judiciaire à toutes les autres. Il remporta également le procès en diffamation qu'il avait intenté contre Walsh et le *Sunday Times*, le journal ayant été condamné à lui verser 500 000 dollars (375 000 euros). Il abandonna cependant toutes ses poursuites en diffamation en France, prétextant qu'il s'agissait d'une perte de temps et d'argent.

À la fin du procès SCA, le champion se félicita de cette nouvelle victoire. « Après un procès de trois semaines, je viens de remporter un arbitrage important et de réduire à néant des allégations de dopage », déclara-t-il dans un communiqué.

– C'est terminé, soupira-t-il. On a gagné. Ils ont perdu. Une fois encore, on m'a complètement innocenté.

Ce qui n'était pas tout à fait le cas. Les deux parties avaient conclu un accord, mais les arbitres n'avaient en rien déterminé s'il s'était dopé ou non. Pourtant, en m'entretenant avec Armstrong, je fus incapable de lui faire admettre qu'on ne l'avait pas blanchi. « On m'a totalement innocenté », me soutint-il en 2006.

– Mais personne n'a statué sur le fait que tu te sois dopé ou non. Alors, sur le papier, tu n'as pas vraiment été mis hors de cause.

– Si. J'ai gagné ce procès. Haut la main.

La même semaine, Armstrong fit de nouveau la une des journaux en rompant au bout de cinq mois ses fiançailles avec Sheryl Crow. Plus tard, il expliqua que c'était parce qu'elle voulait un enfant, et pas lui. Mais la chanteuse avança une raison plus sinistre : elle luttait contre un cancer du sein.

18

Comme Hamman l'avait espéré, les soupçons sur Armstrong commencèrent à s'amplifier. Des organes de presse du monde entier se mirent à diffuser des informations qui avaient fuité du procès SCA. Avant même que la presse s'empare de ce sujet, l'USADA appela Tillotson : leurs avocats pouvaient-ils venir étudier les pièces à conviction[487] ?

Moins d'une semaine après l'accord d'arbitrage, Tygart et l'un de ses collègues, Bill Bock, se rendirent à Dallas pour que l'avocat de SCA leur fasse un compte rendu du procès.

Tygart et Bock s'intéressaient particulièrement au témoignage de Frankie Andreu, convaincus que si un coureur aussi proche d'Armstrong avait fourni des informations sur le dopage de ce dernier, ils pourraient constituer un dossier solide. Ils retournèrent à Colorado Springs avec des copies de tout : des dépositions, des transcriptions d'audition, des pièces à conviction des deux parties.

Hamman avait perdu une donne, mais le champion de bridge venait de se distribuer une nouvelle main. Et, cette fois, l'USADA venait de s'asseoir à la table.

*

* *

Toutefois, pour des Américains de plus en plus amoureux de Lance Armstrong, l'accord négocié avec SCA ne signifiait pas grand-chose. Personne ne se souciait de cette obscure compagnie d'assurance. Les gens n'avaient d'yeux que pour leur champion, une célébrité internationale qui était parvenue à transcender le sport en récoltant des centaines de millions de dollars pour la fondation Livestrong. Cela lui avait permis de se forger une excellente réputation. Le reste, c'était du jargon juridique ennuyeux, et d'horribles procès.

Ce qui poussa le public à le croire quand il insista sur le fait qu'il ne s'était jamais dopé, ce fut un rapport, rendu public au printemps 2006, concernant les accusations de *L'Équipe* à propos des six échantillons d'urine d'Armstrong de 1999 déclarés positifs à l'EPO. Moins de deux mois après la parution de l'article dans le quotidien sportif, l'UCI avait commandé ce qu'elle appelait un « rapport indépendant » sur la façon dont le laboratoire français avait mené ses analyses et la manière dont la presse avait pu en obtenir les résultats.

Ce fut l'avocat néerlandais Emile Vrijman, l'ancien directeur de l'Agence nationale antidopage des Pays-Bas, qui représenterait plus tard devant la justice des sportifs accusés de dopage, qui fut payé par l'UCI pour rédiger ce rapport. Il promit que son enquête serait impartiale, et que ni l'UCI ni Armstrong n'auraient leur mot à dire sur ses travaux.

– En aucun cas ils n'auront la possibilité de lire le rapport avant sa publication ou d'en influencer les résultats[488] », s'engagea-t-il.

En coulisse, d'après deux personnes qui avaient assisté directement à l'élaboration de ce rapport, ce fut tout le contraire qui se produisit. L'UCI avait eu cette idée pour tenter de faire croire qu'Armstrong, sa star, et l'ensemble du cyclisme, étaient sains alors que le problème du dopage qui hantait ce sport depuis un siècle était encore bien présent. Armstrong, son agent et ses avocats étaient furieux que *L'Équipe* ait pu trouver le moyen de mettre un nom sur les échantillons d'urine du Tour de France 1999, et le reprochaient vivement à l'UCI. D'après eux, l'Union cycliste devait réparer les dégâts que le journal et elle avaient causés.

Pat McQuaid, le président de l'UCI, fit appel à Vrijman sur l'insistance de Verbruggen, président d'honneur de l'Union, après avoir renoncé à son poste de président en 2005. Verbruggen, un Néerlandais détenteur d'un certain pouvoir dans le milieu olympique et également membre honoraire du CIO, était un excellent ami d'Armstrong et de Vrijman.

D'après les deux personnes qui avaient participé à l'élaboration du rapport, au lieu de mener son enquête en toute indépendance comme il l'avait promis, Vrijman prit en compte toutes les remarques de l'UCI. Par l'entremise de ses représentants, il écouta également les doléances d'Armstrong. Stapleton était son porte-parole, et il se pourrait même qu'il ait rédigé une partie du rapport, si l'on se fie aux termes employés dans le document, qui correspondent à ceux que le coureur avait utilisés pour se défendre dans le passé. Armstrong avait un jour qualifié Stapleton d'« indispensable » :

– Il me soutient depuis si longtemps que j'ai l'impression que ça a toujours été le cas.

Le « rapport Vrijman », de 132 pages, fut rendu public au printemps 2006. Son auteur y reprochait au laboratoire français d'avoir violé le secret professionnel et y affirmait qu'il n'avait pas suivi les normes internationales lorsque ses scientifiques avaient analysé les échantillons d'Armstrong. Il condamnait également la conduite de l'AMA à propos de ces prétendus résultats positifs. Mais il négligeait deux points importants : avait-on, oui ou non, trouvé de l'EPO dans ces échantillons et était-il possible qu'Armstrong ait pris de l'EPO pour remporter son premier Tour ?

Vrijman déclara que son rapport « exonérait complètement Lance Armstrong de toute allégation de dopage sur le Tour de France 1999 ».

Les médias américains le crurent sur parole. L'agence Associated Press rappela qu'Armstrong avait toujours qualifié l'article de *L'Équipe* de « chasse aux sorcières » et avança qu'il « avait sans doute eu raison[489] ». Le *Fort Worth Star-Telegram*, un quotidien texan, publia un éditorial titré « Douce innocence[490] » qui faisait allusion au rapport. Son auteur y écrivait : « On peut considérer ce rapport comme une huitième victoire sur le Tour de France pour Armstrong. »

Dick Pound, le président l'AMA, fut l'un des rares à s'opposer avec une certaine virulence à ce rapport. Il déclara qu'il « manquait tellement de professionnalisme et d'objectivité qu'il en était presque grotesque[491] ». Mais Armstrong et l'UCI avaient remporté cette bataille décisive.

*

* *

Au printemps et à l'été 2006, période pendant laquelle il s'entraînait d'ordinaire pour le Tour de France, Armstrong, désormais à la retraite, savourait son statut d'idole.

Terminé les contrôles antidopage inopinés, et les injections clandestines d'avant-course. Il n'avait même plus la moindre raison de se rendre en France. Malgré ses voyages pour Livestrong et pour la prévention contre le cancer dans d'autres cadres, il trouva le temps d'emménager dans sa propriété de rêve, à Austin.

Lors des 500 Miles d'Indianapolis, il pilota la voiture de sécurité, une Corvette de 500 chevaux. À l'université Tufts de Boston, lorsqu'on lui accorda un doctorat à titre honoraire, il déclara aux étudiants :

– Quelqu'un a envoyé les photos au directeur du lycée Plano East Senior High, et l'a informé que j'étais désormais diplômé de Tufts et qu'il devait dorénavant m'appeler « docteur Armstrong »[492].

À Washington, il fit pression au Congrès pour obtenir une augmentation des fonds pour la lutte contre le cancer, et quelques parlementaires s'empressèrent d'aller le rencontrer. Au moins un puissant politicien, Jim Oberstar, député de longue date du Minnesota, avait encadré dans son bureau l'un des maillots jaunes d'Armstrong. Lors d'un rassemblement des sympathisants de Livestrong devant le Capitole, Armstrong s'adressa à la foule et fut accueilli aux cris de « Lance, président ! » La chaîne de fastfood Arby's le proclama « plus grand athlète naturel de tous les temps », devant Jim Thorpe et Mohamed Ali.

Pendant que certains de ses anciens coéquipiers continuaient à enfourcher leur vélo pour tenter de connaître un jour la célébrité, Armstrong était au sommet de sa gloire. En 2006, après sept victoires consécutives sur le Tour de France, ce fut à son ancien équipier et désormais ennemi juré Floyd Landis de remporter l'épreuve.

Ce dernier dut notamment sa victoire à son impressionnante performance au cours de la dix-septième étape, qui parvint même à éclipser les plus beaux exploits d'Armstrong. Après avoir perdu huit minutes sur le premier du classement la veille, il avait franchi trois cols alpins en solitaire pour remporter l'étape. Lorsqu'il coupa la ligne d'arrivée à Paris, il était le troisième Américain seulement à remporter la course cycliste la plus prestigieuse du monde.

Ce Tour 2006 avait débuté avec l'interdiction de courir de près d'une dizaine de concurrents – dont ceux qui avaient terminé de la seconde à la cinquième place derrière Armstrong l'année précédente –, en raison de leur implication dans une affaire de dopage en Espagne. À la fin de l'épreuve, Landis fut présenté comme un coureur sain susceptible d'amener le cyclisme américain post-Armstrong dans une nouvelle ère. Son vieil ami Allen Lim ne savait pas vraiment qu'en penser.

Le lendemain de sa victoire, Landis reçut sa visite dans son luxueux hôtel parisien. Lim n'avait pas travaillé directement pour lui sur cette course, mais il avait néanmoins fait partie de son entourage proche, car il avait enregistré et publié ses performances pour un plan marketing pour Saris Cycling. Pour le remercier de son soutien, Landis lui offrit les deux roues du vélo avec lequel il venait de remporter le Tour.

Lim s'apprêtant à partir, Landis le rattrapa :

– Tu sais pourquoi il y en a qui trichent, Al ?

– Non, Floyd. Pourquoi ?

Le coureur ôta sa chemise, puis, comme s'il se prenait pour un joueur de football américain malgré sa fine silhouette de cycliste au bronzage douteux, il prit la pose.

– Parce que ce sont des mauviettes, Al. Parce que ce sont tous des putains de mauviettes !

Abasourdi, Lim quitta la pièce. Il ne voulait plus rien avoir à faire avec Landis, avec le dopage et avec cette mentalité qui consistait à prétendre qu'il n'y avait aucun mal à se doper si tout le monde le faisait. Il quitta Paris l'après-midi même, déterminé à profiter de son expérience unique avec Landis pour tenter de faire changer le cyclisme. Si seulement il avait su comment s'y prendre…

*

* *

Quatre jours seulement après le podium de Landis sur les Champs-Élysées, le drapeau américain claquant au vent derrière lui, Phonak, son équipe, annonça que son champion venait d'échouer à un contrôle antidopage.

L'analyse positive provenait d'un échantillon d'urine qu'il avait fourni après son incroyable échappée solitaire à travers les Alpes au cours de la dix-septième étape. Son ratio de testostérone par rapport à l'épitestostérone était de onze contre un, soit près du triple de la limite autorisée.

Au cours d'une téléconférence organisée à la hâte, Landis suivit la même tactique qu'Armstrong : nier, nier et nier, de préférence à la télévision nationale. Il prétendit que le contrôle positif pouvait provenir du Jack Daniel's et de la bière qu'il avait ingurgités la veille. Ou simplement d'un niveau de testostérone naturellement élevé. Il n'osa tout de même pas répéter l'histoire du jumeau chimérique d'Hamilton.

Lors de sa visioconférence avec une dizaine de journalistes du monde entier, je lui demandai s'il lui était déjà arrivé de faire usage de produits dopants ou d'utiliser des procédés permettant d'améliorer ses performances. Il marqua une pause avant de répondre maladroitement :

– Je ne dirais pas ça.

À Ephrata, en Pennsylvanie, ses parents plantèrent dans leur jardin un gros panneau jaune sur lequel ils avaient inscrit toute une série de proverbes mystiques : « La gloire des jeunes gens, c'est leur force », « Oui, Floyd » et « Gloire à Dieu ». Même après l'annonce de son contrôle positif, la famille de Landis demeura persuadée de son innocence. Sa mère, Arlene, fit une apparition sur WGAL, une chaîne d'information locale, avec une modeste robe brune et une coiffe religieuse.

– Ils ont déjà créé des problèmes à Lance, déclara-t-elle. Je crois que Dieu nous soumet cette épreuve pour que Floyd puisse en sortir grandi.

Charity, la sœur du coureur, annonça :

– Je suis fière de mon frère. Ça me donne une leçon de modestie de savoir qu'il peut prétendre à sa victoire en toute intégrité.

Quelques jours plus tard, j'appris que son urine contenait de la testostérone synthétique.

*

* *

Un peu plus d'un mois après le témoignage de Frankie et Betsy Andreu, celle-ci commençait à s'impatienter. Elle voulait que le public sache que ce n'étaient pas son mari et elle qui avaient proposé de témoigner contre Armstrong, mais qu'ils avaient bien été assignés à comparaître. « Si c'était à refaire, je recommencerais, dit-elle, mais, cette fois, je me préparerais mentalement. Ce n'est pas parce que c'est la vérité que les gens sont prêts à l'accepter. L'Amérique veut croire au conte de fées de Lance, les gens sont persuadés que c'est un type génial et un héros. Mais je sais qui il est réellement. Ce n'est qu'un imposteur. »

L'existence des Andreu n'avait plus rien à voir avec celle qu'ils avaient connue en Europe. Betsy s'occupait de leurs trois enfants, dont le plus âgé n'avait pas encore 8 ans, et surveillait bénévolement la cantine de leur école catholique toutes les semaines. Frankie avait dirigé une petite équipe cycliste américaine, Toyota-United, jusqu'à ce qu'il s'en fasse exclure peu de temps après que son témoignage dans l'affaire SCA avait été rendu public. Le propriétaire de son équipe avait fréquenté Armstrong par le passé. Inutile d'en savoir davantage. « Dès que vous ne faites plus partie du cercle des intimes de Lance, vous êtes rejeté très loin, expliqua Andreu. Il est très rancunier et n'a qu'une envie, vous écraser. C'est précisément ce qu'il tente de faire avec nous. »

Avec cette citation à comparaître, Frankie prétendit que Betsy et lui avaient été mis « dans une situation difficile. On n'avait rien à y gagner, mais plutôt tout à y perdre. J'ai donc choisi de dire la vérité ».

En se soumettant à la loi, ils avaient l'impression d'avoir mis en jeu leur gagne-pain. Betsy s'inquiétait de leur situation précaire. Pendant l'affaire SCA, elle signala à la police que quelqu'un avait accédé à son compte AOL sans son autorisation. Elle avait l'intuition qu'il s'agissait d'Armstrong ou de l'un de ses hommes de main, qui appartenaient à ce qu'elle qualifiait de « mafia de Lance ».

Un jour, son père se plaignit de son obsession.

– Pourquoi ne cesses-tu pas de parler de Lance ? Tu ne peux pas l'oublier, un moment ? Ce serait beaucoup plus facile si...

– Lance Armstrong essaie d'anéantir cette famille, l'interrompit-elle. Je n'ai pas l'intention de le laisser faire sans rien dire.

Même son facteur savait ce qui occupait constamment son esprit. Un jour, en lui apportant son courrier, il lui fit signe. Elle grignotait un morceau sur sa terrasse.

– Vous pique-niquez, Betsy ?

– Oui, Joe. Vous voulez un peu de thé et des cookies ?

– J'aurais bien aimé, répondit-il, mais je n'ai pas le temps de parler de Lance !

Il aurait pu sembler étrange que toute la ville paraisse au courant de son obsession pour le sportif. Mais il s'agissait à ses yeux d'un sujet des plus sérieux. Elle souhaitait vraiment faire tomber les masques. Après l'affaire SCA, elle se mit à offrir tous les produits Nike qu'elle possédait – des sweatshirts, des baskets et des casquettes – parce qu'elle était persuadée que la société était complice du dopage d'Armstrong, ou, du moins, qu'elle fermait les yeux. Sur les articles qu'elle conserva, elle colla un morceau de gros adhésif noir sur le célèbre logo de la marque. En prenant position contre Armstrong, elle se sentait menacée. À juste titre.

Un soir, en 2005, Stephanie McIlvain, l'ancienne représentante d'Oakley, laissa un message pour Betsy sur le répondeur des Andreu :

« J'espère qu'un jour quelqu'un vous fracassera le crâne à coups de batte de base-ball. J'espère aussi que vous aurez des problèmes dans la vie, que vous vivrez un drame qui aura un réel impact sur vous. »

Frankie Jr., son garçon de 7 ans, immortalisa le point de vue de la famille dans un dessin au crayon de couleur. Il représentait un G.I. Joe armé courant vers un homme derrière des barreaux. À côté du prisonnier, l'enfant avait inscrit : « Lance ».

Ses amies du milieu du cyclisme, les femmes avec lesquelles elle avait passé ses journées sur la Côte d'Azur, ne lui parlaient plus. Lorsque je demandai à Angela Julich, la première épouse de coureur à laquelle Betsy avait parlé des aveux d'Armstrong à l'hôpital, de commenter un article sur les Andreu, elle me répondit qu'elle ne voulait « plus rien avoir à faire avec elle ». La femme de Leipheimer, Odessa Gunn, ne se montra pas plus intéressée. Deux autres épouses craignaient qu'Armstrong s'en prenne à leurs maris si elles osaient décrocher leur téléphone pour parler à Betsy. Ou même parler d'elle.

Frankie Andreu me raconta que le simple fait d'avoir évoqué les aveux d'Armstrong à l'hôpital, même sous serment dans une procédure supposée demeurer confidentielle, le mettait en porte à faux pour trouver du travail dans le cyclisme. « J'adorerais pouvoir oublier tout ça, mais Betsy veut faire éclater la vérité au grand jour et est persuadée qu'il s'agit d'une lutte entre le bien et le mal », expliqua-t-il.

La semaine où je leur rendis visite, en août 2006, j'entendis Betsy et Frankie discuter de ma présence. Ils se chamaillaient dans la cuisine.

– Qu'est-ce qu'elle fait là ? demanda Frankie.

– Il faut qu'on lui parle, Frankie. Allez, s'il te plaît !

Je fus donc passablement surprise quand Frankie accepta de s'entretenir avec moi pendant deux heures et, contre toute attente, répondit à la question : « Vous est-il déjà arrivé de vous doper ? »

Il poussa un soupir, baissa la tête et répondit :

– Personne ne m'a jamais posé cette question. Je ne souhaite pas y répondre.

– Ça signifie que c'est le cas ? insistai-je.

– J'ai fait de mon mieux pour tenter de ne jamais prendre de produits dopants. J'ai pris deux ou trois mauvaises décisions, mais c'était il y a très, très longtemps. Je n'en suis pas particulièrement fier. J'ai pris de l'EPO, mais uniquement pour deux ou trois courses.

J'étais sidérée.

– Désolée, vous venez bien de dire que vous avez pris de l'EPO ?

– Oui. Je n'ai pas l'intention de mentir. C'est bien ce que j'ai dit.

Il opéra ensuite une distinction que j'entendais pour la première fois :

– Il y a deux types de personnes : celles qui trichent (pour gagner), et celles qui tentent simplement de survivre (en trichant).

Mais il m'avoua qu'il se sentait coupable et qu'il ne pouvait se taire plus longtemps. Si les coureurs continuaient à mentir sur le dopage, d'après lui, les sponsors et le public s'éloigneraient de ce sport pour de bon.

Plus tard, alors que Frankie ne se trouvait plus dans la pièce, Betsy prit la relève :

– C'est pour Lance. Tout ce que ses équipiers faisaient, c'était pour sa propre gloire.

J'ai appelé les sept autres cyclistes qui avaient soutenu Armstrong dans l'US Postal de 1999, et je leur ai demandé si, eux aussi, s'étaient dopés, et s'ils avaient vu quelqu'un d'autre se doper dans leur entourage. Les deux Européens de l'équipe, Peter Meinert-Nielsen et Pascal Deramé, me soutinrent qu'ils ne s'étaient pas dopés, qu'ils ne se doperaient jamais et qu'ils n'avaient jamais vu de dopage dans le cyclisme.

Seul un coureur accepta d'être interviewé : Jonathan Vaughters. Nous nous étions déjà entretenus à plusieurs reprises depuis que le témoignage de l'affaire SCA avait fuité dans la presse. Je tentai de le convaincre de me répéter officiellement ce qu'il savait sur Armstrong. Je lui expliquai qu'un autre coureur – je ne prononçai pas le nom d'Andreu – de l'équipe présente sur le Tour 1999 m'avait déjà avoué s'être dopé. J'en cherchais d'autres susceptibles de me confirmer qu'il y avait eu du dopage dans l'équipe d'Armstrong cette année-là. Quand je lui demandai s'il s'était dopé sur ce Tour, il me dit qu'en répondant à cette question, il aurait l'impression de se suicider, professionnellement parlant. Tout d'abord, il m'interdit de le citer.

– Juste pour votre information, sachez que mon père est avocat.

Mais, plus tard, quand je lui appris qu'aucun de ses coéquipiers américains de 1999 ne souhaitait ne serait-ce que me rappeler, il accepta de répondre à mes questions, mais en conservant l'anonymat.

Je lui révélai alors que l'autre coureur était Andreu.

– Je n'ai pas l'intention d'abandonner Frankie et de le laisser tout seul, me dit-il. Il faut que quelqu'un le soutienne.

Ils répétèrent tous les deux la même version que celle de Betsy. Ils m'expliquèrent qu'on leur avait mis la pression pour qu'ils prennent de l'EPO s'ils voulaient faire partie de l'équipe qui participerait au Tour 1999.

– Pour être accepté, il fallait prendre des produits dopants. La pression était forte pour qu'on fasse partie des « types cool ».

Ni Andreu ni Vaughters ne me révélèrent avoir vu Armstrong se doper. Ils me garantirent tous les deux que s'il l'avait fait, ils n'en avaient pas connaissance.

L'article parut à la une du *New York Times* le 12 septembre 2006[493]. Au moins, les coéquipiers d'Armstrong, les deux plus courageux, avaient raconté la vérité sur le dopage qui se pratiquait au sein de l'US Postal.

Même si l'article n'accusait en aucune façon Armstrong de dopage, sa « mafia » considéra qu'il s'agissait d'une attaque. Son agent, Bill Stapleton, me qualifia de « pire journaliste de l'histoire » et me menaça d'un procès.

– Vous n'avez jamais eu votre putain de diplôme de journalisme, vous !

Armstrong prétendit auprès de l'agence Associated Press que l'article était une « entreprise de démolition... destinée à [le] lier au dopage grâce aux aveux de quelqu'un d'autre[494] ». Il expliqua dans les colonnes de *USA Today* que le *Times* avait fait preuve « d'un certain manque d'éthique journalistique en établissant un lien entre les aveux de Frankie Andreu et moi[495] ». Il était tout aussi furieux contre les Andreu. Le directeur sportif Johan Bruyneel et lui exigèrent de l'équipe US Postal/Discovery Channel et des autorités du cyclisme qu'elles envisagent de priver Frankie de son palmarès et qu'elles lui demandent de rembourser l'argent gagné. Comme on allait pouvoir le constater quelques années plus tard, cette proposition allait donner des idées à certains !

Armstrong fit également une déclaration par e-mail, qualifiant l'article de « catégoriquement faux », de « presse à sensation », d'« information déformée »... « Mes victoires sont nettes. Je n'ai pas pris de produits dopants, je n'ai demandé à personne d'en prendre, et je n'ai rien toléré ni encouragé de ce genre. J'ai gagné proprement. »

Comme il en avait l'habitude depuis des années, il conclut sa déclaration par un appel à ses admirateurs : « Je veux que les millions de malades du cancer et de rescapés avec lesquels je me bats sachent que ces accusations sont toujours aussi fausses, que mes victoires sont irréprochables, et qu'eux aussi ont des raisons d'espérer un avenir radieux. »

*

* *

Après avoir lu mon article sur Frankie Andreu dans le *New York Times*, Travis Tygart appela chez l'ancien coureur, dans le Michigan.

– Je pourrais parler à Frankie ? demanda-t-il à Betsy.

Celle-ci pensa pouvoir s'amuser avec lui.

– Qu'est-ce que vous allez faire ? Le sanctionner ?

Il lui rétorqua que, après tout, Frankie avait reconnu avoir pris de l'EPO sur le Tour 1999, que des aveux, c'étaient des aveux, et qu'au bout de sept ans et deux mois, ces aveux n'étaient pas encore atteints par la limite de prescription du règlement de l'AMA, qui était de huit ans.

Alors, pour répondre à la question de Betsy, Tygart lui dit :

– Eh bien, on y réfléchit[496].

– Vous vous foutez de moi ? s'emporta-t-elle. Vous laissez Lance tranquille, alors que c'est le plus grand imposteur et le plus grand tricheur de l'histoire du sport, et vous vous en prenez à nous ? Frankie s'est fait virer. Vous me dites que vous vous en prenez à un petit poisson comme lui parce qu'il a refusé de participer au programme de dopage de Lance ? Allez vous faire foutre !

Elle lui raccrocha au nez. C'est ainsi que débuta une belle histoire d'amitié.

*

* *

David Zabriskie, le meilleur ami de Landis, reconnut avoir pleuré pendant des heures dans sa baignoire après avoir entendu que ce dernier s'était fait contrôler positif. La dernière fois qu'il l'avait vu, c'était dans la suite d'un grand hôtel parisien, le vainqueur du Tour menant grand train.

Zabriskie savait que cela lui pendait au nez : à l'intersaison, avant le Tour de France, ils s'étaient dopés ensemble[497]. Landis lui avait également fourni de l'hormone de croissance, des patchs de testostérone et de l'EPO pour son entraînement. Zabriskie admit que sans son ami, il n'aurait pas pu avoir accès à ce genre de produits. Les deux hommes s'étaient sentis obligés de faire de bons résultats[498] dans l'unique course à laquelle les Américains prêtaient attention. Et encore.

Pour les passionnés de vélo qui connaissaient l'histoire du dopage dans le cyclisme, Landis était simplement le dernier tricheur en date dans un sport de tricheurs. Zabriskie, d'abord ravi de la victoire de son ami, fut ensuite de tout cœur avec lui dans sa chute. Il savait à quel point il avait souffert. Et il ne s'agissait pas simplement du sentiment de honte qui accompagnait généralement un contrôle positif.

Le 15 août 2006, un mois après le Tour, le beau-père de Landis, qui était aussi son meilleur ami, se suicida. David Witt fut retrouvé mort dans un parking de San Diego. Il s'était tiré une balle dans la tête.

Landis avait confié à Zabriskie que c'était Witt qui lui fournissait ses patchs de testostérone[499]. Ils provenaient d'une clinique de rajeunissement du sud de la Californie dans laquelle il s'était rendu. Il lui était également arrivé de veiller sur son sang pendant le Tour.

Zabriskie était bouleversé. Peu après les aveux d'Andreu et de Vaughters, il donna de nouveau son sentiment sur le dopage au sein de l'US Postal à Steve Johnson, qui venait d'être nommé directeur général de l'USA Cycling. Il souhaitait obtenir l'aide de l'un des hommes les plus puissants du cyclisme américain, et qui avait jadis été son mentor. Toutefois, Johnson reprocha à Andreu d'avoir parlé. Ensuite, il intima à Zabriskie :

– Si jamais tu te dopes, je te tue[500].

Déjà déprimé par le contrôle positif de Landis, Zabriskie était atterré que Johnson puisse critiquer Andreu. Et il ne comprenait pas plus son avertissement.

– Euh, Steve, je t'ai déjà dit que je m'étais dopé, que les types de la Postal m'avaient administré toutes sortes de trucs. Tu te rappelles, au championnat du monde, il y a deux ans ? Je t'ai expliqué qu'ils se dopaient, dans l'équipe.

Il en déduisit que Johnson préférait ne rien savoir. Comme il l'avait déjà fait au championnat du monde deux ans auparavant, le patron du cyclisme américain se tourna vers lui comme s'il parlait chinois. Il resta silencieux jusqu'à ce que sa femme entre dans la pièce et lui donne l'occasion de changer de sujet.

Zabriskie se dit alors : « C'est la deuxième fois que je lui dis que la Postal se dope. Il n'a rien fait à l'époque, et il n'a pas l'intention de réagir cette fois non plus. Pouah ! Il doit déjà être au courant de tout. »

Zabriskie n'aimait pas vraiment l'affrontement. Il n'avait jamais eu le courage de s'en prendre à son père alcoolique. Désormais, plutôt que de risquer sa carrière de coureur, il allait s'abstenir de rejoindre Andreu et Vaughters dans leurs aveux publics. Il s'en voulait d'être aussi faible.

*
* *

Les adieux d'Allen Lim à Floyd Landis à Paris en 2006 ne furent pas les derniers. Et il lui avait fait les premiers un an auparavant.

Après le Tour de France 2005, il lui avait promis de veiller sur une de ses pochettes de sang, durant la Vuelta espagnole, et d'aller la lui remettre pendant un jour de repos.

À l'époque, Lim envisageait de travailler avec des cyclistes sains au sein de l'équipe de jeunes de moins de 23 ans que Vaughters avait montée en 2003. « Ces jeunes n'ont rien à voir avec Floyd ou Lance, ce sont de bons gars, me dit-il plus tard. Je ne veux pas qu'il leur arrive la même chose. »

Il passa un après-midi avec ces jeunes coureurs à Gérone. Puis, au lieu d'aller remettre la pochette de sang à Landis, il la sortit du réfrigérateur, la déposa dans l'évier de la cuisine et la transperça d'une série de coups de couteau.

Quelques jours plus tard, il reçut un coup de fil de Landis.

– Comment ça va ?

– Pas très bien. Tu n'as plus de pochette de sang. Je l'ai vidée dans l'évier.

Lim s'imaginait que Landis allait exploser de rage.

Au contraire, le coureur se contenta d'un :

– Merde. Bon, eh bien, je suppose qu'il est temps pour moi de rentrer à la maison, hein[501] ?

Lim crut déceler dans sa voix un soupçon de regret d'avoir de nouveau entraîné son ami dans le dopage.

– Ouais, Floyd, il est temps de rentrer. C'est terminé.

19

Cela faisait déjà un moment que Lance Armstrong exerçait son pouvoir en dehors de la sphère du cyclisme. En 2007, au Texas, il devint la figure emblématique d'une initiative politique pour obtenir 3 milliards de dollars (2,25 milliards d'euros) pour la recherche sur le cancer. Il traversa l'État dans une sorte de « bus de campagne » pour s'adresser aux électeurs. Rien qu'en s'exprimant pendant une heure devant des membres de la Chambre des représentants du Texas, il remporta déjà soixante-cinq voix sur les cents nécessaires pour pouvoir faire voter un amendement constitutionnel[502]. En attendant le décompte définitif, Armstrong déclara :

– Ce n'est amusant que si l'on gagne[503].

L'amendement fut voté.

Dans une tribune publiée dans le magazine *Vanity Fair*, l'historien et journaliste Douglas Brinkley évoqua la carrière politique dans laquelle Armstrong semblait vouloir se lancer, et son travail sur le cancer. Il qualifia l'ancien coureur de « véritable Jerry Lewis du Téléthon 365 jours par an[504] ». Quant à une candidature au poste de gouverneur, Armstrong répondait : « Probablement. » Puis il annonça une nouvelle qui fit l'effet d'une bombe : il souhaitait remporter un huitième Tour de France.

Durant les mois qui suivirent, nombre de ses amis tentèrent de l'en dissuader. Ils étaient trop contents qu'il soit parvenu à échapper à des années d'accusations de dopage. « Je ne suis pas au courant, prétendit Korioth, son meilleur ami. Mais, parfois, mieux vaut savoir s'arrêter. »

Armstrong ne prêta pas attention aux conseils qu'on lui prodiguait. Sa vie nocturne faisait déjà le bonheur des journaux à scandales. Il passait si souvent ses soirées avec l'acteur Matthew McConaughey qu'on les avait surnommés « les frères siamois ». Après s'être séparé de Sheryl Crow, il passa du temps aussi bien sur la côte ouest que sur la côte est avec d'autres blondes : la créatrice de mode Tory Burch, la jeune actrice Ashley Olsen et la star de cinéma Kate Hudson.

Korioth prévint le père de famille de 36 ans que son idylle avec Ashley Olsen – de mai à décembre – pouvait causer du tort à son travail sur le cancer.

– Houlà ! Ce n'est pas une bonne idée, mon pote, lui dit-il. Il va falloir que tu mettes un terme à cette histoire tout de suite.

– Elle est majeure, elle a 21 ans, lui rétorqua Armstrong. Va te faire foutre.

*

* *

En suivant le Tour de France 2008, Armstrong avait éprouvé un certain sentiment de jalousie et de colère. À son plus grand désarroi, c'était Carlos Sastre, le minuscule grimpeur espagnol, qui avait remporté l'épreuve. Sastre ? Vraiment ? Vande Velde, son ancien « domestique », le gamin qui allait jadis lui chercher des bidons d'eau et des comprimés de cortisone, avait fini cinquième.

« Le Tour, c'était n'importe quoi, cette année, raconta-t-il à John Wilcockson[505], un journaliste britannique. Je n'ai rien contre Sastre… ni contre Vande Velde. Christian est un type bien, mais cinquième du Tour de France ? Soyons sérieux ! »

Il détesta aussi que l'on qualifie cette édition de l'épreuve la plus propre de tous les temps. Cela laissait entendre que l'on estimait que tous les autres Tours, y compris les sept qu'il avait remportés, étaient sales. Même à la retraite, Armstrong fut piqué au vif par ces accusations. Comme toujours, il apporta sa réponse sur son vélo.

*
* *

Pendant ce temps, Vaughters et Lim avaient fait équipe et étaient devenus des militants de l'antidopage à la tête des moins de 23 ans de Vaughters, la TIAA-CREF. Lim refusait de voir des cyclistes dans le même état que Floyd Landis. Cherchant le meilleur moyen d'en dissuader les coureurs, il trouva la solution dans les pages du magazine *Outside*.

Don Catlin avait proposé un nouveau système d'antidopage. C'était le scientifique qui avait enquêté sur les décès de cyclistes imputés à l'EPO à la fin des années 1990 et qui avait permis de mettre au jour l'affaire des stéroïdes de Balco. « Les sportifs continuent à prendre des produits, attesta-t-il dans les colonnes d'*Outside*. Et je maintiens que, malgré tous ces contrôles, on peut continuer à en prendre sans être inquiété[506]. »

Il proposa que les sportifs fournissent un échantillon d'urine et de sang afin de pouvoir établir un profil biologique. Cela permettrait de surveiller certains biomarqueurs, comme les niveaux d'hématocrite, d'hémoglobine et de testostérone de chaque coureur. Toute variation laisserait supposer que l'athlète se dopait.

Lim soumit l'idée de Catlin à Vaughters.

– Il faudrait faire quelque chose de similaire avec les jeunes.

Catlin confirma à Lim qu'il s'agirait d'une initiative « courageuse ».

Avec l'aide du scientifique, Lim et Vaughters mirent ces idées en pratique pour leurs jeunes, puis pour les professionnels qui allaient rejoindre le groupe en 2008. Cette nouvelle « équipe propre », qui s'appelait initialement Slipstream Sports, fut admise sur le Tour 2008, notamment pour sa philosophie antidopage.

Cette idée déplut autant à Armstrong qu'il détestait Vaughters. Il l'avoua à Vande Velde, qui le prit pour un avertissement lancé à Vaughters, et qui demanda à Doug Ellis, le copropriétaire de l'équipe, de tenter d'amadouer le champion. Vande Velde redoutait qu'Armstrong puisse faire du tort à l'équipe s'il continuait à la mépriser.

Ellis était un investisseur privé new-yorkais. Il se rendit chez Armstrong, au sud de Central Park. Aussi charmant et vif qu'il pouvait l'être, Armstrong impressionna Ellis tant il était au courant du fonctionnement interne de Slipstream. Il savait qu'Ellis avait investi des millions dans la jeune équipe de Vaughters. Pour la saison 2008, Slipstream avait recruté des coureurs de premier plan : les anciens dopés Vande Velde et Zabriskie (qui prétendaient avoir arrêté de se doper en 2006, après le contrôle positif de Landis), et le Britannique David Millar, lui aussi converti. Ce dernier avait purgé une suspension de deux ans à cause de l'EPO. L'équipe devint le refuge de tricheurs repentis et d'anciens de l'US Postal.

Armstrong entama alors son travail de sape.

– Vous ne travaillez pas avec les bonnes personnes[507], annonça-t-il à Ellis.

– Qu'entendez-vous par là ?

– Vous dépensez tout votre argent dans l'équipe, et ça ne fonctionne pas vraiment, hein ? Vaughters, ce n'est pas vraiment le genre de type sur lequel on a envie de miser[508] !

Il laissa entendre que Slipstream était une équipe de ratés, y compris son directeur sportif, Johnny Weltz, qu'il avait lui-même remplacé depuis longtemps par Bruyneel. Toutefois, contrairement à Thomas Weisel, Ellis se moquait de perdre ou de gagner. Il n'était pas du genre à faire des sorties d'entraînement avec les pros comme s'il en était un lui-même. Si Ellis avait fondé Slipstream, c'était parce que, comme Vaughters, il souhaitait sortir le cyclisme de la spirale descendante dans laquelle il s'enfonçait. Il s'était attendu à cette réaction d'Armstrong. Cela lui confirma qu'il était sur la bonne voie.

*

* *

Un jour, Armstrong déclara qu'il revenait pour « attirer l'attention sur le fardeau qu'était le cancer », ce qui poussa Korioth à lever les yeux au ciel. « N'importe quoi, me dit-il. S'il est revenu, c'est parce qu'il croyait qu'il pourrait encore battre tout le monde. »

Armstrong retrouva Bruyneel au sein de l'équipe kazakhe Astana. Il s'agissait pour lui d'un univers entièrement nouveau. Même s'il n'avait quitté la compétition que trois ans et demi, les contrôles antidopage étaient désormais plus élaborés et plus fréquents. Le laboratoire antidopage français qui avait contrôlé six de ses échantillons d'urine positifs à l'EPO en 1999 était impatient d'avoir une nouvelle occasion de le confondre – Pierre Bordry, le responsable du laboratoire, confia à ses collègues qu'il avait hâte qu'Armstrong se fasse de nouveau contrôler sur le sol français[509]. Tygart et d'autres cadres de l'USADA tenaient à voir si le coureur parviendrait à résister au nouveau système antidopage. Les présomptions se faisaient de plus en fortes contre lui, mais il lui serait plus difficile de se dépêtrer d'un contrôle positif effectué dans les règles de l'art.

Armstrong fit le nécessaire pour paraître sain : il recruta Don Catlin pour que celui-ci le présente comme un défenseur de l'antidopage. Le scientifique qui avait dit un jour « pour gagner le Tour, il faut se doper » allait le surveiller personnellement. Il le contrôlerait aussi souvent qu'il le souhaiterait. Armstrong allait lui remettre des échantillons de sang et d'urine pour qu'il puisse dresser son profil biologique, et il analyserait ses données pour s'assurer que le cycliste n'enfreignait pas les règles. Les termes de l'accord étaient encore en discussion, mais Catlin souhaitait avoir son autorisation de publier les résultats.

Armstrong donna sa première conférence de presse sur son retour en septembre 2008, conjointement avec la Clinton Global Initiative, une association regroupant des dirigeants internationaux, des philanthropes, des entrepreneurs et des hommes d'affaires rassemblée pour évoquer les problèmes du monde. Armstrong fut l'un des principaux orateurs de la manifestation, qui se déroulait à l'hôtel Sheraton de New York, près de Times Square, à Manhattan.

Juste après avoir partagé la scène avec le maire de New York, Michael Bloomberg, et l'ancien président Bill Clinton, qu'il considérait comme « deux des personnes les plus puissantes du monde », Armstrong monta sur une petite scène improvisée, dans l'une des salles voisines. Catlin, qui portait un bracelet Livestrong, prit place à sa droite. Taylor Phinney, une future star du cyclisme qu'Armstrong avait débauchée de l'équipe des moins de 23 ans de Jonathan Vaughters, se tenait à sa gauche. Il portait également un bracelet Livestrong.

Vaughters avait préparé ce jeune prodige pendant des années, et celui-ci lui avait promis de revenir dans l'équipe l'année suivante. Mais, quelques semaines avant l'annonce du retour d'Armstrong, les parents de Taylor, les champions olympiques Connie Carpenter et Davis Phinney, cessèrent de répondre aux appels de Vaughters. Ce dernier ne tarda pas à découvrir que Taylor s'entraînait avec Armstrong à Aspen, dans le Colorado. Et, avant de comprendre ce qui se passait, il apprit qu'Armstrong lançait une équipe espoir dans laquelle Phinney allait pouvoir s'exprimer. Vaughters eut envie de lui dire : « Tu me l'as volé uniquement pour nous faire chier… »

Landis, qui avait entendu parler de la nouvelle équipe espoir d'Armstrong, en demeura encore plus perplexe. Après avoir perdu sa longue bataille médiatisée contre l'USADA, Landis avait purgé deux ans de suspension pour avoir été contrôlé positif sur le Tour 2006. Son exclusion devait prendre fin le 30 janvier 2009. Armstrong et lui avaient évoqué le fait qu'il pourrait s'occuper de la nouvelle équipe de jeunes du champion[510], ce qui ne se concrétisa jamais. Au final, Armstrong préféra faire appel à Axel Merckx, l'ancien coureur belge de la Motorola. Il expliqua à Landis qu'il ne voulait pas que son équipe soit impliquée avec un dopé notoire.

S'il avait recruté Landis, celui-ci aurait gardé le silence. Armstrong avait fait taire Livingston, son ancien lieutenant chez US Postal, en lui permettant d'établir son entreprise de formation individuelle dans son magasin de vélos Mellow Johnny's, à Austin. Mais en refusant à Landis ce poste de directeur sportif, puis de coureur dans l'une de ses équipes professionnelles, il commit sa plus grosse erreur…

*

* *

Les responsables de Nike étaient des plus enthousiastes. Scott MacEachern, l'interlocuteur privilégié d'Armstrong chez l'équipementier, ne tint plus en place lorsqu'il apprit la nouvelle de son retour. C'était grâce à Armstrong que sa carrière avait pris un tel essor. En 2008, sa femme Ashley avait même écrit un livre pour enfants sur le coureur !

Les responsables de Nike étaient aux anges car son retour serait forcément une bénédiction marketing pour la société : le public le considérait encore comme un super-héros luttant contre le cancer.

L'équipe qui s'occupait d'Armstrong chez Nike se mit donc à cogiter pour trouver le moyen d'introduire la marque Livestrong – et le logo de Nike – dans tous les foyers du monde. Avant le Tour de France, la société annonça qu'elle lançait une nouvelle ligne de vêtements et de chaussures Livestrong, « Hope Rides Again[a] », afin de célébrer le retour au sport du champion. Tous les bénéfices iraient à la Fondation Lance Armstrong, comme cela avait déjà été le cas pour la collection précédente. Une exposition d'art itinérante sponsorisée par Nike, avec des célébrités comme Shepard Fairey et Damien Hirst, allait également permettre à Livestrong de gagner de l'argent. En exclusivité, les produits de la collection Nike/Livestrong feraient partie de l'exposition.

L'équipementier, comme à son habitude, allait de nouveau s'efforcer de tirer profit des critiques contre le coureur. Dans un spot publicitaire, on pouvait voir des images d'Armstrong s'entraînant seul sur son vélo, entrecoupées de scènes montrant des patients en train de récupérer du cancer. Sur une musique pompeuse, Armstrong disait : « Les critiques prétendent que je suis arrogant. Dopé. Fini. Un imposteur. Que j'aurais mieux fait de laisser tomber. Ils peuvent dire ce qu'ils veulent. Ce n'est pas pour eux que j'ai décidé de remonter sur un vélo. »

---

a. « L'espoir revient ».

En octobre 2008, dans l'ouest du Texas, dans un café en compagnie de sa nouvelle petite amie, la vététiste Anna Hansen, Armstrong tomba sur un article de l'Agence France-Presse au sujet de son retour. Il faisait référence à un éditorial rédigé par Jean-Marie Leblanc, l'ancien directeur de course du Tour de France. Pourquoi Armstrong souhaitait-il soumettre le cyclisme aux questions que son retour n'allait pas manquer de soulever ? demandait-il.

« Nous, les anciens coureurs, ne manquons généralement pas de respect pour les vainqueurs, mais ce n'est pas toujours le cas du public, et encore moins des médias, qui ont de lourds soupçons sur toi... Les chiens seront lâchés, les articles se succéderont, on répétera les mêmes choses, et on ramènera au premier plan le sujet qui a fait tant de mal à notre passion ces dix dernières années : le dopage[511]. »

Armstrong sentit son cœur se serrer. Leblanc était en train de lui faire comprendre que son retour serait désastreux pour le cyclisme. Le coureur se demanda alors : « Est-ce que j'ai envie de me retrouver sous le feu des projecteurs ? De tenter le diable ? » Naturellement, il avait déjà réfléchi à la question, mais, pour une raison qui lui échappait, les paroles de Leblanc l'avaient touché. Depuis l'annonce de son retour, il ne s'était fait contrôler qu'une seule fois par l'USADA, mais son instinct lui recommandait de se montrer prudent, d'éviter de forcer le destin, comme le lui avait conseillé Korioth. Et puis il comprit : certains n'attendaient qu'une chose, qu'il se fasse prendre.

Il se tourna vers Anna :

– Il faut que j'arrête tout.

Ils commençaient tout juste à sortir ensemble, et elle n'avait pas la moindre idée de ce dont il parlait.

– Que tu arrêtes « tout » quoi ?

Il lui expliqua la situation et commença à s'affoler. Il se mit à chercher des prétextes pour renoncer à son retour, comme « je me suis explosé le genou », « j'ai mal au genou », ou « en me réveillant, ce matin, mes gamins m'ont supplié de ne pas y aller ».

Mais, chez Nike, la ligne de vêtements et de chaussures Livestrong était déjà en production, et les gens de sa fondation se réjouissaient des millions de dollars supplémentaires qu'elle allait probablement récolter. Des admirateurs du monde entier lui envoyaient des lettres de félicitations pour son retour et pour son objectif déclaré de porter son message de prévention contre le cancer à l'échelle mondiale. Il ne courrait pas qu'en France. Il irait aussi en Australie, en Afrique du Sud et en Irlande.

Il m'expliqua plus tard qu'à ce moment de sa vie, les événements s'étaient précipités et qu'il ne lui avait pas été possible de sauter du train en marche parce que tous les regards étaient braqués sur lui. « Je n'en ai pas eu le courage », m'avoua-t-il.

*
* *

Lors d'une conférence de presse à laquelle assistèrent des centaines de journalistes, avant le Tour de Californie 2009, sa première compétition américaine depuis son retour, il se montra aussi provocant que sur les Champs-Élysées en 2005, lorsqu'il avait déclaré qu'il plaignait ceux qui ne croyaient pas dans le cyclisme.

Les journalistes lui avaient reproché de ne pas s'être soumis aux contrôles hors compétition de l'USADA pendant les six mois réglementaires avant de pouvoir courir. Lors de sa participation au Tour Down Under, en Australie, au mois de janvier, il lui avait manqué un mois de surveillance, mais l'UCI lui avait tout de même permis de concourir.

On le critiqua pour avoir fait l'éloge de son programme antidopage indépendant, celui dirigé par le scientifique Catlin, alors que ce programme n'avait même pas encore vu le jour. Catlin m'expliqua qu'Armstrong s'était montré quelque peu récalcitrant compte tenu de la logistique et des frais à engager.

Pendant la conférence de presse du Tour de Californie, une question l'interpella. Paul Kimmage, jadis cycliste professionnel et désormais journaliste primé au *Sunday Times* britannique, lui demanda pourquoi il insistait tant pour que Landis et le coureur italien Ivan Basso soient réintégrés au peloton après avoir purgé une suspension pour dopage.

– Pourquoi admirez-vous tant ces dopés ? lui demanda-t-il.

Armstrong reconnut Kimmage, un partisan déclaré de l'antidopage qui avait publié un livre, *Rough Ride*, traitant de la culture du dopage dans le sport. Stapleton et Mark Higgins, le responsable de la communication personnel d'Armstrong, avaient vu le journaliste prendre place au premier rang de la salle de conférences et avaient donné quelques tuyaux au coureur.

Il répondit donc à Kimmage comme s'il avait répété son texte :

– Lorsque j'ai décidé de revenir pour ce qui est, à mon avis, une noble cause, vous avez dit à mon sujet : « Nous avons été en rémission pendant quatre ans, mais notre cancer est revenu. » Je suis là pour lutter contre cette maladie. Je suis là pour ne plus avoir à en parler, pour que vous n'ayez plus à en parler, pour que mes enfants n'aient plus à en parler.

« Avec une question pareille, vous ne méritez même pas la chaise sur laquelle vous êtes assis », ajouta-t-il ensuite à son intention.

La saison ne faisait que commencer.

*

* *

À la fin de sa période de suspension, Landis se révéla incapable de trouver du travail. Même Vaughters, qui était resté en bons termes avec lui, refusa de l'embaucher.

– Je ferais confiance à Floyd pour veiller sur mon fils, ce que je dirais de très peu de coureurs, déclara Vaughters. S'il a besoin d'argent, je lui en prêterai. Mais il m'est impossible de le recruter comme cycliste.

Landis finit par signer un contrat avec OUCH, une équipe américaine de seconde zone. Tandis qu'il devait se contenter de courses secondaires, Armstrong était de retour sur le Tour de France, acclamé par des milliers de personnes. Un fermier planta un panneau devant son champ de maïs : « Armstrong : pourquoi pas ? »

Malgré presque quatre ans d'absence, Armstrong réalisa une excellente course, en lutte contre son propre coéquipier, l'Espagnol Alberto Contador, pour devenir le capitaine de l'équipe. De onze ans son cadet, Contador allait remporter cette bataille, mais Armstrong ne manqua pas de montrer sa force en surclassant des dizaines de coureurs plus jeunes. À l'étape dont l'arrivée était située au sommet du légendaire mont Ventoux, il termina cinquième.

Même si Contador se révéla meilleur, Armstrong fit figure de sérieux adversaire, manquant même de prendre le maillot jaune pour deux dixièmes de seconde. À la fin de l'épreuve de 3 459 km, il termina troisième derrière Contador, vainqueur de cette édition du Tour. Armstrong devint le second coureur le plus âgé de la longue histoire du Tour à terminer sur le podium.

L'Équipe, le journal qui avait publié tant d'articles sur lui et le dopage, titra : « Chapeau, le Texan ». Nicolas Sarkozy, alors président de la République, ne tarit pas d'éloges à son égard, affirmant qu'il avait « fait plus en cinq minutes (sur le Tour) que ses communicants en dix ans[512] ». À la fin de l'épreuve, Armstrong annonça qu'il allait lancer sa propre équipe, sponsorisée par RadioShack, et qu'il en serait le capitaine de route pour la saison 2010.

Même s'il avait redouté que les contrôleurs ne le lâchent pas, Armstrong opéra un retour particulièrement réussi. Naturellement, il avait eu raison de croire qu'on chercherait à l'abattre, une bonne fois pour toutes. Mais qu'importe. Il parvint à se montrer plus malin que tout le monde, plus malin que Pierre Bordry, le directeur de l'Agence française de lutte contre le dopage (l'AFLD).

Avant même le départ du Tour de France, Bordry cibla Armstrong. Le coureur se trouvait à Saint-Jean-Cap-Ferrat lorsqu'un employé du Laboratoire national de dépistage du dopage (le LNDD), le docteur Olivier Grondin, se présenta à sa porte pour un contrôle inopiné. Le coureur venait tout juste d'achever sa séance d'entraînement à vélo. Mais, même après avoir subi des centaines de contrôles et en sachant que le règlement interdisait que les cyclistes se soustraient à la vue du médecin lors d'un contrôle, il refusa de se soumettre à ce nouveau test. Il se contenta de lui fermer la porte au nez.

Au bout de vingt minutes, Armstrong réapparut et permit à Grondin de lui prélever des échantillons d'urine, de sang, de cheveux et d'ongles. Le médecin repartit avec les échantillons, passablement préoccupé. Même si cet atermoiement d'une vingtaine de minutes pourrait sembler négligeable en regard d'un contrôle antidopage, il savait pertinemment que c'était plus que suffisant pour qu'un sportif puisse fausser les résultats des analyses, en diluant son urine en buvant énormément d'eau, par exemple.

Grondin signala donc ce contretemps à l'agence antidopage, et Bordry considéra qu'il s'agissait d'une violation du règlement antidopage. Mais Armstrong déclara publiquement, et de manière très habile, qu'il serait dommage de manquer l'édition du Tour de France 2009 à cause de cette simple méprise, d'autant plus que son retour était motivé par son désir de diffuser largement un message de prévention contre le cancer. Il n'y eut jamais aucune suite.

Après le Tour, on retrouva du matériel médical ayant servi à des transfusions sanguines dans des chambres d'hôtel occupées par les coureurs d'Astana, l'équipe d'Armstrong. Un procureur parisien se pencha sur cette affaire. Mais, là non plus, aucune suite ne fut donnée à cette possible affaire de dopage contre Armstrong.

« Il ne fait aucun doute que l'instruction a été donnée en haut lieu de ne pas importuner Armstrong », soutint dans les colonnes du *Nouvel Observateur* Michel Rieu, un conseiller scientifique auprès de l'AFLD.

Bordry avait toujours soupçonné Armstrong d'être soutenu en France par des personnes plus haut placées que lui. Par des responsables qui préféraient fermer les yeux sur son dopage parce qu'il faisait venir les touristes. Par des hommes politiques susceptibles de lui éviter de se faire contrôler positif.

Ce ne fut qu'à l'automne 2009 que Bordry soupçonna le président Nicolas Sarkozy en personne de contribuer au succès d'Armstrong. À l'époque, le coureur était plus furieux que jamais, car il était devenu presque impossible de contourner le règlement antidopage.

Il s'était plaint auprès du directeur de l'agence du contrôle inopiné dont il avait été la cible à Saint-Jean-Cap-Ferrat et de la manière dont l'AFLD avait géré la situation. Il protesta publiquement contre la ministre des Sports Roselyne Bachelot, parce qu'elle avait déclaré qu'Astana, l'équipe d'Armstrong, aurait pu faire l'objet d'un traitement particulier de la part des contrôleurs du Tour. Au moins à une occasion, l'équipe s'était soustraite au regard des contrôleurs alors qu'ils auraient dû tous rester ensemble.

— Ça suffit ! s'emporta Armstrong. C'est ridicule !

En octobre 2009, le coureur déjeuna avec Nicolas Sarkozy au palais de l'Élysée, et on aurait dit deux vieux amis. Bordry prévint aussitôt le ministre des Sports qu'il était risqué pour le président de se montrer si amical avec Armstrong, car ce dernier était poursuivi par de nombreux soupçons de dopage. Il expliqua à Roselyne Bachelot que Nicolas Sarkozy ferait bien d'éviter de se montrer trop proche du champion. Compte tenu des accusations de dopage dont le cycliste faisait l'objet, leur amitié pourrait se révéler préjudiciable, s'il souhaitait se représenter à une élection un jour.

L'année suivante, le budget 2011 de l'AFLD se vit sérieusement amputé. Bordry fut contraint de présenter sa démission, car il jugeait que l'Agence ne disposait plus de fonds suffisants pour accomplir sa mission.

Plus tard, Bordry entendit dire qu'Armstrong s'était vanté d'avoir eu sa peau. Il prétendait avoir convaincu le président Sarkozy de réduire le budget de l'AFLD et de pousser son directeur vers la sortie. « Il a demandé ma tête, supposa ce dernier. Et il l'a eue. » Peu de temps après la démission de Bordry, Armstrong posta un message sur son compte Twitter. Pas pour lui annoncer qu'il était de tout cœur avec lui. Il se contenta d'un : « Au revoir, Pierre. »

Landis enviait énormément l'influence qu'exerçait Armstrong aussi bien sur le milieu du cyclisme qu'en société.

Depuis qu'il avait terminé de purger sa suspension, il l'avait menacé de le faire chanter s'il ne lui trouvait pas un boulot dans le cyclisme[513]. Ne voyant rien venir, il fut si amer qu'il s'en prit à d'autres anciens de l'US Postal, menaçant de les dénoncer[514]. Le dopage l'ayant fait souffrir, il ne voyait pas pourquoi les autres ne souffriraient pas avec lui.

En 2008, il annonça à Zabriskie qu'il avait l'intention de confondre George Hincapie, un coureur admiré de tous. Zabriskie appela ce dernier la veille du légendaire Paris-Roubaix.

– Floyd m'a dit qu'il allait te dénoncer à la police et qu'ils allaient t'attendre sur la ligne d'arrivée. J'ai bien l'impression qu'il est sérieux, cette fois.

Hincapie fut si désarçonné qu'il termina neuvième, à plus de cinq minutes du vainqueur alors qu'il était le favori de l'épreuve.

Landis évoqua aussi l'idée de réaliser une vidéo sur le dopage au sein de l'US Postal et de la poster sur YouTube. Cette menace attira l'attention de David « Tiger » Williams, un financier de Wall Street qui soutenait l'équipe depuis le début.

Williams était l'ancien capitaine de son équipe de hockey de Yale, un excellent cycliste et un investisseur qui avait beaucoup misé sur Tailwind Sports, la société de gestion propriétaire de l'US Postal. C'était également l'un des principaux donateurs de la Fondation Lance Armstrong et du Floyd Fairness Fund, un fonds qui permit à Landis de payer les 2 millions de dollars (1,5 million d'euros) de frais de justice qu'il devait depuis sa longue bataille judiciaire.

Tout d'abord, Williams n'était pas parvenu à obtenir la confirmation qu'Armstrong s'était dopé. Il avait demandé à Vaughters à de nombreuses reprises s'il y avait du dopage dans l'équipe, mais celui-ci ne lui avait jamais fourni de réponse franche.

En 2009, il fut peiné d'apprendre que Landis se retrouve sans travail[515], et il avait entendu dire que s'il n'en trouvait pas, il allait dénoncer le dopage qui gangrenait le cyclisme. Alors, la société eSoles, qui fabriquait des semelles intérieures pour des chaussures de sport et dans laquelle Williams était associé, déboursa 200 000 dollars[516] (150 000 euros) pour devenir sponsor d'OUCH, l'équipe de Landis. Celui-ci ne tarda pas à expliquer à Williams le système de dopage de l'US Postal.

– On ne peut pas se permettre de laisser Floyd jouer les francs-tireurs, fit-il remarquer à l'un de ses amis, début 2009. On paie pour conserver une certaine maîtrise sur lui. Je le paie pour éviter qu'il se suicide, pour qu'il raconte son histoire quand on le lui demandera[517].

Ainsi, tant que Tiger Williams n'eut aucun avantage à lui demander de témoigner, Landis garda le silence. Il s'était un jour engagé à verser un million de dollars à la fondation d'Armstrong en échange de l'autorisation d'utiliser le logo « Livestrong » sur ses semelles de chaussures. Mais, en avril 2009, il découvrit que l'accord ne tenait plus. On lui expliqua que Nike, le principal sponsor de la fondation, avait mis son veto.

Quand il demanda à Armstrong ce qui s'était passé, le coureur lui répondit par e-mail : « Pour être honnête, et je te dis ça en toute amitié, je n'ai pas envie de gérer ça en ce moment. Je crains que ce ne soit à vous de vous mettre d'accord. Pour ce que ça vaut, et c'est sans doute la meilleure solution, le mieux serait peut-être de te rendre tout ton argent et de laisser tomber cette histoire[518]. »

Williams n'avait versé qu'une partie de la somme. Pourtant, la fondation refusa de lui rendre cet argent, l'informant que les dons s'effectuaient sans contrepartie. Furieux, il fit le serment de ne pas en rester là[519]. Le connaissant depuis des années, George Hincapie comprit que le ciel n'allait pas tarder à leur tomber sur la tête.

– Jamais, jamais je n'aurais osé contrarier Tiger Williams.

Peu après, l'investisseur prévint l'un de ses amis :

– Prépare-toi, le Texas va bientôt trembler[520].

Armstrong ignorait complètement ce qui l'attendait. Il était trop occupé à savourer son retour. En octobre 2009, lors de l'annuel Ride for the Roses, à Austin, des milliers d'admirateurs vinrent se frotter à lui sur un vélo, soutenir Livestrong et fêter son retour.

Terry Armstrong, son père adoptif, se trouvait parmi eux. Au cours des années qui avaient suivi son divorce d'avec la mère du coureur, il était devenu un chrétien dévoué. Inconsolable de tristesse sur la façon dont sa relation avec son fils s'était délitée, il avait quitté sa banlieue de Dallas et s'était rendu à Austin pour demander pardon à son fils pour la souffrance qu'il leur avait causée, à sa mère et à lui.

Sur la ligne d'arrivée du Ride for the Roses, il parvint à s'approcher à quelques dizaines de centimètres du coureur, suffisamment près pour lui toucher le bras et l'appeler « Lance Edward ». Armstrong chargea Stapleton de demander à la police de s'occuper de lui.

*

* *

À l'automne 2009, avant le Tour du Missouri, Landis se confia à Zabriskie. Il était ému. Il avait l'impression d'être devenu quelqu'un d'horrible et ne savait plus quoi faire de sa vie. Son couple était en miettes. Il avait quitté sa vaste demeure de Temecula, en Californie, et s'était installé dans une petite maison d'Idyllwild, une ville reculée, blottie dans les monts San Jacinto. Il aimait le vélo, mais c'était devenu une voie sans issue. Il souhaitait retourner courir en Europe. Il le méritait, non ? Il avait remporté ce foutu Tour de France, non ? Il avait observé la loi du silence pendant des années… et pour quel résultat ?

– Tu te souviens de la conversation qu'on a eue, chez nous, à Gérone ? lui demanda Zabriskie. Si on se faisait prendre, on arrêtait les conneries et on crachait le morceau. Alors, mon pote, il serait peut-être temps d'y songer, non ?

Au printemps 2010, Zabriskie ne fut donc guère surpris de recevoir un SMS de Landis, qui lui présentait ses excuses pour ce qu'il était sur le point de faire. Il allait tout déballer. Il allait avouer à l'USADA qu'Armstrong, lui et d'autres grands coureurs américains avaient pris des produits dopants et s'étaient fait des transfusions sanguines.

– Hé, tu ne peux pas me laisser en dehors de tout ça ? lui demanda Zabriskie. Ce n'est pas simplement entre toi et Lance ?

– Non, je suis désolé, mon pote, je suis désolé[521].

Landis n'avait pas l'impression d'avoir grand-chose à craindre, car il avait le soutien de Tiger Williams[522]. Il n'avait pas besoin de s'inquiéter pour l'argent non plus et avait un endroit où dormir. Williams avait un appartement au sud de Central Park, à Manhattan, et une résidence secondaire dans le Connecticut.

En aidant Landis, il était gagnant sur toute la ligne. Il pouvait se venger d'Armstrong, revenu sur l'accord qu'il croyait avoir conclu avec sa fondation[523], même s'il avait précédemment nié que la vengeance ait pu jouer un rôle dans sa volonté d'aider Landis[524].

En attendant, Landis avait envoyé par e-mail à Vaughters des paroles de chansons de Led Zeppelin déconcertantes, des textes débordant de souffrance et de désarroi. Il lui disait être sur le point de libérer tout ce qu'il retenait en lui depuis trop longtemps.

– Je ne peux plus vivre avec ça, lui confia-t-il. Je ne peux plus vivre avec ce secret.

Vaughters décela une profonde noirceur dans sa voix. « J'avais l'impression qu'il allait soit vider son sac, soit se suicider », dit-il.

20

Nuit après nuit, tout au long de ce printemps 2010, Landis envoya des e-mails à Armstrong, le narguant à propos de ce qu'il comptait faire, le mettant au défi de l'en empêcher. Il lui en envoya au beau milieu de la nuit, pendant le Tour of the Gila, une course par étapes au Nouveau-Mexique à laquelle ils participaient tous les deux. Mais Landis se garda bien de lui adresser la parole pendant la course elle-même. Armstrong en eut la chair de poule.

La semaine précédente, Armstrong avait surpris une conversation téléphonique entre Zabriskie et l'ancien directeur sportif de l'US Postal, Johan Bruyneel[525]. Le coureur l'avait appelé pour le prévenir des projets de Landis.

Armstrong ne s'était jamais senti aussi nerveux. Landis disait depuis longtemps qu'il allait tout rendre public, mais, cette fois, il semblait prêt à aller jusqu'au bout. Pendant qu'il tourmentait le champion, il mettait Steve Johnson, le directeur général de l'USA Cycling, au défi de réagir. Le vendredi 30 avril 2010, à 17 h 19, après la troisième étape des cinq que comptait le Tour of the Gila, Landis écrivit à Johnson un e-mail dont l'objet était : « Personne n'est en copie de celui-ci, alors il ne tient qu'à vous de vous montrer sous votre véritable jour…[526] »

Dans ce seul message, il exposait les faits les plus marquants du dopage au sein de l'US Postal et d'autres équipes professionnelles. Il mouillait presque tous les meilleurs coureurs américains, ainsi que plusieurs responsables du cyclisme.

Il indiquait qu'en 2002, Bruyneel lui avait expliqué comment utiliser les patchs de testostérone. Il racontait qu'Armstrong, sous les yeux de sa propre épouse, lui en avait remis une boîte. Que Ferrari lui avait prélevé du sang qu'il devait se réinjecter pendant le Tour de France. Qu'Armstrong lui avait dit avoir conclu un accord financier avec Hein Verbruggen, l'ancien président de l'UCI, pour qu'il dissimule un contrôle positif à l'EPO.

Et ce n'était pas tout : en 2003, Armstrong lui avait demandé de surveiller son sang en son absence. Son boulot consistait à vérifier que la température à l'intérieur du réfrigérateur de son capitaine demeurait stable, pour que le sang puisse se conserver.

Durant le Tour 2003, Landis avait reçu une transfusion sanguine aux côtés de Hincapie, d'Armstrong et d'un autre coéquipier, Chechu Rubiera. Le médecin de l'équipe leur avait remis, à Hincapie et à lui, de l'huile de testostérone. Plus tard dans la saison, Bruyneel lui avait demandé d'aller se procurer de l'EPO auprès d'Armstrong, qui s'était exécuté. Le directeur sportif lui avait également expliqué comment prendre de l'hormone de croissance, et il en avait acheté auprès de l'entraîneur Pepe Martí. Ses coéquipiers Matthew White, un Australien, et Michael Barry, un Canadien, avaient partagé leur testostérone et leur EPO.

Dans son e-mail, Landis écrivait aussi que, pendant le Tour 2004, ses coéquipiers et lui avaient reçu une transfusion sur le bas-côté d'une route de montagne, alors qu'ils étaient en route pour leur hôtel. En 2005, il avait recruté Lim pour lui préparer ses transfusions et garder le sang au frais alors qu'il réalisait des perfusions sur Leipheimer et sur lui-même.

En 2006, il avait fait savoir à Andy Riis, le propriétaire de l'équipe Phonak, qu'il lui fallait plus d'argent pour pouvoir se doper, et Riis lui en avait donné[527] – ce que le patron de l'équipe nia farouchement.

Ensuite, Landis ajouta à l'intention de Johnson qu'il avait « encore plein, plein d'autres anecdotes » dans son journal. Il termina son message par une menace : « Attendez-vous à beaucoup d'autres détails dès que vous aurez fait la preuve de votre fiabilité en agissant de la bonne façon. »

Landis prévint les autres qu'il était sur le point d'annoncer une nouvelle qui ferait l'effet d'une bombe. Il écrivit à Andrew Messick, le directeur de course du Tour de Californie, à Stapleton, qui avait déclaré que l'US Postal l'aiderait beaucoup « s'il se dopait un peu plus », à Pat McQuaid, le président de l'UCI, ainsi qu'à une poignée de sponsors. Puis il envoya un nouvel e-mail à Armstrong : « Je vais simplement vous accuser, toi et nos anciens coéquipiers, d'avoir réalisé des transfusions sanguines et d'avoir pris des produits dopants pour t'aider à gagner les trois Tours de France qu'on a courus ensemble. Alors, ne te trompe pas. »

Il qualifia le dopage dans ces équipes d'« escroquerie envers le public » et le prévint qu'il ne parviendrait pas à l'intimider.

« Mon unique objectif en informant le public et la presse sur ce sujet est de libérer ma conscience pour pouvoir dormir la nuit, poursuivit Landis. Je suis tout à fait conscient que toi et quelques autres risquez d'éprouver une certaine angoisse, et je compatis, mais je me vois dans l'obligation de te rappeler que je ne réponds pas très bien aux menaces ni à la brutalité, et que je ne vois aucune issue favorable si ça devait se poursuivre. »

*
* *

En avril 2010, Floyd Landis organisa un déjeuner avec le directeur de course Messick, à Los Angeles, dans un restaurant huppé, *The Farm of Beverly Hills.* Cela faisait plus d'un an que le coureur avait purgé sa suspension.

Il aimait bien Messick et souhaitait le prévenir que le milieu du cyclisme n'allait pas tarder à imploser, sans doute dans moins d'un mois, peut-être pendant son Tour de Californie, en mai. Il déposa un magnétophone sur la table et pressa le bouton « Enregistrer ». Il voulait avoir la preuve qu'il avait raconté la vérité sur son dopage à une autorité du cyclisme.

– J'ai pris des produits dopants presque tout au long de ma carrière professionnelle, avoua-t-il. Je ne peux plus me taire. Je ne vais pas tarder à tout raconter[528].

Messick était sidéré. Le coureur qui avait publié un livre, *Positively False: The Real Story of How I Won the Tour de France*[a], dans lequel il affirmait avoir gagné proprement malgré un contrôle positif, reconnaissait à présent avoir menti au public pendant quatre ans ? L'homme qui avait hurlé son innocence et fait un appel au don pour financer sa défense était en train de lui dire que sa version de l'histoire était entièrement fausse ?

– Comment veux-tu que les gens te croient après avoir menti pendant si longtemps ? lui fit remarquer Messick. Tu en as parlé à ta mère ? À Travis Tygart ?

Non. Il n'avait pas trouvé le courage d'en parler à sa mère. Et il refusait catégoriquement d'aider Tygart, qui lui avait infligé une suspension de deux ans en 2007. Landis déclara avoir dépensé 2 millions de dollars[529] (1,5 million d'euros), dont au moins 478 354 dollars (près de 360 000 euros) de dons provenant de 1 765 personnes pendant les deux ans de procès[530].

Même s'il se garda de raconter quoi que ce soit sur Armstrong, il révéla à Messick que tous les anciens coureurs qualifiaient leur loi du silence d'« omerta ».

– Les mafieux, lorsqu'ils se font attraper et qu'ils vont en prison, ils se taisent, et l'organisation prend soin de leur famille, expliqua-t-il tout en précisant que, dans le cyclisme, il n'y avait aucun code de l'honneur. Quand on est contrôlé positif, on est censé se taire, mais on devient un paria. Tout le monde nous tourne le dos[531].

Il était déjà arrivé que des cyclistes brisent l'omerta, mais aucun coureur de premier plan. Même Frankie Andreu, qui avait fait des révélations quatre ans auparavant, n'était alors qu'un simple domestique.

Au printemps 2010, l'Autrichien Bernhard Kohl avoua s'être dopé toute sa vie, affirmant qu'il était « impossible de gagner sans

---

a. Faussement positif : La véritable histoire de ma victoire sur le Tour de France.

se doper ». Il avait terminé troisième du Tour de France 2008, mais avait été privé de ce résultat en raison d'un contrôle positif pendant l'épreuve. Il reconnut qu'il était facile de contourner les contrôles. « On m'a contrôlé deux cents fois tout au long de ma carrière, et la moitié du temps, j'étais dopé, me confia-t-il en 2010. J'ai fini par me faire attraper, mais les quatre-vingt-dix-neuf autres fois, il ne s'est rien passé. »

En 2004, l'Espagnol Jesús Manzano révéla au grand jour le dopage organisé qui avait cours au sein de l'équipe Kelme et reconnut plus tard qu'un médecin lui avait administré pendant le Tour de France 2003 un produit vétérinaire, de l'Oxyglobin, contenant de l'hémoglobine de bovin et destiné à traiter l'anémie chez les chiens[532]. Après avoir pris ce produit, il s'était écroulé pendant une étape et avait dû se faire évacuer par hélicoptère jusqu'à l'hôpital le plus proche.

Ces révélations sur le côté obscur du monde du vélo avaient beaucoup gêné Lance Armstrong. Mais, sans doute pour la première fois, la vérité sur le cyclisme américain était sur le point d'éclater. Et c'était Landis qui tenait le porte-voix. Il avait perdu tout ce qui comptait à ses yeux : son sport, sa femme, son beau-père, la plupart de ses anciens coéquipiers… Il ne lui restait plus que la vérité, confia-t-il à Messick.

*
* *

Environ une semaine avant le Tour de Californie, Landis appela Tygart, et ils se donnèrent rendez-vous quelques jours plus tard au Marriott de l'aéroport de Los Angeles. Tygart savait à quoi s'attendre ; il avait eu vent de ses histoires de dopage grâce à un scientifique de l'USADA, Daniel Eichner, à qui, deux semaines auparavant, un spécialiste de l'antidopage que Landis avait recruté pour lui servir d'intermédiaire avait expliqué en détail les conditions de dopage du coureur. Après son déjeuner avec Messick à Los Angeles, Landis s'était montré impatient de faire ses révélations à l'USADA, même s'il refusait de dévoiler quoi que ce soit à Tygart en raison de leur relation plus que tendue. Le fait de raconter ses méfaits à Eichner n'avait été que la première étape qui allait le conduire à des aveux complets.

Face à face dans la salle de conférences du Marriott, Landis et Tygart se montrèrent aussi prudents l'un que l'autre. Il allait falloir du temps pour qu'ils se fassent confiance.

– Si j'accepte de vous raconter toute la vérité, vous comptez faire comme tous les autres, ou vous envisagez de faire votre travail[533] ? s'enquit Landis.

Tygart fut surpris par son profond scepticisme. Il s'efforça de le regarder droit dans les yeux.

– Nous allons faire notre travail et donner suite à toutes les preuves que vous nous présenterez. Si vous nous dites la vérité.

Landis lui raconta donc la vérité. Ils s'entretinrent pendant des heures, Landis égrenant les détails de son dopage, de celui d'Armstrong et de celui d'autres coureurs.

Tygart était sidéré.

– On le faisait tous : Lance, moi, tous les autres gars de l'équipe. Tout le monde se dopait. Ça faisait partie du sport[534].

– Eh bien, nous allons tenter de changer tout ça, lui répondit Tygart. Vous êtes très courageux d'avoir accepté de tout dévoiler. Je sais à quel point ça peut être difficile pour une personne isolée de dire la vérité. Vous allez être dénigré dans la presse.

Landis s'abstint de donner le nom des autres coureurs qui s'étaient dopés. Il se contenta de citer Armstrong. Pour le moment, Zabriskie n'avait rien à craindre. Landis faisait de son mieux pour tenter de convaincre Tygart de ne pas sanctionner ses amis – ceux qui « souhaitaient libérer leur conscience[535] » à propos du dopage – pour leurs aveux. Il ne mettait pas Armstrong dans cette catégorie.

Après leur entrevue, Tygart contacta l'un de ses vieux amis, Jeff Novitzky, un chauve de 1,95 m, agent de la police judiciaire auprès de la Food and Drug Administration[a] (FDA) réputé pour être le meilleur flic antidopage des États-Unis. Il lui annonça que Landis disposait d'informations explosives à propos du dopage

a. Agence américaine des produits alimentaires et médicamenteux.

d'Armstrong et des coureurs de l'US Postal, et lui proposa de venir mener avec lui l'interrogatoire officiel du coureur.

C'était Novitzky, qui, dirigeant l'enquête dans l'affaire des stéroïdes de Balco, avait mis en cause des sportifs tels que le joueur de base-ball Barry Bonds et la sprinteuse Marion Jones. Ils avaient tous les deux été reconnus coupables de différentes infractions liées au dopage. Tygart et lui avaient travaillé ensemble sur cette affaire et étaient restés en contact depuis pour échanger des informations sur le problème du dopage dans le sport et notamment dans le cyclisme.

Lorsque Tygart le contacta au sujet de Landis, Novitzky enquêtait déjà sur l'utilisation de produits dopants dans le peloton. Ses investigations avaient connu un second souffle avec l'affaire concernant un coureur du nom de Kayle Leogrande, un cycliste de niveau moyen qui avait oublié de l'EPO chez lui lorsqu'il avait déménagé de son appartement du sud de la Californie, et dont la propriétaire avait appelé la FDA. Novitzky travaillant sur cette affaire, il saisit l'occasion de pouvoir entendre ce que Landis avait à dire.

Ils se retrouvèrent tous les trois au début du mois de mai au Marriott de Marina del Rey, non loin de l'aéroport de Los Angeles. Landis vint accompagné de son médecin, Brent Kay, car ce dernier s'était senti menacé par Armstrong lors d'un échange de mails.

Landis se souvenait de tous les détails[536] et leur remit même son journal, dans lequel il avait consigné ses horaires de dopage de manière codée. Il souhaitait se montrer le plus complet possible. Cesser de mentir.

*

* *

Plus le Tour de Californie – la course cycliste la plus prestigieuse des États-Unis – approchait, plus Armstrong était tendu. Il demanda à Key, le médecin de Landis, de convaincre son patient de renoncer à sa vendetta. Mais Landis se montra obstiné, surtout en découvrant que Stapleton s'apprêtait à le poursuivre en justice. Le pouvoir avait changé de camp. C'était désormais Landis le persécuteur.

– Vous voyez tous ces agents de sécurité, là ? demanda Armstrong à ses anciens équipiers Hincapie, Leipheimer et Zabriskie alors qu'ils s'apprêtaient à donner une conférence de presse avant le Tour de Californie. C'est moi qui ai fait appel à ces types. J'ai peur. J'ai peur de Floyd. Il m'envoie des photos de lui avec un flingue ! Cet enfoiré va me descendre[537] !

Landis me confia fin 2013 qu'il ne se rappelait pas lui avoir envoyé de telles photos.

Quatre jours plus tard, la nouvelle des aveux de dopage de Landis et de ses accusations fut rendue publique. Grâce, en partie, à Tiger Williams[538], le mentor de Floyd, qui en voulait toujours autant à Armstrong, le contenu de plusieurs e-mails que Landis avait envoyés au champion et à des responsables du cyclisme, y compris la liste de tous les noms envoyée à Johnson, se retrouva sur le site Internet du *Wall Street Journal* le 19 mai au soir, la veille de la cinquième étape de l'épreuve.

*

* *

Armstrong envoya un SMS à Hincapie : « Jette un coup d'œil au site du *Wall Street Journal*. Ça va être une journée difficile, demain. » Après avoir lu l'article, Vaughters appela aussitôt Zabriskie.

Celui-ci appela Bruyneel, qui lui déclara :

– On s'en occupe.

Zabriskie se précipita alors dans la chambre d'hôtel de Hincapie.

Ce dernier semblait à bout de nerfs.

– La FDA vient de m'appeler… Novitzky, ce type qui s'est occupé de l'affaire Marion Jones et tout ça. Il m'a laissé un message, il me demande de le rappeler.

Vaughters avait entendu dire que Novitzky enquêtait sur le dopage dans le cyclisme et savait que ce n'était qu'une question de temps avant qu'il se décide à contacter son équipe,

Garmin-Chipotle. Un certain nombre de ses coureurs s'étaient dopés, par le passé. Il les avait recrutés à dessein, pour leur proposer de travailler sans aucune pression, afin qu'ils ne soient pas tentés de tricher.

Il fit venir Zabriskie dans sa chambre d'hôtel et lui garantit qu'il avait tout son soutien, et que si Novitzky l'appelait, il n'avait rien à craindre et pouvait dire la vérité sur son passé de dopé.

– Quoi que tu dises, tu pourras continuer à travailler avec nous.

Vaughters s'entretint également avec Tom Danielson, un autre coureur américain qui avait été équipier d'Armstrong, et lui répéta la même chose :

– Si Novitzky t'appelle, n'hésite pas à lui dire ce que tu sais. On te soutiendra.

Puis il réunit son équipe et demanda à tous, même s'ils étaient furieux contre Landis, de ne faire aucun commentaire sur la situation.

– Ne traitez pas Floyd d'ivrogne. Évitez d'attirer les médias sur l'épreuve. Terminons cette course, on réfléchira ensuite sur la marche à suivre.

Ce soir-là, Armstrong lança sa contre-attaque. Il enregistra tout d'abord une courte vidéo qu'il posta sur YouTube.

« J'ai passé une journée tranquille », dit-il, expliquant que c'était un honneur de courir pour MCA, le rappeur Adam Yauch des Beastie Boys, qui luttait contre un cancer.

Puis il évoqua sa propre lutte. Il annonça que, sur la prochaine étape, il courrait pour LaTrice Haney, l'infirmière du centre de cancérologie de l'Université de l'Indiana qui l'avait aidé durant son traitement. Il la qualifia, ainsi que les autres infirmières, d'« héroïne anonyme ».

« LaTrice est une femme très particulière, poursuivit-il. C'est quelqu'un qui n'a pas hésité à outrepasser la relation infirmière/patient. Elle a franchi le pas, et nous sommes devenus amis. »

Le lendemain matin, moins de douze heures après la publication des mails de Landis sur Internet, Armstrong descendit du car de l'équipe RadioShack, stationné près de la ligne de départ, à Visalia, Californie. Il se tourna calmement vers la nuée de journalistes.

– Évidemment, tout le monde a des questions sur Floyd Landis et ses allégations, et je vous dirais bien que je suis un peu surpris, mais ce n'est pas le cas. Voilà près de deux ans que Floyd me harcèle et me menace, et jusqu'à présent, on n'y avait pas vraiment prêté attention. Finalement, il y a environ un an, je lui ai dit de faire ce qu'il voulait.

Les journalistes tendirent leurs dictaphones vers lui et les micros de télévision au-dessus de sa tête. Non pas un, ni deux, mais trois responsables de la communication (celui d'Armstrong, celui de l'équipe et celui du Tour de Californie) se tenaient à moins de deux mètres de lui, chacun portant un bracelet Livestrong.

Le coureur semblait confiant. Il raffolait de ces situations tendues. Comme si c'était la millième fois, il confirma que Landis n'avait « aucune preuve. C'est sa parole contre la nôtre. Et on préfère la nôtre. On préfère être de notre côté. On a la crédibilité pour nous ».

Il qualifia les accusations de Landis de ridicules et affirma qu'il cherchait simplement à attirer l'attention parce que son équipe n'avait pas été acceptée sur la course. Ce n'était pas quelqu'un de fiable. D'ailleurs, il avait sorti un livre dans lequel on ne trouvait aucune de ses dernières accusations. Il fallait se rappeler, ajouta-t-il, qu'il avait pris « près d'un million de dollars à des innocents », qui avaient contribué à financer sa défense après son contrôle positif sur le Tour de France 2006.

Un journaliste lui demanda s'il comptait le poursuivre en justice.

– Je n'en ressens plus le besoin, répondit-il. Je préfère consacrer mon énergie à mon équipe, à Livestrong et à mes enfants.

Un autre voulut savoir :

– Alors, Lance, vous n'avez jamais versé d'argent à l'UCI ?

– Absolument pas. (Il se mit à ricaner, puis se ressaisit.) Si vous me demandiez de vous donner un mot pour résumer la situation, je dirais « crédibilité ». Floyd a perdu toute crédibilité depuis très longtemps. Ce n'est pas un scoop, pour vous, les gars.

Il évoqua la rumeur de longue date selon laquelle Landis avait une photo des sacoches réfrigérées dont se servait l'équipe d'Armstrong pour transporter les pochettes de sang d'une étape du Tour à la suivante.

– Où est-elle ? Où est-elle ? C'est n'importe quoi. Ça n'a jamais existé.

Tandis que la conférence de presse impromptue se poursuivait, Armstrong commença à se crisper.

– Pour nous, il n'y a rien à cacher sur ce qui s'est passé au sein de l'US Postal et de la Discovery pendant toutes ces courses. Non, vraiment.

Puis il croisa ses bras musclés et bronzés, les veines saillantes.

– Allez-vous dire la vérité au procureur fédéral qui mène l'enquête ? s'enquit l'un des journalistes.

– Absolument.

Il tenta d'esquisser un sourire, en vain.

Quand on lui parla de Novitzky, le masque d'Armstrong commença à se fissurer. Alors qu'il avait l'habitude de s'exprimer avec une certaine autorité, il semblait désormais avoir du mal à organiser sa pensée.

– Si… Qu'est-ce que… Pourquoi Jeff Novitzky aurait quelque chose à voir avec ça ? Ce ne serait pas un problème, et si c'était le cas, on serait plus que ravis d'y participer. Mais ce serait… Pourquoi Novitzky aurait quelque chose à voir avec ce que des sportifs auraient pu faire en Europe ?

Dans le car de l'équipe, ce matin-là, et plus tard avec des journalistes, Bruyneel s'en prit à Landis sans le moindre état d'âme.

– Quel imbécile ! Putain de Floyd, il ne peut rien contre nous ! Floyd, quel crétin[539] ! s'emporta-t-il.

Puis il raconta aux journalistes que Landis l'avait « menacé et fait chanter » depuis qu'il s'était fait contrôler positif. Il soutint qu'il lui avait demandé « beaucoup d'argent » et un boulot en échange de son silence sur le dopage au sein de la Postal. Une accusation, ajouta Bruyneel, qui était complètement infondée. Il ajouta qu'il était persuadé que Landis était un malade mental :

– Floyd ferait bien de se faire aider par un professionnel. Et je ne parle pas d'un avocat.

L'équipe RadioShack posta sur son site Internet une succession d'e-mails censés prouver que les accusations de Landis étaient « une tentative de représailles inquiétante et déplacée contre ce qu'il avait perçu comme une série de camouflets », dont le fait que RadioShack ait refusé de l'embaucher. Dans un communiqué, l'avocat de l'équipe déclara que cela faisait déjà deux ans que Landis menaçait Armstrong.

« N'ayant pas obtenu satisfaction et n'ayant pu faire partie de l'équipe RadioShack, Landis a poursuivi ses menaces et a proféré dans la presse des accusations mensongères », expliqua-t-il dans le communiqué.

Les coureurs adoptèrent un ton un peu plus sobre :

– Je ne sais pas ce qui lui a pris, ce qui l'a poussé à faire ça, déclara Vaughters.

Hincapie publia un communiqué via son équipe, BMC Racing, dans lequel il s'avouait « très déçu » par les accusations de Landis.

Leipheimer prétendit n'avoir aucune idée de la raison pour laquelle on l'accuserait de quoi que ce soit.

– Je n'arrive pas à le croire. Il a dit qu'on était coéquipiers et qu'on avait fait des trucs ensemble, il a lancé toutes ces accusations… mais on n'a même jamais été coéquipiers… Tout ce que je dirai, c'est que c'est absolument faux, et j'espère simplement qu'il pourra se faire soigner. Je crois qu'il en a vraiment besoin[540].

Au cours des quelques kilomètres de mise en jambes au début de l'étape suivante du Tour de Californie, les coureurs ne parlèrent que de l'affaire Landis.

Zabriskie pédalait aux côtés d'Armstrong.

– Alors, qu'est-ce qu'on fait, maintenant ? lui demanda-t-il sans obtenir de réponse. Qu'est-ce qu'on fait ?

– C'est à moi qu'ils vont poser des questions, tu n'as rien à craindre, finit-il par lui répondre. C'est moi qui vais tout prendre[541].

Armstrong reprocha à Hincapie de ne pas avoir fait une déclaration plus forte contre Landis.

– Pourquoi n'as-tu pas nié[542] ? voulut-il savoir.

– Je ne crois pas que ce soit la meilleure chose à faire, lui fit remarquer Hincapie. Pourquoi ne te contentes-tu pas de reconnaître les faits ? Tu pourrais dire ce qui s'est passé, tu en serais débarrassé, les gens finiraient par te pardonner, au bout d'un moment, et c'en serait terminé.

Armstrong le regarda fixement[543].

– Reconnaître quoi ?

*

* *

Au bout de 8 km, dans cette étape du Tour de Californie, le peloton arriva dans un bourg du nom de Farmersville. Sur la route qui traversait des bosquets d'orangers parfumés, un coureur dérapa sur le gravier et chuta. Plusieurs concurrents dans son sillage ne purent l'éviter. Ils tombèrent également. Armstrong en faisait partie.

Aussitôt, la radio officielle de l'épreuve annonça :

– Chute d'Armstrong ! Chute d'Armstrong !

La plus grande star du cyclisme était sur la chaussée, les jambes écartées, son maillot rouge et gris de la RadioShack déchiré dans le dos. Il avait le visage en sang à cause d'une entaille sous l'œil gauche.

Bruyneel et un autre employé de l'équipe le relevèrent. Ils le guidèrent jusqu'à sa machine, et le champion resta pendant plus de 12 km à côté de la voiture de l'équipe conduite par Bruyneel.

– Comment ça va[544] ? lui demanda le directeur sportif. Tu as mal à la tête, ou c'est juste l'œil ?

– Ça fait horriblement mal. Sur tout le visage, répondit le coureur.

Il avait du mal à reprendre son souffle.

Bruyneel l'informa que le médecin de la course serait certainement en mesure de contenir l'hémorragie. Il lui suggéra de prendre un anti-inflammatoire ou un antidouleur. Armstrong lui dit qu'il avait l'impression d'avoir le coude cassé, qu'il allait lui être difficile de continuer.

– Je ne crois pas qu'il soit cassé, tenta de le rassurer son directeur sportif.

– J'ai du mal à rester sur le vélo. Je ne veux pas… Il faut qu'on prenne une décision. Je ne veux pas jouer les mauviettes, mais je ne peux pas me redresser. À la moindre pression, ça empire, j'ai le cœur qui se soulève.

– Essaie un peu, d'abord, Lance, pour voir s'il faut vraiment que tu t'arrêtes ou non, lui conseilla Bruyneel. Essayons de voir comment ça se présente.

Il lui suggéra une nouvelle fois de prendre un cachet. Le coureur lui soutint que ça ne servirait à rien.

Blessé, et avec les accusations de Landis qui résonnaient encore dans sa tête, Armstrong l'implora presque.

– Je ne sais pas quoi faire ! se plaignit-il.

– D'accord, on arrête, décida Bruyneel.

– Qu'est-ce que je fais ? Qu'est-ce que... Comment... Je ne crois pas... Non, je ne sais plus quand c'était la dernière fois que j'ai abandonné. Qu'est-ce que je fais ?

– Range-toi sur le côté de la route, lui ordonna Bruyneel.

Peu après, Armstrong se retrouva dans le car de l'équipe, un médecin s'occupant de ses plaies avant de l'emmener à l'hôpital. Allen Lim, qu'Armstrong avait débauché de chez Vaughters pour la saison 2010 en lui proposant près de six fois son ancien salaire, prit place à ses côtés et aperçut des larmes dans ses yeux.

– Pourquoi est-ce que je fais ça ? demanda le cycliste.

Lim avait déjà eu l'occasion de voir des dizaines de coureurs après une chute. Ils étaient toujours à vif. Pour la première fois, il décela de la tristesse.

– Putain, pourquoi est-ce que je fais ça ? répéta-t-il. À quoi bon ? J'ai tellement d'argent que je ne sais pas quoi en faire. J'ai des gamins qui m'adorent et qui me demandent tout le temps pourquoi je fais ça. Et je n'ai aucune explication à leur fournir. Pourquoi est-ce que je fais ça ?

– Je n'en ai pas la moindre idée, répondit Lim. Mais je vais te dire, Lance : je ne t'ai jamais vu plus heureux que lorsqu'on s'est entraînés à Hawaï, au début de l'année, et que tu faisais du vélo avec ta famille. Alors, si tu veux vraiment que je te donne un conseil, je te dirai ceci : « Va chercher ta famille, emmène-la à Hawaï et va faire une balade à vélo. Va faire du vélo et oublie tout ça. » Tout ça ? C'est n'importe quoi.

Sixième partie

La vérité

21

Tout ce que l'on avait chuchoté à propos du Tour de France devint public. Pendant longtemps, les Américains s'étaient complètement moqués des cyclistes et du vélo. C'était tout de même un sport curieux : des hommes en tenue moulante et bariolée qui passaient à vélo devant des vaches indifférentes et traversaient des villages français aux rues étroites. À chacune de ses victoires, Lance Armstrong avait un peu changé les choses. Le Texas s'intéressait au Tour de France, alors les pages sportives des journaux nationaux américains aussi. Avant que les accusations de Landis soient rendues publiques, Armstrong représentait un symbole de survie et de domination. Il ne lui fallut que quelques heures pour se muer en pire exemple possible du dopage sur le Tour.

L'aveu de Frankie Andreu, qui avait reconnu avoir pris de l'EPO pour pouvoir faire partie de l'équipe d'Armstrong, fit la une du *New York Times*, et ce n'était pas un cas isolé : un autre équipier du champion, Vaughters, même s'il n'était pas directement cité dans l'article, admettait lui aussi s'être dopé. L'ancien Motorola Stephen Swart affirmait qu'Armstrong avait convaincu ses équipiers de prendre de l'EPO.

Mais le coup le plus terrible, et de loin, fut porté par Floyd Landis. Il avait été un fidèle soldat du champion, avait remporté le premier Tour de France après son départ à la retraite, et s'était vu privé de son titre avant de faire de nouveau parler de lui en affirmant carrément que le cyclisme dans son ensemble était une vaste fumisterie.

Armstrong le traita de menteur. Bruyneel aussi. Tout comme d'anciens équipiers d'Armstrong : Leipheimer et Michael Barry, le Canadien qui avait pris de l'EPO avec Zabriskie pour la première fois en 2003. Pat McQuaid, le patron de l'Union cycliste internationale, employa quant à lui les termes « scandaleux », « malveillant » et « traître » avant de m'avouer qu'il plaignait ce type. Il qualifia ses révélations de « baroud d'honneur d'un homme au bord du désespoir » et déclara qu'il était « regrettable qu'il se soit retourné contre [eux] ». Des admirateurs affublés du maillot de la RadioShack d'Armstrong s'opposèrent à Landis avec des affiches portant son nom et représentant un rat noir menaçant[a].

Jonathan Vaughters connaissait la vérité, et lorsqu'il vit à quel point Floyd Landis était dénigré, il comprit qu'il était temps pour lui de soulager sa conscience. De manière officielle. Mais il savait aussi qu'il fallait que d'autres coureurs le rejoignent, admettent s'être dopés, et confirment qu'Armstrong et d'autres s'étaient dopés au sein de l'US Postal. Il formula ses aveux moins comme une attaque envers Armstrong que comme une volonté de venir au secours de Landis, l'un de ses amis.

« J'ai presque envie de dire : "Navré, Lance, mais Floyd dit la vérité. Et Betsy aussi. Et Simeoni aussi. Et tu as brisé ces gens. Le gouvernement fédéral et l'USADA sont en train de mener leur enquête. Tu ne peux pas nous obliger à mentir pour toi. On ne peut pas mentir. Ce n'est pas bien." C'est aussi simple que ça. »

Il était impossible que le cyclisme demeure plus longtemps coupé du monde à ce point. Jadis, ses secrets étaient bien gardés en raison de l'opacité de ce sport, puis de l'omerta lorsque le Tour devint une vache à lait. Mais aujourd'hui ? Le gouvernement des États-Unis, représenté par l'intimidant Jeff Novitzky, ne respectait aucune loi du silence. Vaughters obtint le numéro de ce

---

a. L'équivalent d'une balance, aux États-Unis.

dernier grâce à Tygart et apprit en l'appelant que la rumeur était fondée, que les autorités américaines avaient ouvert une enquête sur le dopage dans le cyclisme.

– Le moment venu, lui dit Vaughters, si vous souhaitez vous entretenir avec qui que ce soit de [son équipe Garmin], je leur demanderai de coopérer. Je ne pourrai pas les y contraindre, mais je peux le leur demander.

*

* *

Zabriskie refusait d'être le seul témoin à charge. Il finit par apprendre que Vaughters, Danielson et Vande Velde, qui courait en Italie pendant le Tour de Californie, allaient également témoigner. Mais la simple pensée qu'ils ne seraient que quatre contre l'armée d'Armstrong le fit douter. Pour l'encourager, il suffit à Vaughters de prononcer un seul nom : « Bruyneel ». Zabriskie se souvint de la souffrance que le directeur sportif lui avait infligée, et se rappela que c'était lui qui l'avait convaincu de se doper et de devenir comme son père toxicomane, mort des effets de l'alcool. Il lui avait fait confiance et s'était senti trahi. Il était persuadé que le directeur sportif l'avait pris pour cible parce qu'il avait été vulnérable après le décès de son père.

Non, se dit Zabriskie. *Il ne faut pas que ce qui m'est arrivé arrive à quelqu'un d'autre.*

Non, Landis n'était ni un menteur alcoolique ni un cinglé rancunier.

Non, trop de monde connaissait la vérité pour que sa voix soit la seule à retentir dans le prétoire.

– Bon, et puis merde, dit-il. Allez, c'est parti.

*

* *

Après son entrevue avec Danielson et Vande Velde, Vaughters publia un communiqué dans lequel il déclarait que les membres de l'équipe Garmin accepteraient de se confier aux enquêteurs s'ils leur en faisaient la demande. C'était un avertissement adressé à Armstrong, et ils ne se privèrent pas de parler. Même si Vaughters fut le seul à révéler qu'il avait vraiment vu Armstrong se doper, ils décrivirent tous les quatre le programme de dopage organisé au sein de l'équipe US Postal.

Danielson, que l'on avait jadis qualifié de « prochain Lance Armstrong[545] » en raison de son talent, évoqua une crise de panique après une transfusion sanguine. Cela avait été si violent que Bruyneel et le médecin de l'équipe avaient cru à une crise cardiaque.

Vande Velde raconta comment Armstrong l'avait fait venir chez lui pour le menacer subtilement de le renvoyer s'il refusait de suivre le programme de Ferrari.

– C'était Lance qui faisait la pluie et le beau temps dans l'équipe, reconnut-il. On faisait tous ce qu'il disait[546].

Hincapie refusa de répondre aux appels de Novitzky. Il préférait d'abord faire appel à un avocat. Il craignait que son témoignage puisse faire du tort à sa société de vêtements de sport, Hincapie Sports, qui employait une bonne partie de sa famille. Il redoutait que ces allégations de dopage ternissent sa réputation, puisqu'il était encore considéré comme l'un des meilleurs coureurs américains. Cela pourrait sans doute lui coûter sa carrière.

Ce n'était pas juste, songea-t-il. Il s'était simplement contenté de faire comme tout le monde… de se doper.

Lors de la dernière conférence de presse du Tour de Californie 2010, lorsqu'on interrogea Hincapie sur les aveux de Landis, les larmes lui montèrent aux yeux, ce qui permit aux journalistes présents de comprendre qu'il était au nombre des coureurs de l'US Postal qui avaient bénéficié de transfusions et qui avaient pris des produits tels que la testostérone.

– J'aimerais vous dire que personne parmi vous, la presse, les fans ou l'USADA, ne souhaite plus que moi un sport sain. Je souffre quotidiennement. Je ne vois pas mes enfants souvent, même quand je suis chez moi, parce qu'il faut que je m'entraîne cinq, six, sept heures par jour. C'est nous qui nous démenons tous les jours sur la route.

Cela ressemblait étrangement à la publicité Nike d'Armstrong. Même s'il dissimulait ses véritables sentiments, Hincapie était furieux que Landis l'ait dénoncé, ce qui le ramenait à l'époque de l'US Postal, après avoir couru sainement pendant des années. Il me certifia qu'il avait arrêté de se doper en 2006, sur le premier Tour en sept ans où il n'avait plus été obligé d'exécuter les ordres d'Armstrong. Il déclara qu'il s'agissait aussi du premier Tour en peut-être cinq ans où il n'avait pas subi de transfusion.

Il en avait assez de se doper. Des aiguilles, des traitements, de la peur de se faire prendre, des secrets et des mensonges. Il avait une femme et des enfants. Il fallait qu'il subvienne à leurs besoins et évite de leur faire honte. En 2005, après avoir remporté l'étape de montagne la plus difficile du Tour de France, il avait entendu ce qu'on disait dans son dos : Hincapie, un sprinter, il s'était certainement dopé pour terminer premier.

C'en était assez selon lui. L'époque où il fallait défendre le cyclisme et protéger Armstrong était sur le point de s'achever.

*

* *

Landis se présenta sur le Tour de Californie, le dernier jour, vêtu d'un tee-shirt, d'un jean, et de lunettes de soleil. Flanqué d'agents de sécurité affublés de gilets pare-balles et armés de pistolets et de matraques, il regarda l'arrivée depuis un carré privé. Plus tôt dans la semaine, il s'était fait interviewer par Bonnie Ford d'ESPN.com. Il avait affirmé qu'il ne regrettait pas s'être dopé parce que tout le monde le faisait, mais qu'il était temps pour lui de dire la vérité.

– Je souhaite soulager ma conscience, lui avait-il dit. Je ne veux plus faire partie du problème[547].

Il avait expliqué s'être dopé pour la première fois en juin 2002, ce qui signifiait que la prescription de huit ans du règlement de l'AMA approchait pour certains coureurs de l'US Postal, et avait souhaité se confesser avant qu'elle arrive à son terme.

– Si je ne parle pas maintenant, autant que je me taise à jamais[548], avait-il poursuivi.

Landis avait un autre délai de prescription en tête. Cela n'avait rien à voir avec les lois antidopage. C'était lié à la loi américaine du « lanceur d'alerte ».

Le 10 juin 2010, moins de trois semaines après avoir proféré ses accusations contre Armstrong et l'ensemble du cyclisme, Landis déposa plainte en vertu des critères de la loi Lincoln, qui donnait à des citoyens lanceurs d'alerte le droit et la motivation pécuniaire de poursuivre des sociétés au nom du gouvernement.

Il engagea des poursuites contre Armstrong, Bruyneel et Thomas Weisel, le propriétaire de l'équipe US Postal, mais aussi contre Bill Stapleton et son associé, Bill Knaggs, et contre les sociétés commerciales liées à l'US Postal, comme la société de gestion Tailwind Sports et celle de Stapleton, Capital Sports & Entertainment.

Pour motiver sa plainte, il prétendait que chacun des prévenus savait – comme tout le monde dans le milieu du cyclisme – que les coureurs de l'US Postal se dopaient. En se dopant, déclarait-il, l'équipe avait escroqué l'administration des postes des États-Unis.

Le contrat de sponsoring conclu avec les services postaux s'élevait à environ 40 millions de dollars (30 millions d'euros). D'après la loi, dans ce genre de procès, en cas de défaite des prévenus, on pouvait leur infliger une amende atteignant jusqu'à trois fois ce montant. Dans ce cas, jusqu'à 120 millions de dollars. On pouvait également récompenser le lanceur d'alerte avec une somme n'excédant pas 30 % de l'amende, soit, dans ce cas-là, jusqu'à 36 millions de dollars (27 millions d'euros).

Alors que Landis était installé dans son carré privé, ses anciens coéquipiers de l'US Postal approchaient de la ligne d'arrivée, et les commentateurs de la course se mirent à brailler leurs noms :

« Le champion des États-Unis sur route, George Hincapie ! »

« Le triple vainqueur en titre du Tour de Californie, Mister California, Levi Leipheimer ! »

« Le quintuple champion des États-Unis du contre-la-montre, Dave Zabriskie ! »

Parmi tous ces possibles témoins dans l'affaire Armstrong, Landis était le seul à pouvoir espérer s'en tirer avec plusieurs millions de dollars.

*
* *

Deux jours après la fin du Tour de Californie, Zabriskie se présenta à l'hôtel Marriott de Marina del Rey, dans la même salle de conférences que Landis quelques semaines plus tôt. Il s'installa face à Novitzky et aux procureurs du bureau du procureur fédéral de Los Angeles. Cinq heures durant, Zabriskie raconta son histoire. Il décrivit les premières fois où il avait pris de l'EPO. Il corrobora nombre des accusations de Landis, y compris celle où il prétendait qu'Armstrong et Bruyneel s'en étaient pris à lui sur le Tour de France 2004 en jetant sa pochette de sang. Il déclara que c'était Landis qui lui avait fourni des produits dopants et montré comment s'injecter de l'hormone de croissance. Il lui avait certifié que cela lui donnerait une « putain de force ». Il en avait pris, même après lui avoir demandé :

– Ce n'est pas à cause de ça que le cancer de Lance est devenu incontrôlable ?

Zabriskie évoqua son quotidien avec son père dealer : le jour où une équipe du SWAT avait fait irruption chez lui alors qu'il n'avait que 14 ans ; la façon dont son père se saoulait à mort ; la promesse qu'il s'était faite de ne jamais toucher à des produits interdits, de ne jamais ressembler à son père. À deux reprises, il fut contraint de faire une pause pour se remettre de ses émotions.

Pour la première fois, les enquêteurs fédéraux comprirent qu'ils tenaient quelque chose de solide. Zabriskie était l'ami de Landis, certes, mais ce n'était pas Landis. Il ne cherchait pas à se venger. Il ne cherchait pas à se faire entendre.

Il était crédible, lui.

*
* *

Tygart assista à l'audition de Zabriskie. Au fil de son témoignage, sa mission se fit de plus en plus claire. Il comprit que les dopés n'étaient pas tous à loger à la même enseigne. Certains, comme Zabriskie, regrettaient leurs actes et auraient aimé pouvoir revenir sur leurs choix. D'autres, comme Armstrong et Landis, reprendraient les mêmes décisions si on leur en donnait la possibilité[549].

Même après tout ce que Landis avait vécu, l'argent qu'il avait perdu et la honte dont il avait couvert sa famille, il soutenait qu'il ne se sentait « pas coupable du tout » de s'être dopé. « Je referais exactement la même chose et je l'avouerais par la suite.[550] » Mais, au moins, il était conscient d'avoir triché. Armstrong, lui, pensait se contenter de défendre sa place.

Au milieu de tout cela, Tygart se battait surtout pour les sportifs sains, à l'image de Scott Mercier et de Darren Baker, les coureurs de l'US Postal qui avaient refusé le dopage et qui n'avaient jamais eu l'occasion de se mesurer à un Armstrong propre. Mais il se battrait aussi pour des types comme Zabriskie, qui s'étaient sentis obligés de se doper et qui étaient devenus les victimes de la pression exercée par le groupe.

Réfléchissant à tout cela, Tygart demanda aux enquêteurs fédéraux et aux procureurs de pousser leurs investigations en direction d'Armstrong. Il fallait le coincer.

– Pour des gars comme Zabriskie, il faut réussir, leur dit-il. Il faut mettre un terme à tout ça.

*

* *

De retour en Europe, Zabriskie était soulagé d'avoir enfin pu se confier à une personne susceptible de faire bouger les choses. Et il gardait l'espoir que d'autres se joindraient à lui avant que tout le monde finisse par apprendre qu'il s'était mis à table. Dans l'avion qui le menait à Barcelone, il était assis non loin de Hincapie, qui lui demanda :

– Tout va bien ?

– Très bien.

– Vraiment ? Parce que tu me regardes bizarrement.

– Non, non. Tout va bien.

À l'époque, en mai 2010, un grand jury s'était déjà réuni à Los Angeles pour enquêter sur Armstrong et les délits dont on l'accusait : fraude, blanchiment d'argent et trafic de produits stupéfiants. Les enquêteurs cherchaient aussi à savoir s'ils pouvaient l'accuser d'avoir enfreint la loi américaine sur le crime organisé, la « loi sur les organisations motivées par le racket et la corruption », qui avait servi par le passé à lutter contre les structures mafieuses.

On avait demandé à Zabriskie, témoin à charge, de ne rien dévoiler de son audition avec Novitzky et les procureurs, mais il ne put s'empêcher d'annoncer à Hincapie qu'il avait tout raconté aux enquêteurs.

– Tu ferais bien de le faire, toi aussi. Je ne savais rien sur toi, alors je n'ai rien dit. Mais je suis persuadé que le moment est venu de parler.

Hincapie garda le silence.

– Oh, mince, j'étais censé ne rien dire, je vais avoir des ennuis, maintenant !

À Gérone, Zabriskie et Hincapie rencontrèrent Leipheimer, qui se plaignit du bazar que Landis avait mis.

– Vous savez, n'en parlez à personne, vous n'êtes pas obligés de parler à ces gens[551], les avertit Leipheimer, en faisant allusion aux agents fédéraux.

Zabriskie jeta un coup d'œil à Hincapie avant de répondre :

– Euh, ouais, je le sais.

À partir de ce moment, il ne dit plus un mot. Même quand Danielson laissa entendre qu'il s'était entretenu avec « un grand chauve » – Novitzky –, Zabriskie fit mine d'ignorer de qui il s'agissait. Il ne fit aucun commentaire lorsque Vande Velde l'appela pour lui dire :

– Je suis à Los Angeles, et je me suis senti obligé de faire comme toi, mon pote.

Personne ne savait quelle serait la réaction d'Armstrong si jamais il l'apprenait.

22

Novitzky et les procureurs fédéraux tentèrent de se rapprocher du nœud du problème : Armstrong. Ayant déjà les dépositions de Zabriskie, Danielson et Vande Velde, ils se mirent en quête du témoignage direct d'autres coureurs. Ils voulaient George Hincapie, Tyler Hamilton et Kevin Livingston[552].

Avec Landis, il s'agissait des Américains les plus proches d'Armstrong. Ils s'étaient entraînés ensemble dans les montagnes et avaient participé à ses victoires sur le Tour de France, Hamilton aux trois premières, et Hincapie aux sept. Comme lui, c'étaient des clients de Ferrari. Ils connaissaient ses secrets.

Livingston refusait de témoigner. Hamilton ne répondit pas aux premiers appels de Novitzky sur son portable ; il ne souhaitait pas parler non plus. L'agent fédéral appela donc Chris Manderson, l'avocat du coureur, et tenta de le convaincre d'organiser un rendez-vous. L'avocat refusa. Finalement, Novitzky ne lui laissa pas le choix. Il le cita à comparaître devant un grand jury, à Los Angeles, le 21 juillet 2010[553]. Hamilton serait obligé de parler. Il ne pourrait plus reculer.

Le coureur réfléchit à la situation. S'il témoignait, il se trouverait seul face à un grand jury au bureau du procureur fédéral. Sans avocat. Sans responsable de la communication pour lui souffler des réponses. Il pouvait rester fidèle à l'omerta du cyclisme et soutenir qu'il n'était au courant de rien, ou simplement qu'il ne se souvenait plus de ce qui s'était passé si longtemps auparavant. Après tout, ce ne serait que du parjure.

*

* *

En attendant, Armstrong continua de mentir.

À Rotterdam, aux Pays-Bas, il dut affronter les journalistes avant le prologue du Tour de France 2010 et répondre une nouvelle fois aux allégations de Landis.

– Attendez, ça fait dix ans. Dix ans ! Il n'y a rien de nouveau.

Non, il ne s'était jamais dopé. Il contesta les affirmations de Landis, qui prétendait que l'US Postal avait vendu des vélos fournis par son sponsor Trek afin de financer un programme de dopage[554]. Dans un communiqué qu'il avait envoyé aux médias le matin même, il avait comparé la crédibilité de Landis à un pack de lait tourné : « À la première gorgée, inutile d'insister, on sait que le reste n'est pas bon. »

Il était sorti du Tour de Californie abattu et pressé de toute part. Il avait suivi le conseil de Lim : il avait pris son VTT et tenté de se détendre avec Anna Hansen, sa petite amie, en faisant du vélo sur la plage. En vain.

– Personne ne m'en empêchera, assura-t-il à Lim, qui avait retrouvé l'équipe d'Armstrong pour le Tour de France. Je suis à fond, mon pote, on va faire le Tour. Je vais le faire. Et je vais gagner cette foutue course.

Lim le surveillait de près. Contrairement à la politique de non-intervention qu'il avait suivie avec Landis, il voulait se prouver qu'il était capable de « lui mettre un coup de pied au cul » s'il le surprenait en train de se doper. Après avoir appris de ses erreurs avec Landis, il voulait prouver qu'Armstrong ne pourrait pas se doper sous sa garde. Mais, à sa grande surprise, il commença à comprendre qu'Armstrong voulait courir sainement pour la première fois et qu'il avait véritablement besoin de son aide. « Le fait que ces autres types puissent courir proprement alors qu'il en avait lui-même été incapable l'avait vraiment touché dans sa fierté et son ego, constata Lim. Il souhaitait mettre un terme à sa carrière avec honneur, et avec une réputation intacte. »

C'était d'ailleurs ce qui avait convaincu Lim de rejoindre son équipe. « Si je pouvais le faire changer, alors, l'ensemble du cyclisme pouvait changer, parce qu'il en avait le pouvoir », m'expliqua-t-il.

En entraînant Armstrong pour le Tour, Lim comprit que Floyd Landis était nettement supérieur à Armstrong en termes de puissance pure. « Je les ai étudiés tous les deux, et Floyd est nettement meilleur. C'est un bien meilleur athlète, c'est indiscutable. »

D'après lui, s'il n'y avait pas eu de dopage dans le cyclisme, Landis aurait remporté dix Tours de France, voire davantage.

Il trouvait amusant que les articles sur Armstrong mettent toujours en avant sa morphologie prétendument supérieure. Lorsque je lui citai un article paru dans le *New Yorker* en 2002[555], qui décrivait son physique sans pareil, comme ses fémurs exceptionnellement longs, il éclata de rire. « Tous les grands coureurs ont de longs fémurs », me garantit-il.

Son cœur était anormalement gros : son volume était supérieur d'un tiers à celui d'un cœur moyen… « Tout comme le cœur de Christian Vande Velde et de Bradley Wiggins », m'affirma-t-il en citant deux des meilleurs coureurs du Tour avec lesquels il avait travaillé.

Au repos, ses pulsations cardiaques descendaient jusqu'à 32… « Même chose pour Christian Vande Velde et Floyd Landis. »

Mais aucun d'eux ne tentait de remporter un huitième Tour de France à l'âge respectable de 38 ans. Et aucun d'eux ne tentait de se concentrer sur cet objectif avec une enquête fédérale sur le dos et sous la menace d'un séjour en prison.

Durant le Tour de Suisse, une course d'échauffement avant la Grande Boucle, incapable de trouver le sommeil, Armstrong faisait continuellement les cent pas dans sa chambre d'hôtel. Avant un contre-la-montre, il enfila et ôta plusieurs fois sa combinaison moulante. Il avait des cernes sous les yeux. Finalement, il se mit à hurler :

– L'USADA ne me fait pas peur ! Je n'ai pas peur de ces types, non. Ils ne me font pas peur, putain ! Mais les fédéraux ? Oh, mon vieux, eux, ils me font peur.

Lim en demeura stupéfait.

– Ils peuvent tout me prendre, poursuivit le coureur. Mais ils n'ont pas intérêt à toucher à Livestrong. Putain, mon pote, putain ! Livestrong, c'est la seule chose que j'aie jamais faite proprement.

*

* *

Qu'allait révéler au grand jury Tyler Hamilton ?

Manderson, son avocat, ne prit la pleine mesure des connaissances de son client que la veille de son témoignage. Le 20 juillet 2010, le jour même où Armstrong franchissait quatre cols dans les Pyrénées, Hamilton parla à son avocat des transfusions qu'il avait effectuées avec son capitaine de route. Il lui raconta tout à propos de l'EPO et des pochettes de sang conservées dans un congélateur qu'ils avaient surnommé « Sibérie ». Il évoqua avec lui les contrôles ratés d'Armstrong en 2001, la façon dont celui-ci s'était vanté d'avoir demandé à l'UCI d'étouffer l'affaire, et la sensation que l'on éprouve lorsque le sang provenant d'une pochette de perfusion glacée s'écoule dans ses veines.

Pour Manderson, l'histoire d'Hamilton n'avait rien à voir avec le sport. À ses yeux, elle ressemblait davantage à une opération criminelle parfaitement organisée. Il comprit que les enquêteurs fédéraux allaient probablement chercher à s'en prendre à Armstrong pour mise à disposition de stupéfiants. Il demanda à son client de lui répéter l'histoire dans laquelle Armstrong faisait tomber de la testostérone goutte à goutte sur sa langue, et sa méthode pour envoyer de l'EPO par la poste depuis le Texas jusque chez Hamilton, dans le Massachusetts.

Le coureur fit plusieurs pauses et s'amusa avec les enfants de son avocat, tirant doucement sur les cheveux bouclés de sa fille de 4 ans en faisant « boing ! ». Il retourna ensuite sur la terrasse et décrivit son voyage furtif en Europe avec des téléphones portables prépayés qui ne permettraient pas de remonter jusqu'à l'équipe d'Armstrong.

Qui donc était vraiment Tyler Hamilton ? Le gentil Tyler ne donnait pas l'impression d'avoir pu être l'un des hommes clés d'Armstrong dans une équipe dont l'unique obsession était de repousser les limites du dopage. Mais, si Armstrong était champion toutes catégories pour mener une double vie, passant sans la moindre difficulté du statut de gros bonnet de la drogue à celui de héros de la lutte contre le cancer, Hamilton le talonnait de près.

– À l'exception de ma femme, vous êtes la première personne à qui je raconte tout ça, avoua-t-il à Manderson. Mince, j'ai dû vous donner une bien mauvaise opinion de moi ! Vous devez certainement me prendre pour un sale type[556].

– Non, rétorqua l'avocat. Vous avez simplement fait ce que beaucoup de monde faisait déjà.

*

* *

Armstrong termina quatrième du prologue du Tour, à Rotterdam, un résultat honorable pour son âge. Mais, sous la menace de poursuites judiciaires, il n'était plus le Texan fringant et coriace qui lui avait permis de devenir célèbre durant toutes ces années.

Après la troisième étape, couvert d'une fine pellicule de poussière, le regard distant, il ressemblait à un zombie. Il s'était fait surprendre par une chute devant lui et avait crevé un pneu sur la chaussée pavée, des mésaventures qui l'avaient fait rétrograder de la cinquième à la dix-huitième place du classement général.

Il semblait chaque jour un peu plus perdu. Il n'était plus question de remporter l'épreuve, mais de terminer la course. Lors de la huitième étape, longue de 189 km, celui qui était réputé pour avoir su éviter les accidents tout au long de sa carrière fut pris non pas dans une ni deux, mais trois chutes. Il coinça d'abord sa pédale contre le trottoir dans un rond-point, faisant déjanter sa roue avant, avant d'être projeté sur la chaussée à plus de 60 km/h. Pour éviter une seconde chute, il fut contraint de s'immobiliser dans l'herbe, sur le bas-côté de la route. Et, dans sa dernière mésaventure de la journée, à une quinzaine de kilomètres de l'arrivée, un coureur espagnol s'écroula juste devant lui, le forçant de nouveau à freiner. Mais, cette fois, il se coinça le pied dans une roue et tomba. En se relevant, il mit les mains sur ses hanches et lança un regard noir à sa machine, comme pour lui dire : « Comment peux-tu me faire ça ? » Il termina soixante-quatrième de l'étape, à près de douze minutes du premier.

Des journalistes se demandèrent si l'enquête fédérale ne l'avait pas déconcentré. Non, protesta-t-il auprès de Neal Rogers de *VeloNews* :

– Je me suis peut-être déconcentré, mais pas à cause de ce que certains pourraient croire. Je n'ai strictement rien à craindre. Je n'ai rien à me reprocher. Je dors très bien. Si j'avais été déconcentré par tout ça, ce ne serait pas le cas. Mais je dors comme un bébé[557].

Son équipe de communicants l'avait supplié de ne rien dévoiler aux journalistes sur l'enquête en cours en Californie, mais il ne put s'en empêcher. Avant la dixième étape, il descendit de son car et s'approcha d'une petite foule rassemblée là, dont je faisais partie.

La veille, mon collègue Michael Schmidt et moi avions publié un article dans lequel nous dévoilions que le grand jury avait cité plusieurs témoins à comparaître dans l'affaire Armstrong, et qu'avec ces assignations, l'enquête avait franchi une nouvelle étape. Le grand jury s'intéressait surtout à ceux, y compris Armstrong, qui avaient financé l'US Postal.

– Il faut que tu cesses d'écrire ces trucs, me dit-il.

Il prétendit n'avoir rien à voir avec les opérations de Tailwind Sports, la société de gestion de l'équipe. Ce n'était pas lui le patron, et il n'avait aucune idée de l'organigramme de la direction de cette société. C'était un coureur, un employé, comme n'importe quel autre type de l'équipe.

– Ce n'était pas ma société, se défendit-il. On dirait que tu as du mal à le comprendre. Je ne sais pas. Je ne la connaissais pas, cette société. Je n'y travaillais pas. Je n'y ai jamais eu de fonds propres. Je n'étais pas intéressé aux bénéfices. Je ne figurais pas au conseil d'administration. J'étais juste un coureur de l'équipe. Je ne peux pas être plus précis que ça.

Ces déclarations contrastaient vraiment avec son témoignage dans l'affaire SCA Promotions, où il avait affirmé avoir reçu en

2004 des dividendes sur le bénéfice de Tailwind. Stapleton avait également témoigné du fait qu'Armstrong avait reçu un intérêt de 11,5 % sur l'équipe, dans le courant de l'année. Lorsqu'on lui demanda sur ce Tour pourquoi il n'avait pas corrigé cette méprise sur son rôle, il répondit :

– Je la rectifie maintenant.

Armstrong affirma que ni Capital Sports & Entertainment ni lui n'avaient touché le moindre cent sur Tailwind Sports avant 2007. L'équipe cycliste de Tailwind cessa toute activité l'année suivante, lorsque Discovery Channel refusa de prolonger son partenariat. On donna donc à Armstrong des titres qui ne vaudraient bientôt plus rien.

Comme c'était étrange : Armstrong, à la trente et unième place du classement général, discutait de la propriété d'une équipe qui n'existait plus, au beau milieu d'un Tour de France. Ignorant même qui lui signait ses chèques de paie, d'après lui, comment aurait-il pu être au courant de contrats de sponsoring ? D'autant qu'aucun des autres coureurs de l'équipe ne savait quoi que ce soit à ce sujet. Dès qu'il était question des affaires commerciales de son équipe, il voulait que le public sache qu'il n'était rien, tout juste un domestique de second rang.

Sur les accusations de dopage, il demeura cohérent avec lui-même et insista auprès de moi :

– Jusqu'à mon dernier jour, je nierai. Je n'ai jamais obligé ou encouragé quelqu'un à faire quoi que ce soit, je n'en ai parlé à personne, et je n'ai aidé personne. C'est entièrement faux. À 100 %.

En tant que capitaine d'une équipe du Tour de France, poursuivit-il, il était l'équivalent d'un quarterback au football américain. Il lui était impossible de savoir si l'un de ses coéquipiers, disons Landis ou Andreu, se dopait.

– Je ne peux pas parler pour eux. C'est comme si tu me demandais : « Écoute, tu ne crois pas qu'il y en ait qui se dopent dans le football américain ? » La plupart des gens te répondraient probablement « oui ». Est-ce que ça signifierait pour autant que Peyton Manning est coupable de quelque chose ? Enfin, quoi, je ne peux pas tout savoir de ce que font les autres.

Il demanda si les Américains considéraient que les frais engagés dans cette enquête contre lui étaient une bonne façon d'utiliser leurs impôts. Il était certain que « beaucoup de monde trouverait ça honteux » si Livestrong devait déposer le bilan parce que le gouvernement s'en était pris à lui.

– Je n'ai pas l'intention de prendre part à la moindre chasse aux sorcières. J'ai réalisé trop de belles choses pour beaucoup de monde.

Trois jours plus tard, Armstrong chuta de nouveau. Cela se produisit avant même le départ de la treizième étape. Dans la zone d'échauffement, il percuta un coéquipier et tomba, s'égratignant le coude gauche. Le lendemain matin, j'avais une seule question à lui poser. Il fit comme si je n'existais pas, enfourcha son vélo, me poussa hors de son chemin et s'éloigna. Je lui demandai en courant derrière lui :

– Comment expliques-tu toutes ces chutes ?

Il se contenta de me fusiller du regard.

*

* *

À 8 000 km de la France, le 21 juillet, Hamilton pénétra dans le bâtiment fédéral de Los Angeles. Pour échapper aux regards indiscrets, il prit l'ascenseur jusqu'à l'étage supérieur et redescendit d'un étage à pied.

Il témoigna devant le grand jury pendant plusieurs heures, de manière hésitante et laborieuse. Doug Miller, le procureur principal dans cette affaire, était agacé[558]. Il semblait incapable d'obliger Hamilton à lui donner des réponses précises susceptibles de l'aider à monter un dossier solide contre Armstrong. Miller surgit alors de la salle du grand jury et demanda l'aide de l'avocat du coureur. Pouvait-il convaincre son client de quitter le grand jury et de s'adresser directement aux enquêteurs ? Ce serait nettement plus facile pour les deux parties, selon lui. De cette manière, toute l'équipe, et non Miller seul, pourrait l'interroger. Aussi, il ne serait plus obligé de participer à cette séance très encadrée de questions-réponses.

L'avocat accepta, mais seulement s'ils parvenaient d'abord à passer un accord d'immunité. Dès qu'on lui eut accordé une immunité partielle, Hamilton alla s'entretenir avec des enquêteurs fédéraux autour d'une table dans une salle de conférences voisine. Ces derniers lui demandèrent alors s'il savait quoi que ce soit sur les liens qui unissaient Armstrong et Tailwind.

– Non.

D'où provenaient les produits ?

– De différents lieux, y compris de Bruyneel et Armstrong.

Était-il arrivé qu'Armstrong lui fournisse des produits dopants ?

– Un jour, il m'a envoyé de l'EPO par la poste, du Texas jusque chez moi, dans le Massachusetts. Un autre jour, il a fait tomber de la testostérone goutte à goutte sur ma langue.

Pendant trois heures, Hamilton répondit aux enquêteurs en se cramponnant des deux mains à l'une de ses jambes. Il s'y agrippa si fort et si longtemps que, sous son pantalon, du sang se mit à couler d'une plaie importante qu'il s'était faite en chutant pendant son footing.

*

* *

Le jour où Hamilton répondit aux questions des enquêteurs, Armstrong tenta de réaliser un dernier exploit sur le Tour de France. Tous ses espoirs de remporter une huitième victoire s'étaient envolés depuis un moment. Mais il pouvait encore gagner une étape, il en avait déjà vingt-cinq à son palmarès. Ce serait sur la seizième du Tour qu'il aurait sa meilleure chance, et la dernière.

Avant le départ, il était trente-huitième du classement général. Il y était allé doucement les jours précédents, ralentissant l'allure à plusieurs reprises avant l'arrivée pour remercier ses admirateurs d'être venus. *L'Équipe* s'amusa de son absence d'efforts, prétendant qu'il avait entamé le Tour comme un cycliste professionnel avant de se muer en cyclotouriste, puis simplement en touriste.

Mais, pendant qu'Hamilton témoignait, sur cette étape de 199,5 km ponctuée de quatre cols éreintants, Armstrong profita rapidement d'une échappée et demeura aux avant-postes jusqu'à ce que le Français Pierrick Fédrigo, de sept ans son cadet, vienne le battre au sprint à l'arrivée.

Lance était furieux. Il fendit la foule sur son vélo. À un moment, sans raison apparente, il baissa une épaule et bouscula un homme aux cheveux blancs, manquant de le faire tomber. Devant le car de son équipe, il poussa à deux reprises un admirateur qui tentait de prendre une photo, avant de l'envoyer promener :

– Lâche-moi, dégage !

Armstrong savait qu'il allait avoir besoin d'aide. Pas sur son vélo, il était trop tard. Mais il lui fallait parvenir à maîtriser son histoire. Ainsi, au beau milieu du Tour, Tim Herman, son avocat personnel, et lui, décidèrent de se lancer à la recherche d'informations compromettantes sur Novitzky. Herman allait verser 50 000 dollars (37 500 euros) à la société de lobbying Ben Barnes Group[559] pour « éveiller des soupçons » sur Novitzky au Congrès américain.

Le coureur profita aussi de son temps libre pendant le Tour pour rencontrer et recruter Mark Fabiani, avocat de Harvard et spécialiste en communication qui avait notamment été chargé de l'image du président Bill Clinton pendant l'affaire Whitewater.

Fabiani l'aiderait à communiquer sur ses problèmes judiciaires. Tout d'abord, il lui demanda de cesser de parler aux journalistes tant qu'ils n'auraient pas mis au point leur stratégie[560]. Voilà à quoi elle allait ressembler : Armstrong dirait que le gouvernement ferait mieux d'éviter de gaspiller l'argent des contribuables dans une enquête sur un cycliste qui s'était prétendument dopé en Europe dix ans plus tôt. Il s'en prendrait aussi à la crédibilité de ses détracteurs. Enfin, ils mettraient l'accent sur la personne même d'Armstrong, un rescapé héroïque du cancer.

En fait, une sorte d'équipe de communicants était déjà au travail : des dizaines d'employés et de bénévoles de Livestrong suivaient le Tour, diffusant leur message pro-Armstrong et pro-Livestrong. Le long du parcours, sur les lignes de départ et d'arrivée, ils vendaient des bracelets jaunes pour un euro afin de récolter des fonds pour les rescapés du cancer en France. Ils fournirent des craies pour que ses admirateurs puissent inscrire des messages sur la chaussée.

Nike envoya aussi une énorme machine, Chalkbot, capable de peindre des messages en lettres jaunes sur les routes du Tour. Ces messages rappelèrent aux spectateurs le cancer dont il avait été victime et sa philanthropie. Ils leur rappelèrent également que c'était le coureur le plus aimé de la Grande Boucle et l'un des sportifs les plus populaires au monde.

Les messages peints par Chalkbot venaient généralement de personnes touchées par le cancer. Les autres s'adressaient directement au champion : « *Love, Laugh & Livestrong. Go Lance !* » (« Aimez, riez et vivez à fond. Allez, Lance ! »), « *Your passion is my inspiration* » (« Mon inspiration, c'est votre passion ») ou « *You are unbreakable* » (« Tu es indestructible »). Dans certaines villes, les dédicaces s'étendaient sur plusieurs dizaines de mètres de long. À un endroit, on pouvait même les lire sur plus de 15 km. Sur un site web dédié aux annonces pour Chalkbot, Armstrong écrivit : « Vos messages sont la preuve qu'ensemble nous sommes plus forts. » Betsy Andreu, qui regardait le Tour de France de chez elle, dans la banlieue de Detroit, déclara en voyant tous ces messages :

– Boucliers du cancer, levés !

Armstrong et ses équipiers de la RadioShack se présentèrent sur la ligne de départ de la dernière étape vêtus d'une tenue noire affublée du numéro « 28 » dans le dos. Les responsables de Livestrong expliquèrent que ce nombre représentait les 28 millions de personnes sur terre qui vivaient avec le cancer. Toutefois, les dirigeants de la course statuèrent que les maillots « 28 » n'étaient pas autorisés, et ordonnèrent à Armstrong et à ses coureurs d'enfiler leurs tenues officielles rouge et gris de la RadioShack, ce qui retarda de vingt minutes le départ de la dernière étape.

Tout le monde s'en moquait un peu. C'était le dernier Tour de France de Lance Armstrong, et qu'allait pouvoir devenir cette course sans toute cette agitation générée par le coureur ? Il termina vingt-troisième au classement général, à 39 minutes et 20 secondes du vainqueur, Alberto Contador. C'était son plus mauvais résultat depuis 1995.

*

* *

Face aux enquêteurs, après ce Tour de France, Hincapie répéta ce qu'Armstrong lui avait dit en 1995 :

– C'est n'importe quoi, tout le monde prend des trucs.

Hincapie confia qu'il avait compris que cela signifiait qu'Armstrong voulait que la Motorola prenne de l'EPO. Armstrong était allé voir Ferrari, et il avait fini par en faire autant. Il raconta que c'était Frankie Andreu qui lui avait expliqué où se procurer de l'EPO et comment la prendre, et se rappela qu'Hamilton et Kevin Livingston en prenaient, eux aussi.

À contrecœur, il leur parla aussi du médecin de l'équipe, Pedro Celaya, qu'il trouvait attentionné et doux. Il lui était plus facile de citer les autres employés de l'US Postal, à commencer par Bruyneel, qui lui avait fourni de la testostérone et de l'hormone de croissance. Il révéla que le dopage était méthodique et étonnamment désinvolte. Durant le Tour de France 2001, il s'était fait des transfusions et en avait vu d'autres, dont Landis, en réaliser devant leurs coéquipiers. Il affirma qu'Armstrong lui avait fourni de l'EPO à deux reprises une fois son propre stock épuisé.

Il ne se souvenait pas de tout, et pour cause : « Ils m'ont interrogé sur le dopage de Lance, mais, à l'époque, on se dopait comme on allait aux toilettes, m'expliqua-t-il. Je serais incapable de vous dire combien de fois j'ai vu Lance aller aux toilettes. »

Lors des sept victoires d'Armstrong, Hincapie avait été son bras droit, son homme de main. Ils étaient devenus amis, et on l'obligeait à témoigner contre lui. Il espérait simplement qu'Armstrong ne l'apprendrait jamais.

*

* *

L'univers d'Armstrong se fissurait progressivement. Novitzky et ses enquêteurs étaient à la recherche de témoins susceptibles de prouver qu'il s'était dopé, qu'il avait fourni des produits dopants à ses coéquipiers et qu'il les avait obligés à en prendre. Ils interrogèrent Sheryl Crow, qui leur apprit qu'elle était au courant de son dopage et qu'elle l'avait même accompagné en Belgique pour l'une de ses transfusions. Ils se lancèrent sur les traces de son ancien soigneur, John Hendershot, qui avait monté une affaire prospère de dressage canin dans le Colorado. Celui-ci leur déclara qu'il ne leur parlerait que s'il y était contraint, parce que presque tout le monde se dopait dans les années 1990, lorsqu'il travaillait avec Armstrong. Il n'était pas juste qu'ils ne s'en prennent qu'à lui.

– Le cyclisme est un sport de dopés, c'est tout, leur déclara-t-il. Et ce sera toujours le cas.

La plainte de Landis avait déclenché une enquête du bureau de l'inspecteur général des services postaux américains. Ces enquêteurs cherchaient quant à eux à prouver qu'Armstrong et la direction de Tailwind Sports avaient escroqué les États-Unis en concluant un accord de partenariat tout en sachant que les coureurs de l'équipe se dopaient.

Et puis il y avait l'USADA. Tygart avait fini par laisser les enquêteurs fédéraux diriger l'enquête sur le dopage d'Armstrong, mais il s'efforçait de son côté de rassembler des preuves pour l'USADA.

La réaction d'Armstrong fut violente. Il demanda à Fabiani, qu'il payait entre 15 000 et 20 000 dollars (entre 11 250 et 15 000 euros) par mois, de contacter des sénateurs démocrates, le président Clinton, les conseillers du président précédent... n'importe qui susceptible d'exercer son influence. Il ordonna à Mark McKinnon, le stratège politique membre du conseil d'administration de Livestrong, de faire appel au sénateur John McCain, candidat à l'élection présidentielle de 2008 dont McKinnon avait été l'un des conseillers.

McKinnon tenta, pour moi, de se souvenir des paroles du coureur : « Ça ressemblait à quelque chose comme : "McKinnon, bla-bla-bla, bouge-toi le cul et va tout de suite voir McCain, espèce de mauviette. Va parler à McCain, si tu es un homme." » Il m'avoua qu'il n'était pas allé voir le sénateur parce qu'il refusait de ternir sa réputation s'il s'avérait qu'Armstrong s'était effectivement dopé.

Les avocats d'Armstrong étaient en effervescence, contactant des coureurs comme Vande Velde et Hamilton pour tenter de trouver des accords de défense commune ou pour leur proposer leurs services gratuitement. Son équipe juridique essaya de convaincre plusieurs de ses anciens équipiers de signer des déclarations sous serment prouvant qu'ils n'avaient jamais vu Armstrong se doper ni aucun dopage de quelque sorte que ce soit au sein de l'US Postal.

Tandis qu'Armstrong et son équipe étaient dans l'offensive, les enquêteurs interrogeaient l'agence antidopage française qui avait contrôlé positifs à l'EPO ses six échantillons d'urine sur le Tour 1999 et récupéraient les documents compromettants. Les autorités italiennes fournirent elles aussi aux Américains des documents issus de leurs propres investigations.

Pendant l'un des voyages en Europe de Novitzky, Armstrong n'hésita pas à le narguer. Il avait ouvert un compte Twitter sous le pseudonyme « Juan Pelota » (« Juan » se prononçant à peu près comme « *one* » – « un » en anglais –, et « *pelota* » signifiant « boule » en espagnol, le cancer lui ayant fait perdre un testicule), et tweeta dans un espagnol rudimentaire mais sans équivoque : « *Jeff, como están los hoteles de quatro estrellas y el classe de business in el aeroplano? Que más necesitan?* » Ce qui signifie : « Jeff, comment sont les hôtels quatre étoiles et la classe affaire dans l'avion ? Tu as besoin d'autre chose ? »

*

* *

Comme l'avaient démontré le procès raté contre Roger Clemens et l'issue boiteuse de celui contre Barry Bonds, le public américain n'était pas très enclin à s'en prendre à ses sportifs, si bourrés de stéroïdes fussent-ils.

Armstrong avait cet avantage pour lui. Les procureurs de San Francisco avaient passé près de sept ans à tenter de coincer Bonds pour avoir menti sur son dopage devant un grand jury. Ils étaient parvenus à le faire condamner pour une charge sur cinq, et pas la plus importante puisqu'on lui reprochait simplement de s'être montré évasif au cours de son témoignage devant le grand jury.

Durant l'été 2010, les procureurs de Washington avaient poursuivi Clemens pour une affaire de parjure à peu près semblable. Ils l'accusaient d'avoir menti au Congrès sur sa consommation de stéroïdes. En 2011, le juge avait prononcé une annulation du procès pour vice de procédure. Rejugé, Clemens avait été acquitté.

L'enquête commençant à s'éterniser sans qu'il y ait la moindre mise en examen, la rumeur se mit à courir qu'Hamilton avait raconté sa version des faits à l'émission *60 Minutes*.

– Quelqu'un au gouvernement voulait que *60 Minutes* fasse cette interview et a tout fait pour qu'elle ait lieu, déclara Manderson. Les fédéraux étaient en train d'enquêter et étaient prêts à poursuivre Lance. S'ils l'inculpaient avec les seuls éléments que le public connaissait à l'époque, il est facile d'imaginer ce qui se serait produit. Il aurait dit : « Je suis saint Lance, c'est une vendetta ! » Mais je suis persuadé que *60 Minutes* a permis de faire évoluer l'opinion publique. Ils voulaient que les gens comprennent que cet ange pouvait se doper, et ils y sont parvenus.

Pendant l'enregistrement de l'émission, Hamilton déclara qu'Armstrong avait fait la même chose que la majeure partie du peloton : il avait réalisé des transfusions sanguines, pris de l'EPO et de la testostérone. À plusieurs reprises, alors qu'Hamilton semblait à deux doigts de craquer, Michael Radutzky, le producteur de l'émission, l'encouragea.

– Tu n'es pas une balance. Tu fais éclater la vérité. C'est héroïque, ce que tu fais. Grâce à toi, tout le monde va connaître la vérité[561].

Dès qu'Armstrong vit l'émission, en mai 2011, il demanda à ses avocats d'envoyer une lettre à Jeffrey Fager, le président de CBS News, pour exiger que la chaîne s'excuse publiquement d'avoir laissé entendre que le coureur avait pris de l'EPO. Ils qualifièrent le reportage de « pseudo-journalisme odieux ». CBS ne présenta aucune excuse.

*

* *

Trois semaines plus tard, à 2 heures du matin, à Aspen, dans le Colorado, Hamilton envoya un SMS à Manderson pour le prévenir qu'il était tombé sur Armstrong et que cela s'était mal passé. Il lui raconta plus tard qu'Armstrong l'avait menacé après l'avoir rencontré par hasard dans un restaurant du nom de *Cache Cache*, dans le centre pittoresque de la station de ski.

Pour regagner sa table après être allé aux toilettes, Hamilton avait été obligé de passer devant lui, au bar. Armstrong avait alors tendu le bras pour l'empêcher de passer, puis s'en était pris à lui :

– Putain, combien ils te paient ? Quand tu seras à la barre des témoins, on va te mettre en pièces. Tu vas passer pour un putain d'idiot. Je vais faire de ta vie un putain de cauchemar[562].

Le FBI s'empressa d'enquêter sur l'incident pour avoir la preuve qu'il y avait eu subornation de témoin. D'après les enquêteurs fédéraux, ce n'était pas la première fois qu'Armstrong tentait ce genre d'intimidation.

Juste après le témoignage de Levi Leipheimer devant le grand jury, Lance Armstrong envoya un SMS à Odessa Gunn, l'épouse du cycliste, dans lequel il lui dit : « Tu as intérêt à courir[563]. »

Se sentant toujours aussi invincible, Armstrong mit les bouchées doubles. Il fit appel à deux avocats de haut vol, John Keker et Elliot Peters, qui pouvaient se targuer d'être déjà parvenus à battre Novitzky. Keker & Van Nest, le cabinet de Keker et Peters, avait représenté des joueurs de la Ligue majeure de base-ball et soutenu que les enquêteurs fédéraux, dont Novitzky faisait partie, avaient enfreint la loi en saisissant des échantillons d'analyses et des résultats auprès des sociétés qui les avaient recueillis. Ils avaient gagné l'affaire.

Moins d'une semaine après avoir été recruté par Armstrong, Keker avait organisé une entrevue avec André Birotte Jr., le procureur fédéral pour le District central de Californie[564], le bureau qui enquêtait sur le coureur. Keker soutint pour l'essentiel qu'avec tout ce que sa fondation avait fait pour la prévention contre le cancer, Armstrong ne devrait pas être poursuivi. L'avocat rappela également à Birotte qu'un certain nombre de témoins du gouvernement n'avaient aucune crédibilité, soit parce qu'ils s'étaient dopés, soit parce qu'ils avaient déjà menti à propos du dopage, quand ce n'était pas les deux à la fois.

– Ça ne va pas être une partie de plaisir pour vous, de poursuivre ce type[565], lui annonça Keker.

Il était d'avis que les fédéraux cessent de faire traîner les choses en longueur et qu'ils se décident à mettre ou non son client en examen. Il s'était écoulé tant de temps depuis la constitution du grand jury, lui dit-il, que la réputation d'Armstrong et de sa fondation en souffrait injustement.

– Laissez-moi vous dire, les gars, que vous allez devoir vous montrer redoutables, parce qu'on a bien l'intention de ne rien lâcher, de notre côté[566], les prévint Keker, ce que certains des procureurs prirent pour une menace à peine voilée.

Il est probable que si Birotte avait été touché par les propos de Keker, il aurait fait cesser l'enquête sur-le-champ. Mais une autre année s'écoula. Ensuite, l'équipe de substituts du procureur chargée de l'affaire prépara un mémo d'accusation complet, dans lequel elle détailla les différentes hypothèses judiciaires, les forces et les faiblesses du dossier, et les preuves qu'elle était parvenue à rassembler sur Armstrong pendant les deux années ou presque qu'avait duré son enquête. Ces procureurs finirent par recommander une mise en examen. Ils étaient sûrs à 99 % de pouvoir reconnaître Armstrong coupable des charges de mise à disposition de stupéfiants, fraude postale, fraude électronique et subornation de témoin[567].

Ils soumirent ce mémo à Birotte.

Et ils attendirent.

*

* *

Et ils perdirent.

Le vendredi 3 février 2012, juste avant le Super Bowl, le communiqué de presse n° 12-024 fut mis en ligne sur le site web du bureau du procureur fédéral du District central de Californie.

Il était intitulé : « Le procureur des États-Unis met un terme à l'enquête sur une équipe de cyclisme professionnel. »

Birotte annonçait que l'enquête sur les infractions perpétrées par des membres et des associés d'une équipe de cyclisme professionnel possédée en partie par Lance Armstrong était close. Sans plus d'explications. Birotte expliqua à l'un des enquêteurs que c'était lui et lui seul qui avait pris cette décision, et qu'il refusait d'en discuter[568].

Novitzky était inconsolable. Les procureurs Doug Miller et Mark Williams, les principaux avocats sur l'affaire, demeurèrent sans voix. Plusieurs enquêteurs étaient persuadés que Birotte avait renoncé à l'affaire parce que des amis haut placés avaient fait pression sur lui. Le département de la Justice avait reçu de la part de membres du Congrès trois lettres d'un total de plus de vingt pages à propos de l'enquête[569]. Aucune de ces missives ne fut rendue publique.

Dès qu'Armstrong apprit la bonne nouvelle, il soupira. Houlà, ce n'était pas passé loin ! Il venait encore de se tirer d'un mauvais pas. Ses avocats l'appelèrent pour le féliciter. Ses amis pour lui dire à quel point ils étaient heureux pour lui. Sa petite amie Anna et lui débouchèrent une bouteille de vin et trinquèrent à leur bonne étoile. Mais leurs réjouissances étaient quelque peu prématurées.

Quelques minutes plus tard, un communiqué de presse fut mis en ligne sur le site Internet de l'USADA. C'était une déclaration de Tygart : « Contrairement à celui du procureur fédéral, le but de l'USADA est de protéger le sport propre et non de faire respecter certaines lois. Notre enquête sur le dopage dans le cyclisme se poursuit, et nous avons hâte de recevoir les informations recueillies tout au long de l'enquête fédérale. »

L'enquête fédérale était close, mais celle de l'USADA ne faisait que débuter.

23

Par rapport à celui des fédéraux, le dossier de l'USADA contre Armstrong était assez mince. L'agence, qui comptait moins de cinquante employés à temps plein à son siège, ne disposait que d'une petite partie du personnel et des fonds que les fédéraux avaient engagés dans cette affaire. C'était David contre Goliath.

Armstrong s'était armé d'une équipe de conseillers constituée de plus d'une demi-douzaine de juristes, la plupart diplômés de Yale, Princeton et Harvard. Même Fabiani, son porte-parole, avait fait ses études de droit à Harvard.

À l'USADA, Tygart travaillait essentiellement avec trois autres avocats, dont un qui venait d'être recruté par l'agence. Le premier, Bill Bock, était le conseiller juridique de celle-ci. Père de cinq enfants, il avait obtenu sa licence à l'université Oral Roberts et poursuivi ses études de droit à l'Université du Michigan. Le second, Rich Young, était un juriste extérieur diplômé de Stanford, et le principal auteur du règlement de l'AMA. Onye Ikwuakor, le nouveau directeur juridique de l'USADA, avait été coprésident de sa promotion à la Stanford Law School. Contrairement à certains avocats d'Armstrong, ils étaient loin d'être payés 1 000 dollars (750 euros) de l'heure, mais ils étaient malins, courageux et déterminés.

Au début de l'année 2012, le conseil d'administration de l'USADA, présidé par Edwin Moses, champion olympique de course de haies, approuva l'opération de l'USADA contre Armstrong. Tygart aurait bien repris le dossier là où les fédéraux l'avaient laissé, mais ces derniers refusèrent de le lui transmettre. La division civile du département de la Justice réfléchissait encore à l'éventualité de rejoindre Landis en tant que partie civile dans son procès de lanceur d'alerte. Ils refusaient de courir le risque que les témoignages qu'ils avaient recueillis pour le procès pénal puissent être rendus publics et, par conséquent, venir compromettre un procès civil susceptible de rapporter plus de 100 millions de dollars (75 millions d'euros) au gouvernement.

À la fin du mois d'avril 2012, près de trois mois après la réouverture de son enquête sur Armstrong, l'USADA n'avait procédé qu'à deux nouveaux interrogatoires, ceux de Betsy et Frankie Andreu. Tygart avait déjà celui de Landis, même si son témoignage était entaché non seulement par ses propres mensonges, mais aussi par sa haine d'Armstrong.

Il lui fallait chercher des témoins plus crédibles que Landis, ce qui ne serait pas difficile, vraiment, mais il lui fallait également des preuves directes du dopage d'Armstrong. Ce fut donc un grand soulagement pour lui quand Tyler Hamilton accepta de coopérer.

Quelques semaines avant l'interview de *60 Minutes*, au printemps 2011, Tygart et Hamilton se rencontrèrent secrètement à Denver. Pour la première fois depuis Landis, Tygart put entendre de la bouche d'un coureur très proche d'Armstrong un témoignage précis et circonstancié sur le programme de dopage du champion.

Il en apprit beaucoup sur la double vie des coureurs qui prenaient des produits dopants et sur les petites gélules rouges d'huile de testostérone. Hamilton lui raconta que les médecins de l'équipe leur remettaient des sacs en papier blanc qui ne contenaient pas des sandwichs et du jus d'orange, mais bien de l'EPO, de l'hormone de croissance et de la testostérone. Lorsqu'ils craignaient d'être écoutés, ils ne parlaient pas d'EPO, mais d'« Edgar » ou de « Poe », comme le poète.

Manderson, l'avocat d'Hamilton, rapporta que, tout au long de l'entretien, Tygart était resté impassible mais était devenu de plus en plus pâle. Il ressemblait à quelqu'un qui venait de passer des années à la recherche du yéti et qui l'avait devant sa porte.

Pourtant, ce n'était pas encore suffisant. Il fit donc le nécessaire pour en inciter d'autres à parler ; il passa des accords.

Vaughters lui avait déjà garanti la coopération de ses coureurs, même si certains se montraient plutôt réticents. Ils préféraient éviter de se faire qualifier de « dopés » ou de gagner la réputation d'être les coureurs qui avaient permis d'abattre Armstrong.

Tygart leur proposa un marché : ces coureurs ayant volontairement avoué leur dopage aux enquêteurs fédéraux, l'USADA se montrerait indulgente avec eux. Il était même d'accord pour faire une entorse au règlement. L'AMA préconisait que tout sportif qui fournissait « une aide substantielle » dans une enquête de dopage pouvait voir sa sanction réduite des trois quarts. Dans ce cas, cela aurait signifié une suspension de six mois, mais Tygart était prêt à aller plus loin : aucune suspension.

Vaughters, Zabriskie, Danielson et Vande Velde acceptèrent de témoigner. On leur annonça à tous qu'ils ne seraient pas sanctionnés, à condition qu'ils renoncent à participer aux Jeux olympiques de 2012. Si l'affaire Armstrong était rendue publique, leur passé pouvait se révéler préjudiciable pour l'équipe américaine.

Ayant du mal à convaincre Hincapie et Leipheimer de parler, Tygart s'adressa directement à leurs avocats.

– Écoutez, leur dit-il, le dopage organisé dans le cyclisme est en train de s'écrouler, et on compte donner à tous les coureurs, y compris Lance Armstrong, la possibilité de monter dans le canot de sauvetage. Vous souhaitez y monter aussi, ou pas ?

Leipheimer encourait un minimum de deux ans de suspension. Cela aurait mis un terme à sa carrière, et il serait à tout jamais considéré comme un dopé. Par « canot de sauvetage », Tygart entendait « sanction atténuée ». Leipheimer accepta.

Hincapie eut plus de mal à prendre sa décision. Il se considérait encore comme l'un des meilleurs amis d'Armstrong et avait bâti sa réputation en demeurant son fidèle lieutenant.

Armstrong écrivit dans son second livre, *Chaque seconde compte*[a] : « Par moments, George Hincapie et moi, on était tout le temps ensemble. Dans le cyclisme, on escalade des montagnes pendant des semaines, on loge dans des chambres d'hôtel minuscules, on partage chacune de nos souffrances et chacun de nos repas. On sait rapidement tout de l'autre, y compris ce qu'il vaudrait mieux ne pas savoir. »

Hincapie n'était guère ravi d'avoir été contraint de dénoncer son ami, et il n'aima pas particulièrement l'idée de devoir recommencer devant un nouveau public.

L'USADA avait besoin de lui. C'était quelqu'un de crédible. Il n'avait jamais été contrôlé positif. Il n'avait jamais été accusé de dopage, sauf par Landis. Le public l'aimait et lui faisait confiance, c'était l'humble Big George qui s'était sacrifié pour Armstrong sur sept Tours de France, le fidèle lieutenant qui jamais n'accepterait de laisser tomber son général. Il était probable qu'il en sache plus sur les coulisses des différentes équipes d'Armstrong que n'importe quel autre coureur. D'ailleurs, il m'avoua un jour que, en toute insolence, Armstrong et les grimpeurs de l'équipe s'étaient fait des transfusions alors que le car stationnait encore non loin de la ligne d'arrivée d'une des étapes du Tour.

Ce serait l'élément central du dossier de l'USADA.

S'il dénonçait Armstrong, les gens l'écouteraient.

– Vous parlez du cycliste américain sans doute le plus aimé et le plus respecté de tous les temps, déclara Bill Stapleton, propriétaire de son ancienne équipe, HTC-Highroad. Si on le surnommait « Captain America », c'était pour une bonne raison.

Avec le témoignage de Big George, l'USADA pourrait convaincre le public qu'Armstrong n'était pas un héros, mais un tricheur et un menteur, le plus grand tricheur et menteur de l'US Postal. Mais, avant de pouvoir l'affirmer, il leur fallait son témoignage.

Il refusa. L'USADA appela alors David Anders, son avocat – dont les services n'avaient pas coûté grand-chose au coureur,

a. Édition française parue en 2003 chez Albin Michel (livre co-écrit par Sally Jennings).

grâce encore au gros bonnet de Wall Street, Tiger Williams, qui conseillait également Landis[570].

Quand l'USADA lui demanda si Hincapie accepterait de témoigner contre Armstrong, il répondit :

– Bien sûr que non !

Tygart fut donc contraint de lui adresser un ultimatum : soit il parlait, soit il serait suspendu à vie. Tygart lui annonça que l'USADA, en raison de leur implication dans le programme de dopage de l'US Postal, s'apprêtait à inculper Armstrong, Bruyneel, l'entraîneur Pepe Martí et les docteurs Pedro Celaya et Michele Ferrari pour des infractions majeures en lien avec les stupéfiants. Hincapie souhaitait-il aller les rejoindre sur le banc des accusés ?

– Il faut que vous nous racontiez tout ce qui s'est passé, demanda Tygart.

En échange de son témoignage, Hincapie ne serait suspendu que six mois.

« Ils m'ont dit qu'ils avaient assez d'éléments sur Lance et qu'ils allaient le faire tomber, de toute façon, m'expliqua Hincapie. C'était : "Rejoignez-nous, ou vous tomberez vous aussi." Je n'avais pas le choix. Ils ont certainement profité de ma relation avec Lance, ça ne fait aucun doute. Ils savaient qu'ils apprendraient des tas de choses. »

Il bouillait de rage. Ce n'était pas juste. Il affirma qu'il avait cessé de se doper en 2006 et qu'il avait rejoint une « équipe propre », HTC-Highroad. Là-bas, d'après lui, il avait tenté de convaincre les jeunes coureurs que le dopage n'était pas une fatalité et qu'il fallait savoir oublier le passé. Mais une suspension à vie aurait réduit ce travail à néant, en plus de salir sa réputation, et sans doute sa société, Hincapie Sports.

Il était si furieux qu'il envisagea de tout révéler publiquement.

– Et puis merde ! dit-il à son avocat. Je me suis dopé, et je ne coopérerai pas avec eux. Je vais dire : « Écoutez, j'ai commis ces trois erreurs, et regardez ce que j'ai fait depuis »

Mais il savait que s'il faisait cela, l'USADA le suspendrait sur-le-champ. C'en serait terminé de sa carrière, ce qu'il ne voulait pas. Il souhaitait encore participer au Tour de France, et battre le record du nombre de participations à cette épreuve en en prenant le départ pour la dix-septième fois. Il parlerait, mais pas tout de suite. Comme gage de ses bonnes intentions, son avocat fit parvenir à Tygart les notes qu'il avait prises durant l'entretien de son client avec les enquêteurs fédéraux en 2010. Avec ces informations comme point de départ, l'USADA autorisa Hincapie à participer au Tour de France 2012, où il comparut avec les coureurs de l'équipe de Vaughters, qui témoignaient également contre Armstrong.

Le jour de la cinquième étape du Tour 2012, un article du journal néerlandais *De Telegraaf* annonçait que Hincapie, Zabriskie, Vande Velde et Leipheimer allaient être suspendus six mois pour avoir témoigné contre Armstrong auprès de l'USADA. La nouvelle fit grand bruit ce jour-là, les journalistes sur le Tour souhaitant avoir la confirmation de cette allégation.

Sur les routes vallonnées du nord de la France, entre Rouen et Saint-Quentin, les coureurs en discutèrent aussi, naturellement. Au cours de cette étape de 196,5 km dont les routes longeaient des champs et des canaux étroits, Hincapie se mit à pédaler à côté de Danielson et de Vande Velde.

– Tu y crois, à toutes ces conneries ? Ce n'est même pas vrai, lui dit Danielson. On n'est pas suspendus[571].

– Vraiment ? s'étonna Hincapie. Alors, ça, c'est dégueulasse, parce que je suis suspendu, moi.

Dès la fin de l'étape, il téléphona à son avocat. Il lui dit qu'il était injuste qu'il soit suspendu six mois alors que Vaughters et ses coureurs n'encouraient aucune sanction. Il se plaignit du traitement de faveur que lui avait accordé l'USADA uniquement parce que c'était un lèche-bottes. S'il se confiait à l'USADA depuis des années, c'était uniquement pour se faire passer pour quelqu'un de bien. Après une multitude de coups de fil entre l'avocat de Hincapie et ceux de l'USADA, l'agence américaine décida de faire machine arrière et d'appliquer la même sanction à tous.

Après le Tour, Tygart contacta Vaughters pour lui annoncer la mauvaise nouvelle : l'accord d'immunité était annulé. Ses coureurs seraient suspendus six mois. Il lui expliqua qu'il en avait discuté avec ses collègues et qu'ils avaient trouvé qu'ils prenaient trop de risques en accordant l'immunité à certains et pas à d'autres. Pour pouvoir faire une telle entorse au règlement antidopage, il leur faudrait obtenir la bénédiction non seulement de l'AMA, mais aussi de l'UCI, une institution qui semblait s'être rangée du côté d'Armstrong. Et si cette dernière faisait appel des sanctions appliquées aux coureurs, ils pourraient tous terminer avec une suspension de deux ans.

Zabriskie, Danielson et Vande Velde n'eurent d'autre choix que d'accepter les six mois. Ils se sentirent trahis, mais leurs plaintes furent inutiles. L'USADA et Tygart étaient en revanche dans une bonne passe.

Le 4 juin 2012, Tim Herman, l'avocat d'Armstrong, reçut une lettre de l'USADA. On demandait au coureur de révéler tout ce qu'il savait sur le dopage au sein du cyclisme. Sinon gare ! Armstrong ne faisait pas grand cas de cette agence. Comment pourrait-elle le coincer alors que ni Novitzky ni les fédéraux n'y étaient parvenus ?

Herman ne connaissait pas bien la manière de fonctionner de l'USADA et n'était pas très au fait des nuances dans le règlement de l'AMA. Il transmit la requête à un autre avocat.

Ce fut Robert Luskin, un avocat spécialisé dans la défense des cols blancs qui avait représenté Karl Rove dans une affaire de fuite à la CIA en 2006, qui fit connaître la réponse d'Armstrong : il qualifia la demande de l'USADA de « vendetta qui n'avait rien à voir avec le fait de vouloir faire éclater la vérité, mais qui était destinée à régler des comptes et à se faire de la publicité aux dépens de Lance ».

« Nous ne cautionnerons pas cette mascarade », écrivit-il à l'USADA. Il accusa l'agence antidopage de vouloir dénigrer son client et de tenter de le lyncher, et prévint que si elle continuait : « Nous n'hésiterons pas à dénoncer vos motivations et vos méthodes ». Il l'accusa aussi d'avoir « acheté » le témoignage de coureurs contre son client.

Armstrong refusant de passer aux aveux, l'USADA déclara qu'elle était prête à l'inculper pour avoir enfreint les lois antidopage. La commission d'évaluation de l'agence, une instance composée de trois hommes dont l'objectif était de déterminer si l'USADA possédait suffisamment de preuves pour pouvoir poursuivre une affaire de dopage, se lança dans la rédaction d'un rapport.

Le 28 juin, après avoir qualifié d'« anticonstitutionnel » et de « chasse aux sorcières » le travail de l'USADA contre lui, Armstrong reçut de l'agence antidopage une lettre de quinze pages. Souhaitant se reconvertir dans le triathlon, il se trouvait en France pour préparer un Ironman. Il en avait déjà remporté plusieurs sur des formats plus courts, et son objectif était de pouvoir se qualifier pour le championnat du monde de Kona, à Hawaï. La chaîne américaine NBC avait acheté les droits pour diffuser deux heures de cette épreuve, uniquement parce qu'Armstrong allait y participer.

Si ses avocats avaient cru pouvoir intimider l'USADA, ils s'étaient trompés. La commission d'évaluation de l'Agence disposait de suffisamment d'éléments à charge pour pouvoir inculper Armstrong, pour avoir enfreint les lois antidopage, et poursuivre également Bruyneel, Martí ainsi que les docteurs Ferrari, Del Moral et Celaya.

Plus grave, elle affirma qu'Armstrong était au cœur d'un réseau de dopage au sein de ses équipes et qu'il avait enfreint le règlement antidopage en se soumettant à des transfusions sanguines, et en prenant de l'EPO, de la testostérone, de la cortisone et du sérum physiologique. De plus, les charges retenues contre lui ne concernaient pas seulement les années où il avait remporté le Tour de France, mais toute la période comprise entre 1996 et 2010, dont les deux années de son retour. L'USADA affirma que les analyses sanguines de ces saisons-là « indiquaient clairement des manipulations sanguines ».

Il suffit à Armstrong de lire le second paragraphe pour savoir qu'il risquait gros : « Parmi les témoins cités dans cette lettre se trouvent dix (10) cyclistes ainsi que des employés d'équipes cyclistes. » Sur l'avant-dernière page, il lut une ligne qui lui donna encore plus le frisson : « suspension à vie des sports olympiques ».

Cela signifiait que s'il perdait ce procès, il serait interdit de compétition dans n'importe quel sport qui se conformait au règlement de l'Agence mondiale antidopage, soit à peu près tous ceux qui étaient susceptibles de l'intéresser : le cyclisme, le triathlon, le marathon, la natation… Et pas seulement au niveau olympique. Les plus petites épreuves, comme une course de 10 km pour récolter de l'argent contre le cancer, par exemple, dépendaient généralement des fédérations nationales. Et celles-ci suivaient presque toutes le règlement de l'AMA.

Son vieil ami Dan Empfield, qui avait fait sa connaissance alors qu'il était encore un jeune triathlète, m'affirma qu'une suspension à vie serait « très douloureuse pour lui, vraiment ». Parce que c'était « une machine qui ne mangeait, respirait et dormait que pour le sport. C'est comme si on vous enlevait un organe ».

*

* *

La semaine précédant les accusations de l'USADA, en ce mois de juin, aurait pu lui sembler encore plus douloureuse s'il s'était quelque peu soucié de son père biologique, Eddie Gunderson.

Cet obstiné de Gunderson était en train d'arracher de la moquette humide dans la véranda de la maison de sa mère, à Tool, au Texas[572], malheureusement le refuge d'une araignée violoniste, une créature venimeuse particulièrement friande de ce genre d'habitat. Il aurait dû porter un pantalon, il le savait. En travaillant, il ressentit une douleur fulgurante au tibia et aperçut une araignée en train de se sauver. Cette sale bestiole l'avait mordu.

Il attendit deux jours avant d'aller à l'hôpital. Il n'avait jamais aimé aller chez le médecin. Des mois auparavant, ses jambes avaient tellement enflé qu'on aurait dit deux ballons trop gonflés. C'était un symptôme courant d'une insuffisance hépatique. Un médecin lui avait dit qu'il pourrait le soigner, mais uniquement s'il cessait de boire pendant au moins six mois.

– Je ne peux pas vous le promettre, alors je vais éviter de vous faire perdre votre temps[573], lui avait-il répondu.

Son obstination le perdit. Il aurait dû aller à l'hôpital aussitôt après avoir été mordu. Mais il laissa s'écouler un temps précieux avant de se rendre à l'hôpital méthodiste de Dallas, celui dans lequel Lance avait vu le jour. Ses reins et son foie avaient lâché. Son cœur fonctionnait si difficilement pour tenter de compenser les autres organes qu'il fit une crise cardiaque.

Le 5 juin 2012, Eddie Charles Gunderson, que ses proches surnommaient « Sonny », mourut. Ses obsèques eurent lieu trois jours plus tard, le jour où l'USADA accusa officiellement Armstrong d'être la cheville ouvrière d'un programme de dopage organisé au sein des équipes qui l'avaient mené à la victoire sur le Tour de France. Il avait pris de l'EPO. Il avait procédé à des transfusions sanguines. Il avait obligé ses coéquipiers à se doper et leur avait même fourni des produits, et ce pour qu'il puisse avoir de meilleures chances de gagner et devenir célèbre. Pour faire court, c'était un tyran, un menteur et un tricheur. Rien à voir avec le Lance dont la famille Gunderson se souvenait.

Ce fut Micki Rawlings qui prononça l'éloge funèbre de Sonny. En observant la foule rassemblée dans le funérarium d'Eubank Cedar Creek, au sud de Dallas, elle qualifia son frère de tapageur, fier, obstiné, odieux, sarcastique et grandiloquent.

– Sonny était bien le père de son fils, poursuivit-elle. Il aimait les voitures rapides, les motos rapides, la vie à cent à l'heure. Il aimait sa famille, la musique, le sport, une bonne bagarre de temps à autre et une bière bien fraîche. C'était aussi le fils de sa mère. C'était un homme au grand cœur. Il avait de l'attention et de la gentillesse à revendre.

Elle assura que son frère avait mené une vie merveilleuse auprès d'une famille aimante. Il avait aussi eu deux enfants merveilleux qui l'adoraient, et « un fils, Lance, qui ne saura jamais ce qu'il a manqué et à quel point il a pu lui manquer ».

Armstrong n'était pas présent aux funérailles.

*

* *

Le mois suivant, Doug Ulman, le directeur général de la Fondation Lance Armstrong, alla s'entretenir avec des parlementaires au Congrès. Accompagné d'un lobbyiste du puissant cabinet d'avocats Patton Boggs, il souhaitait évoquer la fondation, la prise en charge du cancer et la prévention contre cette maladie. Et, de manière officieuse, la façon dont l'enquête de l'USADA allait porter préjudice à la mission de la fondation.

D'après un lobbyiste proche d'Armstrong, les efforts de celui-ci pour tenter d'atteindre des parlementaires et d'éveiller leurs soupçons sur Jeff Novitzky et son enquête ne purent jamais aboutir. Mais cela ne l'empêcha nullement d'aller de nouveau chercher de l'aide au Congrès.

Ulman discuta avec le sénateur Kay Bailey Hutchison, un républicain du Texas, des conséquences que l'enquête de l'USADA allait avoir sur la fondation[574]. Il s'arrêta ensuite dans le bureau du député Jose Serrano, un démocrate de l'État de New York responsable de la sous-commission sur la gestion des finances, qui supervisait une partie du budget de l'USADA[575]. Cette conversation concerna « de manière substantielle, si ce n'était entièrement, l'USADA et les inquiétudes de Livestrong à propos de l'action en justice à laquelle Lance Armstrong [était] soumis[576] », déclara Philip Schmidt, le porte-parole du député.

Lorsque les représentants de Livestrong eurent quitté le bureau de Serrano, les membres de l'équipe du député avouèrent qu'ils avaient trouvé cet entretien pour le moins grossier.

– Livestrong est censé promouvoir la prévention contre le cancer, non ? Pas gaspiller son temps et son argent à tenter de protéger Lance Armstrong. C'était totalement déplacé, s'indigna l'un d'eux[577].

En juillet, F. James Sensenbrenner, un sénateur du Wisconsin dans le district duquel se trouvait le siège de Trek Bicycle Corporation, le sponsor de longue date d'Armstrong, envoya une lettre à l'Office of Drug Control Policy de la Maison-Blanche (le bureau chargé de la lutte contre les produits stupéfiants), qui attribuait chaque année 9 millions de dollars (6,75 millions d'euros) à l'USADA, soit la majeure partie de son budget annuel de 13,7 millions (10 millions d'euros). Pour remettre en question l'enquête de l'agence sur Armstrong, le sénateur employa les mêmes arguments que l'équipe de juristes du coureur.

Il prétendit que l'USADA le privait d'un procès en bonne et due forme, et que « l'autorité de l'agence américaine antidopage sur

Armstrong est au mieux ambiguë ». Il qualifia l'affaire de l'USADA de « théorie du complot romanesque » et soutint que le cycliste s'était fait contrôler « plus de cinq cents fois » sans un résultat positif. Un thème auquel Armstrong avait recours depuis des années, même si, d'après l'UCI, il a subi moins de trois cents contrôles.

Tygart fut convoqué à plusieurs reprises par Sensenbrenner et son équipe. L'essentiel de leurs conversations se déroulait comme suit :

Sensenbrenner : Bon sang, mais que faites-vous de l'argent des contribuables ?

Tygart : Mon travail.

Dans le même temps, Armstrong et son équipe s'efforçaient de discréditer l'USADA, de convaincre le gouvernement de tailler dans le budget de l'agence et de dissuader cette dernière de poursuivre cette affaire. Armstrong posta sur son compte Twitter que le membre du conseil d'administration Clark Griffith avait été accusé plus tôt dans l'année de s'être mis nu devant une jeune étudiante en droit et de lui avoir demandé de le caresser.

« Ouah. @usantidoping sait les choisir », écrivit Armstrong. Il marqua le tweet du hashtag « #protectingcleanathletesandpervs[a] »

Stapleton demanda aux responsables du Comité olympique des États-Unis de l'aider à obliger l'USADA à revenir sur sa position[578]. Sa requête suscita l'étonnement, car Stapleton avait fait partie du groupe qui avait rédigé l'ébauche du règlement originel de l'agence.

Armstrong poursuivit ensuite l'USADA et Tygart devant un tribunal fédéral, demandant à la cour de mettre un terme à l'enquête de l'USADA en raison de son inconstitutionnalité. La plainte, qui s'étalait sur quatre-vingts pages, prétendait que l'USADA avait violé les droits d'Armstrong de bénéficier d'un procès en bonne et due forme, et que si elle avait décidé de poursuivre un « gros poisson », c'était uniquement pour justifier son existence.

---

a. #protégerlessportifspropresetlespervers.

Comme on l'avait rarement vu dans un tribunal fédéral, la cour le remit rapidement à sa place. Le juge du tribunal de district Sam Sparks ne mit que quelques heures à rendre une fin de non-recevoir à cette plainte. Il déclara qu'Armstrong ne portait ces accusations que dans « l'unique but de médiatiser davantage cette affaire et de monter l'opinion publique contre » l'USADA et Tygart.

Ses avocats refusèrent de lâcher le morceau et déposèrent cette fois une plainte plus courte demandant à la cour de mettre fin aux poursuites de l'USADA contre leur client. Ils plaidèrent que l'agence antidopage le privait d'un procès en bonne et due forme et que, en outre, contrairement à l'UCI, elle n'était pas compétente en la matière. Même si Pat McQuaid, de l'UCI, avait d'abord prétendu que c'était à l'USADA de gérer ce cas, il fit une rapide volte-face, sans la moindre explication, et soutint que c'était uniquement à l'UCI de superviser l'affaire Armstrong.

Le juge Sparks statua de nouveau contre le coureur, autorisant l'USADA à poursuivre son enquête. Il était convaincu que les règles d'arbitrage de l'agence étaient suffisamment solides pour pouvoir gérer cette question et que les tribunaux fédéraux n'avaient pas à se mêler de cette dispute. « Prétendre le contraire reviendrait à transformer les juges fédéraux en arbitres dans un match où ils n'ont pas leur place et dont ils connaissent mal les règles. »

Tygart avait gagné au tribunal fédéral.

Le combat pouvait débuter.

*

* *

Il s'acheva rapidement.

Trois jours plus tard, Armstrong fit ce qu'il n'avait jamais fait auparavant : il cessa de se battre.

« Arrive un moment dans la vie de chacun où il faut savoir dire "stop". Pour moi, ce moment est venu », déclara-t-il dans un communiqué.

Sur le conseil de l'avocat de Washington Mark Levinstein, qui avait prétendu qu'il valait mieux éviter de se soumettre à l'arbitrage de l'USADA car les sportifs ne gagnaient jamais, Armstrong accepta les accusations de l'agence antidopage et une suspension à vie dans tous les sports olympiques[579]. On le priverait de ses sept Tours de France. Et de la médaille de bronze qu'il avait remportée aux Jeux de 2000. Et de tous ses autres titres, récompenses et sommes d'argent qu'il avait gagnés depuis août 1998. Mais il eut du mal à accepter tout ce que cela impliquait.

– Malgré tout ce que Travis Tygart peut raconter, il n'a aucune preuve matérielle pour soutenir ses accusations aussi absurdes qu'odieuses, dit-il. La seule preuve qui compte, ce sont les centaines de contrôles que j'ai passés haut la main.

24

Jadis, Lance Armstrong aurait su à quoi s'attendre : rien de plus que la lettre habituelle de l'agence antidopage américaine informant le sportif de la raison de sa sanction. Peut-être une page ou deux de points importants mettant en avant les preuves que l'USADA avait recueillies au cours de son enquête. Mais ce rapport de l'agence antidopage était différent, et surtout inédit. Cette fois, l'USADA ne se contenterait pas d'une simple lettre personnelle : il s'agirait d'une lettre ouverte qui ferait référence à toutes les preuves, à tous les documents, à tous les témoignages des coéquipiers d'Armstrong qui avaient accepté de coopérer.

Le 10 octobre 2012, lors d'une conversation entre Bill Bock, de l'USADA, et Philippe Verbiest, le principal avocat de l'UCI, ce dernier demanda à Bock quand son organisme pourrait voir le rapport. L'Union cycliste avait publiquement reproché à l'agence de prendre son temps pour produire le document.

Les responsables de l'UCI étaient impatients de voir les preuves que l'agence avait recueillies au cours de son enquête sur Armstrong pour déterminer s'ils allaient faire appel, mais surtout pour voir si on les accusait d'actes répréhensibles. Ils espéraient un minimum de décorum professionnel et de confidentialité, entre deux agences.

Lorsque Verbiest lui demanda des nouvelles du rapport pour centième fois, Bock lui révéla volontiers les projets de l'USADA.

– Eh bien, on peut vous l'envoyer, répondit-il. Sinon vous pourrez le lire quand il sera en ligne, dans une heure environ.

Verbiest demeura silencieux.

– Vous êtes encore là ? demanda Bock.

Silence.

Finalement, incrédule, Verbiest s'indigna.

– Comment ? Vous ne pouvez pas faire ça !

Les avocats d'Armstrong furent atterrés en apprenant la nouvelle par Verbiest. De leur point de vue, la publication de ce rapport, c'était comme si un procureur rendait publiques les preuves du gouvernement contre un prévenu avant son procès. Herman, l'avocat d'Austin, était convaincu que la décision de l'USADA de tout publier influencerait injustement n'importe quel juré, et, dans ce cas, le public au sens large.

L'équipe d'Armstrong était en plein désarroi. Les preuves allaient être en ligne ? Dans une heure ?

Fabiani, le porte-parole, reprocha à Herman de ne pas avoir anticipé ce coup dur de la part de l'USADA[580]. Quant à Herman, il était convaincu que c'était la faute de Levinstein, qui avait persuadé Armstrong de résister à l'USADA. Et voilà que l'agence allait se montrer à la hauteur du défi et prendre sa revanche.

Armstrong était toujours parvenu à battre le système. Grâce à son habileté, il était venu à bout de toutes les critiques, soit en les déjouant, soit en y mettant les moyens. Même le gouvernement des États-Unis n'avait pas réussi à l'inculper. Il se croyait capable de résister à tout ce que l'USADA lui faisait subir. Comme toujours, il allait se servir de l'histoire extraordinaire de sa vie – rescapé du cancer, septuple vainqueur du Tour de France – à la fois comme d'un bouclier et d'une arme.

– Putain, tu es sérieux ? demanda-t-il quand Herman lui apprit le projet de l'agence de tout mettre sur la place publique. Et pourquoi on les laisse faire ?

Tygart savait que s'ils ne parvenaient pas à abattre Armstrong, leur mission serait irrémédiablement discréditée. Il avait déduit de ses réunions au Congrès sur Armstrong qu'on n'hésiterait pas à réduire le budget de l'agence. Les sportifs ayant suffisamment d'argent n'hésiteraient plus à défier le système, car Armstrong serait la preuve qu'il était possible de gagner. Une défaite contre Armstrong sonnerait le glas de l'USADA.

Un ou deux témoins de son dopage et de celui du reste de l'US Postal ne suffiraient pas. Il leur en fallait une dizaine. Deux ou trois documents qui confirmaient qu'il avait consulté le tristement célèbre médecin italien – même pendant les années où il ne courait pas sur le Tour, mais participait à des marathons et à des triathlons – ne suffiraient pas. Il leur en fallait des pages et des pages.

Et ils les avaient, en plus des e-mails, des photos, des vidéos, et même de l'agenda en ligne de sa première épouse, Kristin.

Rich Young, le juriste extérieur de l'USADA, le dit encore mieux : « C'est comme à la chasse à l'éléphant : quand on se retrouve face à un gros pachyderme, mieux vaut réussir à le tuer du premier coup si on ne veut pas se faire piétiner. »

Tygart était conscient que l'USADA ne devrait pas seulement résister à Armstrong, celle-ci devrait aussi résister à ses millions d'admirateurs. Pour le faire tomber, il allait falloir convaincre le public – tous ces jurés qui assistaient au procès – que leur champion n'était pas celui qu'on leur avait fait croire qu'il était pendant toutes ces années.

Pour atteindre cet objectif, les trois principaux avocats qui travaillaient sur le rapport – Tygart à l'USADA, Young dans son cabinet d'avocats de Colorado Springs et Bock à Indianapolis – travaillèrent jour et nuit et s'échangèrent des brouillons toutes les douze heures. Ils réécrivirent le texte jusqu'à ce qu'il prenne une tournure à laquelle ils ne s'étaient pas vraiment attendus. Cela avait débuté comme un rapport sur les méfaits d'un héros du sport, et cela se termina comme un scénario de film de gangsters.

Tygart fit remarquer – une plaisanterie de fin de soirée – qu'il avait l'impression que les truands de la mafia avaient fui Las Vegas pour aller travailler avec Armstrong. Young félicita Bock, l'auteur principal du rapport, d'avoir transformé un document juridique par essence relativement aride en un roman policier pour le moins haletant.

Ils avaient souhaité produire un rapport simple mais spectaculaire, pour que le public puisse le lire d'une traite et comprendre, une fois pour toutes, qui était vraiment Lance Armstrong : un menteur pathologique qui était devenu un exemple dans l'art du dopage, non seulement pour son équipe, mais aussi pour l'ensemble du cyclisme. C'était également un tyran qui n'avait aucun scrupule à broyer ceux qui osaient le critiquer. C'était le caïd d'une organisation corrompue, le champion incontesté d'un sport qui reposait sur le mensonge.

Tygart ne se souciait plus guère de ce qu'Armstrong pouvait penser. Son équipe et lui étaient parvenus à se montrer plus habiles que le champion, qui demandait d'un air suffisant : « Et vous, qu'est-ce que vous prenez ? », sur le poster jadis accroché au-dessus de son bureau, avant que l'USADA déménage à l'autre bout de la ville. Armstrong pouvait proférer ses menaces. Il pouvait tenter de salir l'agence. Il pouvait jouer les victimes autant qu'il le souhaitait. Cette fois, toutes les preuves étaient disponibles sur Internet. Tout le monde y aurait accès.

*

* *

Au début de l'enquête de l'USADA, Armstrong m'indiqua qu'il doutait des motivations de Tygart.

– Je ne sais pas quelle idée il a derrière la tête, s'il a d'autres ambitions, mais ces types ne sont ni honnêtes ni francs. Ils n'en ont rien à faire, de l'intégrité du cyclisme ou de l'intégrité du sport. Tygart a simplement envie de coincer un type et d'en faire un exemple.

Armstrong était persuadé que l'USADA souhaitait l'abattre uniquement pour la gloire.

– Allons, c'est pour ça qu'on paie des impôts ? Pour une chasse aux sorcières ? me demanda-t-il. Ce qu'ils font n'est même pas constitutionnel. Ils veulent juste m'attraper parce qu'ils ont besoin d'une célébrité sur leur tableau de chasse pour justifier leur existence. Écoute, c'est n'importe quoi. Que des mensonges. Que des mensonges.

Au milieu de son cercle de proches de plus en plus restreint – il ne parlait plus à son ami et « entraîneur » Chris Carmichael car celui-ci lui avait tourné le dos –, Armstrong était de moins en moins confiant. Il savait que Floyd Landis et Tyler Hamilton étaient au nombre de ceux qui l'avaient trahi. Ils s'étaient tous les deux exprimés publiquement. Ce n'étaient pas eux qui l'inquiétaient. Il pourrait toujours contester leur crédibilité parce qu'ils avaient menti pendant très longtemps sur leur propre dopage.

Parmi les autres témoins, en revanche, se trouvaient des coureurs à la réputation intacte, de bons gars comme ses compatriotes David Zabriskie et Christian Vande Velde. Et George Hincapie… Big George, son plus fidèle lieutenant. Durant les semaines qui précédèrent ce fameux matin du 10 octobre 2012, Armstrong et ses avocats avaient appris que Hincapie avait eu un entretien avec l'USADA. Et, même s'ils ignoraient ce qu'il avait pu dire, ils n'avaient aucune envie que cela se sache.

Plusieurs mois auparavant, ils avaient élaboré un plan pour empêcher que les aveux soient rendus publics. La clé de cette stratégie consistait à accepter les sanctions de l'USADA.

En les acceptant, Armstrong renonçait à son droit de faire l'objet d'une audience d'arbitrage. Mais cela faisait partie du plan. Lors d'une telle audience, il était possible que toutes les preuves de l'USADA, y compris les témoignages de ses coéquipiers, soient exposées publiquement. Sans audience, croyaient Armstrong et ses avocats, les preuves demeureraient confidentielles, et le tic-tac de la bombe à retardement cesserait aussitôt.

Armstrong et son équipe demandèrent discrètement à l'UCI de ne pas faire appel de la sanction de l'agence antidopage[581]. L'Union cycliste clamerait alors haut fort que la sanction était injuste, les conclusions de l'USADA erronées et le dossier tellement partial qu'il était inutile de se donner la peine de faire appel. Cela donnerait à Armstrong des marges de manœuvre suffisantes pour convaincre ses admirateurs que, oui, une fois de plus, il était la victime et non le coupable.

Mais Armstrong et ses avocats avaient sous-estimé la détermination de Travis Tygart à partager avec le monde entier tout ce qu'il savait sur Lance Armstrong.

*
* *

Après avoir reçu trois menaces de mort, dont une de la part de quelqu'un qui souhaitait lui « mettre une balle » dans la tête, et une autre dans laquelle son auteur disait : « J'espère que t'as un garde du corps et un gilet pare-balles. T'es un homme mort, enfoiré. Tu ne te rends pas compte de ce que t'as fait », Tygart avait fait appel à une société de sécurité. Il avait même envisagé de mettre tous ses biens au nom de sa femme. Il reçut à son bureau des milliers d'e-mails d'admirateurs. Annie Skinner, l'une des porte-parole de l'agence, avait aussi reçu un mail de menace dans lequel son auteur souhaitait qu'elle attrape un « cancer du cul ».

Avant la parution du rapport, les avocats d'Armstrong Tim Herman et Sean Breen tentèrent une contre-attaque précipitée.

– Nous venons de lire le communiqué de presse de l'USADA annonçant la mise en ligne aujourd'hui de sa « décision motivée », annonça Breen, qualifiant le rapport d'« entreprise de démolition partiale », de tabloïde financé par les contribuables qui ressassait de vieilles allégations fantaisistes dont la fausseté avait déjà été établie et qui reposaient en grande partie sur les propos de personnes intéressées, de menteurs en série, sur des témoignages contraints, des traitements de faveur et des déclarations sous la menace.

« L'USADA a lancé sa chasse aux sorcières financée par le contribuable uniquement en direction de monsieur Armstrong, un cycliste à la retraite, transgressant son propre règlement, le privant d'un procès en bonne et due forme, et ce alors que ce n'était même pas de son ressort, en violation flagrante de tout délai de prescription.

À 10 heures du matin, Armstrong posta un message sur Twitter : « Les héros sont au combat, voire plus. #Toujoursfidèle. » Il inséra un lien vers le site des Marines de Pensacola, en Floride, qui avaient porté un garçon de 11 ans tout au long d'un triathlon. Ce garçon avait perdu sa jambe droite à cause d'un cancer des os.

L'un des trois millions d'abonnés à son compte Twitter posta alors une réponse cinglante faisant référence à une scène du film *Les Dents de la mer*, où les protagonistes comprennent que le grand requin blanc qu'ils tentent de capturer est bien plus gros qu'ils l'avaient escompté. Le tweet disait : « Tu connais cette réplique des *Dents de la mer* : "Il nous faudrait un plus gros bateau" ? Eh bien, aujourd'hui, il nous faudrait un plus gros bateau. »

*
* *

Dans un petit immeuble de bureaux à la façade rose, à Colorado Springs, juste en face du musée du rodéo, le ProRodeo Hall of Fame, Tygart était à la fois impatient et inquiet. Il n'allait pas tarder à quitter son bureau pour se rendre dans les locaux d'une chaîne de télévision locale. Les images seraient diffusées en direct dans l'émission *Outside the Lines*, sur la chaîne sportive ESPN, l'objectif étant de passer à la télévision nationale quelques instants après la mise en ligne du rapport sur Internet. Son équipe avait travaillé durant des jours sur ce dossier. Pour publier ce rapport, elle n'attendait plus que le feu vert de son supérieur.

Un peu avant 14 heures, il saisit son téléphone, appela son bureau et donna le signal[582].

– On y va.

*
* *

À environ 1 400 km plus au sud-est, Armstrong téléchargea le rapport sur son ordinateur portable. Sur la droite de la page d'accueil du site de l'USADA était apparu un carré bleu ciel de 5 cm de côté sur lequel était inscrit : « Décision motivée à propos de l'enquête sur le cyclisme professionnel, et annexes. » Une flèche invitait les internautes à « cliquer pour accéder aux informations ».

Armstrong cliqua[583].

Le rapport décrivait l'ancien coureur comme un infâme tricheur, un menteur éhonté et un tyran qui poussait les autres à tricher avec lui : soit ils le rejoignaient, soit ils partaient. L'USADA qualifiait le dopage au sein de l'US Postal de « programme le plus perfectionné, le plus professionnel et le plus efficace que le sport ait jamais vu ».

Les preuves sur le dopage d'Armstrong étaient accablantes. Plus d'une vingtaine de témoins et onze anciens équipiers, dont le respecté Big George ! Des résultats d'analyses sanguines qui, d'après des experts, révélaient que, après son retour, le coureur avait trafiqué son sang pour profiter d'une meilleure endurance. Il y avait dans des relevés de comptes la trace de paiements effectués au docteur Michele Ferrari, le maître de l'EPO, dont un qui semblait provenir d'un compte qu'Armstrong partageait avec sa mère. L'USADA avait découvert la preuve de versements totalisant plus d'un million de dollars (750 000 euros) au profit de Ferrari, dont au moins 210 000 dollars (près de 160 000 euros) après 2004, alors que le coureur avait déclaré avoir rompu toute relation professionnelle avec lui.

Le rapport faisait 202 pages. Annexes comprises, il s'étalait sur plus de 1 000 pages. Tout était là, même la question de George Hincapie à Armstrong, « Je peux t'emprunter de l'EPO ? », et la réponse de son capitaine : « Oui. »

Certains amis et proches d'Armstrong affirmèrent qu'après avoir cliqué sur le rapport, celui-ci l'avait lu en intégralité et en avait même mémorisé certaines parties.

Pourtant, il me certifia avec insistance qu'il n'en avait pas lu une ligne.

25

Un mois avant la publication du rapport, Armstrong apprit de manière inattendue que l'agence antidopage allait utiliser certaines preuves contre lui. Ces détails sordides figurent dans le livre-confession de Tyler Hamilton, *La Course secrète*[a], publié tout d'abord aux États-Unis en septembre 2012.

Début 2011, un an avant que le bureau du procureur fédéral de Los Angeles abandonne son enquête sur Armstrong, celui-ci entendit dire qu'Hamilton s'était attelé à la rédaction d'un livre avec l'auteur Daniel Coyle, qui avait sorti en 2005 un ouvrage minutieux sur Armstrong – qui n'évoquait pas son dopage, naturellement. L'un des avocats du champion appela celui d'Hamilton pour savoir si ce dernier comptait faire des révélations.

Ce ne fut jamais confirmé, mais Armstrong se prépara pendant des mois à la parution de ce livre. Il était outré que son ancien équipier, qu'il surnommait « le coureur le plus dopé du monde », puisse briser l'omerta et que cela lui permette de gagner de l'argent.

---

a. Édition française parue en 2013 aux Presses de la Cité.

L'entretien qu'Hamilton donna à *60 Minutes* en mai 2011 lui donna un aperçu sur le contenu du livre. Il dévoilait une partie des rouages du cyclisme – le dopage, les mensonges –, mais se focalisait surtout sur le programme de dopage de l'US Postal. Il révélait qu'Armstrong et le reste de l'équipe prenaient de la testostérone, du « Poe », et pratiquaient des transfusions sanguines. Il se rappelait qu'il avait été très fier de recevoir de l'équipe un sac en papier blanc qui contenait des produits dopants, parce que cela symbolisait sa réussite future : enfin, on lui donnait les mêmes chances qu'à Armstrong pour gagner.

Mark McKinnon, membre du conseil d'administration et conseiller politique de Livestrong, trouva qu'Hamilton avait « l'air bizarre » et « méfiant » sur le plateau de *60 Minutes.* « Il était très hésitant. Il donnait le sentiment d'être un type qui ne croyait pas vraiment ce qu'il racontait. »

Pour cette raison, McKinnon, qui avait refusé de voir la vérité sur Armstrong en face pendant des années, ne pensait pas que les accusations du coureur pourraient nuire au champion ou à la fondation.

Seize mois plus tard, lorsqu'il reçut le livre, il changea d'avis. Il vivait à Austin avec Annie, son épouse de longue date, une rescapée du cancer qui s'était inspirée d'Armstrong. Il le lut en une journée. À chaque page, il s'inquiéta un peu plus. Il repensa à 2011 et se rappela que Hincapie s'était exprimé devant le grand jury – il avait, en fait, accepté de faire une déclaration aux fédéraux.) Le témoignage de Hincapie plus les accusations contre Armstrong dans le livre d'Hamilton… Il comprit que la fondation bâtie sur la réputation d'Armstrong n'allait pas tarder à avoir de gros problèmes.

Il avait l'impression que la preuve que le champion avait triché « était irréfutable ». Sa première pensée : il fallait qu'Armstrong s'en aille. Le lendemain, il était au téléphone avec d'autres membres du conseil d'administration de la fondation :

– Il faut que vous lisiez le livre de Tyler. Il va bientôt falloir affronter une crise majeure.

Il trouva aussitôt un allié en la personne de Jeff Garvey, l'ancien directeur général de Livestrong et donateur important auprès de l'USA Cycling. Garvey était lui aussi persuadé qu'Armstrong devait prendre ses distances avec la fondation s'ils voulaient qu'elle continue à prospérer. McKinnon, Garvey et le reste du conseil d'administration de Livestrong réfléchirent à cette idée pendant des semaines, jusqu'à ce qu'ils finissent par manquer de temps.

Lorsque l'USADA publia son rapport, la majorité des responsables de la fondation se mirent à travailler dans le dos d'Armstrong à la défense de la fondation. Ils organisèrent une conférence téléphonique en urgence et en conclurent qu'il fallait que le coureur démissionne de son poste de président du conseil d'administration. Ce qu'il accepta, à contrecœur. Au moins, il pouvait rester au conseil, dit-il à Doug Ulman, le président de la fondation. Ce n'était donc pas un désastre complet, hein ? Il pourrait toujours reprendre son poste de président du conseil d'administration plus tard, une fois l'orage passé.

Ainsi, une semaine après la parution du rapport de l'USADA, Armstrong annonça qu'il avait démissionné du poste de président du conseil d'administration de Livestrong afin de protéger la fondation caritative de toute publicité négative. Mais c'était bien plus que cela. Sa démission fut le déclencheur de la chute la plus vertigineuse et la plus brutale de tous les temps d'un sportif professionnel.

En quelques heures, ses sponsors abandonnèrent le navire. Nike. Trek Bicycle Corporation. Oakley. Giro. RadioShack. Le brasseur Anheuser-Busch. Les boissons de sport FRS. Les barres énergétiques Honey Stinger.

Nike publia un communiqué accusant pratiquement Armstrong d'avoir dissimulé des informations à la société : « En raison des preuves apparemment irréfutables selon lesquelles Lance Armstrong se serait dopé et aurait délibérément induit Nike en erreur pendant plus de dix ans, c'est avec une grande tristesse que nous avons mis un terme à notre partenariat. »

Naturellement, Nike avait eu vent comme tout le monde des précédentes accusations de dopage : le contrôle positif à la cortisone sur le Tour de France 1999, les six échantillons positifs à l'EPO sur le même Tour, le témoignage de ses coéquipiers Stephen Swart et Frankie Andreu… Ensemble, Nike, les agences de publicité et Armstrong avaient enterré ces preuves grâce à une stratégie marketing brillante qui avait fait de lui l'un des sportifs les plus célèbres du monde.

À présent, Nike était choqué – choqué ! – qu'Armstrong ait pu les berner ; comme si l'une des multinationales les plus impliquées dans le sport n'était pas au courant de la tradition du dopage dans le cyclisme, alors que, Tour après Tour, les vainqueurs avaient reconnu avoir pris des substances illicites. Encore récemment, en 2007, Bjarne Riis, le vainqueur de l'édition 1996, avait avoué s'être dopé pour remporter l'épreuve.

Comme si d'anciens champions cyclistes comme le Belge Eddy Merckx, le Français Jacques Anquetil et l'Italien Fausto Coppi, et la plupart des vainqueurs de cette course plus que centenaire ne s'étaient pas fait contrôler positifs et/ou n'avaient pas reconnu que le dopage gangrenait le sport. Merckx avait d'ailleurs déclaré publiquement qu'Armstrong l'avait déçu, alors que c'était lui qui lui avait présenté le médecin italien Michele Ferrari[584].

Moins de deux semaines après la parution du rapport de l'USADA, même les alliés d'Armstrong renoncèrent à le soutenir plus longtemps. L'UCI, la fédération cycliste qui le protégeait depuis longtemps, finit par s'en prendre à lui. Pat McQuaid, le président de l'UCI, déclara que le rapport de l'USADA l'avait « écœuré ». « Lance Armstrong n'a pas sa place dans le cyclisme. Ce sport doit l'oublier. Il ne faut plus que cela puisse se reproduire. »

Il ne ferait pas appel contre la sanction de l'agence antidopage.

McQuaid n'était pourtant pas irréprochable. Il s'était fait exclure des Jeux olympiques de 1976 pour avoir pris un nom d'emprunt afin de pouvoir courir en Afrique du Sud en violation d'un boycott international antiapartheid. Son prédécesseur, Hein Verbruggen, et lui avaient chapeauté le cyclisme durant sa période de dopage la plus noire. Mais c'était Armstrong qui était sous le feu des projecteurs et qui prenait les coups pour tout le monde.

*
* *

Plusieurs semaines plus tard, le 10 novembre 2012, Armstrong posta une photo sur sa page Twitter, tentant de prouver qu'il était invincible. On le voyait chez lui, étendu sur un canapé, sous ses sept maillots jaunes encadrés. La photo était accompagnée d'un commentaire : « De retour à Austin pour prendre un peu de repos. » Qu'importe ce que l'USADA pourrait lui faire subir, il ne se laisserait pas humilier. Même si d'autres s'en chargeaient pour lui.

Début novembre 2012, les membres du conseil d'administration qui avaient monté une cabale contre Armstrong cherchèrent avec Ulman un moyen de l'obliger à quitter complètement sa propre organisation[585]. Le faire démissionner de son poste de président du conseil d'administration ne leur avait pas suffi. Il leur fallait couper tous les ponts.

La décision ne fut pas simple à prendre. Armstrong avait beaucoup fait pour Livestrong. Grâce à lui, c'était devenu génial d'être un rescapé du cancer, et ceux qui avaient passé des mois ou des années à souffrir dans les hôpitaux se sentaient moins stigmatisés. Il lui avait personnellement fait don de 7 millions de dollars (5,25 millions d'euros), et la fondation avait récolté un total de 500 millions de dollars (375 millions d'euros) pour aider les familles touchées par le cancer. Sans lui, Nike n'aurait jamais accepté de coproduire tous ces bracelets jaunes, ni la collection de vêtements de sport Livestrong, avec ses baskets, ses maillots, ses casquettes…

Mais, par la force des choses, la fondation était parvenue à survivre sans lui.

Les membres du conseil d'administration adressèrent alors un ultimatum à Ulman : « Soit c'est lui qui part, soit c'est nous[586]. »

Environ un mois après la parution du rapport de l'USADA, Ulman annonça à Armstrong que la majorité des membres du conseil d'administration souhaitaient qu'il quitte la fondation. Il explosa de rage, lui reprochant d'avoir trahi sa confiance. Puis, furieux, il se dirigea vers son ordinateur portable. Il rédigea un e-mail cinglant à l'attention des membres du conseil d'administration, leur rappelant qu'il avait créé la fondation à partir de rien et que, sans lui, elle n'existerait pas. Il les traita de « lâches », qui refusaient de le soutenir. McKinnon déclara que ce message était la preuve qu'Armstrong n'éprouvait « aucun remords et refusait de comprendre que c'était pour la bonne cause ».

Même si l'ancien coureur s'excusa le lendemain de s'être montré grossier dans son e-mail, le conseil d'administration n'avait pas l'intention de changer d'avis. Il fut donc contraint d'abandonner l'organisation.

Deux jours plus tard, la Fondation Lance Armstrong fut officiellement rebaptisée « Livestrong », l'organisation commençant peu à peu à prendre ses distances avec son fondateur. On décrocha également du hall d'entrée les doubles de ses sept maillots jaunes.

Il cessa toute communication avec les membres du conseil d'administration, y compris certains, comme Garvey, dont il avait été très proche. Il récupéra au siège de l'organisation plus d'une dizaine d'œuvres de sa collection d'art, laissant de grands rectangles blancs sur les murs.

Il était vraiment blessé que sa propre association caritative puisse s'en prendre à lui. Mais si Livestrong ne voulait pas de lui, il ne voulait pas de Livestrong non plus.

*
* *

Betsy Andreu était chez elle, dans le Michigan, attendant la mise en ligne du rapport de l'USADA. Lorsqu'il fut enfin disponible, elle s'empara de son ordinateur portable et cliqua sur la page où figurait la liste des coureurs et des témoins qui avaient fourni des déclarations sous serment.

En apercevant le nom de onze anciens équipiers d'Armstrong, elle s'exclama :

– Oh, mon Dieu ! Oh, mon Dieu ! Notre travail a enfin payé !

Pendant plus de dix ans, Betsy avait appelé des journalistes, des responsables de l'antidopage et des enquêteurs fédéraux pour leur fournir des tuyaux. « Jetez un coup d'œil à ces documents », leur disait-elle. « Appelez ce cycliste, cet avocat… » Pendant toute cette période, nous avons dû nous parler plus d'une centaine de fois, la plupart du temps après qu'elle m'eut envoyé un lien vers un article sur Armstrong, le dopage ou les deux à la fois. Elle me disait toujours : « Ne dites à personne que c'est moi qui vous l'ai dit », et insistait pour que je suive chacune de ses pistes dans l'espoir que je puisse découvrir la preuve qu'Armstrong s'était dopé. Il ne faisait aucun doute que, certains jours, elle devait parler aux journalistes sans interruption, car, lorsque nous étions en ligne, son portable ne cessait de sonner.

– Génial, reconnut Frankie.

Mais il était loin d'être ravi.

– Et alors ? demanda-t-il à sa femme.

Dix autres coureurs avaient reconnu s'être dopés et avaient témoigné contre Armstrong. Mais, lui, on l'avait mis sur la touche, alors que les autres avaient continué à courir.

– Ouais, ouais, mais tous ces types ont encore leur argent, et qu'est-ce que ça change pour nous ?

Contrairement à certains de ces coureurs, les Andreu n'étaient pas millionnaires. Ils n'avaient pas de Maserati à plus de 100 000 dollars (près de 75 000 euros) devant leur garage et, contrairement à Hincapie, ils n'étaient pas propriétaires d'un petit hôtel. Et, contrairement encore à Vande Velde, Frankie n'avait ni Corvette ni terrain de 30 000 m² à la sortie de Chicago. Contrairement aux meilleurs coureurs de l'US Postal, il n'avait jamais gagné plus de 500 000 dollars (375 000 euros) par an.

Mais, après le rapport de l'USADA, Betsy se sentit récompensée, même si c'était par des choses intangibles. Elle avait retrouvé sa dignité. Ce n'était plus une « cinglée », comme Armstrong l'avait répété à tant de journalistes. En larmes, elle annonça à ses enfants :

– Maman a tenu tête au méchant. Il faut toujours tenir tête aux méchants.

*

* *

Durant les semaines qui suivirent sa chute, Armstrong alla se réfugier à l'écart du monde sur Big Island, à Hawaï. Il se laissa pousser les cheveux et cessa de se raser. Il semblait seul, et, à dire vrai, il donnait l'impression de se fiche de tout.

Tandis que le procès de lanceur d'alerte avançait, Armstrong s'inquiétait de plus en plus de ce que cela finirait par lui coûter. S'il était déclaré coupable, il pouvait se voir contraint de rembourser jusqu'à 120 millions de dollars aux services postaux américains.

Pire que tout, il y avait cette suspension à vie. Il avait espéré pouvoir se lancer dans une seconde carrière dans le triathlon, mais la sanction de l'USADA l'en empêchait. Il souhaitait pouvoir faire lever cette interdiction, ou, du moins, la faire réduire. Il se plaignait auprès de tous ceux qui voulaient bien l'écouter : pourquoi certains de ses coéquipiers, comme Vande Velde et Hincapie, avaient été condamnés à six mois, et lui à la peine capitale ?

Tygart annonça alors que l'USADA accepterait de réduire cette peine en échange d'informations sur des personnes du milieu du cyclisme qui avaient facilité son dopage ou fermé les yeux. Pour l'USADA, il faudrait qu'il dénonce de gros poissons que l'agence soupçonnait d'être impliqués dans son dopage : Verbruggen et McQuaid à l'UCI, Bruyneel, Stapleton, le propriétaire de l'équipe Thomas Weisel et d'autres à l'USA Cycling. Le voyant hésiter, l'un des conseillers d'Armstrong lui enjoignit de se mettre à table, et ce pour la plus simple des raisons : les Américains pardonnaient facilement.

Cet homme s'appelait Steven Ungerleider. C'était un intervenant à l'Université du Texas, un psychologue du sport et un expert en antidopage qui avait publié *Faust's Gold*, un livre sur la machine à doper est-allemande. Il avait fait la connaissance d'Armstrong grâce à l'un de ses amis, l'avocat Tim Herman.

Herman avait fait appel à lui car il avait une grande expérience des sportifs. Il lui avait demandé de lui offrir ses services de consultant et de l'aider à convaincre Armstrong de parler. Ungerleider expliqua à Armstrong à quel point ses aveux allaient le soulager et auraient un effet bénéfique sur ses enfants à long terme. Il lui suggéra de regarder le public droit dans les yeux et de lui dire : « Écoutez, j'ai vraiment déconné. Je vous en prie, ne vous en prenez pas à ma fondation. »

Armstrong voulait savoir deux choses : comment allait-il pouvoir redorer sa réputation et faire réduire sa suspension à vie. Ungerleider lui promit qu'il pourrait retrouver sa réputation en une seconde s'il se mettait à table. S'il racontait tout ce qu'il savait à l'USADA.

S'il se confiait à l'agence antidopage, cela pourrait aider le cyclisme, et elle pourrait envisager de réduire sa suspension. Ce serait gagnant-gagnant, d'après Ungerleider. Il pouvait devenir un exemple pour d'autres coureurs et les inciter à raconter leur propre histoire de dopage. Le sport ne s'en porterait alors que mieux et pourrait repartir sur de nouvelles bases.

Ils tergiversèrent pendant des jours.

Armstrong : Oh non, ces enfoirés veulent m'anéantir. Ce sont des ordures qui n'ont qu'une envie, me détruire, et mes enfants avec.

Ungerleider : Il faut que vous fassiez confiance au système.

Armstrong : Pourquoi ont-ils publié ce rapport sur moi ? Ça a fichu ma vie en l'air.

Ungerleider : Vous ne leur avez pas laissé le choix. Si vous aviez accepté de tout avouer en juin, ça n'aurait pas été la même histoire. Vous feriez bien de rendre votre médaille olympique. Ce serait un geste de bonne foi.

Armstrong : Allez vous faire foutre ! Je la garde ! »

Au final, Ungerleider parvint à négocier une entrevue entre Armstrong et Tygart[587]. Ils se rencontrèrent le vendredi 14 décembre 2012, à midi, au bureau de Bill Ritter, l'ancien gouverneur du Colorado, dans le centre-ville de Denver. Ritter accepta d'accueillir cette réunion parce que c'était un passionné de cyclisme qui, des années auparavant, s'était lié d'amitié avec Armstrong.

Ils se retrouvèrent dans une salle de conférences, à un étage tranquille de l'immeuble. Armstrong était en retard, et tout le monde crut qu'il ne viendrait pas. Lorsqu'il finit par franchir le seuil de la porte, il semblait négligé et non douché. « On aurait dit Robinson Crusoé », déclara même quelqu'un. Inutile de se demander pourquoi ses amis proches s'inquiétaient de sa façon de gérer les suites de la parution du rapport. Ils avaient vu qu'il était déprimé et qu'il s'était tourné vers l'alcool pour chercher du réconfort. Même les responsables de l'USADA redoutaient qu'il se fasse du mal[588], compte tenu de la rapidité avec laquelle son empire s'était écroulé, et le public détourné de lui.

Herman, son avocat, était présent pour l'aider à gérer la situation. Tygart était accompagné de son collègue Bill Bock. Quant à Ungerleider, on l'avait autorisé à s'exprimer au nom d'Armstrong, Ritter faisant office de personnalité neutre, même si tout le monde savait que c'était un ami d'Armstrong.

Pendant quelques minutes, ils échangèrent des civilités : « Comment s'est déroulé votre vol ? », « Avez-vous trouvé le bâtiment facilement ? », « Quelqu'un veut-il du café ? ». Mais Armstrong se révéla incapable de rester courtois. C'était la première fois qu'il se trouvait face à Tygart, son ennemi juré.

– Vous êtes un enfoiré, Travis, déclara-t-il. Je n'arrive toujours pas à croire que vous ayez pu mettre autant de conneries dans ce rapport. Vous savez très bien que c'est n'importe quoi. Vous m'avez traité de « Bernie Madoff du sport » ? (Ce qui n'était pas le cas, en réalité.) Vous me mettez dans la même catégorie que cet enfoiré ! Il a anéanti des vies entières ! Comme Adolf Hitler[589] !

Il se mit ensuite à citer de mémoire certains points avec lesquels il était en désaccord. Il mentionna que le rapport considérait son programme de dopage comme « le plus perfectionné et le plus professionnel » de l'histoire du sport.

– C'est le programme de dopage le plus perfectionné de tous les temps ? Allons, et celui des Allemands de l'Est ? (Il désigna le livre d'Ungerleider, que celui-ci avait placé juste devant lui.) Putain, ils dopaient des enfants ! C'étaient de véritables criminels qui faisaient vraiment du mal aux gens ! Ça n'a rien à voir avec ce qu'on faisait !

Aux yeux de Herman, qui était aussi devenu très proche de la star en déclin, Armstrong était aussi bien un client qu'un fils de fait. Il posa la main sur son bras et lui dit, comme s'il s'adressait à un enfant :

– Tu te souviens de ce qu'on a dit, Lance ? Il faut que tu sois gentil. (Il sourit.) Très bien, Lance. Tu te sens mieux, à présent ? Ça va, mon garçon ?

Bock en profita pour intervenir.

– Lance, nous souhaitons vraiment vous dire à quel point nous vous sommes reconnaissants d'être venu. Il vous a fallu beaucoup de courage. Nous sommes là pour vous aider et vous réhabiliter au sein de la société. Nous ignorons ce que nous sommes en mesure de faire au sujet de votre suspension à vie, mais nous sommes là pour engager une discussion.

– Quel genre de promesses pouvez-vous me faire ? voulut savoir Armstrong.

– Aucune pour le moment, répondit Tygart, mais il faut que nous progressions pas à pas.

Il s'emporta de nouveau.

– Putain, qu'est-ce que je fous là ?! C'est n'importe quoi, putain ! Je savais que Travis allait me faire ce coup-là !

Herman posa cette fois une main sur son épaule et lui conseilla de ne pas hésiter à se défouler, s'il en ressentait le besoin. Gêné, Armstrong se calma.

Pendant les heures qui suivirent, ils discutèrent de la façon dont Armstrong pouvait se débarrasser de sa suspension à vie. Il souhaitait – il en avait vraiment besoin – pouvoir participer à de nouveaux triathlons et à de nouvelles courses cyclistes. Et courir à des épreuves comme le marathon de Chicago. Trois mois plus tôt, on l'en avait en effet empêché à cause de sa suspension.

Tygart annonça qu'il pourrait probablement réduire la sanction à huit ans s'il donnait suffisamment d'informations sur ceux qui l'avaient aidé à se doper et à éviter de se faire prendre aux contrôles[590]. Peut-être même à quatre ans s'il obtenait l'aval de l'UCI et de l'AMA. Il l'incita à désigner ceux qui lui avaient facilité la tâche. D'après Tygart, c'était l'occasion rêvée pour lui de renvoyer l'ascenseur à ce sport qu'il aimait tant, de laisser une trace positive et de commencer à restaurer l'image que le public avait de lui.

Il lui fit remarquer que l'USADA travaillait en étroite collaboration avec le département de la Justice et qu'il pouvait toujours glisser un mot en sa faveur dans le procès de lanceur d'alerte. L'ancien gouverneur Ritter fit allusion au pouvoir que détenaient la plupart de ceux qui se trouvaient dans la pièce, lui compris, et soutint qu'ils pouvaient l'aider, mais uniquement s'il acceptait de coopérer.

Armstrong se replia sur lui-même. Il clama qu'on lui reprochait injustement un siècle de triche dans le cyclisme. Mais il admit qu'il faisait partie d'un système toxique et qu'il fallait réduire à néant ce fléau.

– En fin de compte, dit-il, je crois pouvoir vous aider à déterrer tous ces cadavres. Je sais où ils sont enterrés[591].

Mais s'ils voulaient qu'Armstrong parle, lui souhaitait avoir la garantie de recevoir la même sanction que ses coéquipiers : six mois. Au pire, deux ans.

Lorsque Tygart lui confia que c'était peu probable, que toutes les sanctions qui ne correspondaient pas à celles prévues par le règlement de l'AMA devaient être approuvées par l'agence mondiale antidopage et l'UCI, Armstrong haussa le ton :

– Ce n'est pas vous qui détenez les clés de ma réhabilitation. Il n'y a qu'une personne qui les a, et c'est moi ! Je ne suis pas obligé de collaborer avec vous, je peux faire ça tout seul. Il suffit que je rende public tout ce que je sais, et ça vous mettra la pression pour atténuer ma peine. Il n'y a que moi qui puisse faire du ménage dans le cyclisme !

Il évoqua le fait que l'UCI comptait former ce qu'elle appelait une « commission de vérité et de réconciliation », un programme qui permettrait aux coureurs de révéler leur dopage et de désigner ceux qui les y avaient aidés en échange d'une immunité contre toutes poursuites de la part des autorités antidopage. Il allait leur donner ces informations, et sa sanction serait levée. (Faux, l'UCI est revenue sur sa décision, même s'il est question de nommer une autre commission.) Il n'avait pas besoin de l'USADA. C'était Lance Armstrong, pour l'amour du ciel ! Et il était tout à fait capable de régler ses problèmes tout seul.

Au début de la cinquième heure de réunion, Armstrong sembla comprendre que son attitude agressive ne le mènerait nulle part. Il s'adoucit et prétendit que cette suspension allait avoir raison de lui. Il n'avait même plus le droit de participer avec ses enfants aux courses de l'USA Track & Field, à Austin. C'était quelqu'un qui avait besoin de se mesurer aux autres dans un sport. En gros, se plaignit-il, cette suspension ne lui permettait plus d'être Lance Armstrong.

– Je ne peux plus me lever le matin sans avoir d'objectif à atteindre. Pour moi, c'est l'entraînement et la compétition. Si je m'entraîne, ce n'est pas parce que j'aime ça, mais parce qu'il le faut. Il faut que je m'entraîne, et pas seulement pour rester en forme. Il faut que je sache que je vais avoir une compétition. C'est ma vie. J'ai toujours été un compétiteur. Il faut que je sache que vous allez m'aider à revenir dans la compétition[592].

Pendant un moment, tout le monde se tut. Il avait tout dit. Il ne demandait pas simplement une réduction de peine. Il les suppliait de lui rendre son amour-propre, son identité, sa vie.

Ungerleider, le psychologue, dit plus tard à Tygart :

– Les gars, j'espère que vous avez compris le message. Ce qu'il tente de vous dire, c'est que vous l'avez privé de son mécanisme de survie. Il est comme ça. Quelle que soit la manière dont il pourra revenir, sur un 10 000 m ou dans une course de natation, ça lui fera du bien, et ça lui donnera la possibilité de mieux tenir le coup dans la vie. Je ne vous demande rien, je souhaite simplement m'assurer que vous en êtes bien conscients.

Armstrong semblant prêt à se confesser à l'USADA, les différentes parties organisèrent une autre réunion à Austin la semaine suivante. En attendant son heure, l'ancien coureur regagna. N'ayant pas reçu de garantie écrite que sa sanction serait atténuée, il refusa de participer à la nouvelle réunion.

*
* *

Un peu moins de trois mois après la publication du rapport, Armstrong appela Oprah Winfrey, une amie de longue date. Ils se trouvaient tous les deux à Hawaï. Armstrong y était avec sa famille, s'étant volontairement exilé du continent. Pouvait-il venir déjeuner chez elle sur l'île de Maui ? Il avait une proposition professionnelle à lui faire. Elle sauta sur l'occasion.

Il avait confiance en elle. C'était une admiratrice qui avait longtemps porté un bracelet jaune. Elle en avait même vendu sur son site Internet. Il lui était arrivé d'inviter les Armstrong, y compris sa mère, à dîner chez elle. (Armstrong s'était rapproché de sa mère depuis son divorce d'avec Kristin, en 2003, même si leur relation était encore parfois un peu tendue.)

Sheryl et lui avaient participé à son émission quand ils étaient encore ensemble, en février 2005, et cela avait plu à tout le monde. Oprah avait demandé à Sheryl :

– Est-ce un grand romantique ?

– Oh, oui ! avait-elle répondu.

Linda, la mère de Lance, avait également fait une apparition, et Oprah l'avait complimentée :

– Ce que j'adore chez Linda, c'est que c'est une mère seule.

Quelques semaines avant leur rendez-vous sur Maui, Oprah l'avait déjà contacté pour lui demander si elle pouvait l'interviewer sur sa chaîne, Oprah Winfrey Network (OWN), alors en difficulté, mais il avait refusé.

Cela l'avait cependant fait réfléchir.

Il en avait assez d'écouter ses avocats, qui lui recommandaient d'éviter d'évoquer son passé, assez d'entendre les analyses de ses spécialistes en communication qui tentaient d'évaluer les attentes du public[593]. Plus que tout, cependant, il ne supportait plus que Tygart puisse détenir un tel pouvoir sur lui : à moins qu'il ne raconte tout à l'USADA, il ne verrait pas sa peine réduite.

Il savait qu'il finirait par être obligé de parler de son dopage aux procureurs fédéraux dans le procès de lanceur d'alerte. Mais il refusait qu'un procureur de rien du tout, avide de célébrité, puisse tirer toute sa gloire d'être parvenu à le faire parler. Il n'était pas prêt à abandonner ce pouvoir. Il souhaitait faire ses aveux à ses propres conditions.

D'ailleurs, l'automne précédent, Armstrong avait vécu une expérience pénible avec son fils adolescent, Luke. À l'école, on s'était moqué de lui parce que son père était un tricheur et un dopé, et il s'était ensuite battu à l'arrêt de bus pour le défendre. Il avait été secoué quand son fils lui avait demandé :

– Untel a dit telle chose sur toi, c'est vrai[594] ?

Le père de famille souhaitait remettre les choses à leur place publiquement. Il rappela donc sa vieille amie Oprah pour lui annoncer : « Je veux tout raconter, et je veux le faire dans ton émission, avec toi qui poses les questions, et le monde entier qui regarde. »

*

* *

Ses conseillers furent stupéfaits quand il leur annonça qu'il avait organisé une interview avec Oprah Winfrey sans même les avoir consultés. Mais il était catégorique, il ne changerait pas d'avis. Son équipe de communicants et de juristes, ainsi qu'un psychiatre, se rendirent à Austin pour le préparer à l'émission.

Le jour de l'enregistrement, il fit un détour par le siège de Livestrong et présenta ses excuses au personnel pour ce qu'il avait fait et ce qu'il avait l'intention de faire.

– Je suis désolé pour tout ce que vous avez été obligés de subir par ma faute[595].

Il envoya un SMS à son ancien soigneur Emma O'Reilly, espérant qu'elle le rappellerait pour pouvoir s'excuser de l'avoir dénigrée en public et de l'avoir traitée de « traînée ». Elle ne le fit pas.

Il appela Betsy et Frankie Andreu pour leur dire :

– Écoutez, je sais que je vous ai toujours traités de sales menteurs, et j'en suis désolé.

– Comment as-tu pu nous faire ça ? On était amis. Tu as fichu nos vies en l'air ! lui reprocha Betsy.

– Je le sais. Je suis vraiment désolé.

Il s'entretint dix minutes avec Frankie, puis quarante avec Betsy, uniquement parce qu'elle voulait qu'il écoute tous les reproches qu'elle avait à lui faire. Elle fondit en larmes. Puis elle éclata de rire. Puis elle se remit à sangloter. Enfin, ils se promirent de rester en contact par e-mails. Après avoir passé des années sans s'adresser la parole, des années durant lesquelles il avait souhaité sa mort, sinon pire – ce qui était réciproque –, Armstrong avait l'impression qu'il venait de gravir le mont Ventoux en huit coups de pédales.

Il était parvenu à séduire Betsy Andreu.

*

* *

– Oui ou non vous est-il arrivé de prendre des substances illicites afin d'améliorer vos performances sportives ?

Assis à quelques dizaines de centimètres d'Oprah Winfrey pour une émission en deux parties que l'on avait annoncée comme une interview où tous les coups étaient permis, Armstrong prit une grande inspiration devant 4,3 millions de téléspectateurs.

– Oui.

– Est-ce que l'une de ces substances illicites était de l'EPO ?

– Oui.

– Avez-vous déjà bénéficié d'une transfusion sanguine pour améliorer vos performances sportives ?

– Oui.

– Vous est-il déjà arrivé de prendre d'autres produits interdits comme la testostérone, la cortisone ou de l'hormone de croissance ?

– Oui.

– Au cours de vos sept victoires sur le Tour de France, vous est-il arrivé de prendre des produits interdits ou de profiter d'une transfusion sanguine ?

– Oui.

– Aurait-il été humainement possible de remporter le Tour de France sans se doper, les sept fois ?

– À mon avis, non.

Armstrong trouva un terrain d'entente avec Oprah Winfrey. Il raconta sa version des faits, mais il ne versa pas la larme de circonstance dans ce genre d'émission et ne présenta pas les excuses générales que tout le monde attendait. Il ne s'en voulait pas d'avoir triché et, en préparant l'émission, avait même jeté un coup d'œil dans le dictionnaire pour vérifier qu'il comprenait bien la signification de ce terme. « Tricher » signifiait « bénéficier d'un avantage injuste sur ses concurrents », et, d'après lui, cela n'avait jamais été le cas. Au sein de ses équipes, le programme de dopage avait été « très classique et peu risqué », insista-t-il. Et il ajouta que c'était si indispensable que cela ne les avait pas fait plus culpabiliser que de « gonfler leurs pneus ».

Il confirma les récits d'Emma O'Reilly à propos de son contrôle positif à la cortisone sur le Tour de France 1999 qui avait été étouffé. Il lui présenta quand même ses excuses pour tout ce qu'il lui avait dit. Il nia avoir été contrôlé positif à l'EPO lors du Tour de Suisse en 2001, contrairement à ce que Landis et Hamilton avaient laissé entendre. Non, il n'avait pas payé l'UCI pour enterrer ce prétendu contrôle positif. Non, il n'avait jamais proposé de soudoyer l'USADA non plus. Il certifia aussi qu'il n'avait rien pris lors de son retour en 2009 et 2010, ce que Tygart et les procureurs considéreraient plus tard comme une façon de se protéger contre une nouvelle inculpation. Il défendit aussi son ancien médecin, le docteur Ferrari. Il reconnut ne pas aimer l'homme qu'il était devenu, un menteur et un tyran, et qu'il avait certainement besoin d'entamer une thérapie.

Lorsqu'on lui demanda s'il avait avoué s'être dopé à des médecins dans un hôpital d'Indianapolis, comme Betsy et Frankie Andreu l'avaient affirmé, il prétendit ne pas pouvoir répondre à cette question. Puis, lors d'un autre moment de maladresse au milieu de trois heures de demi-vérités assez déconcertantes, il s'adressa directement à Betsy avec un petit sourire suffisant :

– Je t'ai traitée de cinglée, de garce, j'en conviens, mais je ne t'ai jamais traitée de grosse.

Il tentait de faire de l'humour, car Betsy était en fait mince comme un clou, mais la plaisanterie tomba à plat.

À une seule reprise, Armstrong montra de l'émotion ou des remords : quand il se rappela le moment où il avait demandé à ses trois aînés – Luke, 13 ans, et les jumelles Grace et Isabelle, 11 ans – de s'asseoir pour leur expliquer la raison pour laquelle il y avait toujours eu une telle polémique à son sujet. Il avait eu cette conversation juste avant les vacances de Noël, quelques semaines après que Luke se fut battu à l'arrêt de bus.

– Je leur ai dit : « Écoutez, les gens se posent beaucoup de questions sur votre père, sur ma carrière et sur le fait de savoir si je me suis dopé ou non, et j'ai toujours nié, je me suis toujours montré inflexible sur ce sujet, ce qui est sans doute la raison pour laquelle vous m'avez fait confiance, ce qui me fait d'autant plus mal au cœur. Je voudrais que vous sachiez que ce qu'on disait, c'était vrai. »

Il avait ensuite dit à Luke, qui s'était encore battu pour sauver la réputation de son père :

– Ne me défends plus.

Ses yeux se mirent à briller.

Mais il ne versa aucune larme lorsqu'il évoqua l'impact que ses mensonges avaient pu avoir sur sa fondation ou sur les millions de gens qui le considéraient comme un héros. Il résuma pour Oprah :

– Mon crime ultime, c'est d'avoir trahi tous ces gens qui me soutenaient et qui croyaient en moi.

Il quitta le plateau le cœur un peu plus léger, mais ses amis confirmèrent qu'il ne fut plus que l'ombre de lui-même pendant encore quelques mois. McKinnon qualifia sa prestation de « summum de l'horreur ».

– Pour ceux dont le métier consiste à faire de la gestion de crise, je suis sûr que ça deviendra un exemple de ce qu'il ne faut pas faire.

Betsy Andreu regarda la première partie de l'interview d'Oprah depuis les studios de CNN, à New York, et intervint ensuite en direct dans l'émission *Anderson Cooper 360°*.

– S'il est incapable de dire ce qui s'est passé dans cet hôpital, déclara-t-elle, de nouveau au bord des larmes, comment peut-on croire tout le reste ?

Armstrong avait de nouveau tenté de contenter ses admirateurs, de moins en moins nombreux, tout en évitant de s'éloigner des versions des journalistes, des avocats, des procureurs et de l'USADA. Et cela lui fut peut-être fatal.

*
* *

Après ses aveux chez Oprah Winfrey, SCA Promotions déposa une plainte à Dallas afin de récupérer les 12,1 millions de dollars que la société avait été contrainte de lui verser, frais et intérêts compris. Armstrong proposa un million pour régler cette affaire[596], mais le champion de bridge qu'était Hamman ne comptait plus se contenter de victoires morales. Plusieurs autres compagnies d'assurances portèrent plainte pour récupérer leur argent, plus d'un million dans chacun des cas. Un groupe de lecteurs décida de le poursuivre et de lui demander 5 millions de dollars (3,75 millions d'euros), prétendant que ses autobiographies, *Il n'y a pas que le vélo dans la vie* et *Chaque seconde compte*, étaient fondées sur des mensonges. Ils exigeaient de se faire rembourser. Un juge statua que les livres d'Armstrong, remplis de mensonges ou non, étaient protégés par la liberté d'expression.

Un groupe de bienfaiteurs de Livestrong se préparait à l'attaquer en justice pour récupérer leurs dons, car, d'après eux, la fondation avait été bâtie sur le mensonge.

– On s'est tous fait avoir, estima Michael Birdsong, le donateur à l'origine de la plainte qui avait offert au moins 50 000 dollars (37 500 euros) à l'organisation.

David Walsh, le journal britannique *The Sunday Times* et son rédacteur sportif de l'époque, Alan English, le poursuivirent pour récupérer plus de 450 000 dollars (337 500 euros) qu'ils avaient dû lui verser en 2006 à la suite de sa plainte pour diffamation. Cette fois, ils l'emportèrent, et le juge leur accorda environ 1,56 million.

En février 2013, le gouvernement décida de se joindre à Floyd Landis en tant que partie civile dans le procès fédéral de lanceur d'alerte contre des prévenus qui comptaient dans leurs rangs non seulement Armstrong, mais aussi le directeur sportif Johan Bruyneel et Tailwind Sports, la société qui gérait l'US Postal. Les plaignants accusaient Armstrong, Bruyneel et Tailwind d'avoir escroqué le gouvernement en mettant en place un système de dopage organisé en violation du contrat de partenariat établi avec les services postaux américains. Au plus grand désarroi d'Armstrong, les chances de Landis de remporter ce procès augmentèrent brusquement, avec le gouvernement de son côté.

L'année précédente, Armstrong avait confié à Mike Creed, l'ancien coureur de l'US Postal, qu'il ne craignait pas l'issue de l'enquête fédérale, car il avait « 100 milski de dollars » à la banque. Mais le montant à débourser s'il perdait ce procès pouvant s'élever à 120 « milski », ses 100 milski risquaient de ne pas se révéler suffisants.

Il tenta de limiter ses pertes. D'abord, il proposa au gouvernement un arrangement à 5 millions de dollars[597] (3,75 millions d'euros), mais celui-ci refusa l'offre, trop basse. Il proposa ensuite 13,5 millions (environ 10 millions d'euros). Ce n'était pas encore suffisant. Pour que le gouvernement accepte de renoncer à se porter partie civile, il lui demandait 18,5 millions de dollars (près de 14 millions d'euros) ainsi que sa coopération contre les autres prévenus, dont Bruyneel, son fidèle directeur sportif.

Alors que cela aurait pu lui épargner quantité de problèmes et de frais de justice, Armstrong refusa l'offre. Ce procès allait peut-être le mettre sur la paille, mais il me dit qu'il préférait être pauvre plutôt qu'une balance.

*

* *

Chez lui, des amis de sa mère confirmèrent que celle-ci avait très mal pris les aveux de son fils. Elle ferma son site web, qu'elle avait appelé « Force de la nature » et dont elle se servait pour promouvoir ses conférences sur le développement personnel. Elle cessa de poster des messages sur Twitter – son compte était @LindaASpeaker, et une photo d'elle la représentait en robe courte « jaune Tour de France ».

Terry Armstrong pleura en regardant l'émission d'Oprah.

– Lance demande à tout le pays de le pardonner. Il vaudrait peut-être mieux qu'il commence lui-même par pardonner à son père.

Quand son fils adoptif expliqua comment il s'était retrouvé impliqué dans le programme de dopage le plus perfectionné du cyclisme, Terry se dit : *Oh, mon Dieu, c'est ma faute ! C'est moi qui lui en ai donné l'idée.*

« Je l'imagine très bien disant : "Vous savez, tout le monde triche. Eh bien, je vais le faire mieux qu'eux. Je trouverai les meilleurs." Ensuite, l'argent s'est mis à couler à flots. Je lui ai appris à gagner. C'est moi qui lui ai donné ce goût-là, mais je ne lui ai jamais appris à être un tyran. Je ne lui ai jamais appris à tricher. »

Armstrong refusa de visionner ses aveux. Il alla se réfugier dans une chambre et s'endormit pendant que sa petite amie Anna et son ami John Korioth regardaient l'émission.

Le lendemain, sur le parcours de golf, Armstrong demanda à Korioth :

– Alors, qu'est-ce que tu en dis ?

– Mon vieux, il faut que je te le dise, en regardant cette interview, je me suis aperçu que tu étais un sacré menteur !

– Hein ?

– Ouais, tu es vraiment un excellent menteur, mais tu es très mauvais pour dire la vérité.

ÉPILOGUE

Durant ma conversation de quatre heures avec Lance Armstrong, alors qu'il passait sa dernière journée dans sa maison d'Austin, il fit la preuve qu'il s'y connaissait en noms d'oiseaux.

Voici, en une phrase, un florilège de ce qu'il avait à dire sur ses vieux amis, les membres de sa famille, ses anciens coéquipiers, les journalistes et les autorités du cyclisme.

Il y avait parmi ces mauviettes de lâches une putain de connasse de fouine vantarde complètement idiote, et des enfoirés de psychopathes qui ne pensaient qu'à protéger leur cul, alors qu'ils étaient fous, cinglés, timbrés, dingues, toxiques, et, de toute façon, la traiter de traînée, ce n'était qu'une façon de dire qu'elle aimait le sexe, et, non, il n'avait pas couché avec la femme de son crétin de coéquipier, même si l'idée lui avait traversé l'esprit.

Ce ne fut que lorsque je passai mes notes en revue que je me rendis compte à quel point Armstrong déshumanisait les gens qu'il fréquentait. Il les transformait en manifestation orale de sa colère. Mais le fait de comprendre cette rage permettait de saisir autre chose : voilà un homme qui ne s'était pas intégré dans l'histoire du cyclisme. Il l'avait constamment malmenée.

En repartant de chez lui, en juin 2013, je le soupçonnais d'être persuadé, du fond du cœur, d'avoir remporté ces Tours de France parce qu'il avait été le meilleur.

Il suffisait de l'écouter :

– Ceux qui réussissent, les véritables tueurs, on ne leur a rien donné, ils n'ont pas grandi avec tout ce qu'ils voulaient, ils ont été obligés de se battre avec les dents pour y arriver.

De son point de vue, sans sa détermination, un cycliste pouvait prendre des litres d'EPO, il resterait loin derrière les premiers et serait encore au pied de la montagne quand les autres en auraient atteint le sommet. Mais si celui qui en prenait était un athlète extraordinaire prêt à tout donner et à travailler au-delà de l'entendement, cet homme deviendrait alors invincible.

Armstrong était prêt à tout, qu'importe le règlement. Et il avait menti si souvent et avec un tel aplomb que la seule explication possible, pour le public, c'était qu'il s'était senti renaître en quittant le service de cancérologie, tel un phénix, avec une motivation surnaturelle qui le poussait à broyer tous ceux qui se trouvaient sur son chemin.

– Si c'est ce qu'on appelle un sociopathe, alors, je m'en fous, je suis un sociopathe, me confia-t-il. Je voulais absolument gagner, quel qu'en soit le prix. Mais c'était aussi le cas de Michael Jordan, de Mohamed Ali, du hockeyeur Wayne Gretzky…

Malgré tout ce qu'il pouvait dire, je ne croyais pas qu'il le pensait sincèrement. S'il s'était montré plus avenant, moins odieux, s'il ne s'en était pas pris férocement à ceux qui avaient osé prétendre qu'il avait toujours été prêt à utiliser tous les moyens pour gagner, sans doute serait-il parvenu à se forger une réputation suffisamment bonne pour pouvoir survivre à l'enquête de l'USADA. Sans doute aurait-il alors laissé un souvenir à la hauteur des meilleurs sportifs américains.

Mais ce ne fut pas le cas.

– Je déteste ces enfoirés, les Betsy, les LeMond. Walsh, je le hais. C'est un sale type. Un tricheur. Il avait raison sur quelques points, mais il a menti sur tout le reste… Oui, je me suis dopé. Oui, je me dopais. Ces gens, le mal qu'ils se sont donné… C'est la raison pour laquelle je m'en suis pris à eux. Je les détestais vraiment. C'étaient des nazes. Ils sont si sales, si sales qu'ils donnent envie de prendre une douche. Franchement, je haïssais ces gens, et je les hais encore. Ils sont si répugnants que je ne pouvais pas les laisser s'en tirer si facilement.

« S'en tirer » de quoi ? Ils s'étaient contentés de faire éclater la vérité qu'il avait essayé de dissimuler pendant des années. Ils s'en sont « tirés » en démystifiant un sport bâti sur un siècle de mensonges. Et, avec leurs révélations – il me semble que c'est là l'essentiel du sujet –, ils avaient refusé de lui donner la place qu'il pensait mériter dans l'histoire du cyclisme en tentant d'apaiser son ego.

*

* *

Le 6 juin 2013, sur un canapé dans le salon télé de la luxueuse demeure de Lance Armstrong, à Austin.

Bientôt, les lieux seront déserts, les déménageurs ayant déjà emballé ses effets. À l'automne, il emménagera dans un endroit plus petit, à Old West Austin, un quartier typique peuplé de vieilles demeures, à quelques pas du centre-ville. Cette nouvelle maison est plutôt jolie – c'est le moins que l'on puisse en attendre, à plus de 2 millions de dollars (1,5 million d'euros) –, mais il n'y a ni portail, ni barrière, ni allée circulaire, ni chemin pavé, ni pelouse. Et certainement pas de grand chêne déplacé d'un côté à l'autre de la propriété. Tandis que nous discutons en marchant, Armstrong, comme toujours, est à la fois cruel et charmant, impressionnant dans sa manière de proférer des mensonges grossiers à partir d'un soupçon de vérité.

Il a nié avec un haussement d'épaules l'idée que sa longue bataille contre l'USADA ait pu le ruiner. Sous ses sept maillots jaunes, que l'on décrochera bientôt des murs, il insiste sur le fait que tout va bien. Il suffit, d'après lui, de regarder sa maison. Ses enfants. L'existence qu'il a permis à sa famille de mener. Qu'est-ce qui ne va pas ? Il prétend si souvent qu'il va bien qu'il devient évident que ce n'est pas le cas.

Il me dévisage, avec son air glacial si tristement célèbre que tout le monde a surnommé « le regard ». On a peut-être oublié un peu facilement tout ce qu'il a fait avec Livestrong, m'assure-t-il. Mais ça ne durera pas. On se rappellera. Les gens l'aiment encore, prétend-il, presque pour s'en convaincre.

– Tiens, me dit-il en me tendant une lettre d'un ancien donateur de Livestrong qui le soutient encore.

Sous son étrange adresse, l'expéditeur a ajouté : « Ouais, c'est en prison. »

– Il y a des millions de gens qui n'osent pas le dire pour le moment, mais qui croient encore en moi. (Il s'enfonce un doigt dans le torse.) C'est le putain de type qui est venu à bout de sa maladie. Il s'est remis au sport et il a fait ce qu'il avait à faire. Notre situation est meilleure que la sienne ou moins bonne ? (Il marque une pause.) Certainement meilleure.

*

* *

Je lui demande à quel point il s'est montré discret lorsqu'il se dopait.

– Qui d'autre était au courant ?

– Tout le monde, me répond-il.

– Tout le monde ?

– Ils en savaient assez, il leur était inutile de poser des questions.

Bill Stapleton, son agent ?

Un silence.

Nike, son sponsor principal ?

Rien.

Le conseil d'administration de Livestrong ?

Pas un mot.

– Je ne suis pas une putain de balance, contrairement à toutes ces mauviettes.

Peut-être pas pour le moment. Mais, en échange du droit de reprendre sa carrière sportive – prise en otage par l'USADA, selon lui –, il a accepté de troquer quelques informations contre une réduction de sa suspension à quatre ans, peut-être deux, peut-être même moins. Le problème, c'est qu'Armstrong refuse de parler à Tygart.

– Ce n'est qu'un vantard. Il a eu ce qu'il voulait. Il m'a eu. Je sais où tous les cadavres sont enterrés. Je ne dirai rien. Tant qu'ils ne me traiteront pas comme les autres, qu'ils aillent se faire foutre.

*

* *

Armstrong qualifie notre entretien de cette semaine-là de point culminant de « l'acte III » de notre relation professionnelle. L'acte I concernait les années où je l'accusais de se doper pour gagner, l'époque où il croyait encore pouvoir me rallier à sa cause. C'était avant que je le rencontre et que je couvre le Tour de France. La scène clé de ce premier acte se déroula en 2006, lorsque je publiai les aveux de Frankie Andreu, qui reconnaissait avoir pris de l'EPO pour pouvoir aider Armstrong à remporter le Tour de France 1999.

Quelques jours après la parution de cet article, quelques jours après que son avocat m'eut menacée de m'attaquer en justice, je promenais mon chien, vers 7 heures du matin, quand mon portable se mit à sonner. Je ne connaissais pas ce numéro.

– Bonjour !

– Euh, bonjour. Qui est à l'appareil ?

– C'est Lance !

Pendant plusieurs semaines, nous discutâmes aussi bien de cyclisme que de son projet de participer au marathon de New York. Je lui demandai comment il pouvait être aussi fort en courant proprement, ses principaux concurrents sur le Tour s'étant fait prendre pour dopage. Sa réponse :

– Certains sont nés avec quatre cylindres, et d'autres avec douze, ma belle.

Il m'avait envoyé un e-mail pour me demander de deviner combien de temps il avait mis pour courir un mile (1,6 km) lors de son dernier entraînement[598]. J'avançai 10 minutes et 30 secondes, puis 5 minutes et 13 secondes, avant d'ajouter qu'il allait falloir qu'il prenne une bonne poignée d'Advil, ensuite, vu son grand âge.

Il me répondit : « 4'51… Pas d'Advil ! Ah non, aucun produit ! Combien de fois il va falloir que je te le dise ?!?!? »

C'était le début de l'acte II : les années où je passai mon temps à écrire sur lui, suivant de près son retour dans le cyclisme après sa courte retraite et rédigeant des articles sur les différentes enquêtes officielles menées contre lui.

Au fil de nos rencontres, il lui arrivait de s'agacer que je ne prenne pas pour argent comptant les contes de fées qu'il racontait sur sa vie et sa carrière. Sur le Tour de Californie 2009, sa première course aux États-Unis après son retour dans le cyclisme, il s'adressa à moi devant les centaines de journalistes présents, et se mit à critiquer son « amie Juliet » pour un article que j'avais publié sur son programme antidopage personnel, qu'il présentait comme l'une des clés de son retour, et dont j'avais signalé qu'il n'avait jamais réellement vu le jour.

On croisa le fer durant quelques minutes, et il me laissa plus tard un message d'excuses sur mon répondeur :

« Je n'avais pas l'intention de te critiquer devant tous ces gens, je te taquinais. J'espère que tu t'es rendu compte que je plaisantais, hein ? À plus tard ! »

C'était Armstrong tout craché. Il mettait les journalistes à l'épreuve, se liait d'amitié avec eux et les dénigrait, parfois en même temps, selon le but recherché.

Dans les deux premiers actes, nous jouâmes au chat et à la souris. Mais le jeu s'acheva brusquement lorsque je rédigeai un sujet sur sa chute aussi rapide que brutale. Mais dans l'acte III, me promit-il, il serait différent. Plus de mensonges. Il n'avait plus rien à perdre.

Il ne m'avait pas échappé que ce troisième acte aurait pour cadre sa maison vide. J'avais l'impression d'être là pour assister au moment où on lui arracherait son emblème de super-héros de la poitrine. Au cours des actes précédents, jamais il ne m'aurait permis d'être témoin d'une telle leçon d'humilité.

*

* *

– Je n'ai pas triché, insista-t-il. Qui s'est senti lésé ?

Il me soutint que l'Allemand Jan Ullrich était le cycliste le plus fort qu'il connaissait. (Quelques semaines plus tard, Ullrich admettrait s'être dopé pendant sa carrière et déclarerait qu'il faudrait qu'Armstrong récupère ses titres parce le dopage était très répandu dans le peloton.) Pourtant, Armstrong était toujours parvenu à le distancer. Non pas en trichant, d'après lui, mais en organisant son équipe mieux que lui, en s'entraînant plus dur et en prêtant une plus grande attention aux détails. Il s'exprimait avec une telle décontraction qu'il aurait pu être en train de parler de la pluie et du beau temps. Il avait dirigé son équipe comme une grande entreprise. C'était grâce à cela qu'il avait pu gagner. Ça n'avait rien à voir avec le dopage, selon lui. Ullrich aussi se dopait.

– Si les gens croient que j'ai triché pour gagner le Tour de France, insista-t-il, c'est qu'ils sont complètement idiots. Je n'ai jamais triché.

Il avait enfreint les règles.

– C'est vrai, mais on le faisait tous. Les deux cents types qui prenaient le départ de la course enfreignaient le règlement.

– Ce n'était pas de la triche ?

De nouveau, il me dévisagea avec son « regard ». Sans un mot, il tentait de me faire comprendre que j'étais complètement idiote.

Je lui demandai s'il avait des regrets.

Je n'eus pas de réponse.

Je lui demandai s'il lui était déjà arrivé de regretter quelque chose, dans sa vie.

Il éclata de rire.

– Je regrette beaucoup de choses !

Il regrettait d'être sorti de sa retraite et d'avoir tenté le diable en participant aux Tours de France de 2009 et 2010. S'il n'était pas revenu, d'après lui, il ne se serait jamais fait prendre.

Il regrettait de ne pas s'être montré plus sympa avec Floyd Landis et de ne pas avoir gardé le silence après les révélations de Tyler Hamilton sur le dopage au sein de l'US Postal pendant l'émission *60 Minutes*. Malheureusement, ses responsables de la communication et lui avaient traité Hamilton d'imbécile et de menteur.

– C'était trop, me confia-t-il.

Il regrettait aussi d'avoir traité Emma O'Reilly de traînée lorsqu'il avait témoigné sous serment lors du procès SCA Promotions.

– J'ignorais que ce serait retransmis dans le monde entier.

Il ne regrettait pas d'avoir menti. Ni le mensonge originel, ni aucun autre dans le cycle de mensonges qui s'était ensuivi.

– Tout le monde aurait menti, à ma place. Même toi.

En 1999, sur le Tour, il s'était installé devant des journalistes et avait nié pour la première fois s'être dopé. Après ça, me dit-il, il ne pouvait plus faire machine arrière, il fallait qu'il continue à nier. Mais vraiment, d'après lui, tout le monde aurait fait la même chose. Vous, moi, le type dans la rue. S'il y avait eu une victoire sur le Tour de France à la clé, tout le monde aurait nié s'être dopé. Dans son esprit, tout le monde aurait vendu son âme pour gagner.

– Personne n'aurait dit : « Eh bien, vous savez, puisque vous m'en parlez, autant que je vous dise la vérité… » J'aurais simplement dû nier tranquillement.

Au contraire, il avait passé son temps à hurler ses démentis, à affronter ceux qui le critiquaient et à les poursuivre en justice pour faire taire tous ceux qui osaient mettre sa parole en doute. Il n'avait pas plus été dans sa nature de compétiteur de mettre pied à terre, lors de la chute de Joseba Beloki sur le Tour de France 2003, que dans sa personnalité d'accepter de se faire accuser sans rien dire. Il avait donc attaqué tous ceux qui avaient affirmé en public qu'il se dopait, et il avait toujours refusé de s'entretenir avec Tygart jusqu'à leur réunion à Denver. Quelqu'un aurait-il pu et dû le censurer ? Quelqu'un aurait-il pu le protéger de lui-même ?

– Ça aurait probablement dû être Bill, répondit-il en citant son agent. Je crois que Bill aurait pu me dire qu'il était inutile de se battre parce que c'était sans fin. J'ai l'impression qu'on se croyait tous invincibles. « Ouais, traitons-les de menteurs, ouais ! »

*

* *

La plupart de ceux qui ont témoigné contre Armstrong auprès de l'USADA, y compris ses anciens coéquipiers, avaient reçu un traitement particulièrement cruel de sa part.

Amstrong qualifiait Hamilton de « connard ingrat et égoïste », qui se dissimulait sous son éducation d'enfant bon chic bon genre de la Nouvelle-Angleterre. Tandis que les coureurs de l'US Postal ne s'étaient dopés que pendant la saison avec l'aide des médecins et du personnel de l'équipe, ses calendriers de dopage révélaient qu'il s'était dopé pendant l'hiver, et même le soir de Noël.

– C'est tout le contraire de l'image qu'il veut donner, commente Armstrong.

Il traitait Zabriskie de suiveur classique qui traînait derrière Landis « comme un petit chien » et qui faisait tout comme lui. Il se moquait de Frankie Andreu, un ancien dopé qui avait réussi à se faire passer pour le gentil de l'histoire. (Andreu est à présent directeur sportif d'une équipe cycliste.) Comment pouvait-il être contre le dopage, se demande Armstrong, alors que le capitaine de son équipe, Francisco « Paco » Mancebo, faisait partie des coureurs impliqués dans un réseau de dopage espagnol ? Certes, il était encore présumé innocent, mais il était accusé d'avoir stocké plus de pochettes de sang que tous ceux qui étaient mêlés à cette affaire.

– Il n'y a ni gentils ni méchants, m'assure Armstrong. On a tous déconné. Je me suis mal conduit, et je le paie.

Il a encore des amis, même certains, comme George Hincapie, dont le témoignage accablant figure dans le rapport de l'USADA. Le lendemain de la publication de ce rapport, Armstrong envoya un SMS à Hincapie : « Comment ça va ? » Ils avaient remporté sept Tours de France ensemble et se serraient les coudes.

Hincapie est affligé que l'on ait réduit au silence le champion qu'était Lance Armstrong et que ce soit en partie à cause de lui. Il trouve très injuste la façon dont l'USADA s'est servie de lui pour abattre Lance. Ils discutent souvent ensemble et se plaignent de la façon ridicule dont on s'est focalisé sur eux, alors que le cyclisme est un sport au passé riche en dopage. Le plus ridicule, d'après eux, est que certains puissent considérer Landis comme un fervent défenseur de l'antidopage.

– C'est comme si Ben Laden accueillait une conférence sur l'antiterrorisme, plaisante Hincapie.

*

* *

Quand je l'interroge sur sa famille, Armstrong me répond qu'il n'a pas vu son père depuis près de quarante ans. Il insiste sur le fait que jamais, pas une seule fois, il n'a demandé à sa mère des nouvelles de son père ou de sa famille paternelle. Pourquoi serait-il donc allé à l'enterrement ?

– 90 % de ce que je sais sur ma famille paternelle, je l'ai lu dans le livre de ma mère.

Je lui pose la question d'une dizaine de façons différentes. Je me demande si le fait d'avoir tourné le dos à son père et de prétendre, en gros, qu'il n'avait jamais été un Gunderson n'était pas l'élément qui était à l'origine de la spirale de mensonges qui allait caractériser son existence.

– Tu n'as jamais voulu en savoir plus sur ton père ? Tu n'as jamais pensé à lui ou à sa famille ? Tu ne t'es jamais posé de questions sur tes racines ?

Il m'interrompt.

– Tu me demandes s'il m'est déjà arrivé de m'intéresser à ces gens ? Je vais te répondre : la réponse est « non ». Maintenant que tu m'en parles, non. Enfin, quand je suis sur mon vélo, j'ai le temps de réfléchir, et jamais je ne me suis dit qu'il fallait que je rentre pour me lancer à leur recherche. Jamais. Après, ça signifie peut-être que je suis un salaud. Je n'en sais rien.

Je l'interroge sur son père adoptif, Terry Armstrong, et il m'interrompt de nouveau.

– Terry Armstrong était complètement cinglé, fou à lier ! Très étrange, un type bizarre. Jamais je ne lui reparlerai.

Se souvient-il de l'époque où Terry l'entraînait ou le poussait à devenir un sportif ?

Non, prétend-il. Il ne se rappelle même pas avoir fait du football américain, et encore moins de l'implication de Terry.

– Je me souviens de lui quand il s'est pointé à la course ici, à Austin. On a dû appeler la police pour le faire partir. Oh, oui, il mettait les gens très mal à l'aise.

*

* *

À mon arrivée à Austin, Armstrong avait déjà perdu son statut de super-star de la ville. Le maire avait retiré ses maillots jaunes autographiés de la vitrine des trophées de l'hôtel de ville. Il est même question de rebaptiser la principale piste cyclable de la ville, qui porte son nom. Jadis, la population était fière de lui. Récemment, en lisant son nom sur sa fiche de candidature, lorsqu'il tenta en vain de participer à une course de natation des US Masters, au printemps 2013, l'organisateur déclara :

– Ce pauvre gars, il a le même nom que le cycliste, Lance Armstrong. Oh, il n'a vraiment pas de bol.

Armstrong encaisse parfaitement les coups. Il va se reconstruire. Mais cela risque d'être difficile sans l'adrénaline de la compétition. En l'état actuel des choses, sa suspension à vie signifie qu'il lui est impossible de prendre part à la moindre course, au moindre triathlon et au moindre meeting de natation.

Mais on lui a appris qu'une suspension à vie dans un sport ne signifiait pas nécessairement la même chose dans tous les sports, un fait qui n'est pas passé inaperçu au sein de son importante équipe de juristes. Il a entendu dire que, d'après le règlement de l'agence mondiale antidopage, lorsqu'on était suspendu à vie dans un sport, on ne pouvait pas être suspendu plus de quatre ans dans un autre. Si c'est effectivement le cas, dit-il, il fera de nouveau du triathlon et remportera le championnat du monde d'Ironman.

– Putain, *rock'n'roll, baby* ! s'exclame-t-il.

Cette idée le pousse de nouveau à vouloir forcer le destin. Sur son canapé, sous ses maillots jaunes, un souvenir de l'homme qu'il a autrefois été et des exploits qu'il a autrefois accomplis, je le vois serrer les poings.

REMERCIEMENTS

Si j'ai pu réaliser ce livre, c'est grâce aux anciens rédacteurs en chef du *New York Times* Tom Jolly et Kristin Huckshorn, qui m'ont demandé d'écrire un article sur Tyler Hamilton lorsqu'il s'est fait contrôler positif pour une transfusion sanguine, en 2004. Ce sujet est à l'origine d'années d'enquête sur le cyclisme, le dopage et Lance Armstrong. Tom et Kristin, je vous suis reconnaissante pour vos conseils. Merci à vous et à Jill Abramson de m'avoir fait travailler pour ce journal, dans cet univers si exaltant. Je suis également redevable à ceux qui ont accepté de me laisser le champ libre pour ce projet : Joe Sexton et Phil Corbett pour leur feu vert, Jason Stallman et Janet Elder pour leur bénédiction. Jason, je te suis reconnaissante pour ton soutien sans faille, tes encouragements et ton sens de l'humour. Janet, tu m'as sauvé la vie.

J'ai également beaucoup de chance d'avoir pu compter sur des collègues exceptionnels : Harvey Araton, Filip Bondy, John Branch, Joe Drape, Sandy Keenan, Jeré Longman, Bill Rhoden et George Vecsey. Ils m'ont dit d'écrire ce livre parce que : « C'est vraiment facile ! » Ils m'ont menti, mais je leur pardonne. Je remercie particulièrement Fern Turkowitz et Terri Ann Glynn, qui m'ont toujours soutenue, et Patty LaDuca, non seulement une responsable d'édition extraordinaire mais aussi une compatriote du New Jersey qui m'a encouragée pendant l'intégralité de mon enquête sur Armstrong. Sandy Padwe, mon ancien professeur à l'école de journalisme de l'Université Columbia, m'a donné des conseils inestimables. Il m'a guidée chaque fois que j'ai dû prendre une décision professionnelle importante, et je m'en suis tellement remise à lui que j'en ai un peu honte. Merci, Sandy, d'avoir toujours eu raison.

Lorsqu'on m'a demandé de couvrir le Tour de France et le Tour d'Italie, sans l'aide généreuse de certains, j'aurais été complètement perdue. La talentueuse Bonnie Ford, une amie merveilleuse, m'a servi de modèle. Davis Phinney, Connie Carpenter, Matt White, Rolf Aldag et Bob Stapleton m'ont été très utiles. Cette merveilleuse bande de frères et de sœurs qui se consacre au cyclisme a eu la gentillesse de partager ses souvenirs avec moi et de m'offrir son amitié.

Je remercie les proches de Lance Armstrong qui m'ont permis de les assaillir de questions. Certains ont préféré garder l'anonymat, mais leurs informations m'ont bien aidée. D'autres m'ont autorisée à les citer en détail et à les suivre pendant des jours. Je pense notamment à Jonathan Vaughters, David Zabriskie, Allen Lim, Betsy Andreu, Micki Rawlings, J.T. Neal et sa famille, Frances, Scott et Caroline. Merci de m'avoir fait confiance et de m'avoir raconté vos anecdotes.

Le résultat de cette enquête n'aurait jamais pu voir le jour sous la forme d'un livre sans mon courageux agent PJ Mark de Janklow & Nesbit, un défenseur sans égal. PJ, ç'a été un réel plaisir de travailler avec toi, et avec l'ensemble des employés extraordinaires de Janklow, dont Dorothy Vincent, Bennett Ashley, Stefanie Lieberman et Marya Spence.

J'adresse ma gratitude éternelle à Jonathan Burham et David Hirshey de chez HarperCollins pour avoir donné naissance à ce livre. Merci, David, de m'avoir fait confiance dès le début. Barry Harbaugh et toi m'avez aidée à faire de ce livre le meilleur récit possible, et je vous en remercie tous les deux. Merci aussi aux autres employés de HarperCollins : Fabio Bertoni et Elissa Cohen pour leurs précieux conseils ; Tom Cherwin pour sa relecture minutieuse ; Tina Andreadis, la sœur de Barnard,

Katie O'Callaghan et Kate Blum pour leur marketing dynamique et leur travail de promotion ; et Sydney Pierce pour avoir su taper du poing sur la table.

Comment pourrais-je suffisamment remercier mes amis et mes proches qui m'ont écoutée radoter sur le cyclisme pendant des années ? Wendy Dalchau, Rose Greco, Cynthia Grilli, Catherine Ivey, Sylvia Curiel, Jade-Snow et David Joachim méritent une médaille. En méritent également une pour leur soutien moral exemplaire Christine Macur ; Rich, Debbie, David, Daniel, Meghan et Caleb Macur ; Christina et Carmine Fiore ; Lili Lewandowski ; Fran Angiola ; mon beau-père, David Michaels ; et Teresa Mendoza. Ma mère, Leokadia, et ma belle-mère, Angela Michaels, ont été de super nounous quand j'étais en reportage. De grosses bises à Wendy et à Cynthia pour m'avoir accueillie chez elles. Une autre grosse bise à Rose, à qui, comme elle aime à me le rappeler, je dois d'être devenue journaliste plutôt qu'avocate.

J'ai eu la chance de pouvoir compter sur deux de mes meilleurs amis, Roxanna et Andy Scott, pour m'aider sur ce projet. Andy, tu es un photographe exceptionnel et le meilleur iconographe dont on puisse rêver. Roxanna, tu es quelqu'un de formidable, une meilleure amie que ce que je mérite, et la plus exigeante vérificatrice d'informations qui soit. Je vous aime, tous les deux.

Jamais je ne pourrai suffisamment remercier Dave Kindred pour toute l'aide qu'il m'a apportée en tant que premier lecteur de ce livre. Il a su s'adresser à moi comme un ami patient lorsque je me trouvais face à un blocage. Je crois que je me rappellerai toujours quand il m'a dit : « Tu n'es pas obligée d'écrire sur les courses de NASCAR toute ta vie. » J'en ai pleuré de joie. Plus de quinze ans plus tard, Dave continue à me faire pleurer tant je lui suis reconnaissante d'être resté mon mentor. J'ai l'impression d'avoir tiré le gros lot. Sans lui pour me guider, jamais je n'aurais pu achever ce livre, surtout dans des délais aussi courts. La prochaine fois, on s'escalade notre deuxième 4 000 m !

*

* *

J'ai eu le bonheur d'avoir des parents vraiment exceptionnels, des Polonais rescapés des camps de travail obligatoire nazis, en Allemagne, qui sont partis aux États-Unis avec leur seule foi en Dieu, déterminés à entamer une nouvelle vie.

Mon père, Zbigniew, m'a incitée pendant des années à écrire un livre. Il ne pensait sans doute pas à un ouvrage sur Armstrong, un menteur en série qui jure comme un charretier. Pourtant, je n'ai jamais été aussi fière que le jour où je leur en ai offert un exemplaire dédicacé, à ma mère et à lui.

Merci Tata – le meilleur joueur de foot du monde – d'être resté avec moi tous ces samedis pour regarder l'athlétisme à la télé. Et merci aussi de m'avoir soutenue quand je faisais du sport. Ton boulot de mécanicien n'était pas des plus faciles, et ce n'était pas vraiment ta vocation, mais ça t'a donné l'occasion de venir me voir à mes matchs et à mes meetings, l'après-midi. Ça m'a fait comprendre que je comptais énormément pour toi.

Je me souviendrai toujours du temps que nous avons passé à pratiquer des sports intéressants, ou moins intéressants : tous ces trajets jusqu'au stade pour s'entraîner à la course de haies et au saut en longueur. Ces séances décontractées de base-ball où tu m'as appris à lancer la balle comme un missile. Toutes ces heures que nous avons passées devant un panier de basket. Tu es un entraîneur et un père incroyable, car tu as toujours fait preuve d'un grand optimisme et tu m'as toujours traitée de la même manière, que je gagne ou que je perde, que j'obtienne de bons résultats ou non. Si je suis tombée amoureuse du sport, c'est parce que tu m'as permis de m'y amuser.

Merci aussi à ma merveilleuse mère d'avoir été ma plus grande admiratrice. Même quand je perdais un match de basket ou une course d'aviron, elle applaudissait avec une telle énergie que j'avais l'impression d'avoir remporté une médaille d'or aux Jeux olympiques. Jamais je n'aurais pu trouver meilleure supportrice. Tout le monde devrait avoir une mère comme elle, une femme persuadée que tout ce qu'on écrit – même des brèves de cinq cents signes – mériterait le prix Pulitzer.

Mes plus beaux cadeaux, dans cette belle vie que je dois à mes parents, ce sont mon mari, Dave Michaels, que j'aime un peu plus chaque jour, et notre fille, Allegra, qui m'emplit le cœur de joie. Chopper, notre labrador, est le meilleur compagnon d'écriture dont on puisse rêver et le chauffe-pieds le plus efficace qui soit.

Merci, Dave, d'avoir accompli des miracles de super-héros pendant que j'écrivais ce livre. En plus d'être un journaliste brillant plus de dix heures par jour, tu es parvenu à faire tourner la maison. Sans toi, qu'aurions-nous fait, Allegra, Chopper et moi ? D'autres auraient craqué quand je prenais mon millième coup de fil à propos d'Armstrong, mais tu as su rester compréhensif. Tu es notre ange gardien, le meilleur des époux et des papas, et le ciment de notre famille.

Allegra, un jour, tu liras ces mots, et j'espère que tu comprendras que les moments les plus précieux que j'ai pu vivre pendant l'écriture de ce livre ont été ceux que j'ai passés avec toi. Tu as été une source d'inspiration pour maman. Je t'aime plus que tout.

À PROPOS DE L'AUTEUR

Juliet Macur est une journaliste sportive primée du *New York Times.* Elle est diplômée de l'École de journalisme de l'Université Columbia. Elle a consacré un grand nombre de ses articles à Lance Armstrong, au cyclisme et au dopage. À deux reprises, son travail a été sélectionné pour figurer dans l'anthologie *Best American Sports Writing* des meilleurs articles dédiés au sport. Elle vit à Washington avec son époux, sa fille et leur labrador.

BIBLIOGRAPHIE SÉLECTIVE

Ouvrages parus en français :

ARMSTRONG Lance et JENKINS Sally, *Il n'y a pas que le vélo dans la vie*, Albin Michel, 2000.

ARMSTRONG Lance et JENKINS Sally, *Chaque seconde compte*, Albin Michel, 2003.

BALLESTER Pierre et WALSH David, *L.A. Confidentiel : les secrets de Lance Armstrong*, La Martinière, 2004.

CAMPBELL Joseph, *Le Héros aux mille et un visages*, Robert Laffont, 1977.

CARLYLE Thomas, *Les Héros*, Maisonneuve & Larose, 1998.

HAMILTON Tyler et COYLE Daniel, *La Course secrète*, Presses de la Cité, 2013.

Ouvrages parus en anglais :

ALLISON Scott T. et GOETHALS George R., *Heroes: What They Do and Why We Need Them*, New York, Oxford University Press, 2011.

ARMSTRONG Kelly, Linda et RODGERS Joni, *No Mountain High Enough: Raising Lance, Raising Me*, New York, Broadway Books, 2005.

BRUYNEEL Johan, *We Might as Well Win*, Boston, Mariner Books, 2009.

COYLE Daniel, *Lance Armstrong's War*, New York, HarperCollins, 2005.

HATTON Caroline, *The Night Olympic Team: Fighting to Keep Drugs Out of the Games*, Honesdale, Pa., Boyds Mills Press, 2008.

KIMMAGE Paul, *Rough Ride: Behind the Wheel with a Pro Cyclist*, Grande-Bretagne, Stanley Paul & Co. Ltd., 1990.

LANDIS Floyd et MOONEY Loren, *Positively False: The Real Story of How I Won the Tour de France*, New York, Simon Spotlight Entertainment, 2007.

MCGANN Bill et Carol, *The Story of the Tour de France*, Volume 1 : 1903-1964, États-Unis, Dog Ear Publishing, 2006.

MCGANN Bill et Carol, *The Story of the Tour de France*, Volume 2 : 1965-2007, États-Unis, Dog Ear Publishing, 2008.

MILLAR David, *Racing Through the Dark*, Grande-Bretagne, Orion Books, 2011.

PARISOTTO Robin, *Blood Sports: The Inside Dope on Drugs in Sport*, Australie, Hardie Grant Books, 2006.

PARKIN Joe, *A Dog in a Hat: An American Bike Racer's Story of Mud, Drugs, Blood, Betrayal, and Beauty in Belgium*, Boulder, Colo., VeloPress, 2008.

SHARP Kathleen, *Blood Medicine: Blowing the Whistle on One of the Deadliest Prescription Drugs Ever*, New York, Plume, 2012.

THOMPSON Christopher S., *The Tour de France: A Cultural History*, Berkeley, Los Angeles et Londres, University of California Press, 2006.

WALSH David, *From Lance to Landis: Inside the American Doping Controversy at the Tour de France*, New York, Ballantine Books, 2007.

WALSH David, *Seven Deadly Sins: My Pursuit of Lance Armstrong*, Londres, Simon & Schuster, 2012.

WHITTLE Jeremy, *Bad Blood: The Secret Life of the Tour de France*, Londres, Yellow Jersey Press, 2008.

WILCOCKSON John, *Lance: The Making of the World's Greatest Champion*, États-Unis, Da Capo Press, 2009.

Agence mondiale antidopage. Règlement, 2009.

NOTES

Les informations contenues dans ce livre ont été recueillies pendant près de dix ans, de 2004 à l'automne 2013, la majeure partie provenant de recherches effectuées de janvier à octobre 2013. Les interviews de Lance Armstrong et de plus de cent trente personnes qui lui étaient liées se sont déroulées lors de courses cyclistes, à leur domicile, dans des halls d'hôtel, dans des restaurants, et même, un jour, sur un lac gelé du Colorado lors d'une séance de pêche sur glace. Certains entretiens ont été réalisés par téléphone, mais la plupart ont été menés en face à face, dont un certain nombre pendant plusieurs heures, sur plusieurs jours. Certaines des personnes que j'ai interrogées ont refusé de voir leur nom apparaître, par crainte de représailles de la part d'Armstrong, qui, d'après elles, continuerait à détenir un certain pouvoir sur les milieux du cyclisme et du cancer compte tenu de l'important travail qu'il a accompli pour la prévention de cette maladie. Lorsque des propos entre guillemets ne sont pas cités dans ces notes, c'est qu'ils ont été tenus par ces personnes au cours d'entretiens que j'ai eus avec elles.

Prologue

La plupart des informations qui figurent dans cette partie proviennent de mon entretien avec Lance Armstrong le 6 juin 2013 et d'interviews que j'ai menées par la suite avec ses amis et ses anciens collègues, à Austin, au Texas.

1. Suzanne Halliburton et Shonda Novak, « Austin home sold to oil businessman », *Austin American-Statesman*, 11 avril 2003.

2. Juliet Macur et Ian Austen, « After the Tears, Some Questions Remain », *New York Times*, 19 janvier 2013. Interview de Lance Armstrong par Oprah Winfrey, 17 et 18 janvier 2013.

3. S'il perd un procès fédéral de « lanceur d'alerte » Armstrong risque de devoir débourser 120 millions de dollars. Il risque également de devoir faire face à deux dépenses importantes : 12,5 millions de dollars au moins dans une affaire contre SCA Promotions, une société qui lui a versé des bonus pour plusieurs de ses victoires sur le Tour de France, et 3 millions dans un procès contre Acceptance Insurance, une autre compagnie d'assurances qui lui a versé un bonus.

4. Deux employés de la société ont déclaré que son chiffre d'affaires s'élevait à 300 millions de dollars au milieu des années 1990 et à environ 950 millions en 2012.

5. John Thomas « J.T. » Neal, cassettes audio enregistrées d'avril 2000 à l'automne 2002 ; photos du premier appartement de Lance Armstrong à Austin.

6. Interview d'Adam Wilk, l'un des plus anciens amis d'Armstrong, qui affirme que le coureur lui a reproché d'avoir qualifié sa piscine de « miroir d'eau », avril 2013.

7. Nancy Collins, « Lance Armstrong's Home in Austin », *Architectural Digest*, juillet 2008.

8. Paul Tharp, « Third World Moguls Driving Jet Demand », *New York Post*, 7 février 2013.

9. Mark Prigg, « In a Flap: Animal Rights Groups Erupt Over Bike Built for Armstrong », *The Evening Standard* (Londres), 24 juillet 2009.

10. Nancy Collins, « Lance Armstrong's Home in Austin », *Architectural Digest*, juillet 2008.

11. Interview de Dave Bolch, l'assistant personnel de Lance Armstrong, 2013.

12. Interview de Dave Bolch, l'assistant personnel de Lance Armstrong, juin 2013.

Partie I. Les mensonges de la famille

Chapitre 1

13. Linda Armstrong Kelly, vidéos promotionnelles pour ses conférences sur le développement personnel. http://apbspeakers.com/speaker/linda-armstrong-kelly.

14. Kevin Sherrington, « Mom's Support, Cancer Fight Energized Armstrong », *The Dallas Morning News*, 26 juillet 1999.

15. Linda Armstrong Kelly, avec Joni Rodgers, *No Mountain High Enough: Raising Lance, Raising Me* (New York : Broadway Books, 2005).

16. *Ibid.*, 7.

17. *Ibid.*, remerciements.

18. *Ibid.*

19. *Ibid.*, p. 72. Interviews avec Willine Gunderson Harroff, la grand-mère paternelle de Lance Armstrong, et Micki Rawlings, la tante paternelle de Lance Armstrong, avril 2013.

20. Betty Ann Gunderson Vowell Freeman Trednick, généalogie de la famille Gunderson, 1er janvier 2006.

21. Interviews avec Willine Gunderson, Micki Rawlings, des amis et d'autres membres de la famille d'Eddie Gunderson qui ont souhaité garder l'anonymat, avril 2013.

22. Registres d'état civil du comté de Dallas (Texas) ; registres d'état civil du comté de Collin (Texas).

23. Armstrong Kelly, avec Rodgers, *No Mountain High Enough*, p. 223.

24. Linda Armstrong Kelly, site web de l'agence Harry Walker pour la promotion de ses conférences : http://www.harrywalker.com/speaker-bureau/video/Linda-Armstrong-Kelly/Armstrong-Linda.cfm

25. Armstrong Kelly, avec Rodgers, *No Mountain High Enough*, p. 85. Interviews avec Willine Gunderson Harroff et Micki Rawlings, avril 2013.

26. Brad Townsend, « Finishing a Hard Ride, Armstrong Reflects on Road from Cancer to Near-Certain Race Win », *The Dallas Morning News*, 25 juillet 1999. Kevin Sherrington, « Mom's Support, Cancer Fight Energized Armstrong », *The Dallas Morning News*, 26 juillet 1999.

27. Registres d'état civil du comté de Dallas (Texas) ; registres d'état civil du comté de Collin (Texas).

28. Interviews avec Willine Gunderson Harroff et Micki Rawlings, 2013.

29. L'histoire s'inspire de différentes interviews avec Willine Gunderson Harroff, Micki Rawlings, plusieurs membres de la famille, et des amis d'Eddie Gunderson et de Linda Mooneyham, 2013.

30. Interview de Micki Rawlings, avril 2013. Registres d'état civil du comté de Dallas.

31. Des documents de la ville de Dallas prouvent que les Gunderson et les Mooneyham n'ont jamais habité dans des logements sociaux.

32. Armstrong Kelly, avec Rodgers, *No Mountain High Enough*, p. 51.

33. *Ibid.*, p. 72 ; J.R. Eggert, « Lance Rentzel: The Laughter Hasn't Died », critique de *When All the Laughter Died in Sorrow*, par Lance Rentzel, *The Harvard Crimson*, 8 février 1973.

34. Lance Armstrong, avec Sally Jenkins, *Il n'y a pas que le vélo dans la vie* (Paris : Albin Michel, 2000).

35. Interview de Micki Rawlings, 2013.

36. *Ibid.*

37. Registres judiciaires du comté de Dallas.

38. Article dans *Algemeen Dagblad*, Pays-Bas, 2005, cité par François Inizan, « Les Deux Pères de Lance », *L'Équipe*, 2005.

39. Interview de Willine Gunderson Harroff, 2013.

Chapitre 2

40. Site web de Keynote Resources : http://www.keynoteresources.com/LindaArmstrong-Kelly.html.

41. David Tarrant, « Rookie Cyclist on the Fast Track to Becoming a Sports Icon », *The Dallas Morning News*, 4 juillet 1993.

42. Armstrong Kelly, avec Rodgers, *No Mountain High Enough*, p. 108.

43. Interview d'Adam Wilk, 2013.

44. Interview de Terry Armstrong, 2013.

45. Interviews de plusieurs personnes qui sont allées à l'école avec Armstrong. Elles souhaitent garder l'anonymat par crainte de représailles.

46. Interview de Lance Armstrong, 2013. Interview de Terry Armstrong, 2013.

47. Armstrong, avec Jenkins, *Il n'y a pas que le vélo dans la vie*, p. 23. Interview de Terry Armstrong, 2013.

48. Interview de Rick Crawford, 2013.

49. Interviews de responsables à l'Université Mesa du Colorado et de Scott Mercier, un consultant auprès de l'équipe cycliste de l'université, 2013.

50. Interview de Rick Crawford, 2013.

51. Interview de Scott Eder, le manager d'Armstong, 2013.

52. Interview de Lance Armstrong, 2013.

53. Armstrong, avec Jenkins, *Il n'y a pas que le vélo dans la vie*, p. 22.

54. Interview de Jim Woodman, ancien directeur de course du triathlon, 2013.

55. Interview de Scott Eder, 2013.

56. Robert Vernon, « Triple Threat », *The Dallas Morning News*, 29 juillet 1989.

57. Robert Vernon, « Triathlon winners keep on the run », *The Dallas Morning News*, 13 juin 1988.

58. David Tarrant, « Rookie Cyclist on the Fast Track to Becoming a Sports Icon », *The Dallas Morning News*, 4 juillet 1993. *Triathlete*, 1988.

59. *Ibid.*, p. 29.

60. Interview de Scott Eder, 2013.

61. Interview de Terry Armstrong, 2013.

62. Interview d'Adam Wilk, 2013. Interviews des camarades de classe de Lance Armstrong à la Plano East High School, 2013. Ils préfèrent garder l'anonymat pour éviter de donner l'impression de s'en prendre à quelqu'un qui est déjà à terre.

63. Interviews de Connie Carpenter-Phinney, médaillée d'or olympique et entraîneur lors de ce championnat du monde junior, et de Davis Phinney, vainqueur d'étape sur le Tour de France, 2013. John Wilcockson, *Lance: The Making of the World's Greatest Champion* (États-Unis : Da Capo Press, 2009), p. 68-70.

64. Interviews de responsables de la Plano East High School, 2013. Ils souhaitent garder l'anonymat parce qu'ils ne sont pas autorisés à aborder ce sujet.

65. *Ibid.*

66. Paula Zahn, Kyra Phillips, Sharon Collins, « Profiles of Lance Armstrong, Will Smith », 19 juillet 2003.

67. Interview de Tami Armstrong, 2013.

68. Interview de Terry Armstrong, 2013. Interview de Tami Armstrong, 2013.

Chapitre 3

Une partie des informations révélées dans ce chapitre proviennent des cassettes audio enregistrées par J.T. Neal de 2000 à 2002, à propos de sa vie avec Lance Armstrong. La majeure partie d'entre elles m'ont été confirmées par plus d'une vingtaine d'entretiens avec des amis de la famille de Neal, des personnes évoluant dans le milieu du sport et du cyclisme, et d'anciens amis, coéquipiers et employés d'Armstrong. D'autres anecdotes proviennent de la presse, de documents, de photos et de souvenirs en possession de la famille de J.T. Neal.

69. Sa femme, Frances, est issue d'une famille qui doit sa fortune à l'industrie du bois, dans l'est du Texas. Sa grand-mère, Frankie Carter Randolph, a été la première éditrice du *Texas Observer*, un journal de gauche fondé en 1954.

70. David Tarrant, « Rookie Cyclist on the Fast Track to Becoming a Sports Icon », *The Dallas Morning News*, 4 juillet 1993.

71. Armstrong Kelly, avec Rodgers, *No Mountain High Enough*, p. 171-172.

72. Rapport d'arrestation, San Marcos, Texas, août 1991.

73. Enregistrements de J.T. Neal. Dans sa déclaration sous serment, en 2012, dans l'affaire « Agence mondiale antidopage contre Armstrong », George Hincapie raconte s'être fait arrêter à la douane américaine en revenant d'Europe, en 1996.

74. Interview de Nancy Geisler, juin 2013.

75. *Ibid.*

76. Interview de Timm Peddie, 2013, et d'autres membres de l'équipe des États-Unis qui préfèrent garder l'anonymat de crainte de représailles de la part d'Armstrong.

77. Interview de Steve Penny, 2013.

78. En fait, les quatre cyclistes de l'affiche ont trouvé un moyen de contourner cette règle. Ils ont tous fini soit par avouer s'être dopés, soit par être suspendus pour dopage, soit, dans le cas d'Evanshine, par manquer un contrôle antidopage obligatoire. Pour cette raison

Evanshine n'a pas pu participer aux Jeux olympiques. Elliott Teaford, « He refuses to be left spinning his wheels », *The Los Angeles Times*, 15 juillet 1992.

79. Interview de deux coureurs de l'équipe Motorola qui ont préféré garder l'anonymat parce qu'ils refusent de « balancer » Ochowicz, qui travaille encore dans le cyclisme professionnel et détient un certain pouvoir dans ce sport.

80. Interviews de Stephen Swart, ancien coureur de l'équipe Motorola et équipier d'Armstrong, 2006 et 2013. *Stephen Swart affidavit, Lance Armstrong v. SCA Promotions, Inc.*, 11 janvier 2006.

81. *Ibid.*

82. Enregistrements de J.T. Neal, 2000-2002.

83. Interviews de Stephen Swart, ancien coureur de l'équipe Motorola et équipier d'Armstrong, 2006 et 2013. *Stephen Swart affidavit, Lance Armstrong v. SCA Promotions, Inc.*, 11 janvier 2006.

84. Joe Parkin, *A Dog in a Hat*, VeloPress, 2008.

85. Enregistrements de J.T. Neal, 2000-2002.

86. *Ibid.*

87. Interview de Lance Armstrong, 2013.

88. Armen Keteyian, ABC News, interview de Lance Armstrong et de Linda Armstrong, 13 juin 1993.

89. *Ibid.*

90. *Ibid.*

91. John Rezell, « Pedaling toward greatness », *The Orange County Register*, 6 juin 1993.

Partie II. Les mensonges du sport

Chapitre 4

92. Interview de Stephen Swart.

93. Interviews de cyclistes et de spécialistes de l'antidopage, 2013.

94. Christopher S. Thompson, *The Tour de France: A Cultural History* (Berkeley et Los Angeles : University of California Press, 2006), p. 225-226. Roger Bastide, *Doping : Les Surhommes du vélo,* (Paris : Solar, 1970), p. 37, 39, 63-64, 99. Patrick Laure, *Le Dopage*, (Paris : Presses universitaires de France, 1995), p. 26, 49, 59-60, 63-65, 69, 71, 75.

95. Thompson, *The Tour de France,* p. 190-191. Albert Londres, « Les Forçats de la Route », *Le Petit Parisien*, 27 juin 1924.

96. Thompson, *The Tour de France*, p. 229. Bastide, *Doping*, p. 86-87. Russell Mockridge, complété par John Burrowes, *My World on Wheels: The Posthumous Autobiography of Russell Mockridge*, (Londres : Stanley Paul, 1960), p. 96, 131. Jean-Pierre de Mondenard, *Dopage*, p. 23, 105-107, 169-170. André Noret, *Le Dopage* (Paris : Vigot, 1981), p. 32-33.

97. Bill et Carol McGann, *The Story of the Tour de France,* Volume 1: 1903-1964, (États-Unis : Dog Ear Publishing, 2006), p. 211.

98. Thompson, *The Tour de France*, p. 228.

99. McGann, *The Story of the Tour de France,* p. 247-248.

100. *Sports Illustrated*, « Something Extra on the Ball », 30 juin 1969.

101. Thompson, *The Tour de France,* p. 231-232. René Guillet, *Le Doping de l'homme et du cheval* (Paris : Masson et Cie, 1965), p. 3-4, 83-85. Jean-Paul Rapp, *Le Doping des sportifs* (Paris : Éditions musicales et universitaires, 1977), p. 105, 167.

102. Thompson, *The Tour de France*, p. 233-234. *L'Humanité*, 30 juin 1966. *Le Monde*, 1er juillet 1966. *Le Parisien Libéré*, 30 juin 1966.

103. McGann, *The Story of the Tour de France,* Volume 1.

104. Thompson, *The Tour de France*, p. 237.

105. Randy Starkman, « New wonder drug may speed athletes to the killing fields », *The Toronto Star*, 27 avril 1991. Lawrence M. Fisher, « Stamina-Building Drugs Linked to Athletes' Deaths », *The New York Times*, 19 mai 1991.

106. Jeremy Whittle, « Bjarne Riis's year without lying », *The New York Times*, 2 mai 2008.

107. William Leith, *The Independent*, 1er juillet 1991.

108. Randy Starkman, « New wonder drug may speed athletes to the killing fields », *The Toronto Star*, 27 avril 1991.

109. Lawrence M. Fisher, « Stamina-Building Drugs Linked to Athletes' Deaths », *The New York Times*, 19 mai 1991.

110. Interview de Don Catlin, 2013.

111. Interview de Lance Armstrong, 2013.

112. Robert McG. Thomas Jr., « USOC Checking Use of Transfusions », *The New York Times*, 10 janvier 1985. Bjarne Rostaing et Robert Sullivan, « Triumphs tainted with blood », *Sports Illustrated*, 21 janvier 1985.

113. Rostaing et Sullivan, « Triumphs tainted with blood », *Sports Illustrated*, 21 janvier 1985.

114. Charles Pelkey, « Wenzel denies charges », *VeloNews*, 3 avril 2001. Charles Pelkey, « Six years later, Strock case comes to court », *VeloNews*, 18 avril 2006. Interviews de deux des cyclistes de l'équipe des États-Unis de l'époque. Ils préfèrent garder l'anonymat.

115. Enregistrements de J.T. Neal, 2000-2002.

116. Interview de John Hendershot, 2013.

117. *Ibid.*

118. *Ibid.*

119. *Ibid.* Enregistrement de J.T. Neal.

120. Interviews de Stephen Swart et John Hendershot. Enregistrements de J.T. Neal.

121. Interview de John Hendershot, 2013.

122. Enregistrements de J.T. Neal. Interview de George Hincapie, 2013.

123. Interviews de Lance Armstrong, 2013. Interview de Lance Armstrong par Oprah Winfrey, 2013.

124. Interview de John Hendershot, 2013.

125. Jean-Michel Rouet, interview de Michele Ferrari, *L'Équipe*, avril 1994.

126. Interview de Max Testa, 2006.

127. *Ibid.*

128. *Ibid.*

129. Ces coureurs préfèrent garder l'anonymat parce qu'ils sont convaincus que Testa se contentait de faire son travail et qu'il veillait sur la santé de ses coureurs.

130. Interview de George Hincapie, 2013. Déclaration sous serment de Hincapie dans l'affaire USADA.

131. Interview de Frankie Andreu, 2013. Déclaration sous serment de Frankie Andreu dans l'affaire USADA.

132. Interviews de Stephen Swart, 2006 et 2013. Interview de Frankie Andreu, 2013. Déclaration sous serment de Frankie Andreu dans l'affaire USADA.

133. Interviews de différents coureurs, dont Christian Vande Velde, Jonathan Vaughters et George Hincapie, 2013.

134. Interviews de Stephen Swart, 2006 et 2013.

135. Interview de Lance Armstrong, 2013.

136. *Ibid.*

137. Interview de Lance Armstrong, 2013. Interview de Stephen Swart, 2013. Interview de George Hincapie, 2013.

138. Enregistrements de J.T. Neal.

139. Interviews de Jim Ochowicz, 2005, 2009 et 2010.

140. Interview de Lance Armstrong, 2013.

141. Interviews de Stephen Swart, 2006 et 2013.

142. Déclaration sous serment de Stephen Swart dans l'affaire USADA. Interview de Stephen Swart, 2013.

143. *Ibid.*

144. Interview de Kathy et Greg LeMond, 2006.

145. Interview de Greg LeMond, 2013.

Chapitre 5

146. Enregistrements de J.T. Neal.

147. *Ibid.*

148. Enregistrements et documents de J.T. Neal.

149. Interview de Lance Armstrong, 2013.

150. Interview de Monica Buck, 2013.

151. Enregistrements de J.T. Neal.

152. Enregistrements de J.T. Neal.

153. E-mail d'Axel Merckx, 1er décembre 2013.

154. Paul Howard, « Past that Haunts Roche », *Sunday Tribune*, 4 avril 2004. David Walsh, « Sports Chief Hails Drug Code », *The Sunday Times*, 9 mars 2003.

155. Enregistrements de J.T. Neal.

156. *Ibid.*

157. Interview d'un enquêteur italien qui préfère garder l'anonymat parce qu'il n'est pas autorisé à s'exprimer sur cette affaire.

158. Enregistrements de J.T. Neal.

159. Interview de Lance Armstrong, 2013. Interview de John Hendershot, 2013. Enregistrements de J.T. Neal.

160. Richard Weekes, « The hard truth behind a waste of life », *The Sunday Times*, 23 juillet 1995.

161. Armstrong, avec Jenkins, *Il n'y a pas que le vélo dans la vie*, p. 71.

162. Enregistrements de J.T. Neal.

163. Enregistrements de J.T. Neal. Interviews de plusieurs coureurs de chez Motorola, US Postal et Astana qui n'ont jamais vu Carmichael travailler avec Armstrong. Interview d'un ancien employé de l'équipe RadioShack à qui Armstrong a avoué que Carmichael ne l'avait plus entraîné depuis que Ferrari avait pris le relais.

164. Enregistrements de J.T. Neal. Interview d'une personne au courant de la situation.

165. Armstrong Kelly, avec Rodgers, *No Mountain High Enough*, p. 214.

166. Enregistrements de J.T. Neal.

167. *Ibid.*

168. *Ibid.*

169. Enregistrements de J.T. Neal. Interview de Greg et de Kathy LeMond, 2006.

170. Interview de Greg et Kathy LeMond, 2006.

171. Samuel Abt, « Armstrong Without Power, Withdraws from the Tour de France », *The New York Times*, 6 juillet 1996.

172. Interviews de Scott et Caroline Neal, deux des trois enfants de J.T. Neal, 2013.

173. Enregistrements de J.T. Neal.

174. *Ibid.*

175. Interview de Lance Armstrong, 2013. Déposition de Betsy Andreu dans l'affaire *Lance Armstrong v. SCA Promotions, Inc.*, 17 janvier 2006.

176. Enregistrements de J.T. Neal.

177. *Ibid.*

178. Armstrong, avec Jenkins, *Il n'y a pas que le vélo dans la vie.*

179. Enregistrements de J.T. Neal.

180. Selena Roberts et David Epstein, « The Case against Lance Armstrong », *Sports Illustrated*, 24 janvier 2011.

181. Interview de John Korioth, 2013.

182. Interview de John Hendershot, 2013.

183. *Ibid.*

184. Enregistrements de J.T. Neal. Interviews de John Hendershot et de Lance Armstrong, 2013.

Chapitre 6

185. Interview de Betsy Andreu, 2006.

186. Déposition de Betsy Andreu dans l'affaire *Lance Armstrong v. SCA Promotions, Inc.*, 17 janvier 2006. Interview de Betsy Andreu, 2006.

187. Interview de Betsy Andreu, 2006.

188. Interviews de Stephen Swart, deLance Armstrong et de deux autres coureurs de chez Motorola qui souhaitent garder l'anonymat parce qu'ils refusent de dire du mal d'un ancien coéquipier, 2013.

189. Site web de l'American Cancer Society à propos du cancer des testicules.

190. Interview du docteur Arjun Vasant Balar, 2013.

191. Lucio Tentori et Grazia Graziani, Département des neurosciences, Université de Rome « Tor Vergata », « Doping with Growth Hormone/IGF-1, Anabolic Steroids or Erythropoietin: Is there a cancer risk? » 26 janvier 2007.

Chapitre 7

192. Enregistrements de J.T. Neal. Interview d'une personne au courant de la situation, mais qui préfère garder l'anonymat en raison d'affaires commerciales en cours avec la société de Stapleton.

193. Interview de John Korioth, 2013.

194. Enregistrements de J.T. Neal, et différentes interviews d'anciens amis de Neal et d'Armstrong, 2013.

195. Interviews de membres de la famille de Neal, 2013.

196. Bonnie DeSimone, « From "Big C" back to big-time cycling », *The Chicago Tribune*, 7 février 1998.

197. *Ibid.*

198. *Ibid.*

199. runfordori.blogspot.com/2007/08/lance-issues-wake-up-call.html

200. Interview de Lance Armstrong, 2013.

201. Enregistrements de J.T. Neal. Interviews de la famille de Neal, 2013.

202. *Ibid.*

203. *Ibid.*

204. Enregistrements de J.T. Neal.

205. *Ibid.*

206. Interview de John Korioth, 2013.

207. Armstrong, avec Jenkins, *Il n'y a pas que le vélo dans la vie*, p. 184.

208. Suzanne Halliburton, « Austin cyclist back on track after cancer », *Austin American-Statesman*, 27 octobre 1997.

209. Enregistrements de J.T. Neal.

210. *Ibid.*

211. Enregistrements de J.T. Neal.

Chapitre 8

212. Interview de Prentice Steffen, 2013. David Walsh, « Saddled with suspicion », *The Sunday Times*, 8 juillet 2001.

213. *Ibid.*

214. Interview de Jonathan Vaughters, 2013. Interview de Christian Vande Velde, 2013.

215. Interviews de Darren Baker et Scott Mercier, 2013.

216. Déposition sous serment de George Hincapie dans l'affaire USADA.

217. Interview de George Hincapie, 2013.

218. *Ibid.*

219. Matt Smith et Lance Williams, Center for Investigative Reporting, « Will Thomas Weisel, Who Owns Lance Armstrong's U.S. Postal Team, Get Charged With Fraud? », *Bloomberg Businessweek*, 15 janvier 2013.

220. Interview de Darren Baker, 2013.

221. Matt Lawton, « She was the whistleblower who hauled him down, Lance Armstrong was the drug cheat, so what happened when they were brought together again by MailOnline? », *Daily Mail*, 18 novembre 2013.

222. Interview de Scott Mercier et de sa femme, Mandie, 2013.

223. Samuel Abt, « Tour of Spain Is "Last Chance": U.S. Rider Hopes for a Happy Finale », *The New York Times*, 4 septembre 1997.

224. Interviews de Jonathan Vaughters et Christian Vande Velde, 2013.

225. Déclaration sous serment de Jonathan Vaughters dans l'affaire USADA. Interview de Christian Vande Velde, 2013.

Chapitre 9

226. Willy Voet et William Fotheringham, « Observer Sports Monthly: Drugs in sport », *The Observer*, 6 mai 2001.

227. Interview de Jonathan Vaughters, 2013.

228. Interview d'un coureur qui se trouvait dans le camping-car avec Celaya, mais qui préfère garder l'anonymat car il souhaite rester en dehors de la polémique.

229. *Ibid.*

230. Déclarations sous serment d'Emma O'Reilly et de George Hincapie.

231. Interview d'un coureur qui se trouvait dans le camping-car avec Celaya, mais qui préfère garder l'anonymat car il souhaite rester en dehors de la polémique.

232. *Ibid.*

233. *Ibid.*

234. Déclaration sous serment de Jonathan Vaughters dans l'affaire USADA.

235. Interview de Jonathan Vaughters, 2013.

236. Interviews de Jonathan Vaughters et Christian Vande Velde, 2013.

237. Déclaration sous serment de Christian Vande Velde dans l'affaire USADA.

238. Interview de Christian Vande Velde, 2013.

239. Déclaration sous serment de Christian Vande Velde dans l'affaire USADA. Interview de Christian Vande Velde, 2013.

240. *Ibid.*

241. *Ibid.*

242. Interview de Jonathan Vaughters, 2013.

243. *Ibid.*.

244. *Ibid.*.

245. Déclaration sous serment d'Emma O'Reilly dans l'affaire USADA.

246. Samuel Abt, « Tour de France Ends for Riders on the Storm », *The New York Times*, 3 août 1998.

247. Interview de Jonathan Vaughters, 2013.

248. Déclaration sous serment de Jonathan Vaughters et de Christian Vande Velde dans l'affaire USADA.

Partie III. Les mensonges des médias

Chapitre 10

249. David Walsh, *Seven Deadly Sins: My Pursuit of Lance Armstrong* (Londres : Simon & Schuster, 2012), p. 41.

250. Photos de la chapelle sur le site web du *Figaro*, lefigaro.fr

251. David Walsh, « Inspired Armstrong brings hope to beleaguered Tour organizers », *The Sunday Times*, 4 juillet 1999.

252. *Ibid.*.

253. David Walsh, « Racing clean, riding high », *The Sunday Times*, 11 juillet 1999.

254. Décision motivée de l'USADA, p. 115.

255. Interviews de Jonathan Vaughters et Christian Vande Velde, 2013.

256. Interview de Jonathan Vaughters, 2013.

257. *Ibid.* Déclaration sous serment de Jonathan Vaughters dans l'affaire USADA.

258. Interview de Jonathan Vaughters, 2013.

259. Interviews de Jonathan Vaughters, Christian Vande Velde et David Zabriskie, 2013.

260. Johan Bruyneel, *We Might as Well Win* (Boston : Mariner Books, 2009), p. 30.

261. Interview d'Enrico Carpani, porte-parole de l'Union cycliste internationale, 2012.

262. Interview de Jonathan Vaughters, 2013. Interview de Christian Vande Velde, 2013.

263. Interview de Jonathan Vaughters, 2013.

264. *Ibid.* Déclaration sous serment de Jonathan Vaughters dans l'affaire USADA.

265. *Ibid.*

266. Interview de Jonathan Vaughters, 2013.

267. Déclaration sous serment d'Emma O'Reilly dans l'affaire USADA.

268. *Ibid.*

269. *Ibid.*

270. *Ibid.*

271. Déclaration sous serment d'Emma O'Reilly dans l'affaire USADA.

272. *Ibid.*

273. *Ibid.*

274. Armstrong, avec Jenkins, *Il n'y a pas que le vélo dans la vie*, p. 243.

275. Associated Press, 22 juillet 1999.

276. Déclaration sous serment d'Emma O'Reilly dans l'affaire USADA.

277. Susanne Craig, « Banker Behind Armstrong Says He Was Unaware of Doping, », *The New York Times*, 17 janvier 2013.

278. Matt Lawton, « She was the whistleblower who hauled him down, Lance Armstrong was the drug cheat, so what happened when they were brought together again by MailOnline? », *Daily Mail*, 18 novembre 2013.

279. Interview de Lance Armstrong, 2013.

280. Robin Nicholl, « Tour de France: Tour has test for new drug », *The Independent*, 17 juillet 1999.

281. Interview de Jonathan Vaughters, 2013.

282. James Startt, « Bassons: "People Now See I Wasn't Lying" », *Bicycling*, 16 octobre 2012.

283. *Ibid.*

284. Déclaration sous serment de Jonathan Vaughters.

285. James Startt, « Bassons: "People Now See I Wasn't Lying" », *Bicycling*, 16 octobre 2012.

286. *Ibid.*

287. Alexander Wolff, « My sportsman: Christophe Bassons », *Sports Illustrated*, 12 novembre 2012.

288. Déclaration sous serment de Tyler Hamilton.

289. *Ibid.*

290. *Floyd Landis v. Tailwind Sports et al*, Cour des États-Unis, District of Columbia, n° 1:10-cv-00976-RLW.

291. Décision motivée de l'USADA, p. 33.

292. Déclaration sous serment de Tyler Hamilton.

293. Déclaration sous serment de Frankie Andreu. Interview de Frankie Andreu, 2013

294. Interviews de Jonathan Vaughters et Christian Vande Velde, 2013.

295. « Grace under pressure: Armstrong feels stress of yellow jersey, drug accusations », Associated Press, 19 juillet 1999.

296. Interview d'Armstrong après la quatorzième étape du Tour de France, disponible sur YouTube.

297. Jenny E. Heller, « Armstrong makes his position in race – and on drugs – clear », *The Los Angeles Times*, 22 juillet 1999.

298. Samuel Abt, « Armstrong Is Engulfed by Frenzy over Salve », *The New York Times*, 22 juillet 1999.

299. Sal Ruibal, « Armstrong rises above Tour's shame », *USA Today*, 22 juillet 1999.

300. Christopher K. Hepp, « Tour de France finds its healer after last year's drug scandal », *The Philadelphia Inquirer*, 17 juillet 1999.

301. John Niyo, « Armstrong an inspiration: Besides overcoming cancer, he's on a roll in the Tour de France », *The Detroit News*, 16 juillet 1999.

302. Anne Swardson, « Armstrong rides Tour to the top », *The Washington Post*, 15 juillet 1999.

303. Samuel Abt, « Armstrong's Tour de France Tour de Force Rolls Uphill », *The New York Times*, 14 juillet 1999.

304. « Armstrong's spirit fuels comeback », Associated Press, 14 juillet 1999.

305. William Fotheringham, « Armstrong rebuffs drugs slur », *The Guardian* (Londres), 16 juillet 1999.

306. Sal Ruibal, « Armstrong rises above Tour's shame », *USA Today*, 22 juillet 1999.

307. Rachel Alexander, « Tour de Lance is the toast of France; Inspirational Armstrong: Cancer survivor to race leader », *The Washington Post*, 22 juillet 1999.

308. Interview de Betsy Andreu, 2006.

309. *Ibid.*

310. Déposition de Frankie Andreu dans l'affaire *Armstrong v. SCA Promotions, Inc*, 2005.

311. Suzanne Halliburton, « American in Paris wins it all: Armstrong's Tour victory emotional », *Cox News Service*, 26 juillet 1999.

312. Jocelyn Noveck, « Vive la Lance! Armstrong completes a grand tour », Associated Press, 25 juillet 1999.

313. Christopher K. Hepp, « Armstrong triumphs », *The Philadelphia Inquirer*, 26 juillet 1999.

314. Bill Sullivan, « Lone star makes Texas governor proud », *The Houston Chronicle*, 26 juillet 1999.

315. Rachel Alexander, « Tour de Lance is the toast of France; Inspirational Armstrong: Cancer survivor to race leader », *The Washington Post*, 22 juillet 1999.

316. Bernie Lincicome, « Hot times this summer for American athlètes », *The Chicago Tribune*, 26 juillet 1999.

317. Beatriz Terrazas, « Going Postal », *The Dallas Morning News*, 31 juillet 1999.

318. Bruce Horovitz, « Armstrong rides to market gold », *USA Today*, 4 mai 2000.

319. *Ibid.*

320. *Ibid.*

321. *Ibid.*

322. Suzanne Halliburton, « Vive la Lance! » *Cox News Service*, 26 juillet 1999.

323. *Ibid.*

324. Frank Litsky, « Hectic, but Armstrong Spins along », *The New York Times*, 22 août 1999.

325. Armstrong, avec Jenkins, *Chaque seconde compte* (Paris : Albin Michel, 2003), p. 9.

326. Philip Hersh, « Cyclist rides to a miracle », *The Chicago Tribune*, 26 juillet 1999.

Chapitre 11

327. Déclaration sous serment de Tyler Hamilton.

328. Tyler Hamilton et Daniel Coyle, *La Course secrète* (Paris : Presses de la Cité, 2013), p. 122-125.

329. *Ibid.*, p. 120.

330. Suzanne Halliburton, « Lance says hello to yellow », *Austin American-Statesman*, 11 juillet 2000.

331. Erica Bulman, « IOC bans product at the center of Armstrong controversy », Associated Press, 12 décembre 2000.

332. Armstrong, avec Jenkins, *Chaque seconde compte*, p. 93.

333. *Ibid.*, p. 79.

334. « Armstrong team assures Tour de France champ will return », Associated Press, 17 décembre 2000.

335. Hamilton et Coyle, *La Course secrète*, p. 166-167.

336. Interview de Christian Vande Velde, 2013.

337. Interview d'Alisa Schmidt (ex-Alisa Vaughters), 2013.

338. Interview de Betsy Andreu, 2006.

339. Déclaration sous serment de Frankie Andreu.

340. Interview de Betsy Andreu, 2006.

341. *Ibid.*

342. Interview de Betsy Andreu, 2006. Témoignage de Betsy Andreu dans l'affaire SCA Promotions, 2005.

343. *Ibid.*

344. Interview de Betsy Andreu, 2006.

345. *Ibid.*

346. Interview de Frankie Andreu, 2009.

347. Déclaration sous serment de Tyler Hamilton. Hamilton et Coyle, *La Course secrète*.

348. Interview de Jonathan Vaughters, 2013.

349. Interview de Christian Vande Velde, 2013.

350. Hamilton et Coyle, *La Course secrète*, p. 139.

351. Rapport d'observateurs indépendants de l'Agence mondiale antidopage, 2003.

352. Déclaration sous serment de Jonathan Vaughters.

353. Interview de George Hincapie, 2013. Déclaration sous serment de George Hincapie.

354. Déclaration sous serment de Jonathan Vaughters et de David Zabriskie. Interviews de Jonathan Vaughters et David Zabriskie, 2013.

355. Hamilton et Coyle, *La Course secrète*, p. 137.
356. *Ibid.*, p. 148-149.
357. Déclaration sous serment de Floyd Landis.
358. Interview de Martial Saugy, 2013.
359. *Ibid.*
360. *Ibid.*.
361. *Ibid.*
362. Interview de Martial Saugy, 2013.
363. David Walsh, « Saddled with Suspicion », *The Sunday Times*, 8 juillet 2001.
364. Samuel Abt, « Armstrong Says Doctor Never Talked About Drugs », *The New York Times*, 10 juillet 2001.
365. *Ibid.*
366. *Ibid.*
367. Associated Press, 10 juillet 2001.
368. Associated Press, 23 juillet 2001.
369. David Walsh, « Paradise lost on Tour », *The Sunday Times*, 29 juillet 2001.

Chapitre 12

370. Déclaration sous serment de Renzo Ferrante, un membre du corps des carabiniers, décision motivée de l'USADA.
371. Hamilton et Coyle, *La Course secrète*, p. 132.
372. Dave Philipps, « Questions remain about doping ties to Armstrong's coach », *The Gazette* (Colorado Springs, Colorado), 20 janvier 2013.
373. Interview de Chris Carmichael, 2006.
374. Enregistrements de J.T. Neal. Interview de Frances Neal, 2013.
375. Enregistrements de J.T. Neal. Interviews de Lance Armstrong, John Korioth et d'une personne au courant de la situation.
376. Décision motivée de l'USADA, p. 107.
377. Enregistrements de J.T. Neal.
378. *Ibid.*
379. *Ibid.*
380. Enregistrements de J.T. Neal.
381. Armstrong Kelly, avec Rodgers, *No Mountain High Enough*, p. 255.
382. *Ibid.*, p. 255.
383. *Ibid.*, p. 256-257.
384. *Ibid.*, p. 257.
385. *Ibid.*, p. 257.

Partie IV. Les mensonges du milieu

Chapitre 13

386. Interview de David Zabriskie, 2013.
387. Interview de David Zabriskie, 2013. Interview de Sheree Hamik (ex-Sheree Zabriskie), la mère de David Zabriskie, 2013. Registres des services de police de Salt Lake City.
388. *Ibid.*
389. *Ibid.* Interview de Matt DeCanio, 2013.
390. Interview de David Zabriskie, 2013.
391. *Ibid.* Déclaration sous serment de Michael Barry, 2013.

392. Interview de David Zabriskie, 2013.

393. *Ibid.*

394. *Ibid.*

395. Interview de David Zabriskie, 2013.

396. Déclaration sous serment de Michael Barry. Interview de Michael Barry, 2012.

397. Interview de Michael Barry, 2012.

398. Déclaration sous serment de Michael Barry.

399. Interviews de David Zabriskie, 2013, et Michael Barry, 2012. Déclarations sous serment de David Zabriskie et Michael Barry.

400. *Ibid.* Interview de Michael Barry, 2012. Déclaration sous serment de Michael Barry dans l'affaire USADA, 2012.

401. Interview de David Zabriskie, 2013. Interview de Michael Barry, 2012.

Chapitre 14

402. Interview de George Hincapie, 2013.

403. Interviews de plusieurs coureurs de l'US Postal, dont David Zabriskie et Jonathan Vaughters. Un certain nombre ont préféré garder l'anonymat pour éviter de se retrouver mêlés à l'affaire de dopage d'Armstrong. Interview d'Allen Lim, 2013.

404. Interviews de David Zabriskie, 2013, et Allen Lim, 2013.

405. Interview de David Zabriskie, 2013.

406. *Ibid.*

407. Pièce à conviction A, déclaration sous serment de Floyd Landis.

408. Déclaration sous serment de Floyd Landis dans l'affaire USADA.

409. Paul Kimmage, « Complete transcript: Paul Kimmage's interview of Floyd Landis », *VeloNews*, 1er février 2011.

410. Floyd Landis, avec Loren Mooney, *Postitively False: The Real Story of How I Won the Tour de France*, (New York : Simon Spotlight Entertainment, 2007), p. 3.

411. *Ibid.*

412. Déclaration sous serment de Floyd Landis dans l'affaire USADA.

413. Interviews de Christian Vande Velde et George Hincapie, 2013.

414. Samuel Abt, « Over the Years, the World According to Lance », *The New York Times*, 26 juillet 2005.

415. *Ibid.*

416. *The Washington Times*, 29 juillet 2002.

417. Samuel Abt, « Getting Things Right, So No One Can Follow », *The New York Times*, 29 juillet 2002.

418. Armstrong, avec Jenkins, *Chaque seconde compte*, p. 93-94.

419. Interview de Mike Anderson, l'ancien mécanicien et assistant personnel d'Armstrong, 2013.

420. Interviews des avocats gérant les procédures judiciaires d'Armstrong, 2012 et 2013.

421. Mike Anderson, « My Life with Lance Armstrong », Outside Online, 31 août 2012.

422. Interview de Jonathan Vaughters, 2013.

423. Interviews de plusieurs personnes impliquées dans le projet. Elles préfèrent garder l'anonymat pour éviter de nuire à Livestrong ou à sa mission.

424. *Ibid.*

425. Claire Cozens, « Top cyclist to sue Sunday Times over doping claims », *The Guardian*, 15 juin 2004.

426. Suzanne Halliburton, « Discovery Channel to back team », *Austin American-Statesman*, 16 juin 2004.

427. Daniel Coyle, *Lance Armstrong's War* (New York : Harper, 2004), p. 186.

428. Déclaration sous serment de Betsy Andreu dans l'affaire USADA.

429. Pièce à conviction dans le procès *Armstrong v. SCA Promotions, Inc.*

430. *Ibid.*

431. David Walsh, *Seven Deadly Sins: My Pursuit of Lance Armstrong* (Londres : Simon & Schuster, 2012), p. 281-282.

432. Déclaration sous serment de Floyd Landis, 2103. Interview de George Hincapie, 2013.

433. Déclaration sous serment de Filippo Simeoni.

434. Justin Davis, « Armstrong règle ses comptes avec Simeoni », *Agence France Presse*, 23 juillet 2004.

435. Samuel Abt, « Armstrong Takes Time to Satisfy a Grudge », *The New York Times*, 24 juillet 2004.

436. Matt Lawton, « She was the whistleblower who hauled him down, Lance Armstrong was the drug cheat, so what happened when they were brought together again by MailOnline? » *Daily Mail*, 18 novembre 2013.

437. Pièce à conviction dans l'affaire *Armstrong v. SCA Promotions, Inc.*

438. Interviews de George Hincapie et Frankie Andreu, 2013.

439. Paul Kimmage, « Complete transcript: Paul Kimmage's interview of Floyd Landis », *VeloNews*, 1er février 2011.

440. Interview de David Zabriskie, 2013.

441. Interview de Steve Johnson, 2013.

442. Témoignage de Tyler Hamilton dans l'affaire du réseau de dopage *Operación* Puerto en Espagne, 2012.

443. Hamilton et Coyle, *La Course secrète*, p. 214.

444. *Ibid.*

Partie V. Les mensonges du héros

Chapitre 15

445. Interview de Richard Young, associé du cabinet d'avocats Bryan Cave, à Colorado Springs, ancien associé de Holme Roberts & Owen, et conseiller extérieur de l'USADA.

446. Interview de Travis Tygart, 2013.

Chapitre 16

447. Procès *United States of America ex. rel. Floyd Landis v. Tailwind Sports Corporation, Tailwind Sports, LLC, Montgomery Sports, Inc., Capital Sports & Entertainment, Thomas Weisel, Lance Armstrong, Johan Bruyneel, William Stapleton and Barton Knaggs*, instruit à la cour de district des États-Unis pour le district de Columbia, 2010.

448. Déclaration sous serment de Floyd Landis dans l'affaire USADA. Reed Albergotti et Vanessa O'Connell, « The Case of the Missing Bikes », *The Wall Street Journal*, 3 juillet 2010.

449. *Ibid.*

450. *Ibid.*

451. Interviews de Jonathan Vaughters et David Zabriskie, 2013.

452. Interview d'Allen Lim, 2013.

453. *Ibid.*

454. Interviews d'Allen Lim et David Zabriskie, 2013.

455. Interview d'Allen Lim, 2013.

456. *Ibid.* Déclaration sous serment de Levi Leipheimer dans l'affaire USADA.

457. Bonnie D. Ford, « ESPN.com's Q&A with Floyd Landis », *ESPN.com*, 24 mai 2010.

458. Interview d'Allen Lim, 2013.

459. *Ibid.*

460. *Ibid.*

461. *Ibid.*

462. *Ibid.*

463. *Ibid.*Interview de David Zabriskie, 2013. Déclaration sous serment de Levi Leipheimer dans l'affaire USADA.

464. Interviews d'Allen Lim, Jonathan Vaughters et David Zabriskie, 2013. Déclaration sous serment de Levi Leipheimer dans l'affaire USADA.

465. Interview d'Allen Lim, 2013.

466. Pièce à conviction jointe à la déclaration sous serment de Jonathan Vaughters dans l'affaire USADA.

467. Interview d'Allen Lim, 2013.

468. Kim Horner, « Banded together worldwide army of supporters is united by goal », *The Dallas Morning News*, 5 juillet 2005.

469. Deux employées de Nike qui préfèrent garder l'anonymat parce qu'elles ne sont pas autorisées à s'exprimer publiquement sur leur société.

470. Statistiques fournies par l'USA Cycling.

471. Richard Sandomir, « Stages in the Global Branding of the Tour de Lance Are About to Begin », *The New York Times*, 26 juillet 2005.

Chapitre 17

472. Interviews de Bob Hamman, Chris Hamman et Jeff Tillotson, 2006 et 2013.

473. Publicité Capital Sports & Entertainment, *Sports Business Journal*, Septembre septembre 2004.

474. Interviews d'un proche de Stapleton qui souhaite conserver l'anonymat, redoutant des représailles, et de deux employés de l'UCI qui préfèrent eux aussi garder l'anonymat, craignant pour leur emploi.

475. Stephen Farrand, « McQuaid reveals Armstrong made two donations to the UCI », *Cyclingnews*, 10 juillet 2010.

476. Reed Albergotti et Vanessa O'Connell, « New Twist in Armstrong Saga », *The Wall Street Journal*, 17 janvier 2013.

477. *Ibid.*

478. Interview de Jeff Tillotson, 2013.

479. Jim Vertuno, « Armstrong gets strong backing from USA Cycling », Associated Press, 26 août 2005.

480. Interview de Dick Pound, 2012.

481. John Rawling, « Nasty postscript to hero's tale », *The Guardian*, 29 août 2005.

482. *Ibid.*

483. Interview de Frankie Andreu, 2013.

484. Interviews de Stephen Swart, Lance Armstrong et George Hincapie, 2013.

485. Université de l'Indiana, communiqué de presse, 27 octobre 2005.

486. Déclaration sous serment de Craig Nichols.

Chapitre 18

487. Interview de Jeff Tillotson, 2013.

488. Toby Sterling, « Dutch lawyer vows independent investigation into Armstrong doping allegations », Associated Press, 10 octobre 2005.

489. Arthur Max, « Report clears Armstrong of doping in 1999 Tour de France », Associated Press, 1er juin 2006.

490. *Fort Worth Star-Telegram*, « Sweet vindication », 5 juin 2006.

491. Associated Press, 2 juin 2006.

492. « Armstrong picks up honorary degree », *The Associated Press,* 22 mai 2006.

493. Juliet Macur, « 2 Ex-Teammates of Cycling Star Admit Drug Use », *The New York Times,* 12 septembre 2006.

494. Jim Litke, « Armstrong says report teammates used EPO was "hatchet job" », Associated Press, 12 septembre 2006.

495. Sal Ruibal, « Armstrong chops back at "hatchet job" », *USA Today,* 13 septembre 2006.

496. Interview de Betsy Andreu, 2006.

497. Interview de David Zabriskie, 2013.

498. *Ibid.*

499. Lors d'une séance de questions/réponses entre Landis et Bonnie D. Ford publiée le 24 mai 2010 sur ESPN.com, Landis affirma que Witt « était impliqué, et qu'il l'avait aidé » à se doper.

500. Interview de David Zabriskie, 2013.

501. Interview d'Allen Lim, 2013.

Chapitre 19

502. Chuck Salter, « Livestrong Leverage: How the $50 Million Foundation Helped Texas Win $3 Billion in Cancer Funding », *Fast Company,* 3 novembre 2010.

503. *Ibid.*

504. Douglas Brinkley, « Lance Armstrong Rides Again », *Vanity Fair,* 9 septembre 2008.

505. John Wilcockson, *Lance: The Making of the World's Greatest Champion* (États-Unis : Da Capo Press, 2009), p. 6.

506. Brian Alexander, « The Awful Truth About Drugs in Sports », *Outside,* 1er juillet 2005.

507. Interview de Doug Ellis, 2012.

508. *Ibid.*

509. Interviews de plusieurs scientifiques antidopage qui ont travaillé avec Bordry. Ils souhaitent garder l'anonymat car leur conversation avec ce dernier était censée demeurer confidentielle.

510. Interview de Lance Armstrong, 2013. Interview de Jonathan Vaughters, 2013.

511. *Agence France France-Presse,* « Cyclisme : pourquoi reviens-tu, Lance ? s'interroge Leblanc », 30 septembre 2008.

512. Suzanne Halliburton, « Wait till next year », *Austin American-Statesman,* 27 juillet 2009.

513. Interviews de Lance Armstrong, 2012 et 2013. Interview de Johan Bruyneel, 2010.

514. *Ibid.* Interviews de George Hincapie, Jonathan Vaughters et David Zabriskie, 2013.

515. Interview d'un ami porche proche de Williams qui souhaite garder l'anonymat, de peur de trahir la confiance de Williams, 2013.

516. Reed Albergotti et Vanessa O'Connell, « For Cycling's Big Backers, Joy Ride Ends in Grief », *The Wall Street Journal,* 18 décembre 2010.

517. Interview d'un ami porche proche de Williams qui souhaite garder l'anonymat, de peur de trahir la confiance de Williams, 2013.

518. Reed Albergotti et Vanessa O'Connell, « For Cycling's Big Backers, Joy Ride Ends in Grief », *The Wall Street Journal,* 18 décembre 2010.

519. Interview d'un ami porche proche de Williams qui souhaite garder l'anonymat, de peur de trahir la confiance de Williams, 2013.

520. *Ibid.*

521. Interview de David Zabriskie, 2013.

522. *Ibid.* Interviews de Jonathan Vaughters et David Zabriskie, 2013.

523. Interview d'un ami porche proche de Williams qui souhaite garder l'anonymat, de peur de trahir la confiance de Williams, 2013.

524. Reed Albergotti et Vanessa O'Connell, « For Cycling's Big Backers, Joy Ride Ends in Grief », *The Wall Street Journal*, 18 décembre 2010.

Chapitre 20

525. Déclaration sous serment de David Zabriskie, interview de David Zabriskie, 2013.

526. Déclaration sous serment de Floyd Landis dans l'affaire USADA, pièce à conviction B.

527. *Ibid.*

528. Interview d'Andrew Messick, 2012.

529. Sara Corbett, « The Outcast », *The New York Times Play Magazine*, 19 août 2007.

530. Bureau de l'avocat fédéral, district sud de Californie, communiqué de presse : « Former Pro Cyclist Floyd Landis Admits Defrauding Donors and Agrees to Pay Hundreds of Thousands of Dollars in Restitution », 24 août 2012.

531. Interview d'Andrew Messick, 2012.

532. Jacquelin Magnay, « Spanish cyclist Jesús Manzano says he was given dog, cattle and horse medications by Eufemiano Fuentes », *The Telegraph*, 13 février 2013.

533. Interview de Travis Tygart, 2012.

534. *Ibid.*

535. *Ibid.*

536. *Ibid.* Interviews de policiers ayant travaillé sur cette affaire et qui ne sont pas autorisés à s'exprimer en public.

537. Interview de George Hincapie, 2013. Interview de Christian Vande Velde, 2013. Interview de David Zabriskie, 2013.

538. Interview d'un ami proche et d'un collègue de Williams qui souhaitent garder l'anonymat, de peur de trahir la confiance de Williams, 2013.

539. Interview d'un membre de l'équipe RadioShack qui n'est pas autorisé à s'exprimer au sujet de conversations privées s'étant déroulées dans le car de l'équipe, 2013.

540. *Los Angeles Daily News*, « Cyclists: Doping charges outlandish », 22 mai 2010.

541. Interview de David Zabriskie, 2013.

542. Interview de George Hincapie, 2013.

543. *Ibid.*

544. Vidéo d'Armstrong filmée dans le car de l'équipe RadioShack, *Bicycling*, disponible sur YouTube depuis le 14 mai 2012. www.youtube.com/watch?v=kLor65LUslg

Partie VI. La vérité

Chapitre 21

545. Déclaration sous serment de Tom Danielson.

546. Déclaration sous serment de Christian Vande Velde.

547. Bonnie D. Ford, « Landis admits doping, accuses Lance », *ESPN.com*, 21 mai 2010.

548. *Ibid.*

549. Paul Kimmage, « Complete transcript: Paul Kimmage's interview of Floyd Landis », *VeloNews*, 1er février 2011.

550. Bonnie D. Ford, « Landis admits doping, accuses Lance », *ESPN.com*, 21 mai 2010.

551. Interview de David Zabriskie, 2013.

Chapitre 22

552. Interviews de plusieurs enquêteurs au courant de l'affaire. Ils préfèrent rester anonymesgarder l'anonymat parce qu'ils ne sont pas autorisés à s'exprimer sur leur travail.

553. Interview de Chris Manderson, l'avocat d'Hamilton, 2013.

554. Reed Albergotti et Vanessa O'Connell, « The Case of the Missing Bikes », *The Wall Street Journal*, 3 juillet 2010.

555. Michael Specter, « The Long Ride », *The New Yorker*, 15 juillet 2002.

556. Interview de Chris Manderson, 2013.

557. Neal Rogers, « Lance Armstrong: crashes not result of distraction by federal inquiry », *VeloNews*, 18 juillet 2010.

558. Interviews de plusieurs personnes impliquées dans l'affaire, mais qui ne sont pas autorisées à en parler publiquement, 2012 et 2013.

559. Reed Albergotti, « Armstrong Lobbying Targeted Investigator », *The Wall Street Journal*, 19 février 2013.

560. Interview de deux personnes au courant des conversations de Fabiani avec Armstrong. Ces personnes préfèrent conserver garder l'anonymat pour ne pas trahir la confiance d'Armstrong.

561. Interview de Chris Manderson, 2013.

562. Hamilton et Coyle, *La Course secrète*, p. 258-259.

563. Déclaration sous serment de Levi Leipheimer.

564. Interview de deux avocats présents à la réunion, qui ne sont pas autorisés à évoquer publiquement cette affaire, avril 2013.

565. *Ibid.*

566. *Ibid.*

567. Interview de deux personnes au courant de l'enquête qui ne sont pas autorisées à évoquer publiquement cette affaire, 2013.

568. Interview de l'enquêteur qui s'est entretenu avec Birotte, 2013. Il préfère conserver garder l'anonymat car il n'est pas autorisé à évoquer publiquement l'enquête et ses résultats.

569. Lettre du département de la Justice à propos d'une demande concernant la liberté d'informer.

Chapitre 23

570. Interviews d'un ami proche de Williams qui préfère garder l'anonymat, de peur de trahir la confiance de Williams, et de deux personnes au courant de la situation qui ne sont pas autorisées à en parler, 2013.

571. Interviews de Christian Vande Velde, février 2013, et de George Hincapie, juillet 2013.

572. Interview de Micki Rawlings, la sœur de Gunderson, 2013.

573. *Ibid.*

574. Pete Yost, « Influence game: Armstrong's lobbying circle », Associated Press, 17 juillet 2012.

575. Interviews d'employés du bureau du député Jose Serrano, dont Philip Schmidt.

576. *Ibid.*

577. *Ibid.*

578. Interview de deux responsables du Comité olympique des États-Unis et de deux responsables de l'USADA qui préfèrent garder l'anonymat parce qu'ils ne sont pas autorisés à s'exprimer publiquement au nom de leur organisation, 2013.

579. Interview de Lance Armstrong, 2013.

Chapitre 24

580. Interviews de plusieurs personnes au courant des réactions qui ont suivi la mise en ligne du rapport de l'USADA, 2013. Ces personnes préfèrent garder l'anonymat, de crainte de perdre la confiance d'Armstrong.

581. *Ibid.*

582. Interview d'Annie Skinner, porte-parole de l'USADA, 2013.

583. Interviews de plusieurs personnes au courant des réactions qui ont suivi la mise en ligne du rapport de l'USADA, 2013. Ces personnes préfèrent garder l'anonymat, de crainte de perdre la confiance d'Armstrong.

Chapitre 25

584. Interview de Lance Armstrong, 2013.

585. Interview de Mark McKinnon, 2013.

586. *Ibid.*

587. Interviews de deux personnes présentes à la réunion et de plusieurs autres au courant de cette réunion, 2013. Elles souhaitent garder l'anonymat parce qu'elles ne sont pas autorisées à évoquer publiquement cette réunion.

588. *Ibid.*

589. *Ibid.*

590. *Ibid.*

591. *Ibid.*

592. *Ibid.*

593. Interview de Lance Armstrong, 2013.

594. Interview d'Adam Wilk, 2013.

595. Interview de Doug Ulman, le président-directeur général de Livestrong, juin 2013.

596. Interviews de Bob Hamman et Jeff Tillotson, avril 2013.

597. Interviews de deux personnes impliquées dans ce dossier, 2013. Elles préfèrent garder l'anonymat car l'affaire est encore en cours d'instruction.

Épilogue

598. E-mail de Lance Armstrong à destination de l'auteur, 10 octobre 2006.

TABLE DES MATIÈRES